찬양에 수를 놓다 2

| 이새나 지음 |

쿰란출판사

머리말

나는 '갈망하다' 또는 '갈구하다'의 의미를 '타오르는 목마름'이라고 말한다. 이 갈망이 하나님의 존재에 대한 물음과 그분을 더 깊이 알고 싶은 묵상으로 이어질 때 우리는 그분에 대한 어떤 것이든지 관심을 갖게 된다. 주를 향한 갈망은 깊은 송축으로 그분의 진실됨과 존재하심의 마땅한 이유를 발견하게 한다.

우리가 하나님을 찬송하고 있다면 그분을 높여드리고 끊임없이 예배하는 이유 또한 '하나님의 하나님 되심'에 대한 변하지 않는 진리가 있기 때문이다. 이러한 찬송은 살아 있어서 타오르는 목마름, 그분을 향한 갈망으로 이어져 오직 하나님 한 분만을 더욱 구하며 그분을 어떻게 하면 더욱 진실하게 찬송할 수 있는지를 고심하게 할 것이다.

이러한 물음은 성부와 성자와 성령이 되시는 하나님의 이야기와 나와 너, 그리고 우리를 지으신 하나님의 뜻을 더욱 깊이 알게 함으로 어떻게 우리의 존재가 하나님 아버지의 노래가 되고 전부가 되어서 예수 그리스도의 보혈로 인하여 새로운 피조물로 거듭나게 하셨는지를, 찬송을 부르는 자로서의 위치를 참으로 발견하게 할 것이다.

더불어 현대 문화 속에서 새로운 주류로 역할을 하고 있는 현대 크리스천 음악(C.C.M)을 어떻게 정의하고 바라보는지를 시각화함으로써 하나님을 찬송하는 또 하나의 그릇의 적절함과 거룩한 정결함에 대해서도 점검하게 할 것이다.

더욱이 그날이 이를 때까지 우리가 부르는 복음적인 찬송은 가히 예수 그리스도의 보혈 위에서 새롭게 된 다양한 형식들을 포용하여 성경의 거대한 이야기를 담고 때로는 배경으로 삼아 하나님을 찬송하는 모든 것에서 핵심을 놓치지 않아야 할 것이다. 이처럼 《찬양의 수를 놓다 2》에서는 위에 나열한 주제들에 대해서 묵상하면서 함께 나누고 싶은 이야기들을 묶어 놓았다.

또한 이 책의 마지막 주제로써 다가올 하나님의 나라에서 부르는 노래와 예배에 대해서 알아보는데 아직은 불러보지 못한, 오직 그 날이 이를 때에, 하나님 나라에서 부를 새 노래(New Song)에 대해서도 묵상할 것이다. 이것의 의도는 다시 오실 왕을 기다리는 예수님의 신부들, 참 신자들의 마음을 위로하고 하나님의 나라와 그의 존재하심에 대해서 여전히 기대하고 소망할 것을 고취함으로 마땅히 불러야 할 영원한 찬송이 그치지 않게 하려 함이다.

우리는 이 책이 끝날 때쯤에 마치 드넓고 푸르른 하늘 위를 나는 새처럼 풍요롭고 자유로운 삶이거나 거칠고 험한 광야의 한 줌의 흙처럼, 그 위에 피어난 잡초처럼 강하고 모진 삶조차도, 그 모든 것으로 하나님을 찬송할 수 있는 당연한 이유를 발견하게 될 것이고 이것은 세상이 흘러오기까지 변함없는 진리였고 삶에 영원한 빛과 소망이 되는 노래이자 지침이 됨을 발견하게 될 것이다.

이 책이 하나님을 찬송하기를 즐겨하는 동역자들에게, 또한 찬송에 대한 이해와 확장을 통해 더욱 깊고 넓게 하나님을 찬송하기를 소원하는 형제자매들에게 위로와 소망의 노래로, 복되고 즐거운 소식으로 들려져 찬송을 통한 영적 나눔과 교제가 풍성해지길 바란다.

2016년 5월 10일

이새나

목차

2 PART
성부 성자 성령

3 PART
나 너 우리

4 PART
복음으로 찬양

5 PART
영광스런 그날

1

PART

현대 크리스천 음악

탕감 받은 자의 노래

> 그러나 주께서는 너희에게 은혜를 베풀려고 기다리시며, 너희를 불쌍히 여기려고 일어나신다. 참으로 주께서는 공의의 하나님이시다. 주를 기다리는 모든 사람은 복되다(사 30:18, 표준새번역).

주께서 기다리시는 이유는 우리에게 은혜를 베푸시려 함이다. 만약 나의 삶이 말씀에 비춰 살지 못함에도 때때로 즐거운 일도 있고 좋은 사람들과 오늘 먹을 양식이 있어서 그럭저럭 살 만하다면, 그것은 주께서 날 아직도 기다려주시기 때문일 것이다. 행복하다고 말하는 이유 또는 조건이 될 수 있는 소유와 재물을 거두지 않으시는 것은 탕자를 기다리는 아비처럼 그에게 거저 주신 것들을 빼앗지 않으시고 기다리심으로 다시 집으로, 고향으로 돌아오길 기다리는 아비의 마음이다.

그런데 가끔은 시편 73편 3절처럼 악인의 형통함과 세상의 부조리함에 타협하며 사는 이들을 보면서 하나님의 정의는 어디에 있는가라는 의문이 들 때면 영적 사춘기를 만난 듯 예민해지는 내 감각들을 느낀다. 하나님으로부터 점점 멀어져가는 나의 잘못에도 기다려주시는 자비의 마음에 감사하고 내 머리 또한 기대고 있음에도, 타인의 방황과 타협에 대해서는 징계로 다스리는 하나님의 심판을 먼저 운운하는 공의롭지 않은 내 마음을 보게 되는 것이다. 그러나 하나님께서는 당신의 자비가 많으시므로 그들이 어느 날 주 앞에 돌아오게 되는 것과 하나님께서 그들을 용서하시는 것을 불공평하다고 말할 수 없다고 하신다. 요나는 이것에 대해 불만을 품었던 선지자였고 하나님을 향해 따져 묻기도 했다. 하지만 햇볕에 타는 넝쿨을 보고도 아까워하는 요나의 모습을 통해서 그를 깨닫게 하신 것을 우리는 알고 있다(욘 4:11).

탕감해 주시는 것이 곧 하나님의 선하심을 나타내는 것이다. 그분의 진노는 잠깐이지만 자비는 영원하시다(사 54:8).

마태복음 18장 27절과 같이 자신이 용서받을 수 없는 죄인임에도 평생 갚을 수 없는 빚을 값없이 탕감해 준 주인의 자비를 깨닫게 되면 이전과 같은 삶을 살아서는 안 된다. 그러한 삶을 살다가 용서받은 자들이 작품과 기록을 많이 남겼다. 어거스틴(St. Augustine)의 《참회록》은 이로써 잘 알려져 있고 미국의 초창기 CCM을 연 기존의 대중가수들도 들 수 있다. CCM 록 음악의 선구자 래리 노먼(Larry Norman), 존 피셔(John Fischer) 등이 용서받은 자의 기쁨으로 더 이상 잠잠할 수 없어서 찬양한 것이 CCM의 시작이라고 볼 수도 있다. 왜 그들은 대중음악에서 이미 실력 있는 굵직한 가수들이었음에도 굳이 자신들의 신앙을 드러내야만 했는가? 무엇이 그들의 가슴을 뜨겁게 달구고 복음을 노래하며 하나님의 자비와 긍휼을 노래하게 만들었는가? 탕감 받은 자들의 노래가 그 답일 것이다.

국내에도 1980년대에 '시인과 촌장'으로 활동한 하덕규 목사, 많은 히트 록을 제조한 가수로 윤항기 목사가 있다. 윤항기 목사는 CCM이 시대적으로도 절실히 필요하다고 얘기한 바 있다.[1)]

우리로 하여금 주를 언제까지 기다리게 할까? 지금 주께로 나아갈 수 있다. 하나님의 영원한 사랑에 감격하고 안겨서 그 사랑을 노래하는 CCM은 용서받은 자가 갚을 것 없어 감사로 드리는 노래로 이 땅에 존재해야 한다.

1) http://echristian.tistory.com/194

제한받지 않으시는 하나님

하나님이 그 아들을 세상에 보내신 것은 세상을 심판하려 하심이 아니요 그로 말미암아 세상이 구원을 받게 하려 하심이라(요 3:17).

류시화 시인의 "외눈박이 물고기의 사랑"이란 시가 있다. 눈이 한쪽만 있어서 둘이 있을 때 비로소 제대로 볼 수 있다는 비유를 통해 사랑에 대해 노래한 시다. 소재가 된 외눈박이 물고기는 가자미류에 속하는 어종이라고 한다. 사람들은 이 시로 인해 생각이 한쪽으로만 치우치거나 미처 보지 못했던 사각지대를 비유할 때 '외눈박이'란 말을 사용하기도 한다. 마찬가지로 외눈박이 물고기 이야기처럼, 또 거미가 거미줄에서만 행동반경을 가지듯 사람들은 자신이 쳐 놓은 논리 안에서 사고하는 한계를 지녔다. 이것이 안 좋은 영향을 줄 땐 편견과 고집이 되어 자신의 논리를 제한시킨다. 이처럼 우리는 제한적인 학식과 배경을 갖고 볼 수 있는 만큼만 보지만 하나님은 온전한 눈을 갖고 계시다. 하나님은 사람이 만든 논리에 갇혀 계시지 않고 부단히 애쓰고 지키려고 쳐놓은 우리의 안전망을 자유롭게 하신다.

문화의 영역에서 본다면 각자가 취하는 입장만이 답이라고 할 수 없는 것도 우리가 외눈박이 눈으로 문화를 바라보기 때문이다. 우리가 리처드 니버(H. Richard Niebuhr)의 그리스도와 문화론을 논하거나 로버트 웨버(Robert E. Webber)의 기독교 문화관을 논할 때도 극단적인 결론을 도출해 내기보다 저자의 의도에 따라 각 문화관이 지닌 깊이와 한계를 살피는 작업을 우선시하는 것도 이와 같은 이유다. 그러나 기독교에서 바라본 모든 문화관이 추구하는 방향과 문화가 그리스도와 복음으로써 어떤 모양과 틀로 세상에 존재해야 하는지, 또 그에 대한 발전에 있어서는 함께 노력할 필요가 있다.

기존의 록 가수들이 자신의 신앙을 드러내면서 현대 음악 틀을 가진 교회음악이 시작되었다고 볼 때 이 시기를 현대 크리스천 음악(CCM)의 개화기라고 말하고 싶다. 이후에 번화기의 시작을 알린 에이미 그랜트(Amy Grant)의 음악은 기존의 록 가수들의 커밍아웃이 아닌 현대 크리스천 음악이 자체적으로 발굴해 낸 아티스트였음에 의의가 있다. 그녀가 지닌 음악성과 스타성은 크리스천 음악의 시장의 자립성과 성장 가능성을 내비쳤다는 점에서 일반 업계에까지도 영향이 지대했다. 기록에 따르면 그녀가 지닌 신앙도 음악을 애청하는 이들에게 영향을 주었다는 점에서[2)] 크리스천 음악이 세상과 교회라는 두 영역을 넘나들 수 있는 복음의 융통성을 입증했다고 볼 수 있다.

복음을 전하지 않는다면 들을 자가 없다는 말씀처럼 (초자연적인 계시를 제외하고) 전하는 자가 있다면 세상에 대해 피동적이거나 회피하지 않으며 자유롭다. 에이미 그랜트의 음악은 현대의 옷을 입고 복음의 가치를 담아 세상 속으로 들어갔다. 그리고 초창기 그녀의 음악은 젊은 세대들이 이해할 수 있는 언어와 문화 코드로 전해져서 그들로 하여금 복음에 관심을 갖게 하고 귀 기울이게 하였다. 복음이 문화라는 영역에서, 또 세부화된 음악이란 영역의 옷을 입고 어떻게 존재할 것인지는 단순히 이분화의 논리로 해결될 수 없다. 예수님이 우리가 이해할 수 있는 모습으로 이 땅에 오신 것처럼 복음이 문화 안에서 어떻게 건강하게 전해질 것인가를 계획하고 실행하는 것이 우리에겐 분명 의미 있는 일이다.

2) 양동복, 《새로운 대중음악 CCM》, 예영커뮤니케이션, 2000, pp. 198-201.

지극히 작은 자보다 더 작은 나에게

모든 성도 중에 지극히 작은 자보다 더 작은 나에게 이 은혜를 주신 것은 측량할 수 없는 그리스도의 풍성함을 이방인에게 전하게 하시고(엡 3:8).

무대 위에서 사는 사람들, 또 그들 중에 찬양사역자들은 화려한 조명과 수많은 함성과 갈채, 동경하는 눈빛, 그리고 사람들의 인정을 받는다. 그중 자신이 그래도 조금은 괜찮은 사람일 것이라는 생각에 유혹받지 않을 사람이 있을까? 세상이 자기중심으로 돈다는 기고만장(氣高萬丈)한 태도가 아니더라도 사람이 태어났으면 이름을 남기는 법인데 그 이름이 좀 더 드높여지지는 않았는가에 대한 안위 정도라고 할까. 한 찬양사역자가 이곳에 계신 분들이 자신의 이름보다 더 널리 알려지고 유명해져서 꼭 자신에게 인사를 부탁해 주시길 바란다고 공손하게 인사하는 것을 들은 적이 있다. 당연히 짐작하겠지만 그 말은 곧 자신이 유명하고 잘났다는 것을 인정하는 말이 아닌가. 요즘 같은 세대에 그것이 뭐 대수롭게 여겨지겠느냐고 생각하겠지만 주의 이름으로 모인 어느 곳에서라도 예수님의 이름이 높아지는 것과 자신의 이름이 같이 높아지는 것은 찬양의 주인이 오직 주님 한 분 외에는 없다는 고유한 절대 법칙에서 빗나가는 것이다.

현대 기독교 음악은 많은 부분에 있어서 찬양이 온전한 예배가 되지 못하고 사람이 주인이 되어버린 상태다. 이것은 마치 기독교 신앙 안에 알게 모르게 세상의 것들이 들어와서 마구 뒤섞여지고 어느 것이 하나님의 뜻이고 방향인지 알 수 없는, 즉 혼란스러운 상태와 비슷하다. 모든 음악이 하나님의 것이기 때문에 CCM이 사용하지 못할 음악이 없다는 주장이 틀린 것은 아니지만 세상의 음악 스타일, 공연과 기획 스타일, 안무와 의상까지 그대로 카피하는데 머무르는 공연 수준을 볼 때면 CCM이 저급하다는 주장에 힘이 쏠리는 것은 당연한 것이 아니겠는가? 더군다나 노래를 하는 가수나 연주가들의 멘트가 위에서 얘기한 예와 같이 어느 말이 성경적으로 또 신앙인의 태도로서 옳은지 본인도 모르는 상태로 쏟아내고 있다면 CCM은 지리멸렬(支離滅裂), 즉 여기저기 마구 뜯기어 갈피를 잡지 못하는 상태로 전락하고 만다.

본문에서 바울은 "모든 성도 중에 지극히 작은 자보다 더 작은 나에게"라고 하여 자신을 소개하고 있다. 같은 기독교 신앙 안에 있는 믿는 자, 그리고 사명자로서 그의 태도는 위에서 소개한 예시와 너무 다르다. 바울만큼 하나님 나라를 위해 헌신한 자가 어디에 있을까 생각해보면 한없이 작아지는 법인데, 그는 작은 자들보다 자신이 더 작은 자라고 말하고 있지 않는가. 바울의 말이 그저 인사치레였을까? 자신이 사역자이기 때문에 그렇게 말해야 하는 것이 옳아서 그렇게 이야기하고 있는 것일까? 물론 바울의 태도가 갑자기 달라져 보이는 것은 사실이다. 자신의 사도직을 변호하거나 예수님의 제자들 곧 유력한 사도들보다 자신의 소명이 작지 않다고 말했던 바울의 모습을 기억할 때면 말이다. 김철웅 교수는 만약 바울이 쓴 13개의 편지들을 쓰인 순서대로 살펴본다면 그의 영적 진보와 성숙의 과정을 알게 될 것이란 가정하에 책을 썼는데, 그 책을 통해 에베소서가 그의 후기 편지의 전단계라는 것을 찾을 수 있다.[3)] 즉 바울 자신의 정체성이 점차적으로 영적으로 성숙해져 갔다는 뜻이다. 나는 여기에서 우리의 희망을 보았다. 자신이 정말 괴수라는 것을 깨닫게 되면 그가 하는 모든 사역은 하나님의 은혜로밖에는 도저히 설명할 길이 없다는 사실이다.

3) 김철웅, 《추적! 사도 바울의 16년》, 쿰란출판사, 2007, p. 89.

자유, 정의 그리고 평화

> 억눌린 사람들을 위해 정의로 심판하시며 주린 자들에게 먹을 것을 주시는 이시로다 여호와께서는 갇힌 자들에게 자유를 주시는도다 여호와께서 맹인들의 눈을 여시며 여호와께서 비굴한 자들을 일으키시며 여호와께서 의인들을 사랑하시며 여호와께서 나그네들을 보호하시며 고아와 과부를 붙드시고 악인들의 길은 굽게 하시는도다 시온아 여호와는 영원히 다스리시고 네 하나님은 대대로 통치하시리로다 할렐루야(시 146:7-10).

종교는 자유와 정의 실현 그리고 평화를 추구한다. 그리고 종교와 사회는 밀접한 관계가 있고 사회도 개인의 자유, 정의 실현, 세계의 평화를 추구한다. 북한은 자신들의 나라가 종교와 사회의 목적이 일치되는 나라이며 종교가 사회를 반대할 이유가 없고 사회도 신앙의 자유를 존중한다고 말하고 있다. 하지만 북한을 보며 종교의 자유가 보장된 나라라고 인정하는 이는 없다. 아는 바와 같이 예수를 구주로 고백하는 개신교인들은 발각되면 상상하기 힘든 불이익을 당하기에 그들은 목숨걸고 신앙생활을 이어간다.

남한은 종교의 자유가 인정되는 나라로 다양한 종교가 공존하고 있다. 다원화 시대에 대한 관용은 이상적인 세계를 향한 각 종교의 구원론을 합일해가고 있다. 그러나 개신교의 구원은 예수님 외에는 길이 없다고 분명하게 말한다. 세상의 눈으로만 본다면 자신들만이 옳다고 주장하는 태도가 배타적일 수밖에 없고 이기적일 수밖에 없다. 합리적이고 이성적인 비판과 사회의 흐름에서 열외될 수밖에 없는 것을 견디지 못하는 신도들의 몇은 폐쇄적인 수위를 조절하여 개방화로 전환하려고 한다.

북한과 남한의 종교와 사회의 관계는 다른 종류의 문제이지만 본질은 같다. 어떻게 하면 사회를 위한, 사회에 유익한, 사회에 용이한 종교가 될 것인가에 그 초점이 맞춰져 있다. 하지만 종교가 사회를 위해 존재하는 의미로만 전락한다는 것은 종교가 가진 개별성과 특수성을 간과한 것이다. 개신교는 사회를 악으로 보지 않는다. 다만 믿는 이들은 이 땅에서의 삶이 전부가 아닌 것을 알고 있으며 하늘에 시민권을 두고 사는 자들이다(빌 3:20). 그러므로 다가올 하나님 나라를 기대하며 이 땅에서의 삶을 충실히 살되 주 예수의 날을 준비해 가며 사는 것이다. 북한의 지하교회 성도들의 기도를 들은 적이 있는가. 나는 한 매체를 통해 그들의 기도를 듣게 되었다. 그들은 북한의 지도자들이 예수님을 믿게 해달라고 기도하며 그들의 잘못을 용서해 달라고 간구하고 있었다. 만약 북한의 지하교회 성도들이 사회를 악으로만 본다면 집권자들을 위한 기도를 그와 같이 할 수 있을까? 동일하게 한국의 신자들이 나라를 위해 간구하는 기도도 주의 길을 걷지 않는 이스라엘을 보며 눈물의 기도를 쉬지 않은 예레미야의 기도를 닮아야 할 것이다.

현대 크리스천 음악은 다양한 한계를 보완할 수 있는 음악이다. 통일을 준비하는 것 외에도 지금 북한을 향한 애가를 지어 불러보라. 그리고 그것을 세상에 나누어라. 이미 탈북자들이 한국 땅에 새터민으로 자리하고 있다. 그 중 음악적 재능을 가진 자들을 모아 하나님을 찬양하는 단체를 세워보라. 현대판 콘트라팍툼(Contrafactum)으로써 북한의 영도자 찬양가를 개사하여 하나님을 찬양하는 것으로 탈바꿈하거나 북한 땅 어디에선가 지금도 하나님의 말씀을 사모하고 찬송을 듣고 싶은 자들을 향한 은밀하고도 담대한 계획을 가져보라. 음악의 재능을 가졌고 찬양사역자로 이 시대를 사는 우리가 해야 할 일은 참으로 많고 넓다.

간증(干證)과 현대 크리스천 음악

여자가 물동이를 버려두고 동네로 들어가서 사람들에게 이르되(요 4:28).

사람들은 흔히 기독교를 '체험의 종교'라고 한다. 하나님의 존재가 성경에만 갇혀 계셔서 사상으로만 나타나시는 것이 아닌 거듭난 신자의 삶에 동행하시므로 신자는 하나님의 살아계심을 실제적으로 경험하게 된다는 말이다. 그리고 간증의 한자 뜻을 보았는데 종교에서의 의미는 '자신의 종교적 체험을 고백해서 하나님의 살아계심을 증명하는 일'이라고 한다. 그렇다면 세대를 막론하고 신자들이 갖는 공통의 요소가 간증이라는 말이 된다. 하지만 성경에는 간증이라는 단어가 나오지 않는다. 하나님의 살아계심을 삶에서 경험한 신자들의 신앙 경험이 나열되어 있을 뿐이다. 그러나 이것 또한 간증을 뜻하기에 간증이라는 단어가 성경적이지 않다고 말할 수는 없다.

1960년대 현대 크리스천 음악(CCM)이 시작되면서 아티스트들은 무대에서, 강단에서, 찬양을 부르며 자신들이 만난 하나님, 경험한 하나님을 이야기함으로 신앙을 고백하고 표현해 왔다. 음악만 존재하지 않고 구술만 존재하지 않으며 간증과 찬양이 함께 섞여 현대 크리스천 음악만의 독특한 형식을 구축(構築)해 왔다. 그러나 이러한 형식이 성경적인지 아닌지에 대하여 일부 논란이 있었다는 면에서 좁은 의미의 '예배'로 접근하기보다 모든 시간과 공간에서 우리가 하나님을 경배할 수 있다는 적합성으로 바라봐야 한다. 우리는 예배와 집회를 구분하지만 이 둘이 예수님을 구주로 고백하는 신자들의 모임이라는 그 중심에는 하나님의 존재가 가장 중요한 위치에 있음을 본다. 즉 경배를 받으실 하나님을 위한 모임이고, 간증은 하나님을 경배하는 모든 영역에서 타인에게 복음을 전하는 기능의 역할이 발휘된다는 것이 초점이다.

왜 크리스천 음악가들은 간증과 찬양을 섞은 형식을 취했을까? 몇 가지 환경을 고려한 탓이기도 한데 첫째로 초창기 크리스천 음악이 록 음악을 하는 가수였다는 점에서 록 음악이 가진 편견을 극복하기 위한 방편으로 아티스트들은 자신들의 신앙을 적극적으로 드러내야 했다. 두 번째로 음악은 시간예술이며 시간과 형식의 제한을 받는다. 이것이 성경의 거대서사를 한 곡에 밀집하기에는 역부족임을 말하고 아티스트의 신앙도 다 담지 못한다는 뜻이 된다. 그래서 구술로서의 간증과 음악으로서의 찬양을 함께 취한 방식은 가장 적절한 대안이었다. 셋째로 아티스트들이 복음의 열정이 있었다는 면에서 음악으로는 하나님을 찬송하고 구술로는 성경을 말하여 전도한 것을 알 수 있다.

이러한 형식을 취하는 아티스트에게는 그들의 음악과 신앙 고백 및 말씀의 깊이에 대한 영적 성숙이 이뤄져야 한다. 전하는 자가 간증을 통해 하나님을 드러내고자 한다면 자신이 경험한 영적 경험들을 성경에 비춰보아 그르치거나 반하지는 않는지를 살펴야 한다. 우리 각자는 영적 체험에 있어서 차이가 있고 하나님께로부터 오는 것이 아닌 내 안에서 스스로 말한 것들에 지나지 않는 것들을 오해 및 착각하는 경우도 있기 때문이다(렘 29:9). 그러나 영적 체험과 살아계신 하나님을 경험하는 일에 우리가 과대하게 두려워하지 않을 것은 하나님은 예수님으로 이 땅에 오셨고, 한 사람을 찾아가시고 직접 만나주시며 그들에게 간증을 허락하셨기 때문이다. 한 예로 사마리아 여인이, 삭개오가 그렇지 않은가? 예수님을 만난 (영적 경험 및 체험) 이후로 그들은 가만히 있을 수 없었고 사람들에게 기쁜 소식을 전하며 하나님을 높여 경배하였다는 점이다. 이것이 곧 찬양이다.

CCM Instrumentals

나의 반석이시요 나의 구속자이신 여호와여 내 입의 말과 마음의 묵상이 주님 앞에 열납되기를 원하나이다(시 19:14).

노랫말이 있는 CCM이 주류를 이루지만 이것이 CCM의 전부는 아니다. CCM에도 다양한 장르가 있는데 그 중에도 수요층이 비록 적지만 연주음악으로만 이뤄진 CCM이 있다. 대개 구성은 악기 연주자들이 자신이 다루는 악기로 솔로 기량을 발휘하여서 곡의 형태를 완성한다. 우리는 이런 음반을 쉽게 접할 수 있는데 건반, 기타, 색소폰, 전자 바이올린 등이 비중을 많이 차지하고 있다. 점차 악기마다 전자 소리가 가미되고 녹음 기술이 발전함에 따라 솔로로 연주될 수 있는 악기의 수가 늘고 연주자들의 다양한 앨범을 찾게 될 것이다. 솔로 앨범을 내는 연주자들 중에는 많은 이들이 가사가 있는 CCM의 세션 연주자로 참여함으로써 장르를 구분하지 않고 실력을 발휘하기도 한다.

지금은 이런 연주 또는 반주로만 이뤄진 CCM이 충분히 하나님을 찬양하는 음악이 될 수 있다고 이야기하지만 이전에는 이런 장르의 음악도 찬양으로 볼 것인지에 대한 논란이 있었다. 사람들이 들을 때 어떤 찬양 가사의 일부도 들을 수 없는 오직 악기 연주만 흘러나왔기 때문이다. 가사가 없으니 어떤 내용인지 무슨 의도인지를 알 수 없다는 것이 논란의 여지였다. 연주만으로는 이것이 하나님을 위해 쓰였는지 아닌지를 찾을 수 없다는 의견이 주된 내용이다. 그러나 이것에 대해 새로운 대중음악 CCM의 저자 양동복은 크리스천 묵상음악을 만들어 내는 사람들과의 인터뷰를 통해 그들 안에 분명한 기독교 관점이 있었음을 말했다. 가사는 없더라도 태도가 음악에 드러나고 입장, 영적인 면을 보고 판단할 수 있다고 말이다. 이런 음악이 영혼을 만지고 묵상의 분위기를 연출해 주길 기대한다고 했다.[4)]

이 말을 따라서 우리는 시편에 담겨 있는 많은 노래들을 부르며 하나님께 기도하고 찬송했을 다윗의 모습을 상상할 수 있다. 연주를 따라서 주님을 향해 찬송을 드리다가 하나님의 말씀이 떠올라서 조용히 묵상하게 될 때면 그 연주들이 더욱 다윗의 마음을 부드럽고 간절하도록 도왔으리라는 짐작 말이다. 또 열왕기하 3장 15-16절을 보면 거문고를 타며 찬송하는 자를 옆에 두고 하나님의 뜻을 물었던 엘리사의 이야기도 있다.[5)] 물론 우리 모두도 혼자 조용히 기도하는 시간에 또는 말씀을 묵상하는 시간에 연주 음악으로만 구성된 찬양을 배경으로 들으며 주님과의 시간을 갖는 경험이 있다. 이런 형식은 교회에서도 쉽게 찾을 수 있는데 기도가 시작되고 끝나기 전까지 찬양을 불러주는 찬양팀, 그리고 연주 음악을 트는 등 CCM Instrumental은 신앙생활을 돕는 역할을 충분히 하고 있다는 점이다. 만약 악기 연주 솔로 앨범을 준비하는 사역자들이 있다면 그 곡이 찬양으로서 역할을 할 수 있다는 이해를 돕는 취지로 배경이 되는 말씀 구절, 작곡자의 의도, 목적 등을 밝혀주는 것도 좋을 것이다. 곡을 사용하는 수요층도 훨씬 알맞은 취지로 음악을 사용할 수 있게 되기 때문이다.

---

4) 양동복, 《새로운 대중음악 CCM》, 예영커뮤니케이션, 2000, p. 284.

5) 어느 혹자 중에는 이것을 두고 음악이 영적이기 때문에 아무것이나 들어서는 안 된다고 주장하지만 엘리사가 예언을 하기에 앞서 거문고를 타는 자를 부른 이유는 그 음악 배경이 영적인 무엇을 불러일으키는 능력이 있어서가 아니라 그것이 하나님을 예배하고 찬송하는 역할을 담당하기 때문이다. 즉 엘리사가 거문고 탄 자를 부른 이유는 접신을 하듯 거기에서 어떤 능력을 얻을 수 있다는 미신 같은 믿음에서 기인한 것이 아니다. 하나님이 찬송 중에 거하시는 분임을 알기에 그 시간을 구별하고 그의 마음을 정하여서 찬송하며 주께 간구하는 기도를 올렸다는 것이 맞다.

그 물을 여호와께 부어 드리며

세 용사가 블레셋 사람의 진영을 돌파하고 지나가서 베들레헴 성문 곁 우물 물을 길어 가지고 다윗에게로 왔으나 다윗이 마시기를 기뻐하지 아니하고 그 물을 여호와께 부어 드리며(삼하 23:16).

본문 말씀에서 다윗은 블레셋과 전쟁 중에 있다. 다윗은 산성에 요새를 두었고 블레셋은 베들레헴에 진을 풀었다. 그런데 다윗이 있던 산성에는 어떤 이유인지는 언급하지 않았으나 물이 없었다. 다윗은 목이 말랐고 이 물을 마시려면 베들레헴 성문 곁에 있는 우물을 마실 수밖에 없었다. 그리고 다윗은 이 우물물을 누가 길어다가 나에게 마시게 하겠느냐고 묻는다(15절). 물을 갖다 주고 싶은 것은 모든 용사들의 바람이겠지만 그 물을 얻기 위해서는 블레셋 군을 만나게 될 것이고, 이를 뚫고 나갈 생각에 선뜻 다녀오겠다고 이야기하기가 쉽지 않았을 것이다. 다윗도 누군가를 지정하여 다녀오라고 하지 않았는데, 이또한 자신이 아끼고 사랑하는 용사들을 자신의 유익을 위해 생명을 담보로 물을 얻어오라고 요구하고 있지 않음도 주목해 볼 만하다.

이때에 세 용사가 다윗 앞에 나온다. 이 용사들의 이름은 요셉밧세벳, 도도의 아들인 엘르아살, 아게의 아들인 삼마이다. 이들은 다윗과 블레셋이 전쟁할 때 이스라엘 군인들이 후퇴할 적에 혼자서 블레셋 군과 맞붙어서 싸운 용사들로 그때마다 주께서는 그들과 함께하심으로 승리를 안겨주셨다. 이 세 용사는 이번에도 블레셋 진영을 뚫고 베들레헴 성문 곁에 있는 우물에서 물을 길어 다윗에게 바쳤다. 그리고 다윗은 그 물을 아주 맛있게 마시기보다 오히려 기뻐하지 아니하고 물을 여호와께 부어 드렸다는 기록이 나온다. 여호와께 부어 드렸다는 의미는 무엇을 말하는가? 세 용사의 생명을 담보로 얻어 온 물, 그리고 자신의 갈증이 해결되지 않으면 전쟁 시에 어떤 불이익을 당할지 모르는 시점에서 물 한 줌을 여호와께 부어드리는 이 행위는 곧 주님 앞에 쌓은 제단이고 예배였다. 이 물은 그냥 쉽게 구할 수 있는 물이 아니라 그들의 생명까지도 바친 물이었던 셈이다.

여기서 나는 극단적인 헌신, 극진한 봉사, 힘에 지나도록 돕는 연보, 비록 동전 한 닢이었지만 자신의 전부를 드렸던 과부의 헌금이 함께 떠올랐다. 그리고 이러한 행위에는 하나님의 강제성과 강압성이 그 어디에도 없으며 온전히 그들의 자발적인 마음에서 하나님께 드린 것이라는 선명한 확신이 차올랐다. 오직 여호와를 사모함이, 그분을 기뻐함이 그들 가슴 깊이 자리해 자신의 전부를 드리기를 아까워하지 않았다는 점이다. 하나님을 향한 순전한 마음만이 거기에 남아 있는 것이다.

나는 국내 소규모의 CCM과 CWM 시장의 형편과 처지를 알고 있다. 여기는 제작을 지원하는 투자 자본이 거의 전무하여서 아티스트, 찬양 사역자들이 개인적으로 자신들을 돕는 손길들에 의지하거나 개인 자본을 풀어 노래하고 있다. 이것은 용감한 세 용사가 홀로라도 싸우겠다는 마음으로 블레셋 군대 앞에 서있는 것처럼, 갈증으로 탈진에 이를 수 있는 다윗이 그들의 목숨을 담보로 얻은 물 한 모금도 먹지 않고 전부를 주 앞에 드렸던 경배의 마음처럼, 과부가 적은 동전 한 닢이라도 주를 사모하는 마음으로 봉헌했던 것처럼, 그들의 삶으로 주를 노래하는 것이며 자신이 가진 전부를 드려서라도 아깝지 않은 주님의 이름을 찬송하기 위한 마음이 전부다. 하나님의 이름이 찬송받으시기에 합당하므로 찬양이 끊이지 않기를 바라는 마음의 소원, 그것이 그들이 척박한 땅에 서 있는 이유다.

록(Rock) 음악에 대한 보고(報告)

내가 하나님을 의지하여 그의 말씀을 찬송하며 여호와를 의지하여 그의 말씀을 찬송하리이다(시 56:10).

1950년대에는 록 음악이 자유와 해방을 표현하는 팝 음악으로 대중에게 환영을 받았고 CCM은 1960년대에 크리스천 신앙을 가진 기존의 록 가수들에 의해 시작되었다. 록 가수 래리 노먼(Larry Norman)은 그 중에서 CCM 앨범을 처음 발매한 가수였다.

현재는 다수의 대중음악 장르와 록의 요소가 가미된 형태가 있고 CCM도 록 장르로 표현되는 것이 자연스럽다. 하지만 이전에 록 음악이 교회음악의 장르로 인정되기까지 치열했던 신학적 정립 과정의 과거를 보면 무엇이 갈등의 요소였는지 궁금하기도 하고 놀라게도 될 것이다. 당시에 교회는 록 음악을 하는 가수들의 옷과 생김새, 불량한 태도와 말, 부정적인 이미지를 사탄의 모습으로 간주했기에 크리스천 록을 교회음악에서 퇴출시키려 많은 책들이 출판될 정도였다. 또 'Rock and roll'이라는 명칭은 흑인들의 비속어인데, 좋은 의미가 아니어서 더욱이 비난을 받았다. 음악적으로는 록 음악이 가진 빠르고 강한 비트(Beat)가 사람을 신경질적으로 만들고 절제하지 못하게 한다는 이유로 사탄의 음악으로 간주되었다. 이런 스타일의 비트는 이교의 제사의식과 우상숭배에 사용되는 것이며 이교의식이 조용히 교회에 들어와 분열시키고 허무는 것이라고 알려진 것이다. 록 음악에서 빈번히 사용하는 싱코페이션(Syncopation)은 강박과 약박자의 일정한 리듬 패턴이 변화와 응용되면서 탄생한 것이지만 그 느낌이 파괴하는 무질서함으로 사람을 자극하게 한다는 이유로도 비난받았다.

그러나 크리스천 록을 비난했던 책들이 가졌던 한계는 기존 록 가수들의 공연 이미지와 선입견이 주된 이유였지만 크리스천 신앙을 가지고 록 음악을 하는 가수들의 입장과는 별개였다는 것이 지배적이다. 또 Rock and roll이 가진 이름의 뜻이 현대에서는 어떤 의미와 내용을 표현하는 것이 아니라 '음악 스타일'과 '장르'를 지칭하는 언어일 뿐임에 다른 가치를 부여하지 말고 형식적인 장르를 지칭하는 언어로 사용되어야 한다. 또한 빠른 비트 자체를 놓고 어떤 신학적인 가치를 부여하는 것은 무리라는 입장이다. 예를 들면, 빠른 비트가 선험적 악이라고 주장하기 전에 마틴 루터가 일으킨 종교개혁에서는 이미 강한 어조와 빠른 비트가 사용되었고 다윗이 부른 강한 승전가에도 빠른 비트(Beat)는 충분히 사용될 수 있는 중립성을 지닌 것으로 그저 음악을 이루는 한 요소라는 점이다.

이처럼 음악 스타일의 이미지로 인한 신학적 정립 및 옳고 그름의 분별로 오해받는 크리스천 록 가수들은 보수주의자들의 거부도 용납하고 자신들의 진실성과 복음의 메시지를 전달하면서 안정세를 찾았다고 한다.[6] 데이빗 윌커슨(David Wilkerson) 목사는 크리스천 록을 반대하였지만 후에는 CCM을 옹호하는 입장이 되었는데 자신이 록 음악에 대해 심하게 오해했음을 인정했고 자신의 선교단체에서 사역하던 단원이 록 음악을 하는 자였는데 그의 노래의 진실성을 보고 전환하게 되었다고 한다. 선험적이고 무차별적인 비판이 아닌 분별과 사랑이 더한 곳에서 하나가 될 수 있음을 본다. 자신이 가진 최고의 것으로 하나님을 찬양하고 싶은 록 가수의 진실함과 비록 자신의 취향은 아닐지라도 지적으로는 동의할 수 있는 성숙함이 어울려져 하나가 되길 바란다.

6) 양동복, 《새로운 대중음악 CCM》, 예영커뮤니케이션, PP. 485-487.

음악 청취의 중요성

지혜로운 사람의 책망을 듣는 것이 우매한 자들의 노래를 듣는 것보다 나으니라(전 7:5).

우리가 무엇을 보고, 듣는 것이 과연 중요할까? 그것은 우리의 사고와 행동에 과연 영향을 미칠까? 이는 오래도록 현대문화, 혹은 대중문화를 어떻게 바라볼지에 대한 관점에 중요한 쟁점이 되어왔다. 대부분의 기존 세대는 젊은 세대가 듣는 음악, 보는 음악, 사용하는 언어에 대해 유감을 표시한다. 반면에 많은 젊은 세대는 지금까지 지켜온 옳은 것에 대한 탐구를 따분하게 여기고 자유와 해방을 추구하며 감정과 욕구에 충실하고 쉴 수 있는 음악, 즐기는 음악을 찾는다. 이러한 음악의 대부분은 신선하고 아이디어가 뛰어나지만 점점 귀를 자극하는 강한 가사들이 늘며 그럴수록 관심을 받는 추세이다.

디모데후서 2장 14절에서는 음악과 귀에 대한 완전한 귀결은 아니지만 듣는 것의 중요성을 찾아볼 수 있다. 11절의 '이'라는 지칭대명사가 부활의 실제와 의미를 말하고 있는데 이와 관련해 성도 안에 말다툼이 있어 왔고 말다툼이 듣는 자에게 유익이 없고 망하게 할 것이라는 경고를 주고 있다. 부활의 의미뿐만 아니라 어떤 정보와 관련해 검증도 없고 성경에 반하는 말들만 있다면 듣는 자에게는 우리의 영혼을 망하게 할 수도 있다고 보는 것이 성경적이다.

최근에 떠오르는 핫(Hot)한 단어가 아방가르드이다. 아방가르드는 본래 군사용어의 척후병을 말하지만 전위예술을 다른 말로 표현하는 의미로 전용(轉用)되었다. 이미 아방가르드는 TV매체를 섭렵했고 많은 연예인들이 유머, 예능, 대중음악의 영역에서 적극적으로 활용하고 있는 문화예술 코드(Code)이기도 하다. 아방가르드는 새로운 혁신을 추구함에 따라 현재의 과학 기술과 공업 기술을 더 높은 차원으로 끌어올리는 시도, 즉 테크놀로지(technology)와도 중첩(重疊)되어 있는데 이를 선전하는 대표적인 아티스트가 행위 예술가로 인정받고 있는 레이디 가가(Lady Gaga)이다. 그녀는 자신의 공적 활동의 패션과 메이크업, 음악과 메시지가 이에 상응한다고 인정한 바 있다.[7)]

하지만 음악이 세련되고 신선하며 그녀의 패션이 뛰어나도 많은 크리스천에게 달갑지 않은 것은 그녀가 추구하는 사상이 기독교적 세계관과 하나 될 수 없기 때문일 것이다. 여기에서 서구세계를 지배해 온 사상에 대한 간단한 이해가 필요한데, 기독교적 관점에서 볼 때 중세시대를 기점으로 이전에 교회가 지배해 왔던 문화예술과 이후의 교회를 벗어난 문화예술의 작품세계와 사상이 크게 달라진 점이 보이기 때문이다. 이것은 신이 우선인지 인간이 우선인지에 대한 신과 인간의 싸움이라고 볼 수도 있다. 인간의 무한한 가능성을 발견하고 신에게서 독립하여 인간의 자유와 해방을 강조했던 운동 중 하나가 과학과 공업기술의 발달이었기 때문이다. 이것은 신이 더 이상 필요치 않은 인간의 자만이기도 했다. 모든 지혜를 동원하고 발전시켜 세계의 평화를 추구하겠다는 말은 신이 없이도 행복하게 살 수 있다는 인간의 자신감이고 하나님이 없이도 당당해지라는 달콤한 유혹이기도 하다. 문화예술의 홍수시대에서 우리가 무엇을 들을지 분별해야 하는 이유와 음악 청취의 중요성도 여기에 있다. 그러므로 요즘 세상에 유행하는 가장 뛰어난 문화 아이콘이 등장하여도 당신의 귀를 쉽게 내주지 말기를 바란다. 적을 알아야 이길 수 있겠지만 그 전에 분별함을 갖는 것, 음악 청취의 중요성은 아무리 강조해도 나쁘지 않다.

7) http://www.youtube.com/watch?v=BGf4uyJF9oE 2014.11.27. 6:00 기준.

본질적으로 하나님의 것이다

> 그런즉 누구든지 그리스도 안에 있으면 새로운 피조물이라 이전 것은 지나갔으니 보라 새것이 되었도다 모든 것이 하나님께로서 났으며 그가 그리스도로 말미암아 우리를 자기와 화목하게 하시고 또 우리에게 화목하게 하는 직분을 주셨으니(고후 5:17-18).

CCM은 음악의 틀과 형식이 오늘날의 스타일로 존재해야 한다. CCM의 발전과정을 살펴보면 오늘날의 동향(trend)에 민감한 젊은 대상을 주축으로 발전해 온 것을 알 수 있다. 음악을 생산하는 젊은 크리스천 음악인들은 기존의 대중음악에서 사용되는 틀을 그대로 가져왔다.

기존 음악의 틀을 그대로 가져온 대중음악과 음악인들이 건전하지 않고 문란한 삶의 방식을 노래하고 고수하는 것이 그들의 음악세계를 증명하는 것과 별반 다르지 않아 보인다는 이유는 CCM의 세속화 비판에 보탬이 되었다. 또한 록앤드롤(Rock & Roll)이 가진 기존 질서에 대한 반항, 저항의식, 방목에 가까운 자유 추구는 반발과 분열을 초래하여 기성세대에게는 기피하는 음악 대상이 되었다. 락앤롤을 떠오르게 하는 CCM의 음악적 스타일이 에스겔 28장 13절 말씀, 반역한 천사장을 하나님께서 쫓아내실 때 그를 위해 준비된 소고와 비파가 함께 추락했는데 세속 음악에 대한 열외(列外)에 CCM이 영향을 받고 증폭시키는 요인이 된다고 주장한다.

그러나 '음악이 누구의 것인가?' 라는 본질적인 질문을 던진다면 피조세계에서 하나님이 창조하지 않으신 것이 없다는 점에서 음악 또한 하나님의 것임이 확실하다. 표준새번역 성경에서는 에스겔 28장 13절을 기록하기를 "너를 위하여" 앞에 "이미"라는 단어를 추가함으로 그

의미를 더 분명하게 했다. 천사장이 창조되기 전에 하나님은 음악을 '먼저' 또는 '이미' 창조하셨음을 알 수 있다. 하나님의 창조물인 음악을 타락한 천사장과 하나로 보는 시각이 아닌 각각 다른 객체로 봄으로써 음악이 함께 추락했을지라도 음악이 그를 위한 것은 아니며 그에게 부여하셨던 일부 능력에 불과함을 말한다. 음악을 창조하셨고 소유권을 가지신 분은 하나님이시다. 그렇다면 CCM이 세상의 음악에서 기존의 틀을 빌려왔다는 주장 혹은 따라한 것에 불과하다는 주장에 대해서는 잃어버린 본래의 것을 찾았다고 반증해도 무방하다. 만약 세속화에 대한 비판이 크리스천 록 음악을 하고 있는 성실한 기독 음악인들과의 접촉이 없이 단순히 일부 건전치 않은 대중음악인들이 가진 이미지로 인한 선입견에서 비롯된 것이라면, 소통의 창을 여는 것이 필요하다.

'오늘날의 음악'을 시간적 개념의 틀로 가져온다면 하나님은 영원하신 분이며 오늘은 과거와 현재와 미래에 있었던, 있는, 있을, 하루를 말한다. 과거에 받아들이기 어려웠던 새로운 음악 형식들은 오늘날에는 전통이 되어 있고 현재는 새로운 형식을 재창조한다. 21세기를 사는 우리가 누리고 있는 전자음악은 20세기의 현대음악이라는 기준에서 동일시되고 음악의 다양성은 진작부터 시작되었다. 전자음악은 이미 1950년대에 출현하여 반세기가 넘은 장르다. 어쩌면 '해 아래 새것이 없다'는 말씀을 따라 새롭다고 여겼던 음악들은 이미 존재한 것들의 발견 또는 부연설명에 지나지 않는다. 하나님의 영원이라는 시간의 관점에서 새로움은 이미 그분이 창조하신 것들의 피조 관념일 것이며 시간의 한계를 지닌 우리가 음악에 새로움의 의미를 부여한다. 모든 것과 우리가 의미를 부여한 새로운 음악까지도 본질적으로 하나님의 것이다.

빗나간 예상 그리고 기다림

이는 너희 믿음의 시련이 인내를 만들어 내는 줄 너희가 앎이라 인내를 온전히 이루라 이는 너희로 온전하고 구비하여 조금도 부족함이 없게 하려 함이라(약 1:3-4).

계획대로 일이 진행되지 않았던 경험을 이야기하라고 하면 모두가 한둘씩은 말할 것이다. 나는 앨범을 준비하면서 미처 염두에 두지 못한 것을 보게 되고 새로운 것을 알게 되었다. 믿음의 사람들과 함께 음반 작업을 하면 모든 점에서 더 수월할 것이란 예상과는 반대로 작업 과정이 힘들기도 했다. 그럴 때마다 내가 쓴 "자화상"이란 노래의 가사처럼 두 모습이 내 안에 있는 것을 알게 되었고, 상대방을 나보다 낫게 여기며 선한 열매를 맺어가는 것이 쉽지 않다는 것도 알게 되었다. 이처럼 사역에 있어서도 관계의 문제는 서로에 대한 깊은 이해와 사랑, 인내가 반드시 필요하다. 그러나 우리가 사는 시대는 사랑에 목말라하면서도 서로를 더욱 깊이 알게 되는 것을 두려워하고 사랑하고 받기도 부담스러워하는데, 사역자들도 이런 영역에 있어서 성품이 훈련되지 않으면 별반 다르지 않다. 서로가 자신의 입장만을 생각하다가 중요한 하나님의 메시지를 놓칠 수가 있다.

나의 한 친구는 참으로 아름다운 말을 했다. 서로의 다름과 때로는 부족함을 채워줌으로 그곳에 사랑이 꽃 피우게 되는데 하나님은 그 모습을 보시며 매우 흡족해하신다는 말이었다. 그 친구의 말에 의하면, 우리의 문제는 사랑과 화합이 피어날 수 있는 장소이기도 하다는 말이다. 하나님의 주권 속에서 나의 말과 행동이 움직이는 것, 그것을 간절히 바라는가? 하나님의 도우심을 구할 때 주께서는 반드시 응답해 주신다.

앨범을 준비하면서 나의 영향력이 미치지 못하는 영역에 대해 내가 취할 수 있는 행동은 몇 가지가 안 되었다. 더욱 좋은 결과물을 만들어 내기 위한 재작업과 탐색을 병행함에 있어서 나는 모든 과정을 기다려야 했다. 이 기다림을 어떻게 다룰 것인가가 사람의 성숙도를 나타낸다고 할까. 기다림에 대한 나의 반응은 때로 두려움이었고 두려움이란 감정은 믿음의 실효(實效)를 증명이라도 하라는 듯 나에게 도전해 왔다. 불안함이라는 감정의 원인은 다양할 수 있지만 인내하지 못함으로 영적 또는 마음의 결핍의 상태가 지속되는 것이다. 하지만 내가 말씀 안에 거할 때는 이 모든 기다림에 대해 평안함으로 응답할 수 있었다.

그러고 보니 기다림은 인내와 닮았다. 모든 일에는 기다림이 필요함을 새삼 깨닫는다. 본문 말씀에서도 믿음의 시련이 인내를 만든다고 했다. 당신은 믿음의 시련이 무얼 말한다고 생각하는가? 한마디로 믿음이 자라기까지 찾아오는 시련들을 말한다. 성경에는 하나님을 믿음으로 인정을 받은 주의 사람들의 이야기가 기록되어 있다. 그들은 우리와 동일하게 인생을 살다가 시련을 만났지만 하나님을 믿음으로 인내하여 인정함을 받았다. 하지만 이 믿음은 내가 믿고 있는 신념 또는 내가 하고 싶은 목표에 대한 표현으로 정의될 수 없다. 말씀에 기초한 믿음을 갖는 것, 이러한 믿음을 이루는 인내가 정확한 본문의 말씀이다.

믿음이라는 열매를 얻기 위해 시련과 인내는 피할 수 없는 길인 듯하다. 우리에게 찾아오는 시련에 대해서 영적으로 분별할 수 있는 지혜와 계시를 구하자. 도우시는 하나님으로 인해 "내가 여전히 기뻐하리로다"라고 고백하는 자들이 되자.

무슨 선한 것이 날 수 있느냐?

나사렛에서 무슨 선한 것이 날 수 있느냐 빌립이 이르되 와서 보라 하니라 (요 1:46).

노래도 잘하고 성격도 긍정적이고 밝은데다 사교성도 좋은 친구가 있다. 그 친구도 신앙생활을 하면서 CCM에 관심이 많아 좋아하는 찬양이 어떤 것인지 스스로 이야기를 나누며 공감을 쌓았다. 친구는 CCM에 대한 관심은 많지만 자신의 인생에서 이것을 어떻게 풀어 가야 할지 잘 모르겠다며 혼자 고민을 많이 해 왔다. 물론 계속 공부하는 과정에 있지만 일찍이 나 또한 궁금했었고, 풀리지 않는 CCM에 대한 의문으로 그 친구가 고민하고 있음을 알고 조언을 하였다.

친구가 가졌던 질문은 이것이었다. 첫째, 자신이 생각하기에 CCM이 대중가요나 팝음악 같은 멜로디와 리듬을 갖고 있기 때문에 젊은 애들이 듣기에 좋다는 말이었다. 물론 맞는 말이었다. 하지만 대안으로서의 CCM에 대한 기능만 이야기할 수 있을 뿐 또 어떤 가치가 있는지에 대해 생각이 나지 않으니 더 이야기를 하지 않았다. 나는 물론 CCM이 가요나 일반음악이 가지고 있는 폭력성, 선정성 등이 추구하는 퇴폐성에 대해서 좋은 대안이 될 수 있을 것이라고 말했고 이것이 그동안 CCM에 대해 논문으로도 잘 정리되어 왔다고 답변했다. 하지만 CCM이 그것만은 다가 아닐 것이라는 뉘앙스를 주었다. 찬양으로서, 예술로서, 복음으로서 CCM의 가치와 기능적 역할도 더욱 폭넓지 않느냐는 정보의 확장을 전해 주고 싶었다.

둘째, 젊은이들은 그나마 CCM을 좋아하지만 어른들은 싫어하고

CCM에 대해 좋지 않은 견해를 갖고 있다는 말이었다. 이것에 대해 나는 그것이 곧 '거룩의 문제'의 차원인데 사실 CCM이 거룩하지 않다고 주장하는 사람들은 '거룩'에 대해 잘못된 정의와 이해를 갖고 있는 경우가 많기 때문에 오히려 설득력을 가질 수 없는 것이라고 답변했다. CCM을 좋아하지 않는다면 그것은 취향의 문제, 스타일의 문제로 다뤄져야 할 것이며, 거룩의 문제와는 별개의 것이라는 입장을 보였다.

셋째, 자신이 좋아하는 대중음악의 가수들이 참 부럽다는 말을 했다. 자신 또한 CCM을 좋아하고 진지한 마음으로 바라보지만 생업으로 삼기는 힘들어서 하지 않기로 마음을 굳혔는데 이내 복잡해지고 마음이 힘들다는 이야기였다. 이것에 대해 나는 솔직한 말을 했다. 현재 CCM 시장을 감안할 때 온전히 이 활동만으로 생업을 이어갈 수 있으리라는 보장은 누구도 할 수 없고, 그것은 소수의 사람들의 이야기이다. 더군다나 상업음악과 비교하여 CCM을 바라보게 되면 더욱 답답할 것들이 많을 것이라고 대답했다. 그 친구는 이 의견을 들으며 때로 한숨을 지었지만 어려워도 견디면서 CCM을 하겠다는 의지를 보이며 이 길을 가는 친구들이 있다는 것을 알게 되었다. 이를 통해 동시에 자신은 어떻게 할 것인가에 대해 고민하고 있음을 볼 수 있었다.

오스왈드 챔버스는 제자로서 헌신이란 주님을 위한 것이며 다른 무엇을 얻기 위한 것이 아니라고 본질적인 설명을 했다. 주님과 흥정하려는 마음이나 보상심리를 갖는 태도, 주님과 바른 관계를 맺으면 절로 주어지는 것이라는 생각이 오히려 기독교의 근본정신도, 참된 헌신도 될 수 없다고 말했다. 만약 CCM에 대한 부르심이 있는데 이것을 하지 않으려는 이유가 CCM을 한다고 해도 여기서 얻을 것이 무엇이 있겠느냐는 의문이라면, 앞서가시는 주님의 뒷모습이 낯설고 두려워서 우두커니 바라보고만 있다면, 오스왈드 챔버스의 말에서 힘을 얻길 바란다.[8)]

8) 오스왈드 챔버스, 《주님은 나의 최고봉》, 스데반 황 옮김, 토기장이, 헌신.

사람을 살리는 노래

여인들이 뛰놀며 노래하여 이르되 사울이 죽인 자는 천천이요 다윗은 만만이로다 한지라(삼상 18:7).

가끔 우리는 늘 들어왔던 이야기를 되새기고 기억하는 것으로 말씀에 접근하지만 때로는 전에 보지 못했던 부분들이 보이고 이것들을 발견하게 되는 묵상을 하게 될 때면 하나님의 말씀이 달고도 오묘하다는 뜻을 실감하게 된다. 마찬가지로 우리가 다윗과 사울에 대한 이야기를 떠올릴 때 점점 더 퇴물이 되어가는 사울과 점점 더 기세등등하게 서 가는 다윗의 모습을 떠올리곤 한다. 본문은 우리가 잘 알고 있는 다윗과 사울의 이야기 중 하나로 둘의 관계가 심한 갈등 속으로 들어가기 직전의 상황을 그린 것이다.

다윗과 사울의 관계가 언제부터 안 좋아졌는지 궁금해할 때 사무엘상 18장 9절을 보면 그 이유를 알 수 있다. "그로부터 사울이 다윗을 주목하였더라"는 말씀을 통해 골리앗을 물리치고 돌아온 다윗을 보고 난 후 둘의 관계가 안 좋아졌다는 것을 알 수 있다. 하지만 그 전에 사울의 마음에 다윗을 미워하게 하는 마음을 갖게 한 또 다른 사건이 있었는데 그것이 바로 본문에서 이스라엘 여인들이 부른 노래를 통해서다. 사실 사울은 골리앗을 쓰러뜨릴 용맹한 이스라엘의 용사가 없음에 염려하던 차였고 그때 하나님이 예비해 두신 방법, 즉 다윗이 아버지의 심부름을 위해 그곳을 지나가면서 골리앗과의 싸움을 자처했기에 다윗을 위해 투구와 갑옷까지 직접 씌어주고 입혀주는 등 다윗에 대한 어떤 미움이나 경계가 없었다. 하지만 다윗이 가져온 승리가 자신이 이스라엘을 위해 싸워왔던 수많은 전쟁보다 더 큰 가치를 지녔는지에 대해 의문을 갖게 하고 끝내는 불쾌한 마음까지 갖게 된 이유가 여인들이 부른 노래 사건 이후임을 주목할 필요가 있다. "그로부터 사울이 다윗을 주목하게 되었더라"라는 9절의 말씀은 사울이 다윗이 자신을 제치고 이스라엘을 차지하고 왕이 될 것이라는 위협감을 느꼈다는 말의 함축적 표현으로 볼 수 있을 것이다. 하지만 정말 다윗이 그러하였던가? 다윗은 사울의 감정 변화도 몰랐고 더더욱 사울에게서 이스라엘이란 나라를 빼앗으려고 골리앗에게 나아갔던 것이 아니었다.

여기서 우리는 꼭 이 노래가 사울 이후 모든 행악들에 대한 피의라고만 할 수 없다고 주장할 수 있다. 오히려 사울에게 이런 노래가 성읍에서 들려올지라도 이성을 찾고 하나님 편에서 올바른 판단을 내렸더라면, 즉 사람들이 원한다고 해서 왕이 되는 것이 아니라 하나님께서 기름을 부으셔야 왕이 되는 것이며, 더욱 다윗을 다윗답게 대해 주고 이스라엘 백성들을 하나님의 사람으로서, 왕으로서 진실하게 대했더라면 그의 미래가 어떻게 바뀌었을지 상상할 수 있음도 가능하다.

그러나 사람의 마음이 상하는 것은 어떤 일에 대해 머리로는 이해되지만 마음으로는 잘 안 되는 것임을 잘 안다. 어쩌면 "사울은 천천이요 다윗은 만만이라"고 불렀던 노래는 사람을 살리는 노래가 아니라 사람의 기를 죽이는 노래, 상처를 주는 노래, 한 사람의 소중함을 일깨워주는 노래가 아닌 서로를 비교하는 노래였다고 해석할 수 있다. 그러므로 '어떤 노래를 부를까?'에 대해 우리는 충분히 알 수 있지 않은가.

무대에서 입을 옷

또 이와 같이 여자들도 단정하게 옷을 입으며 소박함과 정절로써 자기를 단장하고 땋은 머리와 금이나 진주나 값진 옷으로 하지 말고(딤전 2:9).

최근에 예배의 헌금 특별송으로 여성 중창단이 노래를 하기에 피아노 반주로 함께 참여하였다. 평소와 다르게 중창단이 입은 옷이 짙은 분홍색에 반짝이는 작은 구슬이 많고 몸에도 약간 타이트하였다. 전에 입었던 옷이 티셔츠였고 중창단이라는 공연 팀 이미지와는 맞지 않는다고 하여서 단원들과 옷에 대해 고민했던 시기였다. 이때 한 단원이 지인을 통해 옷을 빌려왔는데 화려한 공연복이었다. 하지만 옷을 보고 예배 형식에는 어울리지 않는다는 의견도 있었다. 의견이 충분히 논의되지 못한 채 집회형식에서 공연을 하게 되었다. 결국에는 공연이 끝난 뒤 교인들로부터 옷에 대한 지적이 나왔다. 공연복을 가져온 단원과 옷에 대한 지적을 하신 분 모두가 교회와 중창단을 위해서 참여하고 관심을 가지셨던 분들이었다. 그러나 방법은 달랐다. 누군가에겐 화려하고 붙는 옷이 불편함을 주기도 했지만 또 누군가는 예쁘고 잘 어울렸다고 칭찬을 하기도 했다.

또 한번은 다른 교회의 행사에 참여할 일이 있어서 갔다가 여성 성악 솔리스트의 옷을 보고 눈을 어디에 둬야 할지 난감한 상황을 경험했었다. 과하고 위험한 노출을 의도하지는 않겠지만 타이트한 드레스를 입게 되었을 땐 행동이 조심스러울 수밖에 없는데 만약 실수가 있게 된다면 서로에게 미안한 일들이 벌어지기도 하니 말이다. 이와 같이 일반 공연에서는 아무렇지도 않은 빈번한 일이 교회라는 특수한 조건에서는 우리를 고민하게 만드는 이유들이 있다. 찬양사역자를 포함해 교회에서 하는 공연, 또 신앙이 배경이 되는 다양한 종교행사들에서 남성이나 여성에게 어떤 옷이 가장 적합할까.

최근에 데이빗 윌커슨 목사님이 설교하신 동영상을 듣다가 모든 교회가 그렇지 않지만 일부에서는 누드댄싱(나체 춤)이 합법적인 경배 형태로 용인될 것이라는 소식을 접했다.[9] 당신은 교회라는 간판을 걸어둔 장소에서 예술이라는 명분을 갖고 나체 춤을 추며 경배하는 사람들이 있을 것이라고 상상이 되는가? 하나님의 말씀을 몰라서 백성들이 망한다는 말씀이 있다(호 4:6). 왜 하나님은 자신들의 부끄러움을 알게 된 아담과 하와를 그대로 놔두지 않으셨고 손수 옷을 지어 입혀주셨을까? 옷을 지어 입히셨다면 이제부터는 옷을 입고 지내야 하는 것이 맞는 생각이다. 하지만 위와 같은 예배 방식은 하나님을 어떻게 예배해야 하는지를 모르는 것이고 더러운 행위들에서 즐거움을 찾던 세상의 방법이 예배 안으로 구미에 맞춰져 들어와 인간적인 만족을 채우려는 시도에 불과하다.

교회에서, 더 나아가 일상에서 사람들은 어떻게 옷을 입어야 하는가? 디모데전서 2장 9절은 교회에서는 단정하게 옷을 입으라고 했고, 또 잠언 11장 22절에는 일상생활에서도 포함되는 말씀으로 "예쁜 여자가 단정하지 못한 것은 돼지 코에 금 고리이다"라고 말하고 있다. 비록 공연이라는 특수성이 있지만 단정한 스타일로 디자인될 수 있다면 성경적인 접근일 것이다. 끝으로 하나님을 찬양하는 예배 팀, 합창단 등의 무대를 설 때에 자신의 마음을 잘 살펴야 한다. 혹시 창조주 하나님보다 나에게 이목을 더욱 집중시키게 하려고 자신을 꾸미는 것은 아닌가 하고 말이다. 하나님을 진심으로 찬양하려는 마음이 옷 때문에 가려진다면 참 속상할 것이다.

---

9) http://www.youtube.com/watch?v=okjvPtVRc6w

무대 공포증

또 나를 위하여 구할 것은 내게 말씀을 주사 나로 입을 열어 복음의 비밀을 담대히 알리게 하옵소서 할 것이니(엡 6:19).

음악을 전공하는 학생부터 현장에서 활동하는 뮤지션들까지 무대 공포증이 있다고 말하는 것을 들어보았을 것이다. 무대 공포증이란 사람들의 시선과 이목에 부담을 느끼고 떨리는 마음 때문에 잘하던 것도 실수하게 되는 두려움을 말한다. 무대 공포증은 무대에 서는 음악인들에게만 편향되지 않으며 공적인 모임이나 회의, 면접, 토의와 토론과 같이 자신의 의사를 밝히는 상황에서도 자주 나타나는 증상이다. 무대 공포증은 차이와 심각성에 따라서 치료가 필요한 경우가 있는데 원인과 분석이 심리적인 요인에 있다고 보고 처방이 이뤄지고 있다. 심리적인 요인은 다양할 수 있다. 만약 그 중에서도 무대 공포증이 있는 음악인이라면 연습 부족, 낯선 환경과 사람들, 과거에 무대에서 창피를 당하거나 혼이 난 경험, 기질과 성격, 무대 경험 부족 등 이유는 사람마다 다르다. 왜 나에게 이런 증상이 생겼을까를 곰곰이 생각해 보면 좋겠다. 왜냐하면 무대 공포증이 극복되지 않으면 아무리 뛰어난 음악가라도 실력 발휘를 못해서 소정의 목표를 이루지 못하고 스트레스로 오랜 침체기까지 겪을 수 있기 때문이다.

테너 프랑코 코렐리, 음악가 쇼팽, 라흐마니노프, 첼로 연주가 파블로 카잘스, 연주자 드뷔시, 호로비치, 대중 가수 마돈나도 무대 공포증이 있는 사람들이었다.[10] CCM 아티스트와 예배 인도자, 그리고 솔로

10) http://terms.naver.com/entry.nhn?docId=2190908&cid=51077&categoryId=51077

연주를 하는 연주자들 중에서도 무대 공포증이 있었고 이를 극복한 사례들이 있다. 친자매로 이뤄진 CCM 그룹 '여나목'의 김도연 양은 성악을 전공했지만 부끄러움이 심했고 무대 공포증 때문에 음악을 포기하려 했을 만큼 많이 힘들어했다고 말했다.[11] 또 가수 장혜리도 가요계 생활을 했지만 무대 공포증으로 힘들어했다고 말했다.[12]

무대 공포증에 대해 조사를 하니 자기계발에 분류되어 극복하는 방법이 요가, 자기 명상, 긴장 완화를 위한 자기만의 버릇과 같은 처세술이 대부분이었다. 만약 당신이 크리스천이라면 그리고 무대 공포증이 있는 음악가라면 위와 같은 것들로도 공포증이 해결되지 않을 때 어떻게 극복을 하고 있는지 물어보고 싶다. 심리학을 부정하는 것이 아니라 심리학에는 없는 우리를 도우시는 성령, 그리고 기도에 대해서 주목하고 싶다. 공포증의 반대는 '담대함'이라고 할 수 있는데 이와 같은 마음을 구했던 성경의 인물들이 있다. 여호수아(수 1:9)와 바울이다(엡 6:19). 이들은 자신들이 수행할 사역과 복음을 위해 외부로부터 담대할 수 있기를 구하고 함께하는 공동체에게 기도 요청을 하였다. 노래하는 자들은 입술로 말하고 연주자들은 악기로 말한다. 더욱이 크리스천 음악을 하는 이들이라면 자신이 하는 음악 속에 복음적인 메시지가 있을 것이고 성령의 도우심, 담대함을 구하는 기도와 요청이 가장 좋은 비법이 될 수 있다. 하나님께서 공포증의 두려움을 거둬 가시도록 또 마음을 치유하시도록 도우심을 구하고 기도하길 바란다.

11) http://www.nocutnews.co.kr/news/4169449
12) http://blog.naver.com/youngjip2018?Redirect=Log&logNo=20201248549

무대에 서는 것이 찬양의 전부는 아냐

호흡이 있는 자마다 여호와를 찬양할지어다 할렐루야(시 150:6).

젊은 크리스천 음악가들에게 따뜻한 말로 교훈과 조언을 보낸 스승들의 편지글이 있다.[13] 더불어 선구자로서 국내에서 이 길을 걸어간 음악가이며 사역자인 분들도 이 땅의 젊은 크리스천 음악가들에게 전하고 싶은 이야기들이 많을 것이라고 생각한다. 나는 감사하게도 한 사역자의 라디오 방송을 통해 젊은 크리스천 음악가를 향한 바람을 들을 수 있었다. 아티스트는 지금의 젊은 음악가들과 선배들의 차이가 있다면, 물론 음악을 좋아하는 마음은 동일하지만 복음에 대한 열정에서 차이를 보인다고 말했다. '어떻게 하면 아티스트가 서는 무대와 집회 또 음악을 통해 복음을 전할 수 있을까'라는 선교에 대한 강한 열망이 초창기 CCM을 이끄는 중심축이었다면, 현대의 젊은 음악가들은 복음에 대한 고민이기 전에 먼저는 내 음악을 하는 것이 좋고 많은 무대에 서는 것이 좋은 것이 우선순위라는 것이다. 내 음악을 하는 것이 좋다는 말은 자신이 가진 달란트 또는 은사를 복음을 위해 주께 되돌려 드린다는 봉헌의 의미보다 음악적 은사 또는 찬양의 은사가 나를 위해 존재한다는 개념이 지배적이어서 내가 인정받을 수 있게 하는 방식으로 그친다는 점이다.

최근 음악 오디션 프로그램이 성행하면서 크리스천 음악계에서도 다양한 무대 경험과 음반 활동을 지원하는 프로그램이 진행되고 있다.

---

13) 마이클 카드, 《땅에 쓰신 글씨》, 황병구 옮김, IVP, 2002, p. 129.

이에 크리스천 음악이 세속 음악 방식을 따라간다는 이미지를 벗지 못한다는 점에서 일부 비판이 일고 있음이 사실이다. 만약 하나에서 열까지 방식을 그대로 따라한다면 문제이겠지만 그 안에서도 버릴 것은 버리고 취할 것은 취하고 새로운 것을 보태는 과정이 엄수된다면 세속 음악 방식을 따라간다는 주장이 나쁘다고만 볼 수는 없을 것이다. 그러나 이에 지원하는 지원자들이 이것만이 자신의 찬양사역의 꿈을 이루는 방법이라고 생각하거나 무대에 서는 것을 찬양의 전부라고 여긴다면 '찬양'의 본래 의미부터 되새겨야 하지 않겠는가 하는 생각이 든다. 자신이 알려져야 꾸준히 사역을 할 수 있을 것이란 생각을 부인할 수 없고 현실적으로 필요하지만 내 이름이 높아지고 내 영광을 추구하는 찬양사역은 하나님을 높이고 예배하는 것이 아닌 나 자신을 높이고 예배하는 우상숭배인 것이다.[14)]

무대에 서는 것 외에 찬양하는 삶을 사는 방식은 구체적으로 무엇을 말하는가? 오히려 찬양사역자는 음악이라는 틀을 벗어나서 하나님을 찬양하는 방식을 연습해야 하고 방법을 알아야 한다고 생각하지 않는가? 때로, 그리고 인생의 어느 시점에서 분명히 하나님은 우리를 그러한 길로 인도하실 것이다. 음악을 할 수 없는 상황으로, 내가 기대할 수 없는 상황으로 말이다. 어쩌면 지나온 사람들도, 지금 그런 계절을 만난 사람도 있을 것이다. 하지만 그것은 음악이 아닌 하나님을 더욱 깊이 사랑하고 경외하는지를 우리로 하여금 분별하게 하시는 안전한 하나님의 손길이다. 만약 무대에서 찬양하고 예배하는 것으로 자연스레 사역을 잘 하고 있다고 단정하며 일상의 다양한 모습들에서 세상의 방법을 그대로 따르거나 굴복하고 있다면 정말 큰일이다.

14) 존 파이퍼 목사는 우상숭배에 대해 더 넓은 이해를 갖고 말씀을 전하였다. 그의 말에 따르면, 우상숭배는 최고로 여길 하나님을 제외한 다른 무엇에 마음을 쏟는 것이라는 결과가 도출된다. 그것이 비록 나에게서 비롯된 것일지라도 말이다. https://www.youtube.com/watch?v=4bmHcd57Y5E

기독교 예술, 어떻게 세워갈까

그의 성벽을 자세히 보고 그의 궁전을 살펴서 후대에 전하라(시 48:13).

기독교 초기 300년대 이전에는 로마에 의해 심한 탄압을 받은 많은 그리스도인들이 순교의 피를 흘렸다. 심한 탄압과 압제는 영적으로 그리스도인들에게 진정한 권위를 가지게 하는 원동력이 되었지만 정치적으로 그들은 힘이 없었고 가난했다. 고대 기독교 예술이 전무하지 않았으나 압제는 기독교 예술을 만들지 못하게 하는 이유가 되기도 했다.

하지만 기독교가 313년 로마의 공인과 392년 국교로 승인된 후로는 종교의 자유를 보장받으며 미술, 건축, 음악 예술계가 지하에서 지상으로 올라와 활기를 띠게 되었다. 좀 더 화려하고 다양화된 그림들과 음악의 발전, 건축양식의 진보를 볼 수 있는데 정치적으로 힘을 가지게 된 것이 성경의 이야기를 넘어서 정치적 종교 이념도 표현되었다는 것이 특색이다.[15)]

중세의 기독교 예술은 기독교 문화가 가장 찬란한 예술의 꽃을 피웠다고 알려진다. 기독교가 사회 중심이었으므로 기독교의 다채로운 목적을 실현하기 위해 예술이 존재했다. 그래서 인간의 감정을 표현하기보다는 성경 중심, 전례를 위한 음악으로써 존재했다.

한편 성경에 등장하는 이스라엘의 포로기 때는 성서로서의 예술이 어떠했는가? 또 꽁꽁 닫혀 있는 북한의 기독교 예술은 어떠한가? 하나님을 떠난 이스라엘 백성의 죄로 예루살렘의 황폐함과 흩어진 민족의 아픔을 안고 살아야 했던 선지자들의 눈물과 애잔함이 아주 적극적으

---

15) http://terms.naver.com/entry.nhn?docId=1987123&cid=42691&categoryId=42691

로 남아 있는 애가의 기록을 찾을 수 있다. 또한 21세기를 사는 시대에 북한처럼 주체사상과 폐쇄적인 정책으로 모든 언론, 문화, 종교가 무력화되어 타국에 대한 강한 외세(外勢)와 단절을 펼치는 곳은 경배하는 대상이 잘못되어 그를 위한 문화와 예술만이 자리했다. 예술적 창조성을 가진 그리스도인들이 있으나 기독교 문화는 꽃 피울 수 없는 암흑의 시간이 계속되고 있다.

이처럼 많은 예술가와 예술품은 시대의 흐름과 함께한다. 우상을 섬기는 시대의 사상들을 거스르며 이 세대를 본받지 아니하는 것과 동시대의 언어로 그들에게 대답할 거리를 제공하며 복음의 가치와 존재로서 예술이 오롯이 서는 것을 구분지어야 한다. 현대 기독교 음악도 한 시대의 산물이며 기독교가 낳은 예술로서 시대의 동향에 상호적으로 연결되어 있고 영적으로는 기독교의 부흥기와 쇠퇴기를 따라서 흥망성쇠(興亡盛衰)가 좌우되는 것을 본다. 국내의 개신교가 부흥기를 맞았던 1960-1970년에는 시대 동향적으로 나라가 경제적으로 성장하면서 더불어 혜택을 누리게 된 것도 교회라는 말이 있고 영적으로는 말씀만이 아니고 찬양도 함께 성장했음을 안다. 진리의 성경 말씀이 권위가 회복되면 하나님을 높이는 행위로 찬양이 열리는 것은 자연스럽다.

현재는 어떤가? 반대로 지금과 같이 개신교가 번영과 성공주의 신학에 치우쳐 복을 비는 신앙으로 전락된 후로는 세상에서도 질타를 받는 대상이 되었다. 하나님을 찬송하는 이유가 '하나님'의 존재에 대한 계시의 반응 차원이 아닌 '나'에게 복을 주시고 사랑하시기 때문에 믿는 신앙, 찬양도 조건부적인 신앙에 멈춰 있다. 이러한 신앙 형태는 고난과 역경을 짊어지신 예수와 자신의 십자가를 지고 그분을 따르라는 하나님을 원하지 않는다. 균형 없는 신학과 교리의 가르침은 크리스천 예술가들에게도 분별없이 전해지고 현대 기독교 음악의 메시지도 피상적인 것에 그치는 사랑과 축복을 다량으로 찍어내고 있다.

오늘의 CCM의 모습

단단한 음식은 장성한 자의 것이니 그들은 지각을 사용함으로 연단을 받아 선악을 분별하는 자들이니라(히 5:14).

시편의 원명은 '세펠 테힐림'으로 '찬양의 책'이란 뜻을 지녔다.[16)]150장으로 구성된 시편은 찬양, 좌절, 복수, 희망, 탄원, 환희 등의 다양한 시와 노래로 구성되어 있다.[17)] 그 중 73가지가 다윗이 쓴 시편이고 그 외에 솔로몬과 모세 등이 쓴 시가 있다. 성경을 통해 수만 가지의 책이 나오고 설교 자료가 나오지만 그 모든 과정이 예수를 더욱 깊이 알고 사랑하고 믿고 소망하게 되는 것이라고 축약한다면 시편의 찬송시들 또한 여호와를 기뻐하는 것이 우리의 힘이라는 다윗의 고백이 핵심주제가 될 수 있지 않을까 싶다. 시편 찬송시들이 닳은 듯하나 읽을수록 오묘하고 꿀송이처럼 단 것은 어디서 들어본 듯 진부한 글귀들이 아니라 신앙의 선배들이 하나님과 동행하며 깨달았던 귀한 신앙 유산들을 담아낸 것으로 우리로 하나님을 찬송하게 하며 그 오래되고 선한 길을 끝까지 걸어갈 수 있는 진리를 비춰주기 때문일 것이다. 더 나아가 디모데후서 3장 16절의 말씀처럼 모든 성경이 하나님의 감동으로 된 것으로 교훈과 책망과 바르게 함과 의로 교육하기에 유익하기 때문이다.

나는 CCM이 개신교에서 불필요하고 소외될 문화 산물이 아니라 교회가 낳은 한 몸이고 형제라고 생각한다. 하지만 CCM이 다양화되지

16) http://www.holybible.or.kr/B_DICT_NEW/cgi/bdictftxt.php?DN=2114&WD=
17) http://terms.naver.com/entry.nhn?docId=1023535&cid=50762&categoryId=50770

않은 가사들과 어디선가 들어본 듯한 내용들이 즐비한 것은 한 가지를 얘기하지만 질리지 않는 시편 찬송의 성격과는 다르다고 생각한다. 같은 교회음악이며 하나님을 찬양한다지만 시편 찬송이 가진 영적인 권위와 힘을 CCM에 부여하기는 어려운 것일까. 바이블 키워드에서는 시편이 성서의 한 부분이기에 특별한 대우를 받는 것이고 다른 노래와 시는 인간이 창작한 찬송가일 뿐이라고 단정지었다.[18)]

하지만 창작이라는 것이 하나님이 주신 은사이며 인간이 만든 찬송가일지라도 가사의 배경이 성경에서 나온다면 문제될 것이 없기 때문에 이는 타당한 근거가 아니라고 본다. 그보다 CCM의 정신과 정의와 무관하게 소비주의에 물들어 다양한 하나님의 이야기를 표현해 내지 못하는 것은 아닌지 생각한다. CCM을 창작하는 음악 생산자들이 더 많이 알려지고 팔리는 앨범과 음원 생산에 집착한다면 의로 교육하기 유익하고 고난당할 때도 하나님을 찬양할 수 있는 성경 안에 숨겨진 이야기들은 어떻게 표현해 낼 것인가? 한편으론 우리에게 알려지지 않은 건강하고 다양화된 가사로 무장한 참신한 CCM 곡들도 참 많을 터인데 우리의 귀를 달콤하게만 해줄 곡들만 들으려는 태도는 아닌지 생각해 본다.[19)]

쉽지만은 않다. 개신교가 세상에서 빛과 소금의 역할을 감당해 내지 못할수록 내적으로 부패해져 가는 교회의 모습이 외적으로 비춰지는 것은 아닌가 염려스럽다. 그럴수록 교회와 한 몸인 CCM도 같이 몸서리를 칠 수밖에 없을 것이다. 다만 어려울수록 구미에 당기는 노래만 생산하고 부를 것이 아니라 성경에 숨겨진 다양한 이야기를 더욱 펼치고 노래하는 오롯한 CCM이 되었으면 좋겠다.

18) http://terms.naver.com/entry.nhn?docId=1023535&cid=50762&categoryId=50770 네 번째 문단의 첫째 줄

19) 이것은 단지 시장경제의 원리를 따라서 쇠퇴하고 주목받는 개념이라기보단 단단한 음식을 먹기까지 장성할 신앙의 분량(히 5:14)에 대한 신앙인의 거룩한 부담에 대한 관점이다.

어린이들을 위한 CCM

그 어린아이들을 안고 그들 위에 안수하시고 축복하시니라(막 10:16).

CCM이 젊은이들을 위한 음악이며, 또한 세대의 벽이라는 한계를 극복할 수 있는 잠재적인 힘을 많이 가지고 있다. 우리는 젊은 세대들의 취향에 맞춰진 CCM만을 생산할 것이 아니라 어린아이들을 위한 찬양을 제작 및 기획하여서 그들이 신앙 안에서 건강하고 아름답게 자라기를 축복할 수 있다.

성경에서도 사람들이 아이들을 데리고 예수님께로 접근하려고 하자 감히 예수님께 어린아이들을 데려오는 것이 낭비이고 수준 미달이라고 제자들이 멀리 하였다. 아직 뭣도 모르는 어린이들에게 신앙이라는 것은 너무 어려운 수준이라는 판단에서였다. 하지만 예수님은 그런 아이들을 불러 모으시고 안아주시며 축복하셨다.

우리는 지금도 신앙이라는 높은 경지의 세계는 어린아이들이 너무 어리기만 하여서 이해할 수 없는 것이라고 생각하지만 아이들 또한 영적인 존재다. 그래서 영으로 하나님을 알고 깨닫는 것에 있어서 어수룩하고 나약하다는 점은 결정적인 이유가 될 수 없다. 영으로 주님을 만나는 경험, 예수님은 그 아이의 영이 자신의 참 하나님, 아버지를 알고 깨닫는 것으로 이런 아이 하나를 만나는 것을 참으로 기뻐하셨다. 그런 의미에서 현대 기독교 음악은 아이들의 눈높이에 맞춰 그들의 언어방식을 체득하여 예수님을 노래하고 하나님을 찬양하도록 도울 수 있다.

우리는 어렸을 적에 교회학교 내지는 주일학교라고 불리던 곳에서 신앙교육을 받아 어른이 되어서도 믿음의 길에서 떠나지 않는 은혜를 누렸다. 현재 주일학교가 각 교회마다 많이 약소(弱小)해졌다는 소식을 접할 때마다 안타까울 뿐이다. 어릴 때 주님을 아는 것, 그것은 바울의 영적인 아들 디모데가 어렸을 적부터 성경을 알고 그 풍토 안에서 자라 커서는 하나님을 잘 섬기고 신자들을 잘 돌보며 복음을 전하는 아들로서 자랐다는 점에서 더욱 주목할 만하다(딤후 3:15). 어린이들이 마음껏 하나님을 찬양하는 기쁨을 알고 자랄 수 있도록 돕는 역할, 그 최전방에 누가 있겠는가? 바로 찬양을 만들고 부르는 사역자들의 다양하고 폭넓은 창조성이 요구된다.

또 하나 안타까운 점은 어린이들을 위한 CCM이 없다는 점이다. 이는 그런 CCM이 전혀 없었다는 뜻은 아니다. 젊은 세대를 위한 음악을 창조하는 자들의 저작권, 저작권료도 제대로 보장되지 않는 상황이니 만큼 이런 일에 일찍이 비전을 두고 음악을 생산하고 만드는 이들이 있음에도 CCM 안에서 그들의 시장이 더 좁고 열악하다는 점이다.

최근에는 각 교파마다 어린이들을 위한 행사를 위해 CCM 음악을 창작하고 음반 및 율동 댄스를 만들어 보급한다고 하지만 정작 창작자들은 무급(無給)으로 이 일을 하는 경우가 대부분이란 소식을 접했다. 물론 헌신과 봉사라는 말로도 사역자들은 주님의 뜻을 위해 기꺼이 재능을 기부하고 내줄 것이지만 그들의 생업은 어떻게 보장될 수 있는지 배려하고 격려해 주는 제도적 마련도 시급하다. 어린이들을 위한 CCM이 계속적으로 교회 안에 체계적으로 누려지며 협연자들 또한 재창조할 수 있는 장을 마련하고 지원해 주는 것, 여기에는 주 안에서 한 몸이라는 선한 취지가 담겨 있다.

음악은 영적인가?

사람의 지혜가 가르친 말로 아니하고 오직 성령께서 가르치신 것으로 하니 영적인 일은 영적인 것으로 분별하느니라(고전 2:13).

크리스천으로서 우리가 들어야 할 음악, 들어야 할 메시지가 무엇인지 되짚어야 한다. 그러나 크리스천이어도 세상 음악에 대해서 구별 없이 듣는 것이 오늘날의 추세다. 그것이 믿음의 문제에 큰 영향을 주지 않는다고 생각하기 때문이다. 물론 일반적이라고 말하는 대중음악으로 믿음까지 흔들린다면(하지만 요즘 일반적인 음악은 상대적으로 과거에 우리가 꺼렸던 직설적이고 농후한 표현이 많다.) 듣는 이가 애초부터 믿음이 없었던 사람이었던지 음악에 정말 영적인 힘이 있어서 사람들을 호리는 것이라고 할 수 있을 것이다. 그러나 음악은 영이 아니다. 그 음악을 처음 만드는 이가 영적인 존재, 곧 사람을 통해서 쏟아져 나온 창작물이라도 음악 자체는 영이 아니다. 음악 자체가 사람들을 호리고 마치 요술을 부리듯 영적인 능력을 발휘한다는 주장은 맞지 않다. 만약에 영향을 준다면 그 사람 마음에 있는 죄성이 음악이 던지는 추파와 결탁하는 것이다. 손바닥도 부딪혀야 소리가 난다는 말처럼 그 음악을 듣는 나의 행위가 내 안에 있는 죄성의 어떤 구체적인 사항과 죽이 맞도록 그 메시지에 동의하는 일련의 과정이 있다는 말이다. 그렇다면 음악이 안 좋은 의도를 갖고 분명 만들어졌을지라도 영적인 힘이 생기는 것은 곧 음악을 듣는 이, 나로 인한 것임을 알게 된다.

음악은 어떤 이가 어떤 목적으로 만들었는지에 대한 목적이 존재하지만 또 얼마나 그 음악이 주목을 받고 추앙받느냐에 따라 잠재적인 힘이 발휘된다. 정작 음악은 영적인 존재가 될 수 없고 음악에 그러한 힘을 갖게 하는 것은 대중들의 심리다. 그리고 이것을 교묘히 이용하는 것이 오늘날 일부 마케팅이고 전략이기도 하다. 음악을 선택하여 듣는다지만 요즘 시대에 우리가 진정 음악을 선택하고 있는가? 굉장히 제한적인 틀 안에서 음악을 접하는 우리가 되고 그것을 선택했다고 말할 수 있는가? 오히려 어떤 치밀하고 계획된 전략들에 떠밀려 듣게 되지는 않는가?

우리가 이런 음악들을 들을 때 분별할 수 있고 차별적으로 받아들일 수 있다면 아무리 많이 들을지라도 무방한 것인가? 그렇다. 정말 분별할 수 있고 차별적으로 받아들일 수 있다면 문제될 것이 없다. 하지만 '아무리 많이 들을지라도'라는 전제에는 성령의 열매, 즉 '절제'가 없는 것이 아닌가? 절제할 수 없다면 이야기는 달라질 것이다. 분별할 수 있고 차별적으로 받아들일 수 있다는 말을 다른 언어로 해석해 보는 것은 어떤가? 나의 삶에서 현재 멘토와 같은 역할, 또 영향을 많이 주고받는 배경은 어디인지 말이다. 만약 하나님의 말씀보다 세상의 이야기들로 나의 마음을 채운다면 마음이 기우는 쪽이 의지하는 대상이라고 가리키는 것이다. 그 음악이 영적인 존재가 아니라서 어떤 영향을 행사할 수 없다고 해도 나의 마음이 그것을 의지하고 있기 때문에 거기서 들려주는 이야기들, 사고방식들이 나를 형성하는 중요한 배경들로 작용된다는 점이다.

하나님은 우리의 생각과 감정을 말씀에 굴복시키며, 우리의 인격을 예수님을 닮아가는 모습으로 빚어가길 원하신다. 세상도 더 많은 것을 보여주고 알려주는 것이 좋지 않음을 인정하고 매체마다 등급제를 실행하고 있다. 세상도 이런 법을 인정하는데 오히려 나만 자만하게 영혼을 지킬 수 있다고 이야기하는 것은 아닌가? 우리의 영혼을 사수하는 방법 중 하나는 나의 눈, 귀를 지키는 것이다.

진리 안에 있다면 CCM

1960년대 지저스 무브먼트(Jesus movement) 운동이 일어났을 때 젊은 세대들이 주축이 되어 CCM이 불리기 시작했다. 그때 'Children of the day'라는 혼성 CCM 그룹이 "물가로 나오라"(For those tears I died)라는 곡으로 유명세를 떨쳤다. 이 곡을 쓴 마샤 스티븐스 피노(Marsha Stevens-Pino)라는 여성 싱어가 팀의 이성 동료인 러스와 결혼을 했다. 하지만 7년 후 1979년에 그녀는 이혼을 하고 레즈비언(lesbian)임을 밝혔다. 그녀는 1980년대에 거듭난 레즈비언 음악 "Born again lesbian music"(BALM)이라는 사역 단체를 시작하고 동성애자가 모이는 메트로폴리탄 커뮤니티 교회(Metropolitan Community Church)에 출석하였다. 1987년에는 양성애자 및 트랜스젠더들도 자신의 음악을 사용해도 좋다고 말했고 음반과 집회사역을 하였다. 그녀가 부른 "Future and a hope"라는 곡은 동성애를 바탕으로 둔 노래다.[20]

CCM 비판론자가 주장하는 논란 중 하나는 CCM이 비성서적이라는 점이다. 나는 모든 CCM이 비성서적이라는 관점에 동의하지 않지만 비성서적으로 쓰인 CCM이 존재한다는 점에 있어서는 오직 성경과 진리 안에서 허용되는 가사만이 CCM이라고 이야기한다. 이 같은 전제로 그녀가 부른 "Future and a hope"라는 곡은 동성애를 인정하는 하나님을 노래하기 때문에 성경과 다른 이 가사를 CCM으로 인정할 수 없다.

가사를 살펴보면 죄를 짓고 용서받은 성경의 인물들이 등장하고 그녀는 그들과 자신들의 입장을 동일시하며 곡을 전개한다. 먼저는 간음을 저지른 사마리아인과 그녀를 용서한 예수님을 언급한다. 이 가사가 배경이 된 성경 본문은 요한복음 8장 1-11절 말씀이다. 예수님께서는 죄인 된 자들이 죄인 된 여인을 돌로 쳐 죽이려 하자 양심의 가책을 주시고 여인을 심판할 권한이 우리에게 없음을 알게 하신다. 모든 사람

20) http://balmministries.net/ 그녀가 세운 단체를 더 알고 싶다면 여기를 방문해 보라. 또 자료를 참고한 이 사이트를 방문해 보라. http://blog.daum.net/css1227/849

이 떠나간 후 예수님도 그녀를 정죄하지 않는다고 말씀하시며 따뜻한 사랑과 인애로 그녀를 용서하신다. 여기서 그녀를 더럽다고 여기지 않으시며 자신이 지은 피조된 모든 것을 품지 못할 이유가 없으시고 나아가 친히 가슴으로 품으시는 사랑의 창조주 하나님을 보게 된다. 하지만 이것이 이 말씀의 끝은 아니다. 11절에 분명 예수님이 "다시는 죄를 범하지 말라"고 말씀하신 것이 이 글의 핵심이다. 용서하시지만 계속 죄를 짓는 것을 용납하시는 분이 아님을 분명히 말씀하고 계시다.

동성애는 죄일까? 로마서 1장 24-29절과 고린도전서 6장 9-10절은 그렇다고 기록한다. 존 파이퍼(John Piper) 목사는 동성애를 포기하지 못하는 것은 결국 하나님의 뜻이 자신의 뜻보다 중요하지 않은 것으로 하나님이 아니라 자신을 섬기는 것이고 하나님의 영광과 바꾼 것이라고 말했다.[21)]

나는 CCM이 비성서적이라는 비판을 받는 이유가 성경을 인용하지만 잘못된 해석을 사용하기 때문이라고 생각한다. CCM 음악가는 자신의 고백 및 감정을 성경에 비춰보아 진리에 서 있는 창작물을 노래하고 발표해야 한다. 진리 안에 서서 진리를 노래할 때 CCM은 반석 위에 세워진 집이요, 예수님을 머리로 한 각 지체 된 한 몸인 것이다.

21) https://www.youtube.com/watch?v=4bmHcd57Y5E

책망이 없는 CCM

> 선견자들에게 이르기를 "환상을 보지 말아라" 하며, 예언자들에게 이르기를 "옳은 것을 보이지 말아라. 부드러운 말을 하여라. 거짓된 것을 보여라. 정도를 버려라. 바른길에서 벗어나거라. 이스라엘의 거룩하신 분의 이야기를 우리 앞에서 그쳐라" 하고 말한다(사 30:10-11, 표준새번역).

내가 CCM에서 좋아하는 말이 두 가지가 있는데 "음악은 오늘, 메시지는 영원히"라는 옛말이다. 또 하나는 "설교하며 찬양하고, 찬양으로 설교하라!" "설교하듯 찬양하며, 찬양하듯 설교하라!"[22]이다. 말씀이 노래가 되어, 찬양이 되어 무엇으로도 하나님의 진리가 조금도 흠 없길 원한다. 하나님의 말씀은 좌로나 우로나 치우침이 없는 진리이다. 이 진리 안에 있다면 CCM은 초가 자신을 태워 빛을 발하는 제 사명을 다하듯 시시각각 변하는 우리의 삶과 세상 속에서도 본연의 기능을 다할 수 있으리라 생각한다. 그러기 위해서 말씀이 사랑과 공의를 모두 포용하듯 CCM도 위로와 책망이 포용된 교회음악이어야 할 것이다.

그러나 어제 오늘 할 것 없이 사람들의 귀에 듣기 좋은 말은 지극히 인간의 죄인 된 습성을 묵인하고 사랑의 언어만 이야기할 때이다. 더욱이 몸을 건강하게 하는 채소를 먹기보다 달콤한 초콜릿만 찾는 것과 같이 죄가 주는 쾌락에 맛을 들였다면 말이다. 이런 방식이 현대 CCM 안에 고스란히 존재하고 있는 것은 아닌지 염려스럽다. 책망 없는 CCM이라면 정도 즉 바른 길을 가르치는 성경의 일부를 배제한 셈이다.

CCM이 책망이 없는 음악이 될 수 있는 이유는 무엇인가? 성경은 계

22) 김철웅, 《추적 음악선교는 가능한가》, 예영커뮤니케이션, 2012, P. 174.

시로써 하나님이 표현의 주체가 되시는 반면에 CCM은 인간의 반응이 집중되기 때문이다. 내가 느끼는 감정에 압도되어 표현하는 것이 말씀의 권위보다 더 우선시될 수 있다. 감정을 아예 부인하는 것도 문제이고 감정주의에 빠지는 것도 문제이다. 이는 곡을 처음 창작하는 자들에게 요구되는 이해인데 자신이 선택한 곡조가 음악의 배경이 되는 말씀과 얼마나 절묘한 조화를 이루는가에 대한 고민이 요구된다는 말이다. 음악이 음악 자체만으로 가치를 가질 수 없느냐는 또 다른 질문에 봉착할 수 있겠으나 마치 이런 것이다. 어떤 음악적 기술을 사용하더라도 분명한 메시지를 잃지 말라는 것이다.

또 음악이 지적인 면보다 느낌과 감성에 호소하는 한계를 갖고 '말씀의 수준'을 낮출 수 있다. 우리는 말씀의 깊은 세계로 인도해 줄 수 있는, 묵상할 수 있는 다양한 거리들이 필요하다.

마지막으로 시장에 내놓고 판매촉진과 홍보를 위한 마케팅이 더 많은 음악을 사람들에게 전달하고자 소비자 중심주의 음악을 낳는다. 이 같은 비판이 가진 우려를 무시해서는 안 되지만 단순히 CCM으로서 히트한 몇몇의 곡들만 듣고 추론하거나 일반화시켜선 안 된다고 생각한다. 기독교 문화가 받는 관심과 지원이 열악하고 바르고 옳은 길을 가라고 책망하는 CCM을 인본주의적인 자유, 평등, 박애를 추구하는 현대인들은 달가워하지 않기에 주목받는 CCM은 소수다. 더 다양한 장르와 주제를 가진 CCM이 있지만 우리는 수면 위로 드러난 음악만 듣고 이야기하는 것이다.

음악인이 추구하는 영광

하나님이 자기 형상 곧 하나님의 형상대로 사람을 창조하시되 남자와 여자를 창조하시고(창 1:27).

성경의 바벨탑 이야기는 사람이 하나님과 대등해지려는 사건이었다. 창세기 11장을 읽다 보면 4절에 "우리 이름을 내고……"라는 구절이 있는데 이는 이는 하나님의 존재가 더 이상 자신에게 불필요하고 그분의 통치 안에서 사는 것을 거부하는 의미가 내포되어 있다. 당시의 이스라엘이 (성읍) 도시와 하늘까지 닿는 높은 탑을 건설하고 사람들끼리 힘을 합해 흩어짐을 면하면 하나님 없이도 잘살 수 있으리라 생각한 자신감은 현대를 사는 우리의 모습과 다르지 않다.

눈에 보이는 것만이 진실이라고 말하고 아는 것이 힘이라고 먼저 가르치는 시대의 경향은 성경의 이야기를 실화가 아닌 신화로 믿게 하고 오늘 처리해야 할 많은 정보와 지식의 습득은 하나님, 그리고 영원한 세계에 대해 눈을 감게 한다. 자아를 찾고 바른 길을 가기 위해 자신을 깊이 탐구하라는 가르침도 하나님을 바라볼 때만이 참으로 생영(生榮)하게 되는 영적 원리의 역리(易理) 현상일 뿐 자신 안으로 빠져들고 탐구할 때 깨닫게 되는 건 자기모순과 딜레마이다. 그럼에도 세상의 이야기들은 (하나님은 여전히 살아계시지만) 하나님을 배제한 이야기들로 가득 채워지고 사람들은 끊임없이 힘과 명예를 자랑하며 높은 곳으로 올라가고 높은 곳에 있는 자만 칭송(稱頌)한다.

세상에서 살아남는 음악인이 되려면 추구하는 영광도 "자신의 이름을 내고……"에서 절연하기 힘들다. 꿈을 이루고 자아를 실현하라는 세상의 요구는 꿈을 가진 자를 소중하다고 말하기보다 성공한 자만 인정하니 사람들이 선택해야 할 길은 협착(狹窄)하기만 하다. 음악업계의 각 분야에 종사하는 사람마다 정상이라는 고지를 얻기 위해 또 지키기 위해 양심을 저버리고 할 수밖에 없었던 불법과 행위들을 어떻게 설명해야 할까? 문득 '구조가 사람을 이렇게 만들어 가는구나'라는 생각이 들다가도 구조를 만드는 것도 사람이니 누구의 잘못을 따지기보다 어느 정도 서로 기대고 있는 모습이 연상되었다. 악한 구조가 있어도 이에 타협하고 동조하는 제3자가 있기에 악한 구조도 힘을 갖게 되는 것이다. 하나님이 없이도 잘살 수 있다며 인간이 지어낸 공동체의 모습, 추구하는 영광이 썩 아름답지만은 않다.

사람이 추구하는 영광 중에 가장 아름다운 영광은 무엇일까? 또 이것을 깨달은 자가 음악인으로 사는 삶에서 추구하게 될 영광은 무엇일까? 본문의 말씀처럼 하나님의 형상대로 지음받은 인간이라는 대목에서 다시금 하나님의 자비를 구하고 싶다. 하나님 없이 잘될 수 있다는 자신감이 아니라 창조주의 피조물이요, 그 중에서도 하나님의 형상을 따라 지음받은 것이 '나'라는 사실에서 존재의 이유를 찾고 창조주의 통치 안으로 들어가는 삶이 피조물이 추구해야 할 가장 빛나는 영광이 아닐까 싶다.

사역자와 아티스트 사이

나도 나를 판단하지 아니하노니(고전 4:3).

오늘날의 찬양사역자, CCM 아티스트, 크리스천 음악 예술가, 그들의 부르심과 역할은 무엇인가? 그들은 하나님의 영속적인 부르심에 합하여 문화적 상상력을 발휘하는 형식과 틀에 있어서 아주 다양한 모습으로 자리하고 있다.

사역은 사람을 부려 일을 시키거나 부름을 받아 작업하는 것을 뜻한다. 그리고 아티스트는 예술가로서 예술을 창조하는 사람들의 총칭이다. 그중에도 크리스천 음악을 하는 음악가 또는 연주가가 크리스천 음악 아티스트이다. 또한 이러한 크리스천 음악 예술가들이 일하는 분야는 '찬양사역'이라는 말로 통칭하여 이해하고 있다. 창조적인 음악 예술과 사역이라는 두 영역이 만나서 독특한 찬양사역, 찬양사역자라는 말을 만들어 냈다. 직임만큼 그 역할도 예술가와 사역자라는 두 영역에서 공통된 점들이 발견되며 또 이것이 요구된다고 볼 수 있다.

사역자가 가진 성향은 부름을 받은 자들로서 일하시는 하나님(Worker), 그분의 동역자(Co-Worker)로서, 일하는 모든 주권과 목적이 하나님의 계획과 뜻을 위해 존재하게 된다. 그러므로 일하시는 하나님께 부름을 받은 사역자는 그분의 뜻을 존중하고 순종하는 행동이 필요하다. 존중한다는 의미는 하나님의 계획과 섭리, 그 뜻을 알 때에 동의할 수 있는 지적이고 정적인 출발이 전제된다. 하나님, 그분을 잘 알 때에 비로소 사역자는 헤매지 않고 말씀을 따라서 순종할 수 있게 된다.

아티스트가 가진 성향은 창조할 수 있는 상상력과 기능적인 기술을 가진 것이다. 이 상상력은 하나님이 이 세상을 창조하신 창조자로서 사람에게 일부 부여해 주신 그분의 영원성에서 기인한다고 볼 수 있다. 그래서 우리는 그분이 창조하신 것들을 기반으로 재창조하는 자들로, 십자가의 보혈과 은혜로 거듭나고 새로워진 상상력을 통해 문화를 만들어 간다. 이를 위해서 기능적인 기술을 연마하는 훈련의 과정은 모든 아티스트가 가진 규범이고 성실함이다.

주관주의와 인본주의

> 우리가 하나님 앞에서 가지는 확신은 이것이니, 곧 무엇이든지 우리가 하나님의 뜻을 따라 구하면, 하나님께서는 우리의 간구를 들어주신다는 것입니다(요일 5:14, 표준새번역).

하나님께서는 우리의 간구를 들어주시는 분이다. 우리의 머리털 하나까지 세신 바 되는(눅 12:7) 하나님의 사랑은 우리가 생각하는 사랑의 정도보다 더 깊고 측량할 수 없는 것이 분명하다. 하나님의 크신 사랑이 갖는 일반적인 이미지는 마치 어린아이를 예뻐하여 잘못을 해도 참고 응석을 받아줄 뿐 해선 안 되는 행동을 알려 주는 것, 부탁을 거절하는 행동 따위를 하지 않는 것으로 착각할 수 있다. 만약 요한일서 5장 14절만 읽게 된다면 언급한 것과 같은 오해를 할 것이다. "무엇이든지"라는 문구에서 오해할 수 있지만 그 앞에 조건이 제시되어 있음을 알 수 있다. "하나님의 뜻을 따라"가 그 조건이다. 하나님의 뜻에 맞는 간구를 올릴 때 무엇이든 그 간구를 들으시는 하나님이시다.

현대 교회음악이 갖는 한계성 중 하나는 주관주의와 인본주의이다. 주관주의는 부정을 표현할 때 사용하는데 객관적인 사실에 근거한 설(說)보다 매우 개인적이며 비합리적일 수 있는 위험을 말한다. 주관주의의 잘못된 예는 과장된 개인적 신비와 영적인 것만을 좇았던 영지주의자나 잘못된 영의 세계를 좇는 신비적 이단들의 형태에서 나타난다. 그러한 조직의 예식과 집회에서도 찬양가와 현대음악이 동일하게 사용되고 있으며 그들이 우리와 다르지 않다는 주장에 의도하지 않게 동조하는 역할을 하고 있음을 간과할 수 없다. 하지만 주관주의가 아닌 주관성은 다름에 대한 구별로써 필요하다. 조직으로서의 기독교가 진리에 대한 보수성이 강하여 자칫 개인의 신앙과 체험을 고려하지 못한 일방적이고 관습적인 예전을 중시했다면 현대 교회음악은 창조주를 향한 개인의 고백과 체험에 대한 소통을 여는 장점을 지녔다. 예수님의 공생애 사역이 많은 대중을 놓고 일으키신 기적과 설교가 있었다면 사마리아 여인, 간음한 여인, 나사로를 고치심 등의 사건에서는 개인적으로 그들과 만나시고 그들의 사정을 돌보셨음을 볼 수 있다.

다음으로 인본주의는 인간의 존엄성을 중시하며 신은 숭배의 대상보다 필요를 위해 존재한다는 성향이 강하다. 예수님의 신성을 부인하고 인성을 강조하거나 인간의 고통을 감소하려는 데 목표가 있으며 나 중심, 인간 중심주의 사상이다. 만약 현대 크리스천 음악이 인본주의를 배경으로 한 사상에 노출되어 있다면 이러한 예가 될 수 있을 것이다. 오늘 나의 기도와 찬양은 번영과 축복을 주시는 하나님께 감사로 노래했다. 또 자기의 잘남과 의를 드러내며 나는 죄를 짓지 않고 세리와 같지 않음에 감사했다(눅 18:11). 과연 이 예배자가 하나님을 찬양하는 이유는 무엇인가? 나의 의로 예배하고 번영과 축복을 주시는 분이므로 찬양했다면 예배자가 정말 찬양하는 것은 자신인가? 번영과 축복인가? 하나님인가? 만약 그에게 어떠한 고난이 오고 빈곤이 닥쳐도 여전히 하나님을 찬송할 수 있겠는가? 만약 그래도 하나님을 찬양할 수 있다면 그는 하나님을 하나님 되게 하였기에 진정한 찬송을 한 것이다.

하나님은 우리를 사랑하신다. 그러나 그 사랑은 우리가 죄 된 길을 갈 때 응석받이처럼 받아주시고 보고만 있는 값싼 사랑이 아니다. 또한 하나님은 우리의 찬양을 즐거워하신다. 그러나 모양만 남은 찬양을 받으시는 분은 결코 아니다.

주님과 함께하는 음악 작업

누가 철학과 헛된 속임수로 너희를 사로잡을까 주의하라 이것은 사람의 전통과 세상의 초등학문을 따름이요 그리스도를 따름이 아니니라(골 2:8).

기독교 문화 예술의 한 영역, 기독교 음악을 하는 사람들로서 우리는 이 시대의 문화 코드를 해석하는 데 관심이 있고 그것들이 어떤 메시지를 던져주고 있으며 우리가 할 수 있는 찬양의 의미, 크리스천 현대 음악에 대한 방안들을 논의하는 데 소통의 방식을 취할 필요성을 느끼고 있다.

우리는 우리가 표현하는 크리스천 음악이 어떠한 형태를 갖춰야 하는지를 우리 사역의 다양한 모습들을 통해 표현한다. 우리가 작업하는 새 앨범이라든지 사역 프로그램이나 일상생활의 소소한 것들의 발견들까지 말이다. 이 모든 것들에서 부르심을 발견하고서 세련되고 이 시대가 공감하고 이해할 수 있는 언어로 풀이하여 옮겨 놓은 현대 기독교 음악과 예배 음악들은 사역의 적절성이란 제기 앞에 안정감을 주곤 한다.

물론 오늘 이야기하는 것이 노파심(老婆心) 같은 말로 들릴지 모르겠지만 우리는 세상의 것들과 소통하는 것과 그리스도를 본받아 사역하는 내용들에 대해 선별(選別)할 수 있는 기지가 요구된다고 말하고 싶다. 모든 것이 가하나 모든 것이 유익한 것은 아니며, 모든 것이 가하나 모든 것이 덕을 세우는 것은 아니라는 바울의 말처럼 말이다(고전 10:23). 나는 도리어 이 말씀이 현대 기독교 음악 자체를 비판하는 자들에게 낙인찍을 만한 적정 말씀으로 작용하고 있는 것을 아는 바이지만 현대 기독교 음악이 가진 소수의 잘못된 성향을 확대 해석하는 것은 아닌지 의문을 제기하며 하나님의 말씀을 이루고자 부단히 애쓰는 신실한 크리스천 음악가들이 있음을 부인하지 않는다. 하지만 어느 누가 염려하는 것처럼 우리가 추구하는 세련되고 유행에 뒤떨어지지 않는 음악적 창작물이 세상의 초등학문을 너무나 떠받들어 주는 치우친 마음으로 출발하는 것은 아닌지 음악가로서 자신의 마음을 잘 돌아봐야 한다.

우리가 사회 속으로 들어가 행하는 모든 음악 작업이라는 것은 열린 마음으로 세상을 향해 다가가고 속해 있음을 보여주기도 한다. 그러나 어떤 음악 퍼포먼스를 취하고 음악을 만들어 낼 때 우리가 얻은 아이디어와 영감에 대해서 실현하려고 조급하게 달려드는 것보다 '왜 그렇게 해야만 하는가?'에 대한 질문을 스스로에게 던져보는 것도 유익할 것이다. 그것은 오히려 어떤 음악적 형태에 대해 제재(制裁)를 가하는 것이 아니라 도리어 우리를 하나님의 창조성으로 이끌어주는 무한한 에너지로 작용될 것이다.

우리가 얻는 아이디어와 음악적 스타일에 대해서 작업을 해나갈 때 하나님의 도우심을 구하는 것은 어색한 일이 아니다. 지혜의 근원이 되시는 하나님은 우리에게 자신의 뜻을 보이시고 우리가 그 뜻대로 움직이는 것을 정말로 기뻐하신다. 하나님은 아주 놀라운 방법들로 당신의 생각을 우리에게 보여주시곤 하는데, 그 경험을 하는 것은 음악 창작자들만이 경험할 수 있는 하나님과의 즐거운 동역, 그리고 동행의 일부가 된다.

그리스도를 따르기 원하는 마음을 주 앞에 올려 드리자. 그리고 하나님의 말씀을 기다리자. 그곳에서 하나님은 따스한 임재로 우리의 영과 마음을 채워주실 것이다.

탁월성 그리고 이끄심

주께서 그 사랑하시는 자를 징계하시고 그가 받아들이시는 아들마다 채찍질하심이라 하였으니(히 12:6).

찬양사역자로서 음악적으로, 신학적으로, 또한 인격적으로 부단히 노력하여서 탁월해져도 하나님의 존재보다 위에 있을 수 없고 그보다 가치 있다고 말할 수도 없지만 하나님의 아름다우심을 향한 목적을 위해 꾸준히 갈고 닦아야 할 노력과 수고로움은 있는 법이다.

먼저 탁월성에 대해서 이야기해 보자. 우리는 탁월성을 말할 때 '결과' 위주로 생각하지만 헤럴드 베스트 교수는 영적으로 깨어지고 그리스도의 충만하심과 성서의 놀라운 진리를 깨닫게 되었을 때는 도리어 자신이 음악적인 숭배자와 조롱자의 반열에서 돌이킬 수 있었다고 말했다.[23] 그는 탁월성은 '삶의 내용'이고, 과거의 자신보다 나아지는 '과정', 그리고 탁월성은 청지기직의 규범이며, 완전함이 아니고, 승리를 포함할 수 있지만 승리는 아니라고 말한다. 그러면서도 탁월성은 적당주의가 아니며 단순한 실용성이 아니라고 답한다.[24]

헤럴드 베스트 교수가 말한 탁월성에 대해서 생각하면서 그의 말을 나의 언어로 정리해 보았는데, 모두가 최고를 외칠 때 최선을 다한 자도 주께서는 귀하다고 여기시며 과정을 소중하게 여기시는 분이라는 것을 깨닫는 것이 찬양사역자로 살아가는 이들에게 큰 위로와 도움이 될 것이라는 말이다. 또한 무엇보다 음악적으로 자신이 부족하다는 사

23) 헤럴드 베스트,《신앙의 눈으로 본 음악》, 하재은 옮김, IVP, 1995, p. 15.
24) 위의 책, PP. 109-115.

실을 아는 자가 자신의 한계를 극복하기 위해서 부단한 노력을 하지만 절망에 빠지거나 음악적으로 부족하기 때문에 하나님께서 자신을 징계하기 원하실 것이라는 생각으로 두려움에 휩싸이는 것은 주가 원하시는 것이 아니라는 사실을 기억하길 원하는 것이다. 우리는 대개 나의 음악적 성장을 위해 가르쳤던 권위주의적인 스승들의 태도에서 적지 않은 상처를 받아 왔고, 자신의 음악 수준의 자격 미달에 마주하게 될 때면 권위주의적인 시선으로 자신을 평가하는 것이 더 자연스럽다. 하지만 하나님께서도 이런 자신을 권위주의적인 태도로 징계하실 것이라는 마음은 잘못된 오해에서 비롯된 것이다. 오히려 주는 우리에게 정직하시지만 사랑하는 자를 바라보시는 눈으로, 사랑하는 자에게 사랑으로 이끄시는 분임을 신뢰하길 바란다. 이것이 게으름과 적당함을 기뻐하신다는 오해로 나가서는 안 되겠지만 어제보다 나아지는 과정에서 탁월함의 의미를 찾아야 한다.

신학적인 것과 인격적인 것도 하루 만에 이뤄지는 것이 아니다. 그리고 배우고 지식을 쌓는 것이 분명 사역에 도움을 주지만 행위로 이어지는 것은 별개의 문제임을 알아야 한다. 우리는 대개 지적인 사고를 개발함으로써 자신이 탁월하다는 착각에 빠질 수 있는데 길거리에서 수고하고 헌신하며 예수님을 전하고 있는 사람보다 결코 뛰어나다고 말할 수 없을 것이다.

채찍질에 대한 거부감 그리고 오해에서 비롯된 왜곡된 마음이 온전한 눈으로 하나님의 마음을 아는 데로 나아가도록 도움을 구하는 기도를 드리자. 그래서 정직한 길, 또 사랑의 눈으로 바라보시며 자라가게 하시는 하나님의 탁월성에 우리의 사역의 방향성을 의탁드리자.

주체와 의미의 억압에 의한 현대 예술

너희는 이 세대를 본받지 말고 오직 마음을 새롭게 함으로 변화를 받아 (롬 12:2).

자끄 엘룰은 오늘날의 시대를 기술의 세계라고 말한다. 기술의 세계에서 존재의 목적은 수단에 지배당하고 목적은 사라져버린다. 그래서 의미를 묻는 것 자체가 의미가 없다. 주체의 억압은 인간의 소원한 관계를 대변해 준다. 하지만 슬프게도 우리는 이러한 억압을 당하는 동안에도 억압을 쉽게 놓쳐버리는 상태에 놓여 있다.

세상이 기술세계로 변모하면서 예술의 영역도 영향을 받았다. 이에 대해 자끄 엘룰은 네 가지로 회화, 소설, 컴퓨터 그림의 복제, 언어의 의미가 없고 구조를 따짐을 예로 들었다. 그리고 이에 대한 보상으로 음악에 대해 말했다. 보상은 무엇을 말하는가? 기술이 주체를 억압하는 동안에도 우리는 주체가 되길 원하기 때문이다. 기술이 장악하고 있는 거대한 물결의 하부구조에 불과한 인간은 인격적인 만남을 원하고 음악은 보상으로 다가온다. 하지만 그 보상은 어떠한가? 자끄 엘룰은 다음과 같이 말했다.

> "그러나 또한 보상이 있다. 차가운 그림이나 추상성에서만 머무는 것은 불가능하다. 컴퓨터 음악만을 듣는 것은 가능하지 않다. 그래서 우리는 반대 방향으로 떠나려고 한다. 우리는 우리가 사는 기술환경을 보충하기 위해 팝 음악으로 돌진한다. 우리는 한 가지 보상으로서 완전한 성 개방으로 나아간다. 에로틱한 장면은 너무나 복잡한 기술적 광경에 대한 보상이다. 그

래서 현대 예술은 주체와 의미의 억압이라는 면에서 두 방향을 가지고 있다. 그것은 기술의 순수하고 단순한 재생산과 기술 그 자체의 보상이다."[25]

자끄 엘룰은 현대 예술 중에서도 음악은 현대인들에게 과도하고 복잡한 기술 지배의 악영향에 대한 보상으로서 그 관계를 맺고 살아가지만, 그 음악은 영원히 목마르지 않는 황홀경에 빠진 신앙의 인물들이 추구했던 사상과 태도와는 거리가 먼 일시적이고 얕은 쾌락적 황홀경에 젖어 있는 수준이라고 말한다. 최근에 나는 하나님의 영광과 그분의 아름다우심을 표현한 예술작품을 찾다가 저돌적인 여자를 황홀경의 완전체로 묘사하는 글을 발견하면서 어렵지 않게 찾을 수 있는 대중문화 예술 안에 자리하여 우리의 눈과 귀를 사로잡는 것의 실체가 과연 무엇인지 알 수 있었다. 표현과 창작의 자유라는 명목으로 우리는 더 이상 어떠한 작품에 의미를 부여하는 것을 금하고 있다. 그 일에 종사하는 자들도 주체로서 가장 순수한 창작을 시도하기보다는 앞에서 이미 시도한 바 있는 예술을 모방함으로 더 이상의 주체가 되기를 멈추고 있다. 하지만 여기서도 '나 하나 잘한들 의미가 있을까?'란 말로 죄의 집단적인 성향의 지배 아래 힘없는 사람들을 볼 뿐이다.

그래서 우리가 대안으로서 현대 기독교 음악을 이야기하고 음악의 창조와 창작성을 성경적으로 살펴보는 일은 중요하다. 하지만 이것을 시도해도 우리가 세상을 완전히 변혁했고 죄의 영향에서 제외된다고 할 수는 없을 것이다. 왜냐하면 사회를 이루는 것이 곧 사람이고 그 관계에서 벗어날 수 없는 것이 우리 자신이기 때문이다. 다만 우리는 하나님의 말씀을 따라 이곳에 서 있다. 그리고 그분의 인도를 따라 이 길을 걷고 있다. 완전한 그날을 꿈꾸면서 말이다.

---

25) 자끄 엘룰, 《세계적으로 사고하고 지역적으로 행동하라》, 김재현·신광은 옮김, 대장간, 2010, p.92 재인용.

크리스천 대중 예술가들의 커밍아웃

그러므로 나는 할 수 있는 대로 로마에 있는 너희에게도 복음 전하기를 원하노라(롬 1:15).

크리스천 대중 예술가들이 자신이 크리스천임을 밝힐 때 과연 큰 영향을 줄 것인가에 대해 생각해 보았다. 하지만 그 전에 고려해야 할 시대적 분위기는, 요즈음 일반 방송에서 교회 재정문제나 목회자의 성범죄 등을 방영하면서 대다수가 교인들에 대한 생각이 긍정적이지 않다는 점이다. 교회에 대한 반감은 세상의 부조리함에 이미 여러 번 실망한 장년층에겐 더욱 심하다. 더군다나 십대들은 대중음악과 문화에 심취하여 교회는 아예 관심 밖이다. 이로 인해 일반적인 크리스천 신자들도 전도하기가 더 어려운 시대에 봉착하게 되어, 크리스천 방송인들은 자신의 신앙을 방송을 통해 공개하는 것이 더욱 쉽지는 않을 것이다.

하지만 대중가수, 아이돌(idol) 중에도 가수가 자신의 종교를 밝히면(TV가 아니더라도, 잡지나 인터뷰를 통해) 해당 연예인을 좋아하는 십대들은 내가 좋아하는 가수가 믿는 종교, 다니는 교회까지도 좋아하게 되어 자연스레 종교를 받아들이게 됨을 보았다. 대중문화에 물든 십대에게는 자신이 좋아하는 대중 예술가들의 종교가 그들의 초기 신앙 형성에 영향을 미친다고 볼 수 있다. 또 다른 예로, 미국의 38대 대통령을 역임한 지미 카터는 침례교 신자로서 독실한 가정에서 신앙이 자라왔음을 밝힌 바 있으며, 그가 대통령을 할 때도 아동부 교사로서 교회에 봉사한 것이 알려져 더 많은 크리스천 공인, 연예인들이 힘을 얻고 자신 또한 신앙인임을 밝히게 되었다고 한다.[26] 국내에서 크리스천으로 커밍아웃한 연예인 부부도 많다. 그들은 노골적으로 기부와 나눔, 기아대책을 통해 사랑을 전하는데 그 뒤편에 그들의 뜨거운 신앙이 자리하고 있다. 또 나얼이라는 가수는 천국에 대한 소망을 거침없이 앨범 기자회견에서 밝힌 바 있어 그의 신앙의 수준과 깊이가 상당함을 알게 했다.[27]

한편으론 독실한 크리스천임을 밝힌 부부가 이혼을 하거나, 폭행 소송 등에 휘말려 큰 사회적 이슈에 몰려 세상에, 또 타락한 천사에게 비난할 거리를 제공한 것에 대해서는 가슴이 아프다. 물론 그들의 하나님을 향한 신앙은 진심이겠지만 다윗의 간음죄가 사탄의 비방거리가 되었듯, 하나님의 용서와 무관하게 공인으로서 깜깜한 터널을 지나가야 할 긴 시간과 대가는 무시할 수 없을 것이다.

정리하면 이제는 시대적으로 연예인이 자신이 크리스천임을 밝힌다고, 무조건 반가워하는 분위기는 지나갔다. 이제는 “내가 예수 믿는 사람이오”라고 밝히는 말보다 세상에 예수님의 모습을 보여줘야 한다는 점이다. 물론 예수님의 모습은 아주 다양하게 다른 모습으로 비춰질 수 있을 것이다. 예술성과 창조성을 기반으로 꿈을 펼치는 연예인으로서 그분의 향기를 뿜어내기를 소망하고 전문적인 고민을 해야 한다. 하나님을 위한 아름다운 꿈을 꾸어라. 담을 넘어서 예수님을 전할 용기를 구하라. 그래서 가장 귀하신 이름이 방송국에서, 함께 일하는 기획 식구들에게, 나아가 시청자들에게 들려질 수 있도록 말이다.

26) https://www.youtube.com/watch?v=iDTXGzqVGQg
27) http://www.sportsworldi.com/content/html/2015/02/05/20150205002964.html?OutUrl=naver

최고의 예술가

네 형 아론을 위하여 거룩한 옷을 지어 영화롭고 아름답게 할지니 너는 무릇 마음에 지혜 있는 모든 자 곧 내가 지혜로운 영으로 채운 자들에게 말하여 아론의 옷을 지어 그를 거룩하게 하여 내게 제사장 직분을 행하게 하라(출 28:2-3).

모세는 40일을 시내 산에서 보내면서 여호와 하나님께서 머물 성소를 지으라는 명을 받고 성막과 거기에서 쓸 모든 기구를 만들게 된다. 하나님께서는 언약궤부터 회막의 작은 기물까지 손수 디자인하여 어떻게 만들지를 세밀하게 알려 주셨다. 본문은 그 중의 한 부분으로 제사장이 입는 에봇을 어떻게 지어 입을 것인지 말씀하시는 장면이다. 물론 하나님이 거하시는 성전이었고 유목민으로 내내 떠돌았던 이스라엘의 정착 생활의 시작을 알리고 하나님께 예배할 공간이었기에 모든 과정을 함께하신 하나님의 축복은 당연한 것이리라 생각할 수 있다. 하지만 준비할 재료부터 하나하나 세밀하게 지시하시는 말씀을 읽노라면 무엇을 말씀하시는지 정확한 청사진이 그려지고 그 정교함과 아름다움에 감탄할 수밖에 없다. 나는 음악인이고 인테리어나 옷을 디자인하는 사람은 아니기에 전문인들보다 정확한 이해를 할 수 없지만 이와 관련한 기술자들이 말씀을 본다면 더욱 하나님의 뛰어나심과 정교함을 찬양하지 않을 수 없을 것이다.

하나님은 당신의 뜻과 외적인 정교함과 아름다움을 반영한 성막을 지어내셨다. 그러고 보니 노아의 방주도 하나님의 위대한 구조물이다. 단 한 번도 하늘에서 비가 내리는 걸 본 적 없는 시대였고 선박의 외형과 구조, 동력에서는 문외한이었을 노아에게 기술을 가르치시고 청사진을 보여주셔서 방주를 완성할 수 있도록 하셨으니 말이다. 이처럼 하나님께서는 모세를 통해 여호와께서 지혜로운 영으로 채운 자들을 모아 당신의 작품을 만들 수 있도록 부르셨다.

지혜로운 영은 무엇을 말할까? 출애굽기 36장 1절에서는 마음이 지혜로운 사람, 곧 여호와께서 지혜와 총명을 부으셔서 성소에 쓸 모든 일을 할 줄 알게 하신 자들을 일컫는다.

그렇다. 우리 하나님은 최고의 예술가이시다. 창조하신 모든 것과 인간의 존재가 하나님의 가슴에서 시작된 가장 위대한 예술작품일 것이다. 하나님께서 지으신 우주는 신비롭고 우리가 사는 세상의 동물과 식물, 하늘의 해와 달과 별은 참으로 아름답다. 그래서 다윗도 하나님이 지으신 우주 만물을 보고 그 아름다움을 감출 수 없었고 온 땅 가운데 가장 뛰어나신 하나님의 이름을 찬송하였다.[28)]

또한 하나님이 지으신 각 사람에게는 하나님께로부터 받은 자기의 은사가 있다고 성경은 가르친다(고전 7:7). 하나님은 그 은사를 하나님의 뜻을 표현하고 나타내는 데 사용하길 원하실 것이다. 창조가로서 가장 정교하시고 세밀하신 하나님의 창조물과 아름다움을 우리도 나타내고 있을까? 하나님의 지혜로운 영으로 충만하여 그분의 뜻을 나타내는 조각가, 건축가, 화가, 음악가가 이 시대에도 여전히 필요하다. 하나님의 창조성을 닮아 재창조되는 예술작품들이 하나님이 뜻에 합하는 세계관을 표현하여 그분을 찬송하길 소망한다.

28) 시편 8:1 "여호와 우리 주여 주의 이름이 온 땅에서 어찌 그리 위엄이 넘치는지요? 저 하늘 높이까지 주의 위엄 가득합니다."

찬송으로 보는 천사의 위치와 역할

> 이 섬긴 바가 자기를 위한 것이 아니요 너희를 위한 것임이 계시로 알게 되었으니 이것은 하늘로부터 보내신 성령을 힘입어 복음을 전하는 자들로 이제 너희에게 알린 것이요 천사들도 살펴보기를 원하는 것이니라(벧전 1:12).

찬송가에 실린 카셀(E.T. Cassel)이 지은 "우리가 지금은 나그네 되어도"라는 곡이 있다. 주제는 세계선교로 분류되어 있고 복음증거에 대한 내용을 담고 있다. 곡의 후렴에서는 "주 내게 부탁하신 일, 천사도 흠모하겠네"라고 고백한다. 우리는 베드로전서 1장 9-12절을 함께 묵상할 때 천사들도 살펴보기 원하는 것이 영혼을 구원하신 하나님의 원대한 계획임을 깨닫게 된다.

복음가(복음성가) 중에서 김석균 목사가 쓴 "당신의 그 섬김이"라는 곡이 있다. 현재는 많은 CCM으로도 편곡되어서 알려져 있으므로 넓은 개념의 CCM으로서도 그 역할이 확대된 곡이기도 하다. 이 곡은 "천사도 흠모하는 아름다운 그 모습 천국에서 해같이 빛나리"라는 가사로 마무리를 짓는다.

천사도 흠모하는 그 모습은 섬김, 겸손, 믿음, 충성, 순종, 사랑, 찬송, 헌신을 뜻하며, 신자가 이 땅에서 살아간 그 모습이 천국에서도 아름답게 빛날 것이라는 내용을 담고 있다. 여기서 천사의 역할은 예수 그리스도의 보혈로 구원받은 신자가 성령을 따라 삶을 사는 것을 보면서 이 모습을 기쁜 마음으로 사모하고 있다. 우리가 복음을 증거할 때 성령의 열매를 맺음은 믿지 아니하는 자들에게 본을 보이며 복음의 실체와 능력을 깨닫게 한다.

천사의 위치와 역할은 무엇인가? 우리가 부르는 찬송 속에 배경으로 자리를 잡는 천사들의 존재는 밧모 섬에서 요한이 하늘의 천상의 예배를 목격했을 때도 하나님을 찬송하며 경배하는 자들로도 등장한다. 기록하기를 천사는 영이지만 하나님의 영광의 광채시며 본체의 형상이신 예수 그리스도와 달라 하나님께서 부리는 영으로서, 또한 모든 천사들은 섬기는 영으로서 구원받을 상속자를 섬기라고 보낸 하나님의 일꾼이다(히 1장). 그래서 더욱 천사의 위치와 역할을 잘 알아 신학과 교리를 벗어나지 않는 곡을 쓰도록 창작자들에게 요구된다.

하나님의 공의를 노래하라

> 내가 여호와로 말미암아 크게 기뻐하며 내 영혼이 나의 하나님으로 말미암아 즐거워하리니 이는 그가 구원의 옷을 내게 입히시며 공의의 겉옷을 내게 더하심이 신랑이 사모를 쓰며 신부가 자기 보석으로 단장함 같게 하셨음이라 땅이 싹을 내며 동산이 거기 뿌린 것을 움돋게 함같이 주 여호와께서 공의와 찬송을 모든 나라 앞에 솟아나게 하시리라(사 61:10-11).

CCM은 다양한 장르로 하나님을 찬송할 수 있다. 왜냐하면 음악이 가진 중립이 우리가 어떤 의도와 목적을 가지고 사용하느냐에 따라 선하게도 사용되며 악하게도 사용되기 때문이다. 하나님을 찬양하려는 마음으로 바른 메시지를 음악에 담아내는 것, 그것이 CCM이다. 또한 음악 스타일이 다양한 장르를 섭렵할 수 있다는 가능성만큼이나 어떤 메시지를 부를 것인가도 다양할 수 있다. 물론 대중이 추구하는 스타일이 신앙고백, 선교, 또는 예배찬양으로 주류를 이루지만 CCM은 소수의 메시지를 담아내는 음악으로서도 존재한다.

우리는 정의에 대해 목마른 시대에 살고 있고, 사람들마다 정의를 외치는 시대에 살고 있다. 이때에 우리는 세상에 대해 하나님의 정의와 공의를 풀어놓을 수 있는 음악을 갖고 있는지 생각해 본다. 공의, 정의에 대한 메시지를 가진 CCM 곡은 수가 적고 열악하다는 것이 오늘의 이야기다. 어쩌면 정의를 무척이나 갈망하지만 그 누구도 정의로울 수 없었다는 과거의 경험이나 현재의 모습으로 인해 정의에 대해 노래하기를 피하고 있는 것은 아닐까? 아니면 그 수요가 적기 때문에, 또 교회 메시지의 주류를 이루는 것이 이런 종류의 것이 아니기 때문에 무관심했을 수도 있다.

하지만 정의와 공의에 대한 하나님 아버지의 입장은 어떠하실까? 우리는 말씀을 통해 찾을 수 있는데 잠언 21장 3절에서는 “공의와 정의를 행하는 것은 제사 드리는 것보다 여호와께서 기쁘게 여기시느니라”고 말씀하고 있다. 우리는 하나님이 제사를 드리는 것보다 순종을 더 기뻐하신다는 말씀은 알고 있지만(삼상 15:22) 하나님의 뜻에 합하는 공의와 정의를 행하는 것을 기뻐하신다는 말씀에도 주목할 필요가 있다.

우리가 이해하는 정의와 공의는 도덕적 차원에 머무르는 것이 대부분일 것이다. 물론 사회 도덕을 통해서도 하나님은 일을 하신다. 시편 82편 3절에 “가난한 자와 고아를 위하여 판단하며 곤란한 자와 빈궁한 자에게 공의를 베풀지며”라는 말씀이 있고, 예레미야 22장 3절에 “여호와께서 이와 같이 말씀하시되 너희가 정의와 공의를 행하여 탈취당한 자를 압박하는 자의 손에서 건지고 이방인과 고아와 과부를 압제하거나 학대하지 말며 이곳에서 무죄한 피를 흘리지 말라”고 말씀하시기 때문이다. 즉 이 세상에서도 하나님 나라를 이뤄가는 소망에 있어서 정의와 공의는 배제할 수 없는 조건이요, 하나님의 성품이다.

우리는 공의의 완성이 되시는 예수님을 기억해야 하는데 스가랴 9장 9절에서는 곧 겸손하여서 작은 나귀 새끼를 타고 오신 그분이 곧 하나님의 공의가 됨을 이야기하고 있다. 하나님의 공의가 되시는 예수님께는 공의와 정의에서 벗어나는 어떤 작은 흠도 찾을 수가 없다. 그리고 그분을 믿는 것이 하나님의 공의를 행하는 것과 별개의 것이 될 수 없음을 기억해야 한다. 우리는 공의가 되시는 예수님, 그분의 이야기를 노래하며 세상에 대해 정의와 공의를 실천하는 공공의 크리스천으로서도 서가야 한다. 하나님의 공의가 완성되는 그날을 사모하며 말이다.

2
PART

성부 성자 성령

하나님께로부터 오는 영광은

> 다만 하나님을 사랑하는 것이 너희 속에 없음을 알았노라 나는 내 아버지의 이름으로 왔으매 너희가 영접하지 아니하나 만일 다른 사람이 자기 이름으로 오면 영접하리라 너희가 서로 영광을 취하고 유일하신 하나님께로부터 오는 영광은 구하지 아니하니 어찌 나를 믿을 수 있느냐(요 5:42-44).

유대인들은 38년 동안 병을 지고 산 병자가 고침을 받은 것을 보고 "안식일에 네 자리를 들고 나가는 것이 옳지 않다. 더 큰 죄를 짓지 말라"고 당부하였다. 안식일에는 어떤 일도 하지 않고 쉰다는 율법이 정해져 있었기 때문이었다. 유대인들은 안식일의 법을 어긴 자, 곧 누가 그의 병을 고쳐주었는지 알고자 했지만 병자조차도 알지 못했다.

그 후에 예수님은 고침 받은 병자를 만남으로 더 심한 것이 생기지 않도록 죄를 짓지 말라고 당부하셨다. 그는 이로 인해 자신을 고쳐준 자가 예수님임을 알게 되고 유대인들에게 이 소식을 알리는데, 그들은 안식일에 이런 일을 행했다는 이유로 예수님을 박해했다.

그러나 예수님은 진실로 그들에게 "아버지 하나님께서 일하시므로 나도 일한다"는 말로써 안식일의 주인이 누구이며, 하나님의 기쁘시고 온전하신 뜻이 어디에 있는지를 깨닫게 하고자 하셨다. 유대인들은 야훼 하나님을 믿었지만 그의 아들, 독생자 예수는 믿지 않았다. 그래서 예수님이 하나님의 아들이라 칭함을 받는 것에 분노하고 신을 모독했다는 생각에 사로잡혔다. 하지만 예수님은 하나님을 공경한다면서 그의 아들, 곧 예수를 공경하지 않는 것은 하나님을 공경하지 않는 것이라고 말씀하셨다. 24-29절을 통하여 하나님께서 예수님에게 주신 권세 곧 최후의 심판을 말씀해 주심으로 더욱 하나님의 아들이심을 증명하신다. 유대인들이 날마다 성경을 상고하고 성경에서 영생을 얻으리라 생각하지만 이 성경이 곧 예수님을 말하고 있는 것임을 알려 주신다. 유대인들만큼 성경을 사모하고 달달 외우는 자들도 드문데 정작 그 성경이 말씀하는 주인, 예수님을 앞에 두고도 깨닫지 못함은 참으로 아이러니하다.

왜일까? 예수님의 말씀 속에서 대답을 유추할 수 있다. 그들은 열심히 성경을 독서하지만 하나님을 사랑하지 않는다. 둘째, 예수님이 아버지의 이름으로 왔음에도 모르고 다른 이들이 오면 영접한다는 말 속에서 그들은 성경이 말씀하는 메시아가 아니라 자신들이 원하는 메시아를 정해 놓고 있음을 알 수 있다. 그러나 예수님은 말구유에 나신 것처럼 세상의 극적인 화려함에 어울리는 왕으로 오신 것이 아니었다. 유대인들은 화려한 풍채와 외모로 시선을 끌기에 충분하고 매력적인 왕을 원했지만 예수님은 가장 가난하고 낮고 천한 사람까지도 구원하시고자 외식을 버리신 분이시다. 셋째, 하나님께로부터 오는 영광을 구하지 않는다는 말 속에서 진실로 하나님의 역사와 도우심을 경험하고 싶은 것보다 인간적이고 상식적인 수준에서만 자신들의 삶을 제한하고 싶어한다. 즉 유대인들은 예부터 해왔던 종교적인 풍습에서 안정감을 누리는 것이지 영적인 것을 찾지 않았다는 것이다. 율법에만 매여 있는 것이다.

하나님을 사랑한다면서 성경을 보지 않는 것도 문제이지만, 열심히 보지만 하나님을 사랑하지 않는 것 또한 문제이다. 앞은 피상적이고 겉핥기식의 신앙생활이라면 후자는 율법적으로 하나님을 믿는 신앙생활에 대한 부분이다. 가장 이상적인 것은 하나님을 사랑하기에 성경을 묵상하며, 율법에 매이지 않으면서 말씀을 따라 사는 것이다.

하나님께서 구하시는 제사는(1)

하나님께서 구하시는 제사는 상한 심령이라 하나님이여 상하고 통회하는 마음을 주께서 멸시하지 아니하시리이다(시 51:17).

여기에는 복잡한 반전이 숨어 있다. 누가복음 18장 10절을 보면 기도하러 성전에 올라가는 두 사람이 나온다. 하나는 바리새인이고 다른 하나는 세리이다. 그리고 두 사람의 기도 내용을 예수님이 말씀하시기를 바리새인의 기도는 '하나님이여, 내가 다른 사람들, 곧 토색, 불의, 간음하는 자들과 같지 않고 저 세리와도 같지 않음에 감사하다'는 내용이다. 그리고 세리의 기도 내용을 말씀하시기를, 그는 하늘을 쳐다보지도 못하고 다만 가슴을 치면서 '나를 불쌍히 여기소서. 나는 죄인입니다'라는 말밖에 하지 못한다는 내용이다. 예상대로 기도 후에 둘 다 자신의 집으로 내려가고 하나님께서 의롭다고 여겨주신 이는 과연 누구인지 들려주신다. 의롭다 하심을 받은 이는 바리새인이 아니고 세리라고 말이다.

우리는 대개 바리새인이 기도 내용에서 나열한 것들이 그리스도인으로서 맺은 열매이기에 그에 대해 감사하는 것에 문제가 없다고 여기지만 바리새인이 드린 기도에 숨겨진 마음은 내가 그들과 다름으로 감사하는 기도이기에 기뻐하시거나 의롭다고 여겨주시는 것이 아니라는 사실이다. 우리가 남들과 비교하여 깨끗하다고 고백하는 입술은 감사가 아니라 교만이고 예수님의 보배로운 피는 스스로 깨끗하다고 여기는 자들에게 아무런 유익이 없다. 다시 말하면, 그리스도인으로서 맺은 열매에는 사랑, 즉 자랑하지 아니하며 교만하지 아니하며 무례히 행하지 아니하고 자기의 유익을 구하지 아니하는 마음이 함께 구현될 때 참된 의미가 있다.

주님께서 구하시는 제사는 내가 다른 무엇에 비교하여 잘 해내고 있다는 사실에 안주하여 드리는 감사가 아니라 세리와 같이 상한 심령을 고백하는 것이다. 상한 마음은 통회하는 마음이고 자복하는 마음이다. 통회란 몹시 뉘우치는 것, 또 자기가 지은 죄를 뉘우치고 다시는 죄를 짓지 않겠다고 결심하는 것을 말한다. 하지만 죄를 짓고 회개하고 또 다시 죄를 짓는 일을 반복해 본 신자들은 알겠지만, 우리의 결심은 무너지고 또 무너지는 것을 반복한다는 것이다. 또 하나님께 죄송하고 죄송해서 똑같은 죄의 문제를 놓고 다시 기도할 수 없을 만큼 말이다. 하지만 이것이 바로 통회다. 또 무너졌지만 다시 주님 앞에 무릎을 꿇는 것, 그리고 그 사랑에 기대할 수밖에 없는 모습이 여실히 드러나는 것, 이것이 결심하고 또 무너진 우리가 할 수 있는 최선의 노력, 곧 통회다. 하나님은 높고 거룩한 곳에 계시지만 이런 자와 함께 계시며 겸손해진 마음을 소생시키시고 통회하는 자를 구원하신다.

또한 주님께서 구하시는 제사는 '자복하는 심령'이라고 했다. 자복이란 '범죄한 사실을 스스로 고백하고 항복한 상태, 또는 복종하는 상태'를 말한다. 세리가 하나님께 그저 고개를 들지 못하고 '나는 죄인입니다', '나를 불쌍히 여기소서', '오늘도 어찌할 수 없는 이 몸을 주께 맡깁니다'라고 고백하는 것처럼 말이다. 우리는 하나님께 단 둘이 있는 공간에서 더욱 은밀하게 감춰둔 우리의 죄를 고백함으로 나갈 수 있을 것이다. 주께서는 우리가 못난 모습으로 주께 나아올 때마다 그 마음에 통회하고 자복하는지를 감찰하신다. 우리가 주님께서 새롭게 하심을 바랄 때 그의 돌보심과 구원하심이 임한다.

하나님께서 구하시는 제사는(2)

하나님께서 구하시는 제사는 상한 심령이라 하나님이여 상하고 통회하는 마음을 주께서 멸시하지 아니하시리이다(시 51:17).

오늘날 우리의 예배는 날로 화려해지고 세련되게 변하고 있다. 예배와 대중적인 감각을 함께 접목시켜 가는 추세로, 작은 교회는 그들이 이뤄갈 목표로 삼아 부단히 교회 성장을 위해 노력하고 중대형 교회는 이미 자신들이 가진 능력과 기회로 얼마나 더 획기적인 예배 기획을 생산해 낼지 힘쓰고 있다. 우리 시대에는 기술과 문화의 발달로 누리는 편리성과 놀라운 혜택들을 교회 공동체 안에서도 누리길 원하여 점점 예배도 그에 맞는 구미를 찾아가고 있다. 그러나 나는 가히 예배가 아이템이 되고 있는 것은 아닌지 생각해 본다.

예배에 대한 잡지를 보면 찬양예배가 어떻게 하면 더욱 하나님을 향해 바른 찬양을 드릴 수 있는지에 대해 집중하고 있는 것은 확실하다. 거기에는 아주 다양한 이야기와 논의거리를 제공하여 우리의 지적인 부분을 충분히 자극하고 다음으로 나갈 방향을 모색하게 한다. 우리가 가진 기술력이 어떻게 다양한 예배 형식을 창출하여 더 많은 은사를 교회 안에 질서 있고 아름답게 풀어놓을지에 대한 고민도 좋다. 예를 들면, 조명의 다양한 색감과 모형은 빛과 어둠을 만들어 내서 하나님의 말씀 곧 이야기를 표현해 낼 것인지, 우리가 일상에서 사용하는 물건들이 어떻게 예배 안에서 상징적인 의미들로 표현될 수 있을지 등이 그렇다.

구도자 예배가 갖는 긍정주의, 안일주의, 위로가 분명 효력이 없는 것은 아니지만 신자들이 더욱 이상적으로 장성한 분량으로 자라나는 것을 아주 두려워하고 염려한다는 생각이 든다. 혹시라도 그들의 마음을 거스르는 메시지를 전하여 교회를 떠나게 될 것을 미리 걱정하는 마음은 아주 다양하고 화려한 예배 문화를 만들어 냈다. 연극, 영화, 뮤지컬, 화려한 음악, 빼어난 조명, 깔끔한 와이셔츠와 주름 잘 잡힌 샤프한 느낌을 주는 정장 바지를 입고 강단이 아닌 무대를 여유 있게 돌아다니며 지적인 이미지를 가진 목사들이 주는 메시지는 바울이 어린아이를 대하듯 이야기한다는 말에서 크게 벗어나지 못한다. 영적으로 어린아이만을 양산해 내고 그것을 부흥이라고 말하는 오늘날의 대중적인 교회 모습에는 무언가 십자가의 복음이 온전한 힘을 발휘하지 못하고 있는 듯 능력이 없는 것은 아닌지 생각한다.

그러나 여기서 내가 정말 말하고 싶은 것은 화려하고 날렵한 예배 안에서 우리는 하나님이 구하시는 제사, 곧 통회하고 자복하는 심령, 곧 상한 마음을 찾기가 너무나도 어렵다는 사실이다. 거기에는 힘이 넘치고 강함이 그 위력을 자랑스레 분위기를 압도하고 있고, 자신의 약함은 꼭꼭 감춰버리는 잘못된 권위가 난무하다. 과연 오늘날, 끔찍한 죄를 저지른 죄인 하나가 무릎을 꿇고 주 앞에 마음껏 울 수 있는 공간이 우리에게는 남아 있는가. 죄인 한 명이 들어오면 바리새인적인 믿음으로 그를 돌로 쳐 죽일 마음을 갖고 바라보고 있는 것이 또 다른 우리의 모습은 아닌가.

주께서는 결코 반짝 보여주고 사라지는 즐거움을 찾는 예배에서 당신의 영원한 기쁨을 찾으시지 않는다. 거기에는 길을 잃고 헤매고 있는 어린 양을 다시 찾는 목자의 마음이 없다. 우리에게 지금 필요한 것은 더 많은 은사와 화려한 기술을 질서 있게 갖춘 안정적인 예배가 아니라 상하고 통회하고 자복할 수 있는 자리를 마련해 주는 예배다.

하나님의 강한 손을 묵상하다

강한 손과 펴신 팔로 인도하여 내신 이에게 감사하라 그 인자하심이 영원함이로다(시 136:12).

조은아가 작사한 "하나님 나 부르실 때", 고형원이 쓴 "파송의 노래", 데일 가렛(Dale Garratt)이 쓴 "주님과 담대히 나아가", 보니 로우(Bonnie Low)가 쓴 "주께 서 전진해 온다" 등 찬양 가사에서 찾아볼 수 있는 단어 또는 의미, '강한 손'은 무엇을 말할까? 그리고 하나님의 강한 손과 선한 손은 무엇이 다를까? 이것이 잘 풀린다면 우리의 기도가 하나님께 바른 것을 구하게 되고 적절한 가사로 노래할 수 있을 것이다.

강함의 반대는 약함으로 스스로를 제한하사 약하심을 택하셨던 성경적 사건과 정황을 제외하고 하나님은 전지전능하신 창조주시니 강하신 분이시다. 하나님은 자신의 강함을 어느 상황과 시간에 나타내 보이셨을까? 하나님은 이스라엘 백성을 애굽의 바로의 치하(治下)에서 구원하실 때 강한 손을 펼치셨다(출 6:1). 주는 하나님을 대적하고 증오하는 많은 나라와 왕들을 치셨다(시 135:9-10; 렘 21:5). 이유는 이들 무리는 하나님이 강한 손을 펼쳐서 멸망과 흩으심을 주기까지 그들의 분노와 죄를 포기하지 않았고 하나님과 그가 세우신 자를 대적하며 하나님의 역사 개입을 끊어버리고 벗어나려고까지 했기 때문이다(시 2:2-3; 출 3:19). 하지만 하나님의 강한 손은 전쟁에 능하신 왕이라는 말씀처럼(시 24:7) 그의 백성들을 위해 싸우셨다(신 1:30). 또한 하나님의 강한 손은 그가 세우신 선지자와 예언자들 위에 임하여 그들의 앞길을 지도하시고 깨우치셨다(사 8:11). 하나님의 손은 약하지 않고 그 귀는 둔하지 않으며 강한 손과 펴신 팔로 우리를 인도하시는 분이시다(사 59:1).

하나님의 선한 손은 무엇이 다를까? 술 관원으로 아닥사스다 왕을 섬기던 느헤미야가 성벽의 문을 재건하고자 하지만 갈 수 없고 물질이 없음에 그를 위해 왕의 마음을 움직이신다(느 2:8). 하나님의 선하심은 마찬가지로 그의 백성들을 도우심으로 나타나는데 위와 같이 하나님의 자녀들의 곤경과 위험에 처한 상황, 또 곤란한 처지를 잘 알고 계셔서 선한 손으로 도우시는 분임을 알 수 있다.

하나님의 강한 손과 선한 손을 통해 우리가 깨닫는 바는 하나님이 인자하신 분이란 것이다. 시편 136편 전체를 살펴보면 큰 왕들을 치신 이에게, 애굽의 장자를 치신 이에게, 홍해를 가르신 이에게, 바로와 그의 군대를 홍해에 엎드려 뜨린 이에게, 큰 빛을 지으셨고 해를 낮이라 칭하셨고 하늘을 지으신 주께, 강한 손과 펴신 팔에 감사하라고 이야기한다. 그의 인자하심은 이에 상응하는 결과라고 나타내고 있다. 하지만 전쟁의 파괴, 와해, 파멸, 손괴, 죽음이란 결과와 마음이 어질고 자애롭다는 인자하심을 뜻하는 말이 어떻게 어울릴 수 있는가에 대한 반문도 든다. 하지만 십자군 전쟁과 마녀 재판, 선교사들의 식민주의가 가져온 인류에 지은 죄는 하나님의 이름을 빙자한 인간의 이기적인 탐욕이 만든 역사였다. 하나님을 배제한 인간이 자초한 전쟁은 구분해야 한다.

높으신 하나님의 강함과 선함 그리고 인자하심을 찬양하자. 하나님의 강한 손은 이 땅을 향해, 각 민족들을 향해, 강한 손으로, 선한 손으로 말씀하고 계신다. 역사를 주관하시는 하나님은 공의로 심판하고 징계하는 손으로 나타나며, 예루살렘의 회복과 열방의 회복을 약속하셨다(미 4:3; 사 40:10). 세상은 그날을 향해 직선으로 달려간다.

하나님의 손과 얼굴

여호와와 그의 능력을 구할지어다 항상 그의 얼굴을 찾을지어다(대상 16:11).

성경에서 '손'이 가진 의미는 어느 경우에 사용되었을까? 요즘에는 하나님의 손과 얼굴을 구분지어 이야기하고 있는데 손은 공급자 되신 하나님을, 얼굴은 하나님의 존재 곧 그분 자신을 표현할 때 사용한다. 하나님이 우리에게 주시는 공급은 무척이나 방대하다. 창조주로서 피조물에게 살아갈 수 있도록 허락하시는 모든 것이 그러하다. 공급자 되시는 하나님의 능력이 임할 때 우리는 하나님의 손을 경험하게 된다(욥 12:10). 하나님의 손은 능력(벧전 5:6), 권능과 치유(막 8:22), 계획과 흥망성쇠(전 9:1), 보호와 안전(사 49:2; 시 91:4), 세력이 미치는 범위(출 18:10) 등을 나타낼 때 주로 사용되었다. 한편에서는 구약에 있어서 하나님의 손과 하나님의 영이 의미상 동일하게 사용된 구절이 있다고 하지만 사실 능력에 더 가깝다고 보인다(대상 28:19)[29]

하나님께서는 우리의 좋으신 아버지가 되시기에 구하고 찾고 두드리라고 말씀하셨다(마 7:7). 그렇다면 우리가 무엇을 구할까? 하나님의 손을 구하는 것과 하나님의 얼굴을 구하는 것의 차이는 무엇일까? 이 시대의 진정한 예배자가 되길 원하는 많은 이들의 마음을 사로잡는 말씀이 시편 27편이다. 4절에서는 여호와께 바라는 한 가지를 구하는데 평생에 여호와의 집에 살면서 그분의 아름다움을 바라보며 그의 성전에서 사모하는 것이라고 한다. 하나님께서는 우리가 일용할 양식을 구하기만 급급할 때 이 모든 것이 우리에게 있어야 할 줄을 이미 아신다

29) http://www.holybible.or.kr/B_DICT_NEW/cgi/bdictftxt.php?DN=1945&WD=손

고 말씀하신다. 물론 구체적으로 구하고 응답받으면서 하나님을 향한 신뢰와 믿음이 돈독해지고 성장하는 것은 사실이다. 그러므로 때에 따라 하나님의 손을 구하는 것이 맞지만 시편 27편 8절에서는 주님의 얼굴을 찾으라고 당부한다.

아가 2장 14절에서도 바위 틈 은밀한 곳에서 얼굴을 보게 하고 소리를 듣게 하라고 언급하며 거룩한 곳에서 그분의 임재를 바라고 소망하기를 사랑의 언어로 말하고 있다. 하나님은 우리에게 그분의 손으로 복을 주시지만 그의 얼굴을 비추실 때만이 '평강을 얻을 수 있음'을 말씀하고 계시다(시 67:1). 역대상 16장 11절에서도 여호와와 그의 능력을 구분하고 있는데 둘 다 구하지만 그의 얼굴은 항상 구하라고 말씀하고 있다. 우리가 먹을 것으로 말미암아 주를 찬송하더라도 하나님의 법도와 규례를 행하고 하나님을 잊지 말 것을 염려하신다(신 8:10-14). 우리가 많은 것으로 배불러 여호와 하나님을 잊을 수 있지만 하나님의 얼굴을 항상 구하는 것은 우리의 영으로 하여금 영원한 만족을 얻게 할 것이다(시 17:15).

영이 죽은 자는 하나님을 갈망하지도 찾지도 않는다. 하나님의 자녀들도 주의 얼굴이 비춰지지 않을 때, 구하지 않을 때, 영혼이 버려진 것과 같이 큰 상실 속에서 영적 침체로 빠지는 것을 볼 수 있다(시 88:14). 그런즉 하나님의 임재, 그분을 놓치지 않는 것이 우리의 생명의 길이다. 다윗이 땅 속 깊은 동굴에 있을 때 더욱 하나님을 찾고 찾았듯이 우리 또한 하나님을 갈망하자. 그분의 손보다 더욱 하나님의 얼굴을 구하자.

하나님께로부터 왔는가?

유대인들이 놀랍게 여겨 이르되 이 사람은 배우지 아니하였거늘 어떻게 글을 아느냐 하니 예수께서 대답하여 이르시되 내 교훈은 내 것이 아니요 나를 보내신 이의 것이니라 사람이 하나님의 뜻을 행하려 하면 이 교훈이 하나님께로부터 왔는지 내가 스스로 말함인지 알리라 스스로 말하는 자는 자기 영광만 구하되 보내신 이의 영광을 구하는 자는 참되니 그 속에 불의가 없느니라(요 7:15-18).

명절이 되어 예루살렘으로 올라가는 길에 예수님은 자신이 행하고 말했던 사건들로 인하여 많은 사람들의 입방아에 오르고 관심을 받고 계셨지만 아직 때가 이르지 않았기에 자신을 드러내지 않고 오르셨다. 명절의 중간이 되었을 때 예수님께서도 성전에서 가르치셨는데 유대인들은 그의 지혜가 무궁무진함을 듣고서 '이 사람이 배우지 않았는데 어떻게 글을 아느냐'며 놀라워했다. 그때 예수님은 절대 공부나 독서를 많이 해서 지혜가 이 정도라는 식의 자랑을 하지 않으셨다. 예수님은 그 지혜가 어디에서 오는지를 가르쳐주신다. '이 교훈은 내 것이 아니라 나를 보내신 이, 곧 하나님의 지혜'라는 것이다.

당시에는 예수님을 두고 유대인들의 다양한 평이 있었다. 그를 미혹자라고 보는 반면 좋은 사람이라고 말하는 사람들도 있었다. 만약 예수님께 수군거림을 종식하겠다는 마음이 있으셨다면 미혹자라고 얘기했던 유대인들의 마음을 사로잡고 입지를 굳게 하실 수도 있으셨지만 그분이 취한 선택은 그게 아니었다. 예수님은 하나님께 영광을 돌리셨다. 바로 이 '지혜가 내 것이 아니라 하나님의 것'이라고 말씀하시면서. 예수님의 이 같은 태도에서 우리가 배울 영적인 교훈은 나에게 공을 돌리려는 사람들의 인정에서도 하나님께 영광을 돌리는 것이다.

그렇다면 우리가 말하는 것만으로 하나님께로부터 오는 지혜가 증명이 될까? 다시 말하면 말만 하는 것으로는 하나님께로부터 오지 않는 지혜는 지혜가 될 수 없다는 것이다. 이것을 어떻게 구별할 수 있을까? 예수님은 하나님의 뜻을 행하려 하실 때 깨닫게 된다고 말씀하신다. 그것이 내 속에서 스스로 말함인지 하나님께로부터 온 지혜인지 말이다.

예수님은 위와 같은 말씀을 통하여 안식일에 자신이 병자를 고치신 것에 대하여 율법을 범했다고 말하기보다는 하나님의 뜻에 합한 행동을 취한 것이었음을 말씀하신다. 안식일에 할례를 행하면서 아픈 사람의 전신을 고쳐 그를 자유케 하는 것이 왜 안 되는지를 도리어 질문하신다(23절). 유대인들은 율법의 완성이 되시는 분이 예수님이지만 도리어 율법에만 갇혀서 하나님의 선하시고 기뻐하시는 뜻이 어디에 있는지 알 수 없었다. 그래서 예수님을 박해하고 괴롭히는 입장에 서게 된 것이다.

찬양사역을 할 때 우리는 하나님의 지혜를 구해야 한다. 왜냐하면 하나님께로부터 오는 지혜가 아니고서는 사역이 하는 부르심에 순전하게 반응하기가 불가능하기 때문이다. 인간에는 하나님이 주신 생각도 있고 나의 생각도 있으며 사탄이 참소하려고 가져오는 생각도 있다. 이 세 가지 중에서 하나님의 뜻을 분별하려면 기도를 해야 하고 하나님의 뜻을 행하려 하면 하나님께서 응답하시는 결과를 볼 수 있게 될 것이다.

하나님 뜻에 맞는 슬픔

하나님의 뜻에 맞는 슬픔은, 회개하게 하여, 구원에 이르게 하므로, 후회할 것이 없습니다. 그러나 세상의 슬픔은 죽음을 가져옵니다(고후 7:10, 표준새번역).

고통에 대응하는 방식은 사람마다 다르다. 문제의 근본 원인에 집중하거나 반응하는 감정과 태도도 저마다 다양하다. 어떤 이에게는 고통이 그에게 좌절과 실패를 안겨주는 보기 싫은 불청객이지만 또 누군가에겐 더욱 그를 성숙하게 하는 밑거름이 되기도 한다. 우리의 삶에서 나타나는 슬픔과 고통의 문제를 탁상공론(卓上空論)이 아닌 실제적이며 심도 있게 다룬 글을 쓴 작가 필립 얀시(Philip Yancey)는 《내가 고통당할 때 하나님 어디 계십니까?》 라는 저서에서 고통은 우리로 하여금 하나님께 향하게 한다고 말했다.[30)]

바울은 고린도 교회 안에 일어난 문제를 놓고 교인들을 책망하는 편지를 보냈다. 성도들의 잘함을 칭찬하는 것이 아니라 권면과 책망이 더 컸다. 편지를 보낸 후 디도를 통하여 들은 소식은 여러 가지 죄의 문제를 언급함이 교인들을 슬프게 했다는 이야기였다. 몇 가지 교회 안에 있던 죄의 문제들을 보면 분열상이 나타났는데 성도들에게 온갖 지식이 풍족함에 따라 각각 말과 마음이 일치됨이 없었고 누구에게 세례를 받았는지에 따라 파벌(派閥)이 나뉘었다. 또 음행의 문제에서 단호하지 못하여 죄를 용납한 점과 교회의 문제를 이해방식과 체계가 다른 세상 법정에 소송을 낸 것 등이 있다.[31)] 이러한 문제에 대해서 바울

30) 필립 얀시, 《내가 고통당할 때 하나님 어디 계십니까?》, 이영희 옮김, 생명의 말씀사, 2014, p. 98.
31) 더 자세한 내용은 고린도전서를 묵상해 보라.

은 조금의 용납도 없이 단호하고 정확하게 말씀으로 책망하였다.

정말 필립 얀시의 말대로 고통이 하나님께 향하게 하는가? 그리고 바울의 말대로 슬픔이 구원을 이루는 회개를 불러일으키는 아주 중요한 감정인가? 하나님의 말씀은 우리 삶의 모든 영역에 사랑과 용서를 주시나 동시에 징계와 권면을 통하여 하나님의 자녀답게 살도록 끊임없이 이끄시고 요청하신다. 분명히 징계와 권면을 통한 말씀은 우리를 새롭게 하지만 그 자유를 누리기까지 죄를 포기하지 못하는 자아는 깊은 슬픔과 고통에 거하며 영적으로도 어두운 시기를 지나게 되는 것도 정직한 이야기다. "약할 때 강함 되시네"(You are my all in all) 라는 곡을 쓴 데니스 저니건(Dannis Jernigan)도 자신의 죄 문제가 잘 해결이 되지 않아서 자살을 결심할 정도였다고 고백했으니 말이다.

내가 당한 슬픔이 하나님이 날 사랑하시기 때문이라고 말하는 것은 맞지 않다. 날 사랑하시는 하나님은 우리의 웃음과 미소를 보기 원하시는 분이시다. 그러나 분명 고통과 슬픔을 일시적으로 허용하시는 하나님은 그 슬픔까지도 새롭게 하실 수 있는 분이심을 우리는 기억해야 한다.

바울은 죄로 인한 싸움에서 오는 깊은 아픔과 고통이 세상의 슬픔과는 다르다고 이야기한다. 외적으로 드러나는 슬픔의 현상은 차이가 없지만 맺는 열매는 다를 것이기 때문이다. 현재 당한 슬픔이 당사자로 하여금 괴롭게 하나 결국은 회개에 이르는 데 필요하다면 그러한 슬픔은 하나님의 뜻에 맞는 슬픔이라고 말한다. 날 때부터 죄인 된 우리가 예수 그리스도를 닮기까지 거쳐가는 인생의 일련(一連)의 과정임을 안다면 모든 슬픔을 무조건 부정하기보다 하나님 뜻에 맞는 슬픔을 만난다면 자녀를 사랑하시는 아비의 마음도 기억하자.

하나님의 소원

너희 안에서 행하시는 이는 하나님이시니 자기의 기쁘신 뜻을 위하여 너희에게 소원을 두고 행하게 하시나니(빌 2:13).

하나님께서 우리를 통해 일하시는 방법 중 하나는 '소원'을 우리 마음 안에 두신다는 것이다. 소원이란 바라고(hope) 원하는 것(want)을 말하는데, 즉 하나님께서는 자신의 뜻을 이루시기 위하여 '나'라는 사람을 존재하게 하는 마음에 바라고 원하는 것을 함께 주신다는 뜻이다. 주님은 억지로 우리의 인격과 상관없이 무참하게 일을 진행하시는 법이 없다. 만약 하나님께서 일을 행하신다면 아직 준비가 안 된 우리의 마음에 바라고 원하는 것을 먼저 심어주시는 작업부터 진행하실 것이다. 때로는 하나님이 우리에게 주신 소명을 인격과 신앙의 성숙보다 먼저 아는 경우가 있는데 그때까지도 하나님은 그 사람을 통해 일을 성취하기에 급급하지 않으시고 변화시키시면서 자발적으로 기쁜 맘으로 행하게 함으로 주의 뜻을 이루신다.

만약 우리 안에 주님의 이름으로 행하고 싶은 무언가가 있다면 그것이 하나님의 기쁘신 뜻을 위하여 온 것인지 확인해 가는 작업을 할 필요가 있다. 왜냐하면 우리 안에 있는 소원 중에 하나님께서 주신 소원, 또 내가 가진 소원, 또 사탄이 준 소원이 있기 때문이다. 이것은 하나님이 주신 생각, 또 자아의 생각, 또 사탄이 준 생각이 있다는 세 가지 차원에서 착안한 것으로 우리의 마음과 생각이 결코 이분화될 수 없다는 견해다. 내가 이 견해를 신뢰할 수 있다고 보는 이유는 예수님께서 입에서 나오는 것들이 곧 마음에서 나오는 법이라고 말씀하신 바가 있으셨고 이것이 사람을 더럽게도 한다고 하셨기 때문이다(마 15:18). 그리고 우리가 가진 자유의지가 우리로 하여금 생각하게도 하기 때문이다. 그래서 우리는 소원이 오는 세 가지 경우를 염두에 두고 하나님께서 두신 소원인지 확인해 가는 과정을 거쳐야 한다.

그렇다면 하나님께서 두신 소원이 가지는 특징은 무엇인가? 그것이 하나님의 기쁨을 위해서 존재한다는 것이다. 그러면 하나님의 기쁨이라는 것을 더 구체적으로 표현해 보자. 이것을 현대인의 성경은 "자기의 선한 목적을 따라"라고 번역하고, 공동번역은 "당신의 뜻에 맞는 일"이라고 하였다. 처음과 나중이 되시는 주께서는 선한 목적을 갖고 이 세상을 지으셨는데 마지막 날에 완성하기까지 주님의 자녀로 부르신 신자들의 가슴 안에 동일한 목적과 꿈을 두시고 일을 하게 하신다고 볼 수 있다.

우리가 주의 뜻을 행하기 위해 마음의 소원을 따라 움직인다고 할 때 주의해야 할 것이 있다면 '원망'과 '시비'가 없이 하는 것이다. 이 말은 우리가 행하는 소원이 나 혼자서는 이룰 수 없고 항상 사람들과의 사귐과 관계 속에서 이뤄짐을 내비치기도 하는 말인데 서로의 마음을 헤아림으로 함께 한 걸음 두 걸음 나가는 것, 거기에는 사랑과 긍휼함이 있어서 서로의 마음 안에 두신 하나님의 소원이 합력하는 선하신 하나님의 성품이 있다.

하나님이 우리 안에 두신 소원을 분별하라. 지금 우리가 진행하고 있는 많은 프로그램에 함께하는 사람들, 그들에게 당신의 사랑과 긍휼, 감사를 전하는 것은 어떤가?

친밀하지만 범접할 수 없는 하나님의 영광

네가 내 등을 볼 것이요 얼굴은 보지 못하리라(출 33:23).

나는 성경을 읽을 때마다 이론적으로는 모순되지만 실제로는 경험되는 영적인 세계의 사실들을 발견한다. 본문도 하나님의 대립되는 두 가지 양상이 어떻게 하나가 되어 조화를 이루는지 나로 하여금 깨닫게 한다. 이 같은 구조를 자끄 엘룰은 그의 회고록에서 기독교 신앙에서 찾을 수 있는 변증법, 곧 정과 반이 이뤄내는 합의 원리와 닮았다고 설명한 바 있다.[32] 예를 들면 하나님은 신이지만 인간의 모습으로 낮은 이 땅에 내려오셨다. 또 구원은 믿음으로 얻지만, 행함이 없이는 구원을 이룰 수 없다. 이러한 정반합의 원리는 하나님의 성품을 설명할 수도 있다. 하나님은 죄와 가까이 하지 않는 공의로운 분이지만 죄인을 향해 완전한 사랑을 실천하고 계시다. 그리고 본문처럼 하나님은 절대 피조물이 범접할 수 없고 다다를 수 없는 타자성으로 존재하시지만 임마누엘로 우리와 함께 계시며 친밀한 사랑을 누리신다. 또 정반합의 원리로 하나님의 영광을 표현해보자. 하나님의 영광이 주님의 일꾼과 거룩한 공동체 안에 드러나지만 그 영광을 보게 될 때, 곧 얼굴을 보게 될 때 살 수 있는 자는 없다.

영광이라는 단어가 구약에서 사용된 횟수만 해도 1,087번에 이른다. 각 의미를 살펴보기도 한 면으로는 부족할 뿐이다. 다만 모세가 하

32) 자끄 엘룰, 《세계적으로 사고하고 지역적으로 행동하라》, 김재현, 신광은 옮김, 대장간, 2010, p. 48.

나님의 영광을 구하기까지의 문맥을 살펴보면 주께서는 모세를 깊이 사랑하시고 은총을 베푸시고 계심을 알 수 있다. 또한 목이 곧고 말 안 듣는 백성들일지라도 그들에게 하신 약속을 지키시려는 하나님의 마음은, 주님의 마음도 모르고 죄를 짓고 있는 우리들의 모습을 돌아보게 한다. 후에 간절한 기도를 듣고 '너희만 보내지 않고 친히 함께' 가시겠다는 하나님의 선언은 우리를 몇 번이고 품으시는 그 사랑의 깊이를 알게 한다. 모세는 이처럼 끝까지 사랑하시는 하나님의 친밀함을 알고 영광을 보여달라고 요구할 수 있었던 것이다. 하지만 하나님의 존재는 차원이 달라 그것만은 해 줄 수 없으셨다. 이 땅의 것으로 표현할 수 없는 하나님의 타자성, 친히 우리에게 다가오시는 하나님이지만 범접할 수 없는 영역에 계시는 하나님은 그분의 영광을 다 보여줄 때 어느 누구도 살 수 없을 만큼 빛과 권능 중에 계시는 것이다. 이것을 어떻게 더 이해할 수 있을까. 하나님의 영광과 그 빛은 너무나 아름답지만 범접할 수 없는 무게가 있는 것이다. 한 예로 여호와의 영광이 전에 가득하여 제사장들이 감히 전으로 들어갈 수 없었고 또 제사장들이 능히 서서 섬길 수 없었다는 두 기록을 찾을 수 있다(대하 7:2, 5:14).

현대의 예배자들은 모세와 같이 하나님의 영광에 대해 "주의 영광을 나타내소서"라고 노래하고 있다. 하지만 정말 주의 영광을 원하는가? 하나님의 영광이 우리에게 임하게 될 때 드러날 모든 죄와 어둠을 진정 미워하는가? 주의 영광이 전에 가득했을 때 감히 하나님 앞으로 나갈 수 없었던 제사장들의 모습을 묵상해 보자. 물론 하나님께서는 주의 얼굴을 구하라고 명령하셨다. 모세에게 나타내 보여주신 것처럼 말이다. 주의 영광과 얼굴을 구한다는 것은 범접할 수 없는 하나님의 존재 앞에 나의 존재가 절대의 경의로 엎드리고 하나님의 하나님 되심을 인정하는 경배에서 시작되는 것임을 기억하자.

범접할 수 없지만 친밀한 하나님의 영광

> 모세가 이르되 원하건대 주의 영광을 내게 보이소서 여호와께서 이르시되 내가 내 모든 선한 것을 네 앞으로 지나가게 하고 여호와의 이름을 네 앞에 선포하리라 나는 은혜 베풀 자에게 은혜를 베풀고 긍휼히 여길 자에게 긍휼을 베푸느니라 또 이르시되 네가 내 얼굴을 보지 못하리니 나를 보고 살 자가 없음이니라 여호와께서 또 이르시기를 보라 내 곁에 한 장소가 있으니 너는 그 반석 위에 서라 내 영광이 지나갈 때에 내가 너를 반석 틈에 두고 내가 지나도록 내 손으로 너를 덮었다가 손을 거두리니 네가 내 등을 볼 것이요 얼굴은 보지 못하리라(출 33:18-23).

우리가 많이 부르는 예배 곡 중에 데이빗 펠링햄(David Fellingham)이 쓴 "The lord has displayed his glory"라는 곡이 있는데 국내에서는 "주님의 영광 나타나셨네"라고 번역이 되었다. 또 그레이엄 켄드릭(Graham Kendrick)이 쓴 "Shine Jesus, shine"이라는 곡으로 "비추소서"로 번역된 곡이 있는데 이것은 하나님께서 가진 모습 중에서 '빛'이라는 영역이 있음을 알게 한다. 이 같은 찬양을 부를 때 주님의 영광이 있는 곳에 빛으로 임하는 주님의 모습을 상상할 수 있다. 이 외에도 주님의 영광이 임하고 나타나길 선포하는 곡들이 있는데 우리가 경험하길 원하는 영광과 권능에 대해 생각해 보고자 한다.

정말 찬양 가사처럼 주님의 영광이 나타나면 어떻게 될까? 눈을 뜰 수 없는 빛이 비치고 이 세상에서는 들어본 적이 없는 신비한 음성이 들리며 환한 빛이 우리에게 임하게 될까? 그리고 그 빛은 우리가 가까이 하고 볼 수 있는 친밀한 느낌일까? 이처럼 영광이라는 가사의 진정성을 생각할 때 성경에서 주님의 영광을 경험한 모세를 통해 영광이라는 단어가 가진 의미의 일부를 알 수 있다. 주님의 영광을 보여 달라는 이 시대의 예배자들의 간구와 이미 하나님의 친밀함을 경험하여 "주님의 영광을 보이소서"라고 요구했던 모세의 기도에서 발견할 수 있는 무언가가 있다. 만약 하나님이 두렵고 무섭기만 한 분이라면 우리는 그분의 얼굴을 피해 숨기를 바랄 것이다. 하지만 모세가 사랑하는 주님의 얼굴이 보고 싶어서 그분의 영광을 구할 수 있었듯 주님은 먼저는 모세에게 또 우리에게 친밀하신 분이 분명하다.

그렇다면 하나님의 영광이 우리를 비추는 것은 무엇을 말할까? 이는 하나님의 영광이 나타나길 소망하는 것과 우리에게 어떻게 경험되어지는가에 대한 물음이 될 수 있다. 하나님의 타자성이 실재하지만 위협적이지 않은 하나님의 영광과 빛은 주님의 일꾼들과 거룩한 공동체 안에 나타난다.[33] 하나님은 그분의 영광을 인간들에게 나타내시며(시 102:16), 그 영광은 우리에게 자비롭고 은혜롭고 노하기를 더디 하며 인자와 진실함이 많으신 모습으로 나타난다(출 34:6). 넓은 관점에서는 우리에게 보이신 하나님의 성품들이 한계를 지닌 인간의 지각으로 하나님의 영광을 알 수 있고 이해할 수 있는 길잡이가 된다. 하나님의 의가 드러난 곳에 하나님이 함께 계심을 알게 되는 것과 같은 말이다. 범접할 수 없지만 우리와 가까이 계시는 하나님, 그리고 영광으로 우리 가운데 나타나시는 하나님을 찬양한다.

33) "말하되 우리 하나님 여호와께서 그의 영광과 위엄을 우리에게 보이시매 불 가운데에서 나오는 음성을 우리가 들었고 하나님이 사람과 말씀하시되 그 사람이 생존하는 것을 오늘 우리가 보았나이다" (신 5:24). "스데반이 성령 충만하여 하늘을 우러러 주목하여 하나님의 영광과 및 예수께서 하나님 우편에 서신 것을 보고"(행 7:55).

엘리후의 하나님

그대는 하나님께서 하신 일을 기억하고 높이라 잊지 말지니라 인생이 그의 일을 찬송하였느니라(욥 36:24).

엘리후는 고난을 겪고 세 친구들과 자신의 처지로 인해 변을 나누고 있는 욥을 보고서 자신의 변론을 시작한다. 문맥을 살펴보면 엘리후가 정의하는 하나님은 무소부재(無所不在)하시고 전지전능(全知全能)하신 하나님이시다. 그런 하나님은 언제나 옳으시기 때문에 만약 죄인이 고난을 당한다면 그것은 그 사람의 죄 때문이지 무고(無故)한 사람을 이유도 없이 벌하지는 않으신다는 내용이다. 그렇다면 엘리후의 신학적 견해로 욥의 고난에 대해 잣대를 재보면 어떻게 될까? 욥이 받은 고난은 그가 죄인이기 때문에 받은 것이 된다(여기서 죄인은 원죄로서의 죄인을 말하는 것이 아니다).

하지만 하나님께서는 욥기 1장 8절에서도 그가 온전하고 정직하고 하나님을 경외하며 악에서 떠난 자라고, 그와 같은 이가 없다고 말씀하셨다. 또 욥 자신도 무고한데 고난을 받고 있다고 말한다. 그러나 엘리후가 변론에서 욥에 대해 내리는 정의는 만약 욥이 말한 대로 자신이 이유 없이 고난을 당한다는 말을 인정하게 되면, 엘리후가 믿는 무소부재하고 전지전능하신 하나님은 아무 죄과가 없는 사람을 고통 속으로 밀어 넣으시는 분밖에 되지 않는다. 그의 이론대로라면 욥은 죄인이 되어야 하는 것이 맞다. 즉 욥에 대한 하나님의 정의와 욥 스스로가 알고 있는 정의에 대해서 엘리후는 반하는 의견을 내놓고 있는 것이다. 그러므로 이에 대해서는 엘리후의 변론이 옳다고 볼 수 없다. 그렇지만 여기서 궁금한 것 한 가지가 있다. 욥이 처음에는 하나님께 납작 엎드려 경배한 것은 맞지만 그가 죄가 없음에도 고난을 당하는 것에 대해서 이후로는 전혀 불평한 사실이 없느냐는 것이다. 만약 욥이 죄가 없음에도 고통을 받는 것이라면 이것에 대해서 항변하는 그의 태도에서 불평이 전혀 없었으리라 말할 수도 없을 것이다. 엘리후가 욥에게 불평을 그치고 이제 그만 하나님을 찬양하라고 이야기하고 있기 때문이다.

하지만 엘리후가 말하는 하나님, 무소부재하시고 전지전능하신 것은 맞다. 또한 죄인이 스스로 맨 사슬 곧 묶임으로 인해 그들은 자신들의 교만함과 자칫 과오를 범하고 있는 것은 아닌지 돌아보게 되는데 하나님은 이를 통해서 그를 성숙하게 하시고 죄에서 돌이키게 만드신다는 말도 맞다. 37장으로 넘어가서는 하나님이 운행하시는 세상에 대해 이야기하며 그와 같은 하나님의 말씀에 따라 모든 것들이 순응하고 복종하는 놀라운 신비 앞에 자신은 떨리는 마음이요 측량할 수 없다고 하나님에 대해 이야기하고 있다. 이 또한 맞다. 그로 인하여 38장에서는 여호와께서 마침내 욥을 만나주시며 엘리후가 말한 하나님, 어떻게 세상을 운행하시고 그 법칙을 정하셨는지를 이야기하시는데 연결 고리가 되었음을 볼 수 있다.

분명 엘리후는 신앙의 열정이 대단했던 사람이었다. 누구보다도 하나님을 위해서라면 무엇이든 용기를 낼 수 있는 사람이었음에 확실하다. 또한 욥의 세 친구보다 그가 말하는 하나님에 대해서 순응할 수 있는 것들도 많다. 하지만 지식만으로는 욥의 마음을 정녕 위로할 수는 없는 것이다. 욥이 당한 고난 앞에서 그를 위로할 수 있는 가장 적절한 대안은 무엇일까? 그를 위로하는 따뜻한 온기와 마음이 먼저가 아닐까 생각해 본다.

여호와로 말미암아

그러나 네가 마음에 이르기를 내 능력과 내 손의 힘으로 내가 이 재물을 얻었다 말할 것이라 네 하나님 여호와를 기억하라 그가 네게 재물 얻을 능력을 주셨음이라 이같이 하심은 네 조상들에게 맹세하신 언약을 오늘과 같이 이루려 하심이니라(신 8:17-18).

찬양사역을 하면서 하나님께서 도우시고 베푸시고 공급해 주신 경험을 한 적이 있는가? 아니면 아직도 광야와 같은 시간이 힘들고 곤고해서 낙심하고 있는가?

본문은 이스라엘 백성들에게 하나님께서 풍부한 소산으로 응답해 주시고 광야를 지나서 마침내 복을 얻게 해주시는 장면이 나온다. 그들이 광야를 지나는 동안에도 여호와께서는 옷이 해지거나 발이 부르트지 않게 하셨고 만나를 먹여주셨다. 그리고 약속의 땅에 이르러서는 배가 부르고 아름다운 집에 살게 하시며 소와 양이 번식하고 은과 금 곧 재산이 증식되고 소유가 풍부하게 하셨다. 심지어는 왜 고난을 받았는지에 대해서도 이유를 설명해 주신다. 복을 받을 백성을 낮추시고 시험하셔서 마음이 어떠한지 아시려고 하신 거였고 하나님의 명령에 순종하는지 안 하는지를 아시고자 하셨다고 말씀하신다. 마침내 복을 줄 것인데 하나님을 잊지 않게 하시려고 광야를 지나게 하셨다는 말이다.

10절에서는 이스라엘 백성들이 자신들에게 풍요와 번영을 주셨으므로 하나님을 찬송할 것도 말씀해 주신다. 하지만 너무나 비극적이고 슬프게도 몇 절이 지나지 않아 복을 받은 이스라엘은 끝내 자기 능력으로, 자기 힘으로 이러한 복을 얻었다고 자부하게 될 것이라 말씀하신다. 금방 하나님을 찬송하던 이스라엘 백성들에게 무슨 일이 생겼기에 하나님께 영광을 돌리는 것이 아닌 '내 능력으로, 내 힘으로'라고 말을 하는 걸까? 그들이 하나님을 찬송하는 이유가 "내 여호와로 말미암아"가 아니라 "옥토를 주셨음으로 말미암아"인 것을 우리는 주목해야 한다. 무슨 차이일까? 만약 하나님을 찬송하는 이유가 그분이 내게 물질을 주셔서 찬송하는 것이라면 찬송하는 대상이 정말로 하나님인가 물질인가에 대한 차이이다. 이것은 한나(삼상 2:1), 이사야(사 61:10), 하박국 (합 3:18), 스가랴(슥 10:7)와 시편의 여러 기록들(97:12, 104:34, 64:10)과 같이 여호와로 말미암아 기뻐하고 즐거워하였던 자들과는 하늘과 땅같이 다르다. 이스라엘 백성들은 하나님의 존재를 기뻐하고 즐거워할 줄 아는 자들이 아니라 하나님이 주실 것들이 좋아서 믿는 수준이었다.

말씀을 통해 하나님은 현재를 사는 우리에게도 많은 소유를 얻는 복보다 더 좋은 것이 있음을 깨닫게 하신다. 그것은 생명이다. 영원한 생명이다. 하나님을 즐거워하는 것이다. 기뻐하는 것이다. 물질의 풍요와 필요의 충족을 이스라엘 백성들에게 주신 걸 보면 이 또한 좋은 것임은 틀림없다. 하지만 하나님을 잊지 않는 것, 그분을 기억하는 것은 이것들이 없어도 절대 놓쳐서는 안 될 영적인 호흡이고 생명 줄과 같다. 하나님을 잊으면 반드시 멸망에 이르게 될 것이라고 본문은 이야기한다(19절). 이 말은 곧 우리가 영적인 존재인데 하나님을 잊는다는 것은 하나님 대신에 다른 것을 예배하고 섬기게 된다는 말과 동일하다.

지금 우리는 무얼 예배하고 있는가? 하나님이 아니라면 다른 것이다. 무엇 때문에 하나님을 찬양하고 있는가? 풍요 때문이라면 여호와로 말미암음이 아니다.

질투하는 마음을 다루시는 하나님

여인들이 뛰놀며 노래하여 이르되 사울이 죽인 자는 천천이요 다윗은 만만이로다 한지라(삼상 18:7).

사울 왕은 블레셋 군이었던 골리앗을 이길 용맹한 사람이 없었을 때 어린 다윗의 담대함과 승리를 보고 그를 눈여겨보았다. 다윗은 몇 번의 전쟁에서도 승리를 얻게 되는데 사울의 아들 요나단은 그를 자기의 생명처럼 사랑했고 마침 사울 왕의 딸 미갈도 그를 사랑하였으므로 결혼까지 성사되어 어느덧 이스라엘 안에서는 무시할 수 없는 세력을 얻게 되었다. 본문은 다윗이 전쟁에서 승리하고 돌아올 때 이스라엘의 춤추고 노래하는 여인들이 다윗을 기뻐하며 높이기를 사울보다 더 위대한 리더로 인정하기 시작한 장면이다. 여인들은 이 이야기를 노래로 만들어서 불렀고 꽤나 멀리까지 노래가 퍼졌음이 분명했다. 이 노래는 왕실의 사울 왕의 귀에 들어갔고(삼상 18:8) 블레셋 땅까지 퍼졌다(삼상 29:5).

사울은 다윗이 자기보다 뛰어나니 이제 얻을 것이 나라 외에 어디 있느냐며 다윗을 주목하기 시작한다. 이때의 주목은 다윗을 경계하기 시작했다고 봐야 옳다. 백성들의 마음이 다윗에게 기울어가고 나라에서는 이와 같은 노래가 퍼져나가니 사울의 마음은 불안했고 다윗을 미워하기에 충분했다. 하지만 사울 왕이 하나님을 떠났고 그가 하나님보다 나라와 직위를 더 사랑하므로 그를 세우신 것을 후회하여 그를 대신할 왕을 찾기로 한 하나님의 결정이 어떻게 이 상황을 이끌어 가는지 볼 수 있어야 한다. 사실 사울이 가진 질투는 하나님이 그에게 주신 선한 마음이 아니다. 나라와 백성의 마음이 왕인 자신의 뜻대로 진행되지 않아서 육신적인 생각이 낳은 괴로운 결과다. 사울의 태도를 보았는데, 그 이전에 이스라엘을 다스렸던 모세의 태도가 나오는 민수기 11장 28-29절을 보자. 당시에는 모세만이 하나님과 대면할 수 있었는데 이것이 그의 리더십을 유지하는 결정적인 이유가 되었다. 하지만 하나님의 영이 칠십인 장로 위에도 임하여 모세와 같이 예언하게 하니 여호수아는 모세를 걱정하고 그들을 멈추게 하기를 요청했던 바이다. 하지만 모세는 할 수만 있다면 칠십인 장로만이 아니고 모든 백성에게 하나님의 영이 임하여 다 선지자가 되길 원한다고 말함으로 그의 중심이 어디에 있는지 알 수 있게 한다.

모세는 꼭 자신이 아니어도 된다는 놀라운 진리를 알고 있는 듯하다. 하나님의 경영과 역사에서 자신을 불러 세우신 하나님의 선택도 온전한 그분의 영역에 속한 것이었으매 이후에도 하나님은 자신의 결정을 따라 이스라엘 백성을 이끌어 가실 것이다. 이처럼 절대적인 신뢰 속에서 하나님을 인정하는 그의 태도는 하나님의 사랑이 어느 높음과 낮음에도 변함이 없다는 확신에서 기인한 것으로 보인다. 만약 사울도 이것을 알고 하나님의 방법을 신뢰하였다면, 또 나라보다 백성들보다 하나님을 더욱 사랑하였다면 그의 나중이 어떻게 달라졌을까라는 생각은 감출 수 없다.

우리도 사역을 하고 음악을 하면서 누군가가 부러울 수 있다. 하지만 그것이 질투가 되고 상대방을 경계하는 마음으로 발전한다면 이는 곧 사울의 마음일 것이다. 모세가 하나님을 온전히 신뢰함으로 불안함이나 두려움이 문제가 되지 않고 사역의 주권을 여전히 하나님께 둘 수 있는 것처럼 우리도 절대적인 신뢰를 주님께 드리길 소망한다.

주님을 경외하지 못하게 할까 염려가 되어서

이스라엘 자손은 그 보고를 듣고 기뻐하면서, 이스라엘 자손의 하나님을 찬송하였다. 그래서 '르우벤 자손과 갓 자손이 거주하는 땅으로 쳐 올라가서 그들을 멸하자' 하는 말을 다시는 하지 않았다(수 22:33, 새번역).

여호수아는 르우벤 사람과 갓 사람과 므낫세의 반쪽 지파를 모아 두고 축복하며 그들을 보내기를 하나님이 약속하신 대로 이스라엘에 평화를 주시고 하나님의 종 모세가 준 땅, 요단 강 동쪽 거처의 땅으로 돌아가라고 명했다. 그들로 약속의 땅을 받았으니 정착생활을 하며 풍요롭게 살기를 축복했다. 다만 한 가지 더 축복한 것은 "주 당신들의 하나님을 사랑하고, 언제나 주님께서 지시하시는 길로 가며, 주님의 명령을 지키며, 주님을 가까이 하고, 당신들의 온 마음과 온 정성을 다하여 주님을 섬기십시오"라고 말했다(5절). 안정된 삶을 살 때에 더욱 하나님을 사랑하고 섬기고 그의 법에서 떠나지 말기를 여호수아는 진정 바랐던 것이다.

10절을 보면, 그들은 여호수아의 말을 따라 자신들이 받은 땅으로 돌아가던 중에 요단 강 가까이에 있는 그릴룻에 이르게 된다. 그들은 요단 강 서쪽지역의 강가에 단을 쌓았는데 그 단이 보기에 아주 컸다고 기록한다. 여기서 우리는 당시에 단이 주는 의미를 이해할 필요가 있다. 단은 곧 제단을 의미하는 것이다. 이스라엘은 공통된 절기를 지키며 신앙 집단으로 맺어진 정체성을 가진 사람들이다. 그래서 하나님을 경외함에 있어서도 공동의식과 집단적으로 번제, 곡식제사, 화목제사의 올바른 방법을 따라서 하나님을 예배하였다. 그런데 정착할 땅으로 들어가면서 르우벤 사람과 갓 사람과 므낫세의 반쪽 지파가 자기들만의 단을 쌓았다는 말은 이스라엘 민족에게 무엇을 의미하겠는가? 바로 이스라엘이라는 공동체를 거부하고 독립하겠다는 뜻이었고 말씀에 명시되어 있는 대로 예배하는 것이 아닌 자기들의 방식과 방법을 따라 예배하겠다는 것을 뜻했다. 이에 이스라엘 자손은 하나님의 뜻에 합한 것이 아니기에 하나님을 떠나서 악한 일을 한 것과 제멋대로 단을 쌓았느냐고 다시 그들을 찾아간 것이었다.

하지만 그들은 오히려 하나님은 전능한 분이시며 우리의 마음과 생각을 이미 다 아시기에 우리가 하나님께 범죄하려 했다면 벌써 그가 심판하셨을 것이라고 말한다. 자신들이 단을 쌓은 것은 그런 의도가 전혀 아니었고 오히려 요단 강을 경계로 이스라엘 민족들과 거리가 멀어진 자신들의 입지 조건이 오히려 후손들이 받을 핍박이 되지 않기를 위해 쌓은 것이라고 답한다. 자신들이 요단 강을 경계로 떨어져 있을지라도 하나님을 경외하는 사람들인 것을 기억하게 하려고 모형 단을 쌓은 것이라는 대답이었다. 자신들은 이 단으로 제멋대로 제사를 드리려는 것이 아니고 자신들이 섬기는 하나님을 기억하고자, 후손들에게 알려주고자 이같이 행했다고 말하는 것이다.

그렇게 오해를 풀게 된 이스라엘 민족은 다 함께 그들의 하나님, 이스라엘의 자손의 하나님을 찬송하였다고 기록한다. 오히려 후세들에게 하나님을 섬기고 기억하게 하고 이스라엘 민족의 한 지파라도 낙오되지 않게 하는 귀한 사건이 되었다는 기록이다.

우리를 다스리소서

모든 통치와 권세와 능력과 주권과 이 세상뿐 아니라 오는 세상에 일컫는 모든 이름 위에 뛰어나게 하시고(엡 1:21).

폴 케일(Paul Kyle)이 1991년에 쓴 "Jesus, we enthrone you"라는 찬양은 국내에서 "예수 우리 왕이여"라는 곡으로 번역되었고 복음성가로 불리다가 2006년 11월, 21세기 새 찬송가에도 추가가 되었다. 그만큼 이 곡이 국내의 신자들에게 사랑받고 있고 곳곳에서 불린다는 말이다. 이 곡의 가사 중 "예수 우리 왕이여 이곳에 오소서" 라는 부분과 "좌정하사 다스리소서"라는 두 곳에서 신학적 물음과 해석을 갖게 된다면 영적인 유익이 크리라 생각한다.

우리 죄를 위해 대신하여 죽으신 어린 양, 예수님의 보좌는 어디에 있을까? 일곱 집사 중의 한 사람이었던 성령 충만한 사람, 스데반은 예수님을 위해 핍박당하며 죽기 전에 하늘 문이 열리고 인자이신 예수님이 하나님의 우편에 서신 것을 보았다(행 7:56). 또 마가복음 16장 19절에는 하늘로 올려진 예수님께서 하나님 우편에 앉아 계심을 기록하고 있다. 또 우리가 예배 때 읊는 기도, 사도신경에서도 가르치고 있다. 예수님의 보좌는 하나님의 우편이다. 그의 보좌는 견고하고 영원하다(시 93:2). 하지만 영어 가사와 번역에는 예수님이 이곳에 오셔서 좌정하심으로 다스린다는 가사를 통해 노래하며 예배하는 이들에게 그의 보좌가 움직여 이 땅으로 내려오는 모습을 상상하게 한다. 즉 이 노래에 문자적인 해석과 직역을 하게 되면 예수님의 보좌가 하늘에서 내려와 지금 이곳에 임하는 것을 말하게 된다. 이것이 성경적인 것일까?

먼저 예수님의 보좌는 흔들리지 않으며 그의 보좌는 하늘에 있다(마 5:34). 그렇다면 무얼 말하는 걸까? 하나님의 통치와 다스림을 이야기한다. 삼위일체 되시는 하나님을 우리의 주인으로, 왕으로 인정하며 주께서 친히 우리를 다스리시기를 소망하는 것이 이 노래가 전하고자 하는 내용이다. 이 노래는 이중적으로 예언적인 내용도 담고 있다고 할 수 있다. 지금도 천국이 우리 안에 있다고 말씀하신 예수님처럼(눅 17:21), 우리가 성령 하나님의 다스림을 받을 때 우리에게는 주님의 통치가 임하게 되고 우리의 몸과 영혼은 주님이 거하시는 거룩한 성전이 된다(고전 3:16). 또한 거룩한 성, 새 예루살렘이 하늘로부터 내려와 하나님의 장막이 사람들과 함께 있으리라는 기록을 따라 언약은 성취될 것이다(계 21:2).

이 외에도 찬양 중에 많이 등장하는 단어인 '임재'는 어떠한가? '하나님의 임재', '그 안에서 사는 삶', 또는 '우리'라는 구어를 쉽게 들어왔을 것이다. 임재라는 단어를 에스겔서에서 유일하게 사용하고 있는데, 에스겔이 여호와의 영으로 충만하게 되었을 때 여호와께서 권능으로 임재하셨다고 기록하고 있다(겔 37:1). 또 임재라는 단어를 쓰지는 않지만 하나님이 임재하실 때 구름, 연기 등이 나타난 기록들이 성경에 있다. 이 시대에 우리가 이해하는 임재는 하나님의 친밀하심이며 하나님과 동행하는 삶에서 경험되는 것이다. 하나님의 측량 못할 모든 성품과 능력으로 우리와 임마누엘하시는 것, 거기에 하나님의 통치와 주권에 권속(眷屬)될 때 우리는 하나님의 임재를 경험하게 되는 것이다.

"예수 우리 왕이여"에 숨겨진 신학적 의미를 살펴보았으니 이 찬양을 부를 때마다 하나님의 통치가 임하길 소망하며 찬양을 드리자.

눈먼 거지를 만나 주신 예수님

예수께서 걸음을 멈추시고, 그를 데려오라고 분부하셨다. 그가 가까이 오니, 예수께서 그에게 물으셨다. "내가 네게 무엇을 해주기를 바라느냐?" 그가 말하였다. "주님, 내가 다시 볼 수 있게 해주십시오." 예수께서 그에게 말씀하셨다. "눈을 떠라. 네 믿음이 너를 구원하였다." 그러자 그는 곧 보게 되었고, 하나님께 영광을 돌리면서 예수를 따라갔다. 사람들은 모두 이것을 보고서, 하나님께 찬양을 드렸다(눅 18:40-43, 표준새번역).

예수님이 공생애 기간에 행하신 기적 중의 한 가지는 병자들을 고쳐주셨다는 것이다. 본문에 나온 것처럼 예수님은 눈먼 거지의 눈을 고쳐주셔서 그로 하여금 보게 해주셨다. 먼저 거지에게 다가가신 예수님을 발견하자. 모두가 더럽고 천하게 여기는 가장 밑바닥 인생을 사는 거지를 외면하지 않으셨던 예수님의 행함이 어떤 도전을 주는가? 만약 대부분의 사람들이라면 거지를 상대하는 것이 자신의 격조를 낮추는 일이라고 생각하거나 다른 사람들이 보기에도 창피한 일이라며 차갑게 지나갔을 것이다.

그러나 예수님은 그런 차원으로 거지를 바라보지 않으셨다. 존재로서의 소중함, 예수님은 육신의 장막을 넘어서 그 안에 동일하게 존재하고 있는 한 영혼을 보셨고 그의 육신의 병을 고쳐주심과 동시에 그의 영혼도 구원해 주셨다. 우리는 가장 작은 자, 밑바닥 인생을 사는 사람들을 볼 때 무엇을 보는가? 선을 행하는 것과 힘없고 약한 자들의 편에 서서 그들을 돕는 것은 어떤 관련이 있는가? 우리는 그들의 영혼을 구원해 줄 능력도 자격도 없지만 예수님의 이름으로 그들에게 다가갈 수 있다. 이를 위해서는 일반적인 사람들의 인식과 평가로부터 자유할 수 있는 용기가 필요하다.

눈먼 거지는 무엇을 꿈꿨을까? 살아생전에 눈을 떠서 사람들이 평범하게 누리고 있는 것들을 볼 수 있는 소소한 행복을 꿈꾸지 않았을까. 그래서 그는 예수님께서 "네게 무엇을 하여 주길 원하느냐?"라고 물으셨을 때 "다시 보게 해주십시오" 하고 망설임 없이 이야기한 것이다. 여기서 한 가지 더 주목할 것은, 그가 예수님을 부를 때, 뜨지 못한 눈으로 그분을 바라보았을 때의 갈망이다. "주님!" 그는 예수님이 자신의 눈을 고쳐주는 의사 그 이상의 분이심을 알고 있었다. 그저 공경의 언어로 "주님!"을 불렀다면 그의 믿음대로 예수님은 그의 눈만 고쳐주셨을 것이다. 하지만 그가 뜨지도 못하는 눈으로 간절히 주를 찾는 마음, 자신의 눈을 떠서 주님을 보고 싶어하는 마음을 주는 것을 아셨다. 그의 한 마디 말 속에는 자신의 인생을 담은 가장 길고도 오래된 이야기가 함축된 것을 느낄 수 있다.

주님은 그의 갈망을 따라 하나님 나라의 백성이라는 놀라운 복을 주셨다. 구원이란 무엇인가? 그가 하나님의 자녀요, 하나님 나라의 백성이요, 예수님이 그 안에 그가 예수님 안에 거하게 되었다는 은혜를 말한다. 뜨지 못하는 눈으로 열심히 주님을 부르던 그의 모습은 마치 영적으로 헤매면서 주님을 간절히 찾고 있는 우리네 인생을 닮았다. 그런 인생의 풍경에 찾아오신 예수님, 그가 마침내 눈을 열어주셨을 때 그는 예수님의 얼굴을 볼 수 있게 되었다.

그는 하나님을 찬송하였다. 그리고 예수님을 따르는 사람이 되었다. 구원을 얻었다면 이제는 예수님을 따르는 사람이 되어야 한다. 또한 많은 사람들이 이것을 보고 그로 인하여 하나님께 찬양을 드렸다. 그의 갈망이 많은 사람들을 하나님께로 이끌었다. 가장 비천한 작은 자를 통해서 말이다.

생명의 떡이 되시는 예수님

> 예수께서 대답하여 이르시되 내가 진실로 진실로 너희에게 이르노니 너희가 나를 찾는 것은 표적을 본 까닭이 아니요 떡을 먹고 배부른 까닭이로다 썩을 양식을 위하여 일하지 말고 영생하도록 있는 양식을 위하여 하라 이 양식은 인자가 너희에게 주리니 인자는 아버지 하나님께서 인 치신 자니라(요 6:26-27).

예수님이 이 땅에 육신의 몸을 입고 친히 인간들을 만나주실 때의 모습을 상상해 본 적이 있는가? 우리는 예수님이 부활하시고 승천하사 2000년이 넘은 후의 시간을 살아가고 있다. 가끔 예수님이 우리가 본 하늘을 보고, 우리가 먹은 음식도 드시고, 우리가 흘리는 눈물도 닦으셨다는 성경 말씀을 가슴으로 그려보면 마음이 따뜻해지고 위로가 된다. 그래서인지 예수님과 동시대를 살며 그가 메시아인 것을 알았고 주를 직접 보며 살았을 몇몇의 유대인들이 부럽기도 하다. 나중에는 온전히 주를 알겠지만 현재 우리는 주의 얼굴을 모르지 않는가. 그들은 예수님의 생김새까지도 보았을 테니 말이다.

예수님이 이 땅에 오신 이유는 목적이 있으셨기 때문이다. 친히 사람을 만드신 주께서는 우리가 바라봐야 할 잃어버린 소망, 또는 잊혀진 소망을 깨우시고 하늘에 소망을 두고 살기를 가르치셨다. 본문도 그러하다. 수많은 무리들이 예수님의 가르침을 듣다보니 배가 고팠고, 주께서는 한 소년이 가져온 오병이어로 많은 수를 불리셔서 남자의 수만 세어도 오천 명이 되는 이들을 배부르게 먹이셨다. 그 현장을 목격한 이들이었지만 그들은 먹는 것에 만족했고 주께서 행하신 기적을 통해 어떠한 분인지, 무엇을 가르치려 하시는지 알지 못했다. 주께서는 그들의 마음을 아시고 표적을 보고 주님을 찾아온 것이 아니라 또 다시 자신들을 배부르게 해 줄 공급자를 찾아왔을 뿐이라고 말씀하셨다.

본격적으로 주님은 그들에게 하늘의 양식을 가르치신다. 하지만 무리들은 하늘의 양식을 위한 일이 무언지를 되묻는다. 주는 하나님께서 보내신 이, 곧 예수님을 믿는 것이 일이라고 대답하신다. 그러면 당신의 표적이 무엇이냐고 묻는 이에게 '모세가 너희에게 주는 떡이 아닌 하나님께서 참 떡을 주신다'고 말씀하셨다. 당시 유대인들에겐 출애굽을 시킨 모세, 그들이 먹은 맛나가 신령한 역사의 주인이자 음식이었기에 이것 이상을 상상하기란 쉽지 않았다(고전 10:1-4). 그래서 그 떡을 사모하는 무리에게 예수님은 산 떡이 곧 자신임을 말씀하시며 하늘의 양식을 먹는 이는 영원히 주리지도 목마르지도 않을 것이라고 전하신 것이다. 이는 우리가 몸을 위해 매일 음식을 먹듯이 우리의 영의 산 떡이 되시는 예수님과 동거해야 하는 이유가 된다.

나는 최근에 그동안 아껴왔던 건반을 중고시장에 내놓고 음악 작업을 위해 그보다 훨씬 가격이 비싼 건반을 구매해야 했다. 물론 재정적인 손실이 없기를 주님께 구했다. 이 과정들이 잘 해결되어서 좋은 음악을 만들 수 있도록 주께 간구했다. 돌아보니 주께서는 나에게 가장 적절한 가격으로 건반을 사고 재구매할 수 있도록 도와주셨다. 주님은 나의 좋은 공급자가 되어주셨다. 하지만 이 말씀을 따라 주께서는 나에게 공급자 이상이 되신다. 주께서 주시는 산 떡을 먹는 것이 아니라 예수님의 존재가 생명의 떡이 되신다.

우리는 지금 나의 기도와 간구하는 것들이 예수님 그분인지, 아니면 일용할 양식과 내일의 일거리만을 구하고 있지는 않은지를 돌아볼 때이다. 많은 사역들로 우리의 마음은 분주하지만, 하나님의 일은 하나님께서 보내신 이, 예수님을 나의 구주로 굳건히 바라보는 믿음임을 되새겨야 한다.

그리스도의 비밀을 말함

그러니 내가 마땅히 해야 할 말로 이 비밀을 나타낼 수 있도록 기도해 주십시오 (골 4:4, 새번역).

그리스도의 복음을 증거하는 일, 또는 전파하는 일을 위해서 시간과 돈 그리고 나 자신을 드리는 것에 대해서 헌신된 적이 있는가? 어떤 이들은 좀 더 일찍 하나님을 만났더라면 시간을 아껴서 주님을 위해서 사는 삶을 살았을 것이라고 안타깝게 말하는데, 그런 면에서는 과거에 우리가 전도하는 일에 대해 헌신했던 경험이 아주 의미가 없지는 않을 것이다.

하지만 그래도 복음을 증거하는 일이 현재성을 가질 때 우리의 영혼이 잠들지 않고 깨어 있는 것이라고 말할 수 있을 것이다. 바울 또한 이미 이룬 것도 아니고 아직 잡힌 바 된 것이 아닌 사명의 완수를 위해 앞으로 나아가자고 했기 때문이다. 우리 주변에는 아직도 복음에 대해 제대로 알지 못하는 사람들이 허다하다.

우리 시대에는 '예수님'에 대해 들어보지 못한 사람은 거의 없다. 하지만 그들이 알고 있는 메시아 예수님에 대한 정보와 사상은 복음과는 거리가 멀고 왜곡되어 있는 경우가 대부분이다. 그리스도를 믿는 신자들도 그리스도를 믿지만 그분에 대해 잘못 오해하고 있는 신앙적 문제들로 인해 하나님과의 관계가 회복되지 못한 상태가 많지만 복음에 대해 잘못 알고 있는 것이 더욱 큰 문제다.

오늘날 '무엇을 전할 것인가?'에 대한 과제가 남아 있다. 바울에게 있어서 복음을 전할 수 없었던 이유는 자신이 매여 있게 되면서다. 바울은 3절에서 '전도의 문'을 열어주셔서 바울과 그의 동역자들이 그리스도의 비밀을 전할 수 있기를 위해 기도해 달라고 부탁하고 있다. 당시에 바울은 '전도의 문'이 막혀 있는 답답함을 경험했다. 자신이 옥에 갇힌 처지에 대한 신세한탄이 아니라 복음을 전하느라 매인 바 된 것의 냉철한 분별을 갖고 도리어 전도의 문이 다시 열리길 소원하는 바울이었다. 바울은 여러 번 옥에 갇혔는데 한 번은 바울과 실라가 옥 안에서도 기도와 찬양을 쉬지 않고 감사로 예배할 때 주의 천사가 나타나서 옥문을 열어주고 복음 전하는 일을 쉬지 않게 했다. 두려워하지 말고 마저 복음을 전하라는 명과 함께 영적인 눈이 열려 세월을 아껴야 함에 진정성을 가졌던 그였다.

우리도 기도할 때 '전도의 문'이 열리기를 위해 멈추지 않고 기도해야 할 사명이 있다. 내가 몸을 담고 있는 가장 작은 단위의 공동체로부터 시작해 각 나라와 족속과 백성들, 세계 열방에 전도의 문이 열리길 기도하는 것이 성도들의 기도요, 도고기도가 된다. 그러므로 우리는 나와 연관이 없다고 생각되는 한계를 넘어서 선교에 대한 보고와 소식이 들려올 수 있는 환경으로 우리를 이끄시는 주님의 손길을 경험하며 마음을 닫지 않고 한마음으로 기도할 수 있는 자들이 되어야 한다. 열방을 품는 자가 다른 곳에 있지 않고 우리 모두에게 향해 있음을 기억해야 한다.

주는 어디에서 우리의 찬양을 받기 원하시는가? 아무도 예배하지 않는 땅에서다. 그곳에서 하나님을 경배하는 모습으로 우리의 찬양을 올려드리는 날을 소망하자.

그리스도를 위하여 받는 고난

하나님께서는 여러분에게 그리스도를 위한 특권, 즉 그리스도를 믿는 것뿐만 아니라, 또한 그리스도를 위하여 고난을 받는 특권도 주셨습니다(빌 1:29, 새번역).

본문에서 바울은 신자들을 위한 특권에 대해 이야기한다. 우선 특권이란 무엇인가? 특권은 특별한 권리를 받는 것으로 이익을 받거나 의무에서 면제되는 권리를 말한다. 대개 우리는 특권이라는 것을 세상적인 차원에서 이해를 한다. 그렇게 볼 때 신자들에게도 특권이 있다는 말에 대해 '그리스도를 위한 것들 안에 세상적인 이해가 섞일 수 있는가?'라고 반문할 수도 있겠지만 바울이 말하는 특권은 부당한 이익을 탐하는 것과는 거리가 멀다.

지금껏 내가 설명한 '특권'은 새번역 성경에서 번역한 말을 기초로 알아본 것이며, 개역개정은 이것을 '은혜'라고 하였다. 즉 그리스도인으로서 누리는 특권, 그것은 곧 은혜라고 볼 수 있다. 어쩌면 우리가 은혜를 얼마나 귀하게 여기는지 또는 은혜가 무엇을 말하는지 깨닫게 되면 그리스도인으로 누리는 특권, 곧 은혜가 절대 가볍거나 덜한 것이라는 생각은 들지 않을 것이다. 기독교가 은혜의 종교라는 말이 있지 않은가. 물론 값싼 은혜로 전락하는 것은 죄와 회개가 더 이상 필요하지 않은 이단적인 세계관이 일부 존재하기 때문일 것이다. 하지만 그리스도가 믿어지고 주 예수님과 동행하는 삶으로 하나님의 이끄심을 경험하고 그리스도의 즐거움에 참예하는 자들이 된다는 배경에는 '은혜'가 없이는 불가능하다는 사실이 전제된다. 이 세상에서 가장 긴 거리가 머리와 가슴까지의 거리라고 누군가 이야기한 것처럼 머리로는 이해하지만 가슴으로 누리지 못하는 것들이 우리에게 얼마나 많은가? 그중에서도 하나님의 존재, 그리고 나의 존재를 깨닫고 주 예수님을 나의 구주로 믿고 받아들이는 시작은 그리스도인의 장성한 분량을 채우기 전에 가장 먼저 우선되어야 할 구원적 시점이다. 이것을 믿고 싶지만 믿어지지 않아서 영적으로 방황하는 사람들이 존재함을 알 때 이 은혜가 깨달아지고 믿어지는 것, 그것은 무엇과도 비교할 수 없는 놀라운 축복이 된다.

본문 말씀에는 이 특권 중에서도 이제는 그리스도를 위하여 받는 고난이 포함된다고 이야기하고 있다. 그리스도를 믿는 것이 우리가 할 본분을 다한 것이라는 착각 속에 있을 때 바울은, 특권은 주를 위하여 함께 받는 고난이 있을 때 완전한 완성을 이룬다고 이야기한다.

그런데 우리는 주를 위하여 받는 고난을 정말로 특권으로 여기고 있는가? 오히려 '예수를 믿게 되면 받는 복'에 대해서만 선전하고 호객행위를 하듯 사람들을 불러 모으고 있지는 않은가? 그리고 자신조차도 예수를 믿고 잘되는 것만 바라며 신앙생활을 다하고 있는 것은 아닌가?

그러나 주님은 우리의 삶을 통해서 더욱 위대한 꿈을 꾸신다. 나 자신 더 나아가서 꾸는 꿈이 고작 우리 가족이 전부여서 다른 신자에게 흘러가는 복이 달갑지 않게만 보이는 사랑이 없는 우리의 신앙에, 주께서는 이 세상을 향한 하나님의 위대하신 꿈을 이루고 계신다. 그 꿈은 단 한순간도 포기한 적 없으신 바 주 예수의 날까지 이루실 가장 선하고 아름다운 꿈이다. 바울은 그 꿈을 위해 자신의 삶을 주께 드렸다. 나의 배만 채우고 사는 꿈보다 하나님과 함께 꿈꾸는 것이 더 좋았던 바울이었다. 그리스도를 위해 받는 고난, 그 특권이 앞으로 다가올 영광으로 어떻게 나타날지 상상할 수 있겠는가? 이는 그 어느 것과도 족히 비교할 수 없다.

무덤까지 내려가신 예수님

요셉이 세마포를 사서 예수를 내려다가 그것으로 싸서 바위 속에 판 무덤에 넣어 두고 돌을 굴려 무덤 문에 놓으매(막 15:46).

예수님의 섬김은 어디까지였을까? 그리고 예수님의 사랑은 얼마만 큼일까? 우리가 아무리 생각하고 또 표현하려고 할지라도 하나님의 사랑을 다 표현할 수 없고 측량할 수 없을 것이다. 그래서 찬송가에도 "하늘을 두루마리 삼고 바다를 먹물 삼아도 한없는 하나님의 사랑 다 기록할 수 없겠네"라고 찬송하지 않는가. 그렇다. 우리는 그 사랑을 손가락 끝에 적셔 있는 물만큼 맛본 것에 불과할 것이다. 하지만 어떤 목사님은 그만큼이라도 맛보고 하나님의 사랑을 깨닫게 되어서 곁길로 가지 않고 지금껏 살아왔다고 말씀하셨다. 우리 모두가 그렇다. 하나님의 사랑을 조금이라도 알게 되어서 하나님이 세우신 교회를 위해 봉사하고 헌신하며 내 몸과 같이 섬기는 것이 아닌가 싶다.

어려운 중에 있는 친구와 연락이 닿아 사역에 대한 이야기를 들으며 나 또한 힘을 얻고 친구도 격려받는 시간을 가진 적이 있는데, 문득 내 주변을 돌아볼 수 있는 마음의 여유가 생긴 것에 감사했다. 우리는 주변의 사람, 세상과 맺은 관계를 통해 하나님의 사랑과 섬김을 나타낼 수 있어야 한다. 예수님 안에서 서로가 돌보며 섬기는 일은 외롭고 가슴 아픈 모든 사람들에게 "너는 혼자가 아니야"라는 그리스도의 편지로 다가갈 수 있다.

우리를 향한 예수님의 사랑은 무덤까지 내려가심으로 죽음까지 내어 주신 사랑이다. 예수님은 하향성의 삶을 사셨지만 그 단계가 적당한 선에 걸쳐 있는 것이 아닌, 가장 낮은 '죽음'이라는 곳까지 이르셨다. 무덤까지 내려가셨다는 말, 순종과 사랑이라는 두 단어에서 우리가 하나님과 이웃과 어떤 관계를 맺어야 할지를 알려주는 중요한 단서가 된다.

친구와 연락이 닿아 서로를 돌아봤지만 아쉬웠던 것은 내 눈은 느낄 수 있고 볼 수 있는 정도에서만 다른 이를 돌보고 섬길 수 있다는 사실이었다. 즉 서로를 긍휼히 여기라는 하나님의 말씀을 우리는 내 주변으로만 한정지어 생각하는 버릇이 있음을 보았다. 하지만 정말 도움이 필요한 사람들, 너무나 외롭고 슬픈 사람들은 우리의 시야에서 가려진 채 살고 있다. 그들 스스로가 세상 밖으로 또 사람들에게로 다가가지 못하고 도망가는 성향도 있겠지만 우리마저도 내 기준과 시야에 확보된 환경과 사람에게만 손을 펴고 있다. 이것은 무덤까지 내려가신 예수님의 사랑을 살아내며 사는 삶이 될 수 없다. 왜냐하면 그들은 세상 밖에서 우리의 가려진 시야에 살고 있는 사람들이기 때문이며, 무덤과 같은 처지와 마음에 사로잡혀 있는 사람들을 만나려면 우리가 함께 무덤까지도 갈 수 있는 마음이 되어야 하기 때문이다.

어느 한 전도사는 이런 말을 했다. 자신이 소말리아에 가서 봉사활동을 하면서 깨달은 하나님의 사랑은 전혀 다른 것이었다고 말이다. 무슨 말인가 하니, 그 아이들이 더러운 옷을 입고 더러운 손으로 집어주는 음식을 받아먹기까지 자신 안에 수많은 갈등이 있었고 그들을 더럽다고 느끼는 한계에서 출발한 사랑 자체는 하나님의 사랑이 아니었다는 말이다. 가장 낮아진다는 말은 그들과 같이 되는 것을 의미한다. 어떠한 사랑의 형태라도 위에서 내려다보는 사랑조차 예수님의 긍휼한 마음은 아니다. 무덤까지 하향성의 삶을 살아내는 긍휼한 마음을 주님께 구하자.

우리가 믿는 예수, 그분은 누구이신가?

> 유다야, 너의 형제들이 너를 찬양할 것이다. 너는 원수의 멱살을 잡을 것이다. 너의 아버지의 아들들이 네 앞에 무릎을 꿇을 것이다. 유다야, 너는 사자 새끼 같을 것이다. 나의 아들아, 너는 움킨 것을 찢어 먹고, 굴로 되돌아갈 것이다. 엎드리고 웅크리는 모양이 수사자 같기도 하고, 암사자 같기도 하니, 누가 감히 범할 수 있으랴!
> 임금의 지휘봉이 유다를 떠나지 않고, 통치자의 지휘봉이 자손 만대에까지 이를 것이다. 권능으로 그 자리에 앉을 분이 오시면, 만민이 그에게 순종할 것이다. (또는 '실로가 오시기까지', '그가 실로에 오시기까지', '그가 통치 지팡이를 쥔 자에게 오시기까지') 그는 나귀를 포도나무에 매며, 그 암나귀 새끼를 가장 좋은 포도나무 가지에 맬 것이다. 그는 옷을 포도주에다 빨며, 그 겉옷은 포도의 붉은 즙으로 빨 것이다.
> 그의 눈은 포도주 빛보다 진하고, 그의 이는 우유 빛보다 흴 것이다(창 49:8-12, 새번역).

우리가 사는 시대에 잘못된 대상을 향해 그가 메시아인 줄 알고 찬양하는 헛된 속임수와 가르침이 만연해 있음을 본다. 그러므로 더욱 찬양의 대상이 누구인지를 분명이 알아야 한다. 야곱은 열두 아들을 축복할 때 그의 아들 유다를 향하여 위와 같은 말로써 축복했다. 왜 야곱은 유다에게 "너희 형제들이 너를 찬양할 것이다"라고 이야기하고 있는가? 찬양이라는 단어를 성경 어디에서도 사람을 대상으로 쓰지 않았음에도 불구하고 말이다. 이 축복의 말씀을 곰곰이 그리고 잘 묵상해 보면 유다가 곧 유다의 사자이며 어린 양으로 오시는 '예수님'을 상징적으로 지칭하고 표현한 말임을 알게 된다. 즉 야곱은 유다 지파를 통해 오실 메시아에 대해서 예언적 축복을 선포하고 있는 것이다.

예수님은 성경의 예언과 약속을 따라서 오셨다. 그래서 이 조건에 맞지 않는다면 그 누구도 자신이 메시아라고 말하고 예수라고 해도 그는 하나님의 아들이 될 수 없다. 마태복음 1장은 예수님이 나신 족보를 잘 기록해 주고 있는데 예수님은 곧 유다 지파인 아브라함과 다윗의 자손으로 오셨다. 우리는 하나님께서 아브라함에게 약속하신 복, 즉 창세기 12장 2절을 기억해야 한다. "내가 너로 큰 민족을 이루고 네게 복을 주어 네 이름을 창대하게 하리니 너는 복이 될지라"는 말씀이 이삭을 거쳐서 야곱에게로 흘러와서 누구에게로 흘러가는가? 바로 유다이다(마 1:3). 물론 여기서 한 가지 기억할 것은 이스라엘의 역사가 족장을 중심으로 기록되었다고 볼 때 아브라함, 이삭, 야곱, 요셉의 순으로 가는 것을 잊어서는 안 된다. 요셉은 애굽으로 팔려갔지만 후에는 이방 나라의 총리 자리까지 올라갔다. 그를 통해 이스라엘 민족을 재해와 가뭄, 그리고 가난에서 건지게 예비하신 하나님의 손길을 기억해야 한다. 하지만 메시아는 유다 지파를 통해 오셨다. 이 두 가지를 구분하는 것이 필요하다.

우리가 열심히 배우고 읽는 성경은 이스라엘에서 일어난 사건이다. 그래서 성경에 나오는 지명과 장소들을 잘 알고 보면 현재 이스라엘 지역의 어디인지를 알 수 있게 된다. 그래서 신자들은 이스라엘 성지순례를 다녀온 후 성서에서 어렵고 생소하게 느껴지던 지명들이 풀리기 시작하고 이해된다고 말한다. 예수님은 유대인이셨고 유다 지파에서 나셨다. 물론 혈통으로 묻는다면 그러하다. 하지만 이것만을 가지고 예수님의 신성을 부인하게 되면 헛된 가르침에 사로잡히게 된다. 예수님 당시에도 사람들이 이것을 이해해 보고자 자기들끼리 토론을 한 장면이 성경에 나와 있다. 그때 예수님 은 뭐라고 하셨는가? "사람들이 왜 그리스도를 다윗의 자손이라고 하느냐? 다윗이 시편에서 직접 '하나님이 나의 주님에게 말씀하셨다. 내가 네 원수들을 네 발 앞에 굴복시킬 때까지 너는 내 오른편에 앉아 있거라' 하였다. 다윗이 이렇게 그리스도를 주라고 불렀는데 어떻게 그리스도가 다윗의 후손이 되겠느냐"라고 예수님은 말씀하셨다(눅 20:40-45).

향기로운 제물이 되신 예수님

그리스도께서 너희를 사랑하신 것같이 너희도 사랑 가운데서 행하라 그는 우리를 위하여 자신을 버리사 향기로운 제물과 희생 제물로 하나님께 드리셨느니라(엡 5:2).

향수(香水)를 좋아하는가? 요즘에는 남녀불문하고 자신의 취향에 맞는 향수를 찾아 필수 아이템으로 삼고 있으니 그와 관련된 사업 또한 활발하다. 사람들만 향기로운 냄새를 좋아하여 자본주의의 수익 극대화를 위해 상업적으로 사용한다고 생각하지만, 사실 하나님께서도 참 좋아하신다. 그래서 향기로운 냄새에 대해 성경적인 묵상을 해보고자 한다. 먼저는 향기가 예배음악의 어떤 곡에 사용되었는지 알아보자. 지금 기억나는 곡은 데이빗 루이스(David Ruis)가 쓴 "Let your glory fall"이란 곡으로 "창조의 아버지"가 있다. 후렴에서 "주의 향기 머무소서"라는 문장에서 향기가 쓰였다. 비유적인 표현인데 향기가 주님의 임재를 표현하고 있다. 또 어른 세대들이 즐겨 부르는 복음가로 최영택이 쓴 "만족함이 없었네"라는 곡도 있다. 마찬가지로 후렴에서 "예수 향기 날리니 할렐루야 아멘"이라는 가사에 향기가 쓰였다.

다음으로 성경에서 향기가 어느 경우에 쓰였는지 알아보자. 구약에서는 창세기 8장 21절에 처음 나오는데 물로 하나님이 세상을 심판하신 후에 살아남은 노아와 그의 자손들이 함께 정결한 집짐승과 정결한 새들 가운데서 번제를 드릴 때 그 제물의 향기를 받으셨다는 기록이 나온다. 이후에도 출애굽기와 레위기 등에서 하나님께서 번제로 드리는 제물의 향기로운 냄새를 받으셨다는 기록을 쉽게 찾을 수 있다(레 16:12, 2:9; 출 29:18). 하지만 하나님께서 짐승의 번제를 받으시는 이유가 무언지 안다면 향기로운 냄새의 의미를 정확히 알 수 있다. 단순히 하나님께서 희생제물의 타는 냄새를 좋아하셨다기보다는 각 제사를 드려야 하는 이유가 있었고 그 뜻이 진정으로 하나님 마음에 합할 때 향기로운 냄새를 받으셨다고 보아야 한다. 왜냐하면 레위기 26장 31절을 보면 백성들이 하나님을 우습게 알고 우상을 만들고 신상을 세우거나 돌기둥을 세우며 하나님의 규례와 법도를 싫어할 때 형식으로만 바치는 향기로운 냄새는 흠향하지 않겠다고 하셨기 때문이다.

향기로운 냄새가 하늘에 올라가는 화제의 해당 제사 종류는 5개에 이르고 각 제사마다 의미가 달랐다. 그 중 제사법의 하나인 화목제는 하나님과의 인간의 화평과 교제를 위한 화제였고, 신약에 와서는 예수 그리스도가 단번에 드려짐으로 하나님과 우리 사이의 화목제물이 되셨다. 더 정확하게 말하면 구약에서 드렸던 많은 제사들의 총 정리가 예수 그리스도의 피 흘림으로 완성이 된 것이다. 제사장이 번제물의 머리 위에 안수하는 행위는 그리스도가 성도의 죄를 대신 짊어지심을 상징하며 번제물의 피 흘림은 그리스도께서 성도의 죄를 위해 피 흘리심을 예표한다. 그리스도께서는 번제물 위에 죄를 전가하거나 대신하여 죽어야 하는 구약의 제사법을 대신하고 완성하심으로 하나님과 인간, 그리고 범우주적인 화목을 위해 희생제물이 되셨다.

정리하면 하나님 앞에서 향기로운 냄새는 곧 예수 그리스도의 보배로운 피이고, 우리는 이를 힘입어 하나님을 찬양할 수 있게 되었다. 그러므로 우리의 의가 되시는 예수님을 함께 높이며 찬양하자!

예수님, 존재의 충만함

> 도마가 예수께 말하였다. "주님, 우리는 주께서 어디로 가시는지도 알지 못하는데, 어떻게 그 길을 알 수 있겠습니까?" 예수께서 대답하셨다. "내가 곧 길이요 진리요 생명이다. 나로 말미암지 않고서는, 아무도 아버지께로 올 사람이 없다 (요 14:5-6, 표준새번역).

"나로 말미암지 않고서는 아무도 아버지께로 올 사람이 없다"는 예수님의 말씀은 "구원이 오직 기독교에만 있는가?"라는 질문을 던지게 한다. 이와 관련하여 다양한 사람들을 만나서 어떤 입장을 가지는지 들으면 개방적이고 자유적으로 받아들일 것이냐, 기독교의 일방통행을 주장할 것이냐에 따라 의견이 갈리는 것을 본다. 구원을 어떻게 바라봐야 할 것인지에 대한 관점들이 나뉘는 것을 보면서 신앙인이 지각적 능력을 키우는 일이 영적으로 얼마나 중요한 순간에 접경될 수 있는지를 조금이라도 알게 되었다. 다원주의 종교가 표방하는 주의는 신께 이르는 길에 여러 길이 있다는 것을 인정하여 예수님이 아니고서는 아무도 아버지 곧 신께 이를 수 있는 사람이 없다는 말과 부딪힌다. 이에 대해 어떻게 생각하는가? 구원에 대해서 정리한 결과가 찬양사역자로서 사역을 하는 면에서 어떤 영향을 주고 방향을 이끌어갈 것인가에 대해서 함께 생각해 보면 좋겠다.

사람들의 다양한 반응에 혼란스러웠지만 지금 생각해 보면, 개신교가 일방통행을 주장한다고 하여 구원론에 대해 개방적이고 자유적으로 얘기하는 사람들의 입을 막을 필요는 없었고 개방적이고 자유적으로 주장한다고 하여 그들이 가진 소통이란 방식의 장점을 무시할 필요는 없었다고 정리했다. 우리가 주님과 친밀하고 영적인 사귐을 갖고 사는 삶은 '신앙'으로 표현되지만 그것을 '신학'으로도 풀어내고 이야기할 수 있는 능력을 갖는 것은 지적 영역이기 때문이다. 그래서 우리가 오직 한 길이라는 신앙을 유지하지만 신학적으로 다양한 이야기들을 할 수 있음은 도리어 세상을 향해 정당하고 떳떳한 모습을 보이는 격이 될 수 있다. 모름지기 공개적인 자리에서 이리저리 피하거나 소통을 거절하는 방식은 자신이 더 잘못이 있다고 일부 오해하는 생각의 요인이 될 수 있다는 말이다. 도리어 신학적으로 적극적으로 개방화, 자유화를 얘기하는 사람들과 소통함으로 기독교의 특징, 유일성을 이해시키는 방법이 될 수 있다.

하지만 오늘은 또 다른 관점에서 이 말씀을 묵상하고 싶다. 초점은 '존재'이다. 대개 이 말씀을 묵상할 때면 구원론에 대한 유일성이 주를 이룸으로써 구원의 길에 대한 다양한 가능성들을 생각함으로 어느새 길이 되는 예수님의 존재가 아닌 다른 방식들을 연구하고 있음을 보게 된다. 이 같은 모습이 이미 도마와 빌립이 거쳐간 과정이었음을 볼 때면 구원의 초점이 여러 다른 방법의 길을 말하는 것이 아니라 예수님의 존재가 길 자체가 되심을 말하는 것임을 놓쳐서는 안 되겠다. 이 말씀에서 도마는 길을 해석하기를 '어디'(Where)로 해석하지만 예수님은 길이 존재(Being)임을 가르쳐주신다. 그러나 이해하지 못한 빌립이 재차 길을 방법으로 해석, 즉 여과하는 통로로 요구하지만 역시나 예수님은 "네가 길을 이미 보았다"고 말씀하시며 길은 존재, 즉 예수님이 되신다고 말씀하신다.

나는 구원에 대해 토론하는 장에서 예수님의 '존재'에 대해서 이야기하는 것을 듣지 못했다. 모두가 길을 어느새 구원에 대한 '방법'으로 해석하면서 예수님을 그 중 하나로, 일부로 포함시켜서 무엇이 가장 으뜸이 되는지를 따져 묻는 방식이었다. 하지만 구원은 예수님의 존재방식에서 깊은 정수를 찾을 수 있다.

예수님께 여짜오되

여짜오되 어디서 준비하기를 원하시나이까(눅 22:9).

예수님께서는 나무에 달리기 전 유월절을 보내시면서 제자들과 마지막 만찬을 나누시기 위한 장소를 베드로와 요한에게 준비시키셨다. 베드로와 요한은 자신들을 부르시는 주님의 음성을 들은 것이다. 그리고 보냄을 받았다. 베드로와 요한의 사명은 무엇이었을까? 예수님은 "유월절을 준비하여 우리로 먹게 하라" 하여 구체적으로 그들이 해야 할 일을 알려주셨다. 하지만 '어디서'라는 기록을 보아 베드로와 요한이 무엇을 해야 할지는 알았지만 어디로 가서 어떻게 해야 할지는 알지 못했다고 볼 수 있다.

베드로와 요한의 심정이 과연 어땠을지 생각해 보면 '여짜오되'라는 기록을 보아 무엇을 해야 할지 알려 주셨다면 어디서 어떻게 해야 할지도 당연히 주께서 아시오매 예수님이 다음 말씀을 하시길 차분히 기다렸다고 볼 수 있다. 그리고 만약을 생각해 보자. '여짜오되'라는 기록이 없을 경우 '어디서'라는 말을 통해서 우리가 얻을 수 있는 다른 감정을 말이다. 베드로와 요한은 그저 무엇을 해야 할지는 알았으나 갈피를 잡지 못하고 혼란스러워했다고 가정할 수 있다. 물론 베드로와 요한은 그러지 않았지만 말이다.

예수님의 제자로서 우리는 베드로와 요한과 같이 하나님의 사명을 받고 그다음에 어디서 어떻게 해야 할지를 주께 묻는 '여짜오되'를 잘하는, 즉 차분히 기다리고 신뢰하는 경우가 있는 반면에 후자와 같이 사명은 받았지만 어디서 어떻게 해야 할지를 모르는 상태로 "어디서 준비하기를 원하시나이까" 하고는 헤매는 경우도 있다. 대개 당신은 어느 경우인가? 나는 이것을 '내가 어느 쪽에 속해 있다'라고 확정짓기보다는 매일 순간순간을 삶으로 살아내는 것만이 증명할 수 있다고 생각했다. 때로 우리는 베드로와 요한과 같이 주께 여쭤보며 한 걸음 두 걸음을 잘 걸어가지만 또는 '어디에 있지?' '어디서 하지?'라는 말처럼 마음으로 혼란스러워하기 때문이다.

하지만 내가 또 하나 발견한 것은 구약이든지 신약이든지 하나님께서, 그리고 예수님께서 자신의 사명을 부르신 자들에게 주실 때 그다음에 해야 할 일들, 즉 '무엇을', '어디서', '어떻게'라는 의문사들에 대한 답을 갖고 계시고 그것을 깨닫게 해주셨다는 점이다. 물론 베드로와 요한에게도 마찬가지셨다. 어느 곳에서 어떤 사람을 만나서 제자들이 그들에게 물어볼 질문까지 준비시켜 주셨던 예수님의 모습을 볼 수 있다. 그리고 제자들은 '그가 하신 말씀대로' 준비하였다고 기록한다. 그러나 대개 사명을 받았지만 주님의 준비됨을 받지 못하는 경우는 사명을 주신 분께 그다음 우리가 해야 할 기도, 즉 '여짜오되'를 하지 않거나 하나님의 계획을 더 알려고 하지 않거나 무시하고 내 뜻과 방법대로 그 길을 걸어갔던 성경 속 사례들이다. 사명을 잘 이룩한 자들에게는 하나님과 함께하는 친밀함 속에서 온전히 주께 맡겨드리는 순종함이 보였다.

하나님께서 우리를 사명자로 부르셨다면 주께서는 준비시키신다. 그러므로 친히 말씀해 주실 것을 신뢰하고 주께 여쭙자. 다음으로 그분이 하시고자 하실 일을 말이다.

주님의 얼굴을 구하는 새로운 시도

그에게 마리아라 하는 동생이 있어 주의 발치에 앉아 그의 말씀을 듣더니 (눅 10:39).

찬양과 경배 형식이 정해진 시간에 맞춰 순차적이고 틀에 짜여 형식에 한정된 예배와 다른 점이 있다면 예배자들에게 찬양을 통해 더욱 적극적으로 하나님께 반응할 수 있는 시간과 공간을 내주었다는 점일 것이다. 그리고 현대의 예배 찬양은 더욱 깊은 경배의 단계에서 부르는 노랫말로 "주님의 영광을 보이소서"와 같은 가사들로 이뤄진 곡들을 통해 하나님의 임재를 구하는 모습을 쉽게 경험할 수 있다. 즉 현대의 예배 찬양의 모습은 주님을 찾고 그의 얼굴을 구하는 것이 포커스를 이루고 있다고 해도 과언이 아니다. 그렇다. 주님의 얼굴을 구한다는 것은 이전의 예배에서 발견할 수 없었던 새로운 면모이고 시도이다.

이것을 무엇에 비교할까. 이전의 예배 형식이 하나님께서 기뻐하시는 예배를 드리기 위해 잘 짜이고 정성을 들여 각종 순서와 프로그램을 준비하는 것이라면 주님의 얼굴을 구한다는 인도자의 메시지 및 선포는 다른 무엇을 열심히 행하던 손과 발의 행위를 멈추고 비로소 하나님의 얼굴만 보는 것을 말할 수 있다. 이는 마르다와 마리아의 비유에서 보이는 것으로써 예수님을 대접하기 위해 많은 준비로 바빴던 마르다의 모습을 묵상함으로 더욱 뚜렷해질 수 있다. 마르다도 물론 예수님을 사모했지만 그녀는 많은 일들로 인해 정작 그녀의 집을 찾아오셨던 예수님을 마주할 새 없이 분주했다. 예수님을 극진히 대접하고 싶었던 마르다의 마음이 잘못된 것은 아니지만 예수님은 많은 선물로 당신을 기쁘게 해주길 기대하기보다는 그녀와 마주 앉아 사귐을 가질 수 있는 시간을 바라고 계셨음을 문맥을 통해 알 수 있다. 마르다가 예수님을 대접하려는 손길로 바쁠 때 자칫 게을러 보이는 마리아는 예수님의 발자취에 누워 그분의 말씀을 듣고 묻기도 하며 주님과의 교제에 충실했을 것으로 보인다. 그녀는 자신이 사랑하는 예수님께 사랑과 존경의 눈짓을 보이며 충분히 마음을 표현했을 것이다. 그리고 자신을 지으신 하나님의 형상을 입은 예수님께 그의 영혼이 기대었을 때, 영이 회복되고 만족하며 목마르지 않은 경험을 했을 것이다. 예수님은 마르다를 책망하지 않으셨지만 좋은 편을 택한 것이 마리아임을 알려주시며 무엇이 그분을 대접하고 예배하는 것인지를 보여주셨다. 주님의 얼굴을 구하는 시도에 대해 또 다른 표현을 더 빌리자면 사랑하는 연인들이 끊임없이 서로에게 선물을 줘서 상대방의 마음을 사려고 하기보다는 두 눈을 마주보고 서로를 지극히 바라볼 때 진실한 눈 속에서 사랑을 확인하는 느낌과 비슷할 것이다.

때로 나는 예배의 형식과 틀에 우리가 종속되어 있는 것은 아닌가 생각한다. 하나님께 예배할 수 있는 어느 정도의 방법과 구실이 있는 것이 나를 안정되게 하고 질서 있게 하지만 어느 순서에서 경험한 하나님에 대한 생각이 깊어져 갈 때 급하게 다음 순서로 넘어가야 하는 예배 형식에서 하나님의 존재를 묵상하기란 쉽지 않음을 발견한다. 나는 이전의 예배에서 하나님의 은혜가 없다고 생각하지 않으며 그분의 얼굴을 구했던 흔적들을 부정하지 않는다. 오히려 하나님과의 친밀한 교제가 없이 누구든 예배 형식을 따라가기만 하면, 참석만 하면 예배를 드렸다는 말이 통용되는 이 시대의 예배 방식에서 주님의 존재를 향한 목마름과 갈급함이 있는지에 대해 질문하고 싶을 뿐이다. 지금 우리에겐, 주님의 얼굴을 구하는 새로운 패러다임이 필요하다.

정죄하려는 것이 아니다

내가 이 말을 하는 것은 너희를 정죄하려고 하는 것이 아니라 내가 이전에 말하였거니와 너희가 우리 마음에 있어 함께 죽고 함께 살게 하고자 함이라(고후 7:3).

바울의 편지를 읽고 있으면 그리스도 안에서 우리가 지키며 살아가야 할 것들이 만만치 않다는 생각이 든다. 나는 이전에 바울이 영적으로 우수한 질을 추구하고 완벽한 성향의 사역자인 것에 과연 그와 같이 할 수 있는 사람들이 있을까 싶을 정도라고 이야기한 적이 있다. 주님 안에서 산다는 것은 세상을 거스르며 살아야 하는 방식들도 포함하고 있는 것이 확실하나 그것들을 인정하고 지키면서 평생을 살기엔 우리가 너무나도 부족한 사람들이기 때문이다. 만약 예수님을 믿기 때문에 우리가 하지 말아야 할 것들이 있다면 그것을 끊어낼 방도는 무엇인가? 몇몇의 믿음의 사람들은 자신 안에 있는 죄성과 악함, 그리고 연약함에 이미 많은 절망을 맛보았고 어떤 이들은 손을 놔버리기까지 했을 수 있다.

본문에서도 바울은 하나님을 두려워하는 가운데서 거룩함을 온전히 이루고 육과 영의 온갖 더러운 것에서 자신을 깨끗하게 하자고 말한다. 바울은 자신과 디도가 아무에게도 불의하지 않았고 해롭게 하지 않고 속여 빼앗은 일도 없다고 말한다(1-2절). 이 말씀을 읽으면서 자신을 부끄럽게 여기는 우리들의 모습을 상상해 보았다. 그리고 '나는 이렇게 할 수 있는 능력이 없는데'라며 또다시 낙심하지는 않을지 염려스러웠다. 믿음의 길을 가다가 자기 안에서 해결하지 못하는 죄로 인해서 중도에 믿음의 길을 떠난 자의 인터뷰를 본 적이 있다. 그는 도리어 자신 같은 사람은 이젠 교회에 가서도 안 되고 하나님께 버림받은 사람이 된 것은 아닐까라며 눈물을 보였다. 해결되지 못한 죄 문제가 하나님과 사람 사이의 벽을 만들었고 오히려 교회는 죄가 없고 깨끗한 사람들만 가는 곳이니 자신 같은 사람은 어울리지 않는다는 의미였다. 정말 우리에겐 희망이 없는 걸까?

3절 말씀을 읽고 나는 모든 두려움과 염려에서 벗어나게 되었는데, 바울이 이런 이야기를 들려주는 것이 각 사람을 정죄하려고 하는 것이 아니라고 말하였기 때문이었다. 오히려 바울의 의도는 흠집을 내고 상처를 주고 낙망하게 하려는 것이 아니고 우리로 주 예수님 그의 마음 안에 있어서 함께 죽고 함께 살고자 함이라고 진실한 의도를 밝혔다. 우리는 부족하지만, 그리고 우리는 죄인이지만 하나님을 사랑한다. 그리고 내가 사랑하는 예수님이라면, 그분과 함께 죽고 살고 싶은 마음에서는 이견이 없다. 이것이 사랑이기 때문이다. 어떻게 해서든 사랑하는 사람과 함께하고 싶은 마음처럼 말이다.

한 가지 더 눈여겨볼 것은 바울이 1-2절에 언급한 대로 우리가 거룩하고 육과 영을 온갖 더러운 것에서 지킬 때 하늘에서부터 오는 약속을 받게 된다고 말하지 않고 그 반대인 것이다. 이미 약속을 받은 자들로서 그 약속을 가졌기에 지켜간다는 뜻이다(1절). 분명히 바울은 율법으로 구원받는다고 말하지도 않았고 율법주의자도 아니다.

하나님의 백성이며 하늘의 거룩한 약속을 품은 자들로서 빛으로 소금으로 살아간다는 것은 무거운 멍에를 메는 일이 아니다. 주님과 친밀하기를 갈망하며 주님과 동행하며 사는 삶에는 평안과 기쁨이 있기 때문이다.

주님의 인자하심과 성실하심

> 지존자여 십현금과 비파와 수금으로 여호와께 감사하며 주의 이름을 찬양하고 아침마다 주의 인자하심을 알리며 밤마다 주의 성실하심을 베풂이 좋으니이다(시 92:1-3).

시편 92편은 안식일에 부르는 찬송시이다. 1-3절은 동일한 구절이다. 지존이라는 뜻은 임금을 공경할 때 이르는 말로써 "지존자여"라는 말은 왕이신 하나님을 존칭하는 표현이다. 화자는 지존자 되신 하나님께 악기로 감사하며 주의 이름을 찬양하는 것이 좋다고 고백하고 있다. 또한 아침에는 주의 인자하심을 알리고 밤에는 주의 성실하심을 베푸는 일이 좋다고 고백함으로 화자의 삶이 항상 주님 안에 거함을 알 수 있다. 나는 이 말을 하루를 시작할 때는 하나님의 인자하심으로 힘차고 기쁘게 시작할 수 있고, 밤에는 성실하신 사랑으로 여전히 자신을 보호하시는 하나님을 앎이 기쁘다고 묵상해 보았다. 또한 하나님께로부터 인자하고 성실하신 사랑을 받아봤기에 타인을 향해서도 그 사랑을 베풀 줄 아는 화자의 모습으로 이해할 수 있다.

4-6절은 주님께서 하신 일들을 기억하는데 그 일들을 생각할수록 마음이 기쁜 것은 하나님이 하신 일이 언제나 공의로우시기 때문이라고 한다(15절). 6절에서는 우둔하고 미련한 자는 이것을 알거나 깨닫지 못할 것이라고 한다. 왜냐하면 주의 생각이 너무나도 크고 깊기 때문이다. 7절에서는 악인들이 일시적으로 잘되는 것 같아도 영원히 멸망하고 주님은 높아질 것이라고 말하고 있다. 여기서는 화자 자신의 원수가 아니라 하나님의 원수에 대해 이야기하고 있다. 악인은 하나님을 멸시하고 반대하는 자라고 할 수 있으며 행악을 일삼는 자를 말한다. 또한 11

절에서 자신은 하나님 편의 사람이며 하나님을 반대하는 자들의 멸망을 보고 자신을 거슬러서 일어서는 자들의 넘어지는 소리도 들었다고 말한다. 9절은 동사가 미래형이고 10절은 과거형인데 화자는 이미 그렇게 될 것을 알고 확신으로 10절을 기록했다고 볼 수 있겠다. 12절은 악인의 대비되는 의인의 모습이 나오는데, 그들이 크게 번성할 이유는 하나님의 뜰 안에 뿌리를 내린 사람이기 때문이다. 악인들은 흩어지게 되지만 의인은 뿌리를 내리고 고정하여 흔들림 없이 서 있음에 대조법으로 그 차이를 더욱 강조했다. 시편 1편에서도 '복 있는 사람은 물가에 심긴 나무'라고 하는 표현처럼 92편 12절 또한 '의인은 늙어서도 열매를 맺으며 진액이 넘치고 푸르를 것'이라고 선포하고 있다.

전체 구조와 문맥을 볼 때 화자는 5-15절을 통해 하나님이 하신 일들을 지금껏 보고 듣고 경험하였음을 알 수 있고, 4절은 이하 내용이 포함된 92편의 핵심적인 내용이 될 수 있다. 화자는 지금 하나님이 하신 일들을 기억하고 있으며 하나님 편에 서있는 의인과 반대되는 악인의 결과가 어떻게 될지를 보았기에 앞으로도 그러할 것임을 알고 있다. 영적으로 볼 때 하나님과 반대되는 것들이 흩어져 기필코 멸망하는 것은 하나님의 인자하심과 성실하심과 별개의 것이 아니라 그에 상응하는 이치다. 그리고 이러한 하나님을 비파와 수금으로 찬양하는 것은 그에게 기쁨이다.

우리의 찬양이 하나님을 반대하고 높아진 것들에 대해서 하나님께서 자신의 공의를 드러내심에 감사하고 있는지 시편 92편을 통해 돌아볼 수 있기를 원한다. 우리가 이해하는 하나님의 인자하심과 성실하심은 더 넓은 차원이다.

나의 증인이 될 것이다

"주님, 주께서 이스라엘을 위하여 나라를 되찾아 주실 때가 바로 지금입니까?" 예수께서 그들에게 말씀하셨다. "때나 시기는 아버지께서 아버지의 권한으로 정하신 것이니, 너희가 알 바가 아니다. 그러나 성령이 너희에게 내리시면, 너희는 권능을 받고, 예루살렘과 온 유대와 사마리아에서, 그리고 마침내 땅끝에까지, 나의 증인이 될 것이다"(행 1:6-8, 표준새번역).

예수님은 부활하시고 제자들을 찾아가심으로 주께서 참 메시아가 된다는 것을 보여주셨다. 그리고 주님께서는 제자들에게 성령을 약속하셨다. 하늘로 승천하시기 직전에는 제자들과 한자리에 모이셨는데 제자들은 예수님께서 계속 함께 계시는 줄 알았기에 본문의 말로 질문을 던졌다. 예수님께서 부활하셔서 다시 살아나셨기에 세상의 부당성을 바로잡고 잃어버린 이스라엘을 되찾아주실 것은 식은 죽 먹기나 다름이 없다고 생각한 모양이다. 그러나 예수님은 그들이 원하는 대답을 하기보다는 때와 시기는 하나님의 권한으로 정하신 것이라고 답해 주셨다.

여기에서 우리가 깨닫게 되는 것은 이스라엘 나라를 되찾는 때와 시기뿐만이 아니고 모든 때와 시기가 신의 영역, 곧 하나님의 영역이라는 점이다. 그래서 그 권한이 하나님께 속해 있기 때문에 절대적으로 하나님의 지혜와 경륜에서 결정되고 흘러온다는 점이다. 물론 하나님은 그 시기와 때에 대해서 그의 선지자들과 부르신 자들에게 반드시 알리시고 일들을 진행해 가시는 것이 맞지만, 우리에게 때와 시기를 알리시기 전에 침묵하신다거나 우리가 모른다고 한다면 어떻게 반응할지에 대해서는 영적으로 성숙한 믿음이 필요하다는 말이다.

예수님은 제자들의 질문보다는 이야기의 방향을 전환하시는데 예루살렘에서 시작하여 마침내 땅끝까지 너희가 증인이 될 것이라고 말씀하신다. 사도들은 이스라엘 나라를 되찾고 싶어서 이야기했지만 예수님은 전도와 선교에 대해서 이야기하시는 것이다. 동문서답같이 보이지만 여기에는 핵심이 따로 있다. 즉 사도들은 이 땅의 나라에 초점을 맞추지만 예수님은 장차 도래할 하늘나라 또는 하나님 나라에 대해서 말씀하셨던 것이다. 예수님의 대답에는 예수님을 구주로 믿는 자들의 삶이 이 땅에서가 전부가 아니고 시민권이 하늘에 속해 있다는 것을 깨닫게 하시려는 목적이었다.

어떤 목사님은 이런 말을 했다. 예수님을 믿는 사람들은 미래에서 온 사람이라고 말이다. 무슨 말일까? 현재를 살지만 세상을 주름잡는 세계관에 매이거나 본받으며 살지 않는다는 말의 강조법이다. 그의 말처럼 예수님은 사도들이 이 땅의 나라만 보며 살았을 때 눈을 들어 하나님 나라에 대해 열어주시고 깨닫게 해주시길 원하셨다. 그런 점에서 예수님을 믿는 사람들은 가장 급진적이고 혁신적인 사람들이다.

우리 또한 예수님의 말씀을 따라서 이 땅의 삶이 전부라는 착각과 영적 망상에서 깨어나야 할 것이다. 이것이 예수를 믿는 사람들이 가진 가장 원대한 힘이다. 더욱 이 땅에서 사는 삶에 최선을 다하게 하는 이유가 될 수도 있다. 다가올 하나님 나라에 대한 확신이 그들의 삶을 포기하지 않고 끝까지 견디며 사랑하게 하는 원동력이 되기 때문이다.

성령과 예수 이름(1)

> 사도들은 예수의 이름 때문에 모욕을 당할 수 있는 자격을 얻게 된 것을 기뻐하면서, 의회에서 물러 나왔다. 그들은 날마다 성전에서, 그리고 이 집 저 집에서 쉬지 않고 가르치고, 예수가 그리스도임을 전하였다(행 5:41, 표준새번역).

복음송 중에 마오리 오리진(Maori Origin)이 쓴 "예수 이름으로"라는 곡이 있다. 이 곡은 16마디로 짧은 멜로디를 갖고 있지만 "예수 이름으로"라는 가사가 5번이나 나올 만큼 예수님의 이름이 얼마나 귀하고 소중한지, 그리고 권세와 능력이 있는지를 강조하고 또 강조한 노래라고 볼 수 있다.

사도행전 1-5장까지 오순절에 성령을 받고 사도들이 그 능력에 힘입어서 복음을 담대히 전하는 내용이 나오는데, 그때마다 빠지지 않고 등장하는 단어가 있으니 '예수님의 이름'이라는 단어다. 사도들이 받은 능력은 성령의 역사이지만 예수님의 이름을 힘입어서 행한 사역이다. 베드로는 앉은뱅이를 일으킬 때 "나사렛 예수 그리스도의 이름으로 일어나 걸으라"고 일으켰고(행 3:6), 솔로몬 행각에서 설교를 할 때는 앉은뱅이를 낫게 한 것이 예수님의 이름을 믿는 믿음에 힘입어서 된 것이라고 16절에서 3번을 반복 강조하고 있다. 베드로와 요한이 의회 앞에 끌려왔을 때도 병자에게 행한 착한 일과 또 누구의 힘으로 낫게 되었느냐의 문제에 있어서 이는 나사렛 예수 그리스도의 이름을 힘입어서 된 것이라고 전하고 있다(행 4:10). 즉 성령의 역사와 부흥에 있어서 예수님의 이름의 권세와 능력이 얼마나 긴밀한 관계로 맺어져 있는지 알 수 있는 대목이다. 그래서 그런지 4장 18절에서는 유대 종교지도자들이 사도들에게 다시는 예수의 이름으로 말하지도 말고 가르치지도 말라고 명령한 것이다. 그러나 이 같은 명령을 사도들이 어떻게 받아들였겠는가? 자신들의 성령 사역의 근원이 다른 데 있지 않고 오직 '예수님의 이름으로'밖에는 없는 것인데 이를 못하도록 금지령을 내렸으니 땅끝까지 내 증인이 되리라고 말씀하신 예수님의 뜻을 가로막는 것이었고, 성령과 부흥의 불을 끄는 위협으로 다가왔을 것이다. 이는 유대 종교지도자들과 사도들의 이권 다툼으로 보일지 모르지만 사실은 영적인 전쟁이라고 볼 수 있다. 왜냐하면 유대 지도자들은 예수 이름으로 행하는 능력, 예수 이름이 가진 권세의 뿌리를 잘라버리려고 하는 것이고, 사도들은 그 이름을 보전하고 땅끝까지 전하기 위해 힘겨운 싸움을 하고 있기 때문이다. 본문에서도 제자들은 자신들이 감옥에서 끌려나온 것이 기쁜 것이 아니라 '예수 이름' 때문에 받은 모욕으로 인해 기뻐하였다고 할 만큼 그들의 영적인 기쁨의 근원이 '예수 이름'에 있었다.

공생애 동안에 예수님은 병자들을 고치시고 귀신 들린 자들에게서 귀신을 내쫓으셨다. 그때마다 예수님은 병자에게는 능히 고치실 것을 믿는지 물어보셨고 귀신 들린 자에게는 "그에게서 나오라"고 말씀하실 뿐이었다. 자신이 곧 예수이고 그리스도이므로 다른 어떤 것을 더 하실 필요가 없으셨던 것이다. 그리고 사도들도 이 같은 사역을 동일하게 행하지만 예수님, 오직 그분의 이름으로 행하는 것을 본다. 우리는 성령 사역에 대해 많은 의미를 부여하지만 이것은 예수님 이름을 힘입어서 행하는 것이지 다른 차원의 것이거나 특별한 신비주의적인 무엇이 아니다. 예수님을 제외한 다른 어떤 이야기를 하는 것은 다른 가르침이라는 뜻이다. 여전히 성령 시대를 살아가는 우리에게도 예수님의 이름의 능력과 그 이름에 힘입어야 함은 불변하는 진리이다. 그 이름에 힘입어서 주님을 찬송하는 우리가 되길 소망한다.

성령과 예수 이름(2)

> 그때 시몬은 사도들이 손을 얹어 성령을 받게 하는 것을 보고, 그들에게 돈을 내고서 말하기를 "내가 손을 얹는 사람마다 성령을 받도록 내게도 그런 권능을 주십시오" 하니 베드로가 그에게 말하였다. "그대가 하나님의 선물을 돈으로 사려고 생각하였으니, 그대는 그 돈과 함께 망할 것이오(행 8:18-20).

앞에서 성령 충만과 역사에 있어서 예수 이름을 힘입는 것과의 긴밀한 관계성을 이야기했다. 본문 말씀에서는 시몬이라는 사람이 등장하는데 그는 사도들의 말씀을 듣고 예수님을 믿고 세례도 받은 자였다. 시몬은 그 후로 빌립을 따라다니면서 사도들이 행하는 놀라운 성령 사역을 보았다. 하루는 사마리아 사람들이 하나님의 말씀을 받아들였다는 소식을 듣고 베드로와 요한이 내려갔다. 왜냐하면 주 예수의 이름으로 세례를 받았을 뿐 그들 가운데 아무에게도 아직 성령이 내리지 않았기 때문이었다.

여기에서 우리는 성령 세례와 예수님 이름의 연관성을 하나 더 발견할 수 있는데 예수님을 믿지만 성령 세례를 받는 것은 다른 문제라는 점이다. 반대로 성령 세례를 받은 자들에게 있어서 예수님의 이름이 그들의 모든 것이 되며 다른 어떤 영을 첨가하거나 신비주의적인 면모가 없다는 점이다. 이 둘은 다른 듯 결국 한 방향 예수 이름으로 충만하게 되는 논리이다. 머리로 이해하기는 어려울 수 있지만 우리 삶에서는 충분히 목격할 수 있다. 이것을 무엇과 비교하여 설명할 수 있을까? 우리는 똑같이 예수님을 믿는 사람들이고 하나님의 자녀들인데도 예수님의 복음을 증거하고 드러내는 일에 있어서 자신을 불사르는 사람들, 예를 들면 길거리에서도 예수 이름을 힘껏 외치는 사람들,

예수님의 이름이 영광을 받으시도록 자신의 모든 것을 바쳐온 사람들의 수고와 열정을 부인할 수 없다. 또한 동일하게 예수님을 구주로 고백하지만 선교사, 복음으로 인해 죽은 순교자들의 믿음을 생각할 때면 같을 순 없다. 물론 외향적인 모든 것이 판단의 근거가 될 수 없고 믿음의 분량의 차이도 있으며 성령 세례를 받은 자들이 부르신 곳에서 행하는 사역들을 다 볼 수도 알 수도 없음을 안다. 그들의 믿음에 비해 우리의 믿음이 하등의 것이라는 차원도 아니다.

하지만 분명 그들의 가슴 안에 타오르는 예수 이름의 능력과 권세에 대한 일체의 비밀을 무엇으로 설명할까 생각하면 예수의 이름으로 세례를 받았지만 아직 성령 세례를 받지 아니하였다는 사마리아인들의 이야기에 연관 짓는 것이다. 요점은 이것이다. 우리 또한 성령 세례를 사모하고 받아야 한다는 것이다.

시몬은 예수님을 믿게 되었지만 이것이 예수 이름에 힘입은 성령으로 난 것임은 알지 못했다. 사도들이 행하는 기적이 마법이나 주문을 외우거나 돈으로 사면 살 수 있는 능력인 줄로 알았다. 시몬은 그 능력을 돈으로 샀으니 능력을 이용해서 돈을 얻거나 명성을 얻으려 했던 것이 아닌지 추측해 본다. 왜냐하면 베드로와 요한이 시몬에 대하여 마음이 바르지 못하고 악한 생각을 했다고, 그것은 마음속에 품은 나쁜 생각이라고 말했기 때문이다. 성령을 훼방하는 죄와 성령 사역을 돈을 버는 목적에 이용하는 행위에 대해서 하나님께서 어떻게 생각하시는지 말씀을 통해 깨달아 알 수 있다.

성령 충만함을 사모하자. 그리고 성령 역사에 있어서 하나님의 은혜와 선물은 값을 매길 수 없는 것임을 잊지 말자.

성령의 선물

이 모든 일은 한 분이신 같은 성령이 하시며, 그분은 자기가 원하는 대로 각 사람에게 은사를 나누어 주십니다(고전 12:11, 새번역).

우리가 사는 시대에서도 성령의 역사는 분명 존재하지만, 때때로 성령의 역사라고 하면서 눈살을 찌푸리게 하거나 영에 상처만 남거나 무익하게 하는 경우들도 있어서 이로 인해 일부 사람들은 성령의 역사를 믿지 않거나 거부하는 등의 일들이 벌어진다.[34] 성령의 역사라고 하면서 잘못된 가르침에 빠지거나 강요하는 경우에는 주 예수님의 존재의 소중함과 아름다우심에서 뿜어져 나오는 간증과 경험, 주 예수 그리스도에 대한 이야기는 옆으로 밀려나고 성취나 때와 시기가 주를 이루면서 초집중하고 있는 모습이 주로 보일 것이다. 더러는 성경에 나와 있지 않음에도 성령의 역사라고 말하며 속이는 자, 마귀의 역사와 구별되지 않는 문제들이 서슴없이 행해지고 있음을 보게 된다. 때문에 성령의 역사에 대해 우리의 마음은 거룩하고 순결함이 아니라 두려움과 거부감이 먼저 엄습해 오니, 과연 이것이 믿음의 성장에 어떤 영향을 주게 될지 돌아볼 때이다.

바울은 성령의 역사에 대해서 뭐라고 이야기하고 있을까? 광명한 천사로 가장한 마귀의 역사가 아닌 순결하고 정결하며 거룩한 영이신 성령의 역사에 대해 우리가 거부하고 관심을 끄면서 모르고 지내는 것을 원치 않는다고 하였다(1절). 그리고 이처럼 영을 분별할 수 있는 은사까지도 성령의 은사 중의 하나라고 말하고 있다(10절).

34) http://www.christiantoday.co.kr/view.htm?id=276294

성령의 역사는 은사를 통해서 나타난다. 바울은 이 은사를 '은혜의 선물'이라고 이야기한다(4절). 은혜는 채권자와 채무자의 관계에서 결코 성립할 수 없는 것으로 값없이 주셨고 거저 받게 된 것을 일컫는다. 값이 없다고 하여 싸기에 헐값이나 공짜로 준 것이 아니라 이 세상 그 무엇으로도 값을 매길 수 없기에 그렇게 주신 것이라고 봐야 한다. 이것이 은혜이다. 은사는 은혜의 선물로 하나님께서 우리에게 거저 주신 것이다. 그래서 한없는 하나님의 은혜 안에 속한 성령의 은사를 값으로 매기려고 했던 마술사 시몬은 베드로와 요한에게 책망을 받았던 것이다(행 8:20).

은혜의 선물은 여러 가지이고 섬기는 일도 여러 가지이며 일의 성과도 여러 가지이지만 모든 사람 안에서 모든 일을 이루시는 분은 같은 하나님, 곧 성령이시다(4-6절). 어떤 사람에게는 병 고치는 은사를, 어떤 사람에게는 같은 성령으로 믿음을, 어떤 이에게는 성령으로 지식의 말씀을, 어떤 이에게는 여러 가지 방언을, 또 통역하는 은사 등을 주신다(일부 생략, 4-11절). 마찬가지로 어떤 이에게는 하나님께 드리는 찬양을 지휘하거나 부르는 은사를 부어주셨다. 하지만 중요한 것은 각 사람에게 성령을 나타내시는 이유가 '공동의 이익'을 위해서라는 점과(7절) 그분께서는 '자기가 원하는 대로' 각 사람에게 은사를 나누어주신다는 점이다(11절). 공동의 이익을 위해 찬양사역이라는 은사가 있음을 잊지 않고 다양한 모양으로 드리기를 소망하고 은사의 주권이 성령님의 주권에 속해 있음을 인정하고 온전히 소망하길 원한다.

성령을 따라 행하는 삶

내가 이르노니 너희는 성령을 따라 행하라 그리하면 육체의 욕심을 이루지 아니하리라(갈 5:16).

우리 그리스도인은 육체의 욕심을 구하는 것이 하나님 안에서 누리는 기쁨과 자유에 거스르는 일임을 알기에 이를 이기려고 온갖 노력을 기울인다. 하지만 이런 노력들이 더욱 육체의 욕심에 집착하게 할 뿐 삶은 황폐해지고 인간의 노력과 힘으로는 극복할 수 없다는 것을 깨닫게 된다.

육체의 욕심이란 무엇을 말하는가? 바울은 음행, 더러운 것, 호색, 우상숭배, 주술, 원수 맺는 것, 분쟁과 시기, 분냄, 당 짓는 것, 분열, 이단, 투기, 술 취함, 방탕함과 같은 것들이라고 이야기한다. 하지만 하나님께서 우리에게 주신 육체는 무엇을 위해 존재하는가? 그것은 위에서 말한 욕심을 따라 사는 삶을 위해서가 아니라 하나님을 경외하는 삶으로 나아가는 데 있다. 갈라디아서 2장 20절에서 바울은 "이제 내가 육체 가운데 사는 것은 나를 사랑하사 나를 위하여 자기 자신을 버리신 하나님의 아들을 믿는 믿음 안에서 사는 것"이라고 얘기했다. 이제는 육체가 나를 위해 있지 않고 또 세상의 욕심을 따라 있지 않다고 바울은 이야기하는 것이다. 이것을 우리의 육체에 대해 부정하거나 더럽다고 여기는 것을 포함하는 말로 여겨서는 안 된다. 왜냐하면 육체의 생명이 피에 있기 때문이며, 예수님은 이 피를 흘리심으로 우리를 살리신 바 되었기 때문이다(레 17:11). 만약 예수 그리스도께서 육체로 오신 것을 부인하는 자들이 있다면 이는 하나님께 속한 것이 아니라고 사도 요한은 이야기했다(요일 4:2). 이 말은 우리의 영과 혼과 육을 지으신 하나님께서는 태초에 아무 문제 없이 우리를 온전하게 지으셨다는 말이 된다. 그러나 타락이 가져다준 결과는 역시나 제일 먼저 육체를 통해 우리의 혼을 그리고 영을 공격해서 하나님을 영화롭게 하는 삶을 살지 못하게 하는 데 있다. 그만큼 우리의 육체가 가지는 영적인 의미는 중요하다.

그러면 성령을 따라 행하는 삶은 무엇을 말하는가? 거기에는 사랑, 희락, 화평, 오래 참음, 자비, 양선, 충성, 온유, 절제가 있다고 말한다. 이는 우리의 육체로 하나님을 영화롭게 하는 삶을 살게 될 것인지 아니면 육체를 위하여 심은 바 육체로부터 썩어질 것을 거두게 될지에 대한 문제다(갈 6:8). 영광에서 영광으로 나아가지 못하는 삶이다(고후 3:18). 그렇다면 우리는 어떻게 성령을 따라 행하는 삶을 살게 될 수 있을까? 타락한 이후로 우리는 육체의 욕심을 따라 육체와 마음이 원하는 것을 하여 본질상 진노의 자녀였다(엡 2:3). 그래서 바울도 육체의 소욕은 성령을 거스르고 성령은 육체를 거스른다고 말한 것이다(갈 5:17). 하지만 진노의 자녀에서 그리스도가 부활하심으로 함께 살린 바 되었나니 이것이 은혜로 받은 구원이다(엡 2:5).

바울은 우리의 육체도 예수님이 십자가에 못 박혔을 때 함께 못 박혔다고 분명히 말한다(갈 5:24). 육체의 욕심이 더 이상 우리에게 권세가 없고 능력이 없다는 뜻이다. 이것을 깨닫지 못하면 여호와를 바라보는 기쁨으로 육체의 욕심을 이기는 것이 아닌 정욕을 따라 육체의 욕심을 이기려는 가장 힘든 수고를 하게 된다. 우리에게 이 하늘의 비밀이 누려지도록 이를 위해 기도하자.

3
PART

나 너 우리

그리스도인은 누구입니까?(1)

무명한 자 같으나 유명한 자요 죽은 자 같으나 보라 우리가 살아 있고 징계를 받는 자 같으나 죽임을 당하지 아니하고(고후 6:9).

바울은 고린도 교인들에게 서신을 보내기를 자신만이 하나님의 일꾼이 아니고 "하나님과 함께 일하는 자로서 너희에게 권하노니"라고 1절에 말하며 그 대상에 신자들도 포함함으로 그리스도인들이 주님을 따르는 사람들로서 모두가 일꾼임을 가리키고 있다.

사람이라면 누구든지 유명해지는 것을 좋아하는 법이라서 무명한 자 같으나 유명하다는 이 말이 좋게 들려 금방이라도 아멘하지 않을까 싶다. 하지만 이어서 "죽은 자 같으나 살아 있고 징계를 받은 자 같으나 죽임을 당하지 않는다"는 말에서는 그 의미가 우리가 생각하는 방향대로 흐르지 않아서 모호해지는 듯하다. 이럴 땐 방향을 잘못 잡은 경우가 되는데 이 글이 다른 것을 뜻하고 있음을 알게 된다. 그러면 무명한 자 같으나 유명하다는 말도 앞에서 짚은 뜻이 아니라는 것인데, 우리는 이것을 삶에서 어떻게 해석해서 적용하고 있을까?

나는 이 말씀에서 무명한 자, 죽은 자, 징계가 세상의 관점 또는 이 땅에서 그리스도인에 대해 정의하는 뜻에 가깝고 유명한 자, 살아 있음, 죽임을 당하지 아니함은 하나님 나라의 관점 또는 하늘에 소망을 둘 때 하나님께서 그리스도인들에게 내리는 정의라고 생각했다.

이 땅에서 그리스도인으로 살아가는 데 있어서 무명함이라는 것은 종종 자신을 홀로 두기를 즐겨 하셨던 예수님의 모습과 참 닮았다. 물론 유대인들은 예수님이 행하시는 기적과 이적으로 그에게 큰 관심을 두었지만 그 관심이 자신들을 구원할 메시아에 대한 확신이나 찬양이기보다는 그가 가진 뛰어난 능력을 원하고 바란 것은 아니었는지 생각해 본다. 사람들은 예수님이 참으로 구원자이신 것과 하나님의 아들이라는 정체성보다는 그가 정치와 경제를 쥐고 흔들 수 있는 인기 많고 뛰어난 왕이길 바랐다고 볼 수 있다. 그런 면에서 예수님은 그리스도이셨지만 무명한 자였다.

세상의 관점에서 죽은 자의 뜻은 예수님이 십자가에서 아무 힘이 없이 죽으신 것을 말한다. 예수님이 나무에 매달려 있을 때도 유대인들과 종교지도자들과 정치 권력자들은 "만약 네가 하나님의 아들이거든 거기서 내려와 보라" 하며 조롱하고 침을 뱉어 범죄를 저지른 죄인보다 더 못한 죄수로 여기며 예수님을 죽였다(실제로 유대인의 전례대로 죄인 한 명을 풀어줄 수 있는 법이 있었는데 유대인들은 죄수 바라바는 살리고 예수님은 십자가에 못 박았다, 막 15:11).

마지막으로 징계에 대해서 바울은 우리가 만약 부활의 소망을 두고 살지 않는다면 이 세상에서 제일 불쌍한 사람들일 것이라고 했다(고전 15:19). 그 말은 우리가 이 땅에서 사는 삶이 상대적으로 쾌락을 추구하며 사는 사람들에 비해서 마음을 청결하게 지켜가는 모습이 보기에 재미없고 지루하고 따분한 사람들 같아서 마치 징계받은 자처럼 보이기 때문일 것이다. 하지만 바울은 이것이 그리스도인에 대해 내리는 세상의 정의라도 하나님 나라의 관점에서는 하늘에 소망을 두고 사는 그리스도인이 하나님 앞에서는 한 사람 한 사람이 유명하고 우리의 영은 깨어 있으며 또 죽임을 당하지 않고 영원한 생명을 얻는 상속자들이라고 소망을 전한다.

그리스도인은 누구입니까?(2)

> 근심하는 사람 같으나 항상 기뻐하고, 가난한 사람 같으나 많은 사람을 부요하게 하고, 아무것도 가지지 않은 사람 같으나 모든 것을 가진 사람입니다(고후 6:10, 새번역).

당신은 유쾌하고 즐거운 사람인가? 아니면 심각하고 진지한 사람인가? 아니면 이 둘 사이의 어느 중간쯤인가? 우리는 나름 자신의 성격이 어떠하다고 알고 있고, 남들이 보는 자신에 대해서도 다양한 반응을 보인다.

그런데 바울은 고린도 교회의 그리스도인들을 향해서 각자의 어떠함이라는 성격을 떠나서 우리 모두가 '슬퍼하는 사람 같지만 항상 기뻐하는 사람들'이라고 말한다. 각 개인의 성격을 볼 때면 같은 사람이 단 한 명도 없지만 그리스도인이라는 특별한 정체성 안에서 공통된 특징이 있다는 것이다. 그렇다. 세상 사람들도 우리가 그리스도인이라는 것을 알리지 않는다면 모르고 지내다가도 그리스도인이라는 것을 알게 되었을 땐 '교회 다니는 사람'이라고 부르면서 좀 더 남들과 다르고 특별한 체계를 가진 사람이라는 시선을 보낸다. 이 세상의 기준으로 사는 이들이 볼 때 어쨌거나 우리는 슬퍼 보이는 사람이다. 그들과는 다른 대안을 갖고 사는 신자들의 말과 행동에 대해 좋게 얘기하기도 하지만 하늘에 소망을 두고 사는 삶의 정수를 이해하거나 인정, 동의까지 할 수는 없기 때문이다. 그러나 그들이 보기에 슬퍼하는 사람 같아도 항상 기뻐하는 것은 하나님의 은혜가 그 무엇보다 헛될 수 없다는 것을 깨달은 신자들이 추구하는 마음이다.

둘째로 '가난한 사람 같지만 많은 사람을 부요하게 한다'는 말에서 가난함은 단순히 직장을 못 잡거나 수입이 적은 신자들을 이야기하는 것이 아니다. 이는 참으로 이 세상의 가난함에 대한 다양한 개념을 포괄하지 않는가 생각한다. 바울은 자신이 가난하지만 부에도 처하고 빈에도 처할 줄 아는 사람이라고 했는데 그 일체의 비결의 핵심적 비밀이 어디에서 나오겠는가? 신자들이 얼마를 벌더라도 그것을 가난한 자들과 함께 나눔으로 하나님의 은혜를 더욱 은혜 되게 하는 핵심적인 정체성은 필수적인 그리스도인의 삶일 것이다. 하지만 세상적인 기준에서는 이해할 수 없다. 거저 주기를 기뻐하고 손해도 보는 진실한 신자의 모습은 가난하게 살기에 딱 좋은 방법이기 때문이다. 하지만 그것이 많은 사람을 부요하게 하는 사랑과 헌신의 관계, 하나님의 도우심으로 서로를 돕는 듯한 모습은 많은 사람을 부요하게 하는 하늘의 방법이라고 주께서는 우리에게 말씀하신다.

셋째로 '아무것도 가진 것 없는 사람 같지만 모든 것을 소유했다'는 뜻은 무엇일까? 그리스도인들 중에서 정말 물질적으로 아무것도 가진 것 없는 사람이라도 하나님은 그에게 부하다고 말씀하신다. 모든 것을 소유한 자라고 하신다. 왜냐하면 하나님이 믿어지고 그 은혜를 사모하게 된다는 것은 하늘을 소유한 사람, 하늘나라를 약속받은 사람이기 때문이다. 예수님은 저가 내 안에, 내가 저 안에 있으면 많은 과실을 맺게 된다고 말씀하셨다(요 15:5). 그가 과연 아무것도 가진 것 없는 사람으로 보여도 예수님과 동행하는 사람의 마지막 결과는 반드시 하나님 나라에서는 과실을 많이 맺는 사람이라는 뜻이다.

그리스도의 향기는

우리는 구원을 얻는 사람들에게나, 멸망을 당하는 사람들에게나 하나님께 바치는 그리스도의 향기입니다(고후 2:15, 표준새번역).

바울은 우리가 그리스도의 향기라고 이야기한다. 그렇다면 누구를 향해서 그리스도의 향기가 되는 것일까? 대개 우리는 믿는 자들에게 그리스도의 향기를 나타내는 삶에 대해서는 당연하게 생각하지만 바울은 멸망을 당하는 사람, 즉 예수를 구주로 고백하기를 거부하는 사람들에게도 여전히 그리스도의 향기로 나타나야 한다고 말한다.

그런데 한 가지 더 생각해 볼 것은 그리스도의 향기인 우리의 모습이 구원을 얻은 사람에게는 생명에 이르게 하는 생명의 향기로 맡아지는데 멸망을 당하는 사람들에게는 그 향기가 죽음의 냄새가 된다고 한다(16절). 그러면 그리스도의 향기가 되는 나 자신은 향기를 뿜기도 했다가 냄새를 뿜기도 하는 양태적인 태도를 가진다는 말일까? 그것은 아니다. 나는 그리스도의 향기로 여전히 나타내지만 멸망하는 자들에겐 그것이 싫고 받아들일 수가 없으니 죽음의 냄새로 맡아지는 것이다.

우리는 그리스도의 향기가 곧 그리스도를 알리는 지식의 향기라고 이미 알아보았다. 예수님을 구주라고 고백하거나 담대히 전하는 이야기들은 예수님을 구주로 믿고 고백하는 신자들일수록 더욱 좋아하는 것이고 더더욱 듣고 싶은 말씀이 된다. 1874년에 블리스(P.P.Bliss)가 썼고 찬송가에 실린 "달고 오묘한 그 말씀"의 바탕이 된 시편 119편 103절 말씀처럼 주의 말씀의 맛이 내 입의 꿀보다 더 단 것처럼 말이다. 하지만 멸망을 당하는 사람들에겐 예수님에 대한 이야기가 죽음의 냄

새로 느껴지는데 그 예로 예수님을 전하는 사람들에게 그들이 광신도이고 예수쟁이(Jesus Freak)들이라며 욕하고 침 뱉고 자리를 피하는 모습을 들 수 있다.

바울은 이 향기를 누가 감당할 수 있겠느냐고 질문한다. 하지만 싫고 좋고를 떠나서 이 향기를 감당할 사람은 그리스도의 개선 행렬에 참가한 사람들이라고 넌지시 기록해 놓았다(14절). 즉 예수를 구주로 믿고 구원받아서 주님을 더욱 닮아가는 삶까지 달음박질을 시작한 신자들이 그 대상이 된다.

안타까운 것은 많은 사람들이 하나님의 말씀을 팔아 먹고 사는 장사꾼이 되었다는 말씀에서다(17절). 하나님의 말씀을 팔아 먹고 사는 장사꾼이라는 말에 감춰진 뜻은 무엇일까 생각해보니 거기에는 말씀에 대한 진정성이 없고 말씀이 주는 의미가 무엇인지는 중요하게 여기지 않는 모습을 뜻하는 것으로 보인다. 그저 많이 팔려서 이것으로 자신이 배부르게 먹고 사는 게 중요할 뿐이라는 것이다. 하지만 말씀은 본래 무엇인가? 살아 움직이며 좌우에 날이 선 어떤 검보다 예리하며 혼과 영과 관절과 골수까지 찔러 쪼개고 마음과 뜻과 생각을 판단하는 것이 말씀이다(히 4:12).

우리는 그저 말씀을 파는 품팔이가 되지 말고 말씀의 진정성을 회복하는, 하나님께서 보내신 사람답게 살아야 한다.

나를 부르실 때

모세가 이르되 오 주여 보낼 만한 자를 보내소서 여호와께서 모세를 향하여 노하여 이르시되 레위 사람 네 형 아론이 있지 아니하냐 그가 말 잘하는 것을 내가 아노라 그가 너를 만나러 나오나니 그가 너를 볼 때에 그의 마음에 기쁨이 있을 것이라(출 4:13-14).

하나님께서는 이스라엘 백성들이 애굽 땅에서 고난 당하는 것을 보시고 그들을 구하시려고 모세를 부르셨다. 모세는 출애굽기 3장에서부터 4장까지 하나님의 부르심에 대해 세 번 거절하였다. 첫 번째로 모세는 자신이 누구이기에 바로에게 가겠느냐는 말을 하면서 미디안 땅의 양치기에 불과한 초라한 모습에서 위대한 리더의 모습이 나오겠느냐며 반문할 뿐이다. 두 번째로 주께서 자기를 보내실지라도 그들이 믿지 아니하고 자신을 거짓말쟁이로 여길 것이라며 강한 불신감을 보인다. 셋째로 주님이 지금도 자신을 부르셨지만 예전부터 둔한 입술이 여전하고 입이 뻣뻣하고 둔하므로 다른 이를 보내달라고 거절한다. 모세는 자신의 부족한 모습을 너무나 잘 알고 있다. 그래서 하나님이 자신을 부르셨을 때 자신은 가진 것도 내세울 것도 없고 말도 잘하는 사람이 아니라며 할 수 없다고 거절한다. 어쩌면 그의 모습이 겸손해보이지만 하나님은 그의 속사람을 더 잘 아신다.

거절하는 모세의 이야기를 듣노라면 그는 지금 자신이 대화하는 상대가 과연 누구인지 전혀 감지하지 못한 듯 사람을 지으신 창조주를 바라보는 것이 아니라 동급의 사람을 대하듯 말하고 있다. 또한 하나님 앞에서 현재 자신의 모습을 한탄하는 기색도 역력하다. 자기 연민과 자기애로 가득 차 있는 모세의 모습은 자기 형제 곧 히브리 동족을 때린 애굽 사람에게 분노를 갖고 쳐죽인 젊은 시절과는 사뭇 다르다. 젊은 시절 모세는 꽤나 약자를 보호하려는 강한 기질이 보였다. 동족끼리 싸우는 모습을 보고 중재자로 나서거나(출 2:13) 십보라와 그의 자매를 목자들의 횡포에서 구해 준 모습이 그렇다(출 2:19). 그는 용감한 사람이었다. 하지만 비로소 하나님께서 큰 뜻을 품고 그를 부르셨을 때는 한없이 작아진 사람, 그 안에 모순처럼 뒤엉킨 자아의 모습만 보인다. 개인적인 생각이지만 성장기도 한몫을 했으리라 생각한다. 히브리인이었으나 바로의 딸의 양자로 자란 모세는 유모로 알던 이가 자신의 엄마였기에 히브리 사상에 뿌리박힌 교육의 영향을 받았을 것이며, 동시에 이집트의 왕자로 살면서 두 문화의 충돌과 갈등 속에서 성장할 수밖에 없었다고 본다. 뒤틀린 환경에서 저항정신도 컸을 것이고 그만큼 자기애도 강할 수밖에 없었으리라 본다. 결국 상처 입은 모세의 모습이 불순종에 영향을 준 것이 아닐까.

모세의 모습과 우리의 모습은 슬프지만 많이도 닮았다. 우리 역시 완벽한 환경에서 자란 이가 드물다. 음악을 하고 예술을 꿈꾸는 이들 중에는 자신이 원한 만큼 충분한 교육과 공급을 받으며 성장하지 못한 것들로 인해 자신은 너무나 많은 것들을 잃었다고 생각할 수 있다. 그래서 더 많은 것을 쥐고 살려고 하거나 반대로 자기애에 가려서 하나님의 선하신 부르심에 응답하지 못한다. 나아가 서운함과 상실감에 하나님에 대해 오해하며 관계도 친밀하지 못한 경우가 많다.

하지만 의심하는 모세의 대답에도 불구하고 성실하게 대답해 주시는 하나님의 모습을 발견하길 바란다. 모세를 끝내 구원하는 손길로 사용하신 분은 하나님이며 모세의 능력에서 기인한 것이 아니다. 주께서 부르실 때 믿음으로 걸어갈 수 있는 우리가 되길 간절히 바란다.

내게 주신 직분

내가 교회의 일꾼 된 것은 하나님이 너희를 위하여 내게 주신 직분을 따라 하나님의 말씀을 이루려 함이니라(골 1:25).

하나님께서 우리를 부르셨다는 소명(calling)에 대해 이야기할 때 그 소명은 직업으로서의 소명만이 아닌 더 넓고 깊은 차원의 부르심인 것을 삶을 통해 경험하게 된다. 하나님 자녀로서의 부르심, 그리고 완전하신 하나님이 이루시는 아름다운 일들을 보게 되도록, 또한 주님의 참사랑을 보이시려고 사랑의 대상으로 부르신 것처럼 그 부르심은 더 넓은 관점임이 틀림없다.

부르심에 대해 이야기하려면 더 많은 종류의 것들을 이야기해야겠지만 본문 말씀에서 '내게 주신 직분을 따라 하나님의 말씀을 이루려 한다'는 바울의 고백을 통해 나에게 주신 직분이 무엇인가 다시 생각하게 되었다. 직분이라는 말이 주는 오늘날의 이미지가 있다. 교회에서 받는 집사, 권사 등과 같은 것들을 먼저 생각하지만 여기서는 조직적인 구조에서 얻는 직분보다는 우리의 은사를 따라 부어 주신 더욱 다양한 직분으로서의 부르심을 생각하고자 한다.

우리의 직분은 무엇인가? 찬양사역자로서의 삶이다. 하나님께서 우리에게 부어주신 예술적 재능과 감성을 어떻게 하나님의 말씀과 뜻 안에서 그분을 닮은 가장 아름다운 것으로 표현해 내느냐가 우리의 부르심의 큰 특징 중 하나다. 또한 음악이야 모두가 좋아하는 것이고 즐겨 부르는 것이 맞지만 좀 더 전문적인 기술과 훈련을 통해서 얻은 연주와 노래들로 기독교 문화 예술 중에서도 음악이라는 영역에서 어떻게 섬길 것인가도 우리에게 해당하는 고민거리가 된다. 하나님께서 이 세상을 창조하실 때 태초 전에 그분 가슴 안에 먼저 가지고 계셨던 꿈과 계획, 주님은 그것을 이미 상상하셨고 자신 안에서 완전하게 계획해 놓으셨다. 주님의 창조력과 상상력은 우리가 하나님의 말씀을 갖고 어떻게 표현해 낼지에 대한 아주 중요한 은사로 또 무기로 작용한다. 그 은사를 부어주신 하나님은 찬양사역자 개개인의 부르심에 맞게 그들 안에 또 다시 재창조를 거쳐 작업해야 할 소소한 나눔과 영감을 부어주시고 알려 주시는데, 그것이 작품으로 또는 행위 예술적인 활동으로 내비치는 것을 보게 된다.

이처럼 우리가 가진 아티스트적인 특수성이 때로는 특별하고 다른 방식으로 사역을 하는 특이성으로 내보일 때도 있는데, 그로 인해 우리는 과연 '내가 교회의 일꾼으로서 부르심을 받은 것인가?'라는 의문에 빠지고 어느 정도 사역의 형태를 띠는 모습을 부인하거나 회피하게 되는 경향을 보게 된다. 하지만 오늘 말씀에서 바울에게 주신 직분이 어떻게 결정되는지에 따라서 교회의 일꾼으로 부르심 받았다는 소명에 대해서 발견할 수 있기를 바라는 마음이다.

바울은 고린도전서 4장 1절에서 "사람이 마땅히 우리를 그리스도의 일꾼이요 하나님의 비밀을 맡은 자로 여길지어다"라고 말하고 있는데 여기서 '우리'는 바울을 포함한 고린도 교인들, 즉 그리스도께 속한 자들 모두를 지칭하고 있음을 볼 수 있다. 이방인을 위하여 일하는 그리스도의 일꾼이 된 바울은 직분의 부르심이 하나님의 말씀을 이루려는 자들 안에 있는 것이라고 이야기한다. 내게 주신 직분을 따라 하나님의 말씀을 이루기에 힘쓰는 우리가 되길 소망한다.

믿음의 태도를 바르게 보이는 것

> 야고보에게서 온 어떤 이들이 이르기 전에 게바가 이방인과 함께 먹다가 그들이 오매 그가 할례자들을 두려워하여 떠나 물러가매(갈 2:12).

우리는 갈라디아서 1장에서 베드로가 받은 사명이 할례자에게 복음을 전하는 것이며, 그에 반해 바울은 이방인들에게 복음을 전하는 것이었음을 살펴보았다. 할례자와 무할례자는 복음을 받아들임으로써 그들 안에 동일한 성령이 역사하심을 보게 되었다. 예수를 구주로 고백함이 그러했다. 그리고 이것에 대한 확신으로 바울은 더 이상 무할례자들에게 할례자들이 받은 표징을 받으려고 하지 않아도 되고, 이것이 믿음에 어떤 영향도 주지 않는다고 말했다. 그러므로 할례자들 또한 할례를 강요하는 것이 그리스도 예수 안에서는 불필요하다고 이야기한 바 있다. 이것은 유대교가 가졌던 뿌리 깊은 종교 풍습이 예수를 구주로 믿게 됨에 따라 어떤 자유와 해방을 주게 되었는가를 보게 하는 사례가 된다.

하지만 할례자와 무할례자, 그러니까 유대 전통교와 유대교가 아닌 자들에 대한 비교의식, 또는 거룩이란 미명하에 율법적으로 행동하는 믿음 없음으로 인해 문제가 발생했다. 위의 사건만이 아니고 공동으로 음식을 배분하는 일에 있어서 무할례자들이 할례자들에 비해 적게 공급받음으로 문제가 생겼으니 그로 인해 일곱 집사가 뽑힌 사례가 있었다. 그로 인해 사도들은 말씀을 전하고 기도하는 일에 힘쓰며 일곱 집사가 공동체 안의 일들을 잘 감당해 내기 시작함으로 사역의 분업이 일어나기 시작했다.

그러나 할례자들이 가졌던 율법적 의식이 완전히 바뀐 것은 아니었다. 본문에서 베드로가 외식(外飾)하는 실수를 범하게 된 것이다. 그 자신은 아무 거리낌이 없이 이방인들과 함께 식사할 수 있었지만 할례자들이 보는 앞에서는 당당하게 그들과 식사를 하고 사귐을 갖는 행동을 보여주지 못했다. 그러나 이것은 단순히 예수를 믿는 사람들이 저지르는 실수, '그럴 수도 있지'라는 생각보다는 예수님께서는 어떻게 하셨는지를 살펴볼 때만이 그 의미를 바로 볼 수 있다고 생각한다.

율법주의자들에게 식사 규정은 분명히 종교의식과 밀접한 관련이 있었지만 예수님은 이방인과 병자 또는 죄인들을 제외하고 소위 정결하다는 사람들하고만 떡을 뗄 수 있다는 그들의 정결규례가 종교의 탈을 쓴, 얼마나 악하고 교만한 행위인지를 짚어주셨고 그들과 함께 밥을 먹고 친구가 되셨다. 베드로는 분명 예수님의 옆에서 그 모습을 지켜봤을 것임에도 바리새인이 가지는 외식을 무시하지 못했던 것이다. 그리고 복음을 전파하는 유력한 제자로서 베드로의 이러한 행동이 주 안에서 그리스도인이 된 남은 유대인들과 바나바를 유혹하게 된 것이었다. 베드로가 저지른 실수는 사람이 의롭게 되는 것이 율법의 행위로 되는 것이고 오직 그리스도로 말미암지 않는다는 가능성을 열어두게 된 애매모호한 행동이었다(16절). 그것은 예수님이 자신이 나무에 달려 죽으셔서 휘장을 둘로 나누신 영적인 사건, 그 의의를 세우신 것을 허무는 일이었다. 율법으로 구원받을 이가 없고 오직 예수 그리스도 복음으로 구원에 이른다는 말씀 말이다.

우리 또한 베드로처럼 믿음에 이르게 하는 확신을 깨달았지만 세상 앞에서, 또는 사람들이 더 두려워서 믿음의 태도를 바로 보이지 못한 것들이 있다. 그것에 대해 회개하고 성령님의 도우심을 구하여 진정한 그리스도인으로 날마다 새롭게 되기를 소망한다.

도움을 구하러 내려간 자들

> 도움을 구하러 애굽으로 내려가는 자들은 화 있을진저 그들은 말을 의지하며 병거의 많음과 마병의 심히 강함을 의지하고 이스라엘의 거룩하신 이를 앙모하지 아니하며 여호와를 구하지 아니하나니(사 31:1).

애굽은 지금의 이집트로 과거 바로 시대 때는 화려한 문명을 자랑하며 세계를 다스리는 나라였다. 이스라엘은 애굽에서 약 400년 동안 노예생활을 했지만 하나님의 전적인 구원으로 출애굽하여 가나안 땅에 이르렀다. 하지만 하나님의 율례와 법도를 따르지 않고 이방 민족의 신을 따라 섬기기를 반복했다.

본문에서는 애굽으로 내려간 자들을 향한 하나님의 진노를 알 수 있다. 그들은 '도움을 구하러' 애굽으로 내려간 자들이다. 하지만 이를 놓고 단순히 이방 땅에서 살았던 사람들에게 일괄적으로 진노하신 것이라고 볼 수 없다. 그 이유는 하나님의 백성이었지만 이방 땅에서 직업을 갖고 신앙을 지키며 살아갔던 인물들이 있기 때문이다. 그들은 아브라함, 요셉, 느헤미야 그리고 다니엘이다. 즉 하나님께서는 이방 땅에서 사는 것으로 문제 삼으신 것이 아니라 자신을 의지하지 않고 다른 것들을 더 의지하는 백성들에게 진노하시는 것이다. 애굽은 어떤 자들의 나라인가? 악행하는 자들이다. 우리가 악행을 이원화해서 영적인 것으로만 해석할 수 없는 것은 모든 영적 상태는 육체를 통해 드러나고 실행되기 때문에 물리적인 것에서 분리될 수 없기 때문이다. 우리는 애굽이 행했던 악행들에 대해서 필요하다면 더 자세히 연구해야 할 것이다. 여기서 언급할 수 있는 것은 그것이 하나님을 대적하고 반대하는 사상, 신념, 체계, 기술, 행위에 포함될 수 있다는 정도다.

또 하나, 애굽의 정체는 무엇인가? 정말 그것은 하나님보다 더 의지할 수 있는 대상이 되는가? 그것보다 주의 백성들일지라도 눈에 보이는 것을 좇는 사람이라면 그것을 더 의지한다는 것이다. 하지만 애굽은 사람이고 신이 아니며 그들이 가진 힘 있는 말도 육체이고 영이 아니라고 하나님은 말씀하신다.

하나님의 도우심은 어디까지 미치는가? 주께서는 새가 날개 치며 그 새끼를 보호하는 것처럼 만군의 여호와이신 당신께서 예루살렘을 보호하시겠다고 약속하셨다. 나는 여기에서 예루살렘을 하나님의 임재를 두신 곳, 성전으로 삼으신 곳으로 우리가 주의 자녀들인 것을 얘기하고자 한다. 그렇다. 하나님을 기다리지 못하고 애굽으로 도움을 구하려 내려간 자들, 그리고 그들의 악행에 참여하는 자들의 잘됨을 보고 낙심하지 말 것은, 주의 자녀들을 날개 아래로 품으시고 보호하시겠다는 하나님의 약속이 있기 때문이다.

지금 우리는 어디에 서 있을까? 우리는 주님의 도우심을 구하며 하나님을 찬양하는 것과 애굽으로 내려가서 힘 있는 자들, 귀인들을 의지하고 하나님을 찬양하지 않는 자들의 모습을 볼 수 있다. 아니, 하나님을 찬양하면서도 도움을 얻으려 애굽으로 내려가는 세상과 하나님 둘 다에 걸쳐놓은 정함이 없는 신앙을 갖고 있는지도 모른다. 이제 그 모습을 내려놓고 우리의 도움이 주께 있음을 확신하고 주님이 펴실 손을 기대하고 기다리길 소망하자.

빛으로, 소금으로

너희 말을 항상 은혜 가운데서 소금으로 맛을 냄과 같이 하라 그리하면 각 사람에게 마땅히 대답할 것을 알리라(골 4:6).

바울은 소금이 맛을 내듯 외부 사람들에게 언제나 은혜가 넘치는 말을 하라고 권면하고 있다. 이 말씀은 우리를 세상의 빛으로, 또 소금으로 부르셨다는 예수님의 말씀을 떠오르게 하는 대목이기도 하다.

누가복음 14장 34절에서는 "소금이 좋은 것이나 소금도 만일 그 맛을 잃으면 무엇으로 짜게 하리요"라고 말씀하시면서 소금의 역할이 무엇인지를 알게 하셨다. 소금의 효능을 알게 되면 예수님이 말씀하신 소금의 의미에 대해서 좀 더 깊고 다양하게 생각해 볼 수 있게 된다. 소금은 체내의 독소를 빼주는 역할, 소금 세척으로 얼룩이 생긴 곳을 깨끗이 닦는 효과, 소금 자체에 살균효과가 있어서 인후염 예방 및 치료를 돕는 요법이 있고, 음식의 맛을 더욱 살려주는 역할, 음식 부패를 막아주는 효과 등이 있다. 소금은 화려하지는 않지만 어느 곳에서든지 꼭 필요한 역할을 한다.

구약에서도 소금이 활용된 기록이 있는데 출애굽기 30장 35절에서 주께서 가르친 법을 따라 만든 향에 소금을 쳐서 성결하게 하였다는 기록과 속죄제물의 번제를 드릴 때 제사장이 제물을 여호와 앞에 받든 후에는 그 위에 소금을 쳐서 번제로 드려야 했다(겔 43:24). 또 사사기 9장 45절에서는 아비멜렉이 성을 치고 점령한 후 그 성을 헐고 소금을 뿌렸다는 기록과 에스겔 16장 4절에서는 사람이 날 때 그에게 소금을 뿌렸다는 기록도 있다. 즉 우리 민족이 사용하고 있는 방식에서도 부패를 방지하고 깨끗하고 정결하게 하는 효과로 의미가 있는데, 소금이 성경에서도 비슷한 맥락으로 역할을 하는 것이다. 그렇다면 크리스천으로서 '세상의 소금'으로 존재하는 것의 의미를 찾아낼 수 있지 않을까?

나는 우리를 '세상의 빛'이라고 부르신 예수님의 말씀을 더 잘 알 수 있으려면 사도 요한이 쓴 요한일서를 봐야 한다고 생각한 이 말씀에는 빛이신 하나님(1:5) 그리고 우리의 대언자가 되시는 예수님(2:1)에 대해서 잘 가르쳐주고 있다. 빛은 어둠을 드러내며 빛이 있으매 어둠이 떠나가는 완전한 승리를 약속한다. 그런데 한 가지 빛에 대해 더 중요한 관찰이 필요한 것은 빛과 사랑의 연관성과 깊은 관계다. 빛 가운데 있는 자마다 하나님의 사랑이 온전케 되는 은혜를 경험하고 이것으로 곧 새 계명 '사랑'에 대한 하나님 아버지의 참뜻을 알게 된다는 점이다. 아버지의 사랑이 그 안에 있는 자는 세상으로부터 온 것에 마음을 두지 않고 이 세상과 정욕이 지나가는 것을 안다(2:5, 7, 15, 16절).

우리는 우리가 노래하는 것들로 세상에 대답할 거리들을 제공할 수 있어야 한다. 그것이 동시대적인 크리스천 음악이 가진 가장 기본적인 목적이다. 소금으로서 우리가 해야 할 역할이 있고 빛으로서 우리가 해야 할 역할이 있다. 그 맛을 잃으면, 그 빛을 잃으면 무엇으로 짜게 할 수 있으며 무엇으로 밝힐 수 있다는 말인가? 어둠에는 빛으로, 세상의 소금으로 살아가는 삶, 그것을 노래하는 삶이 우리의 모습이다.

범사에 그에게까지 자라가는 것

이는 우리가 이제부터 어린아이가 되지 아니하여 사람의 속임수와 간사한 유혹에 빠져 온갖 교훈의 풍조에 밀려 요동하지 않게 하려 함이라 오직 사랑 안에서 참된 것을 하여 범사에 그에게까지 자랄지라 그는 머리니 곧 그리스도라 (엡 4:14-15).

성경에서는 '어린아이'가 가진 특성을 놓고 세 가지로 나눠 비유에 사용한다. 하나는 예수님께서 어린아이가 자신을 보호하는 이에게 갖는 절대 의존성과 신뢰를 보시며 말씀하신 점이다. 마치 어린아이가 갖는 절대 의존성처럼 하나님 나라를 받들지 않으면 결단코 천국에 들어갈 수 없다고 하셨다(눅 18:16). 둘째는 영적인 성숙이라는 면에서 영적으로 어린아이란, 악에 대해 밝고 지혜에 대해서는 어린 것을 말한다(고전 14:20). 바울은 고린도 형제들에게 지혜에는 어린아이가 되지 말고 악에 대해서 어린아이가 되라고 가르쳤다. 셋째로 마태복음 18장 5절에서는 예수님을 믿는 자 중 가장 작은 자를 어린아이에 비유하시며 이런 어린아이 하나를 영접하는 것이 곧 나를 영접하는 것이라고 말씀하셨고, 믿는 자 중 가장 작은 자라도 그를 실족하게 하는 것이 하나님 앞에서 얼마나 가당치 않은 일인지를 말씀하셨다.

본문은 어린아이가 가진 특성 중 두 번째로 사용된 영적으로 미숙한 상태, 즉 성숙하지 못한 상태를 어린아이로 비유하신 말씀이다. 이런 상태가 밖으로는 어떻게 드러나게 되는가? 사람의 속임수와 간사한 유혹 그리고 온갖 교훈, 그리고 풍조에 밀려 요동하는 상태다.

우리는 하나님 나라에서 갖는 본질인 완전한 상태와 어둠의 권세의 영향을 받는 이 세상 나라의 불완전성을 안다. 나는 분명히 이 세상 나라가 어둠의 권세의 다스림 아래 있다고 하지 않았다. 하늘과 땅의 기초를 놓으신 이가 하나님이시며(시 102:25), 하늘은 주의 보좌요, 땅은 그의 발등상이다(행 7:49). 또한 하늘에 있는 것과 땅에 있는 모든 것은 예수님의 이름에 이미 무릎을 꿇게 하셨고 하늘과 땅의 주인이 주님이시기 때문이다(시 89:11). 그러나 어둠의 권세의 공격은 우리 싸움이 혈과 육에 있지 않고 어둠의 세상 주관자들과 악한 영에 있다는 말씀으로 더욱 영적으로 깨어 있을 이유가 된다(엡 6:12).

바울은 우리가 이러한 세상의 것들, 육적인 것들로 인하여 요동하지 않고 오직 사랑 안에서 참된 것을 행하기를 가르친다. 그러나 이는 율법에 매이라는 뜻이 아니다. 만약 영적으로 미숙하고 어린 상태로 요동함으로 인하여 슬퍼하고 낙심하고 있다면 흔들리고 상한 갈대를 꺾지 아니하시는 하나님의 사랑 안으로 들어오도록 초청하시는 세밀한 주님의 음성을 들을 수 있기를 소망한다. 주는 꺼져가는 등불을 끄지 아니하시는 우리의 참 좋은 아버지시다(마 12:20).

우리가 나의 영혼을 지키는 유일한 방법은 흔들리지 않는 온갖 교훈과 풍조와 어두운 유혹에서 믿음의 반석이 되시는 예수님을 놓치지 않는 것이다. 바울은 예수에게까지 자라가는 것, 그것을 어린아이가 되지 않는 것이라고 말한다. 우리가 장성한 어른이 되어 가듯이 영적으로도 어린아이에서 장성한 분량으로 채워져 가는 것, 그것은 곧 하나님의 아들을 믿는 것과 주 예수를 아는 일에 하나가 되어가는 것이다(엡 4:13).

사람들의 평가에서 자유하는 것

예수에 대하여 무리 중에서 수군거림이 많아 어떤 사람은 좋은 사람이라 하며 어떤 사람은 아니라 무리를 미혹한다 하나(요 7:12).

찬양사역을 할 때 우리가 끝까지 달려갈 길을 마칠 수 있는 유일한 방법은 하나님과 긴밀하게 동행하는 것뿐이다. 물론 주변의 믿음의 사람들과 더불어 이 길을 가지만 사람은 변할 수 있고 관계는 깨질 수 있다. 환경도 마찬가지이다. 오늘은 찬양사역하기 좋은 환경이 내일은, 또 몇 년 뒤에는 나빠질 수 있고 변할 수 있다는 점을 기억해야 한다. 어느 곳이 안 그렇겠느냐마는 찬양사역자는 앞에 서기에 많은 이들의 눈에 보이는 것이 사실이다. 큰 공동체에 속한 찬양사역자일수록 이를 더 많이 느끼겠지만 작다고 하여 찬양사역자가 아니지는 않다. 많은 눈들이 보는 자리이기에 사역을 하며 오해를 받고 수군거림의 대상이 될 때도 있다. 이렇게 판단의 대상이 된 적이 있는가? 먼저는 판단과 영적 분별의 차이를 두자.

고린도 교회를 보면 교회 안에 일어나는 문제들 가운데, 믿음이 약한 자들에 대해서 영적으로 분별하고 죄악이 교회 안에 존재하지 않도록 하였다. 이에 힘쓴 바울의 가르침을 본다면 판단하는 것과 영적 분별은 외양적으로 닮아 있지만 같지 않다. 찬양사역자이지만 만약 영적 분별에 있어서 삶의 은밀한 부분에서 죄를 용인하고 있다면 이것은 개인적인 문제가 아닌 영적 분별로 다뤄져야 할 영역이다. 그리고 영적 분별을 제외한 판단이라는 문제, 수군거림 속에 논란의 대상에 대해 생각해 보자. 나는 복음서를 읽다가 자주 사람들의 시야에서 사라지시던 예수님의 모습을 발견하였다. 예수님은 분명히 사역의 이목과 관심을 받고 계셨음이 확실하다. 하지만 그러한 관심에서 피해 계셨던 예수님의 태도로 인해 예수님이 논쟁의 주제가 되시기도 했다. 많은 사람들이 예수님을 선한 사람이라고 했지만 영적으로 사람들을 미혹하는 사기꾼이라고 하는 자도 있었다. 그리스도라고 말하는 자도 있었고, 선지자라고 말하는 자도 있었다(41-42절). 오죽하면 그의 형제들이 예수님께 당신의 진짜 모습을 세상에 내보이라고 했겠는가?(4절). 하지만 예수님은 흔들리지 않는 모습으로 자신의 때가 이르기까지 묵묵히 사역을 진행해 가신 것을 볼 수 있다. 혼자 산으로 가시고 기도하시던 예수님의 모습은 자신의 부르심에 대해 하나님이 주시는 변함없는 사랑과 확신으로 서 계셨음을 알게 된다.

중요한 것은 사람들의 수군거림과 논제의 대상이 될 때에 혈기를 갖고 자신을 증명하기보다 당신의 삶에 계획해 두신 하나님의 일이 성취될 때까지 기다리는 인내가 필요하다는 것이다. 긴밀하게 성령님과 동행함으로 논쟁의 자리를 피하고 하나님께서 선하신 당신의 방법으로 움직이시길 신뢰하며 기다리라.

다른 하나, 또 우리는 누군가를 판단하고 있지는 않은가. 우리는 있는 그대로를 볼 수 있는 눈을 열어주시기를 간구해야 한다. 진실을 조작하지 않도록 말이다. 우리가 노래 가사로 전하고 있는 하나님 나라에 대한 넓은 의미를, 시대적 상황을 적절히 내다보고 전할 수 있는 용기는 있는 그대로를 말하는 깨끗하고 정직한 마음에서 시작된다. 그리고 이 모든 것 위에 사랑을 더하라. 사랑의 나눔이 있는 곳에 하나님께서 계신다는 노랫말처럼 사랑이 더해진 말과 행위에는 진리를 아름답게 열매 맺는 충직한 힘이 있다.

소년 다윗이 지닌 용감함

큰형 엘리압이 다윗이 사람들에게 하는 말을 들은지라 그가 다윗에게 노를 발하여 이르되 네가 어찌하여 이리로 내려왔느냐 들에 있는 양들을 누구에게 맡겼느냐 나는 네 교만과 네 마음의 완악함을 아노니 네가 전쟁을 구경하러 왔도다 다윗이 이르되 내가 무엇을 하였나이까 어찌 이유가 없으리이까 하고 돌아서서 다른 사람을 향하여 전과 같이 말하매 백성이 전과 같이 대답하니라(삼상 17:28-30).

블레셋 장군 골리앗이 쳐들어와 이스라엘을 학대하고 하나님의 이름을 비웃고 있다. 이때 만군의 여호와의 이름을 저 블레셋 장군과 온 세상이 알도록 용기 있게 나가 싸울 자가 어디에 있는가? 어려서부터 용사였던 골리앗이기에 이스라엘 군사들은 그를 두려워만 하고 있었다. 감히 대적해 싸울 사람이 없었다. 이새의 세 아들 엘리압, 아비나답, 삼마가 있었지만 그들 역시 마찬가지였다. 하나님의 이름이 영광을 받지 못하고 도리어 이방인에게 욕을 먹고 있는 상황이지만 한 발 앞서 나오는 자가 없다. 나가 싸우는 자에게 많은 부와 딸을 주고 세금 면제까지 해준다는 사울 왕의 말도 듣지 않는 군대인데 그보다 높으신 하나님의 음성이라고 해서 들리겠는가?

이때, 어린 소년이 하나님의 이름이 모욕받는 것을 참지 못하고 용감하게 한 발 내딛었으니 하나님을 사랑하고 늘 찬송하던 다윗이다. 하나님이 이방인에게 천한 취급 받는 것을 용납할 수 없었던 마음이 싸움과 죽음에 대한 두려움보다 더 컸음이 분명하다. 다윗은 비록 어렸지만 신앙은 어리지 않았다. 그의 형들은 도리어 그가 하나님으로 인해 두려워하지 않고 용감했던 것이, 그래서 자신들보다 더 뛰어나게 보였음이 석연치 않았던 것 같다. 상황 파악만 하려던 다윗인데도 큰

형은 화를 내며 다윗을 졸지에 교만하고 완악한 사람으로 만들었다. 하지만 우리는 이 모든 과정을 연출하셔서 사람의 의지와 하나님의 계획이 맞아떨어지는 오묘하고도 놀라운 섭리를 본다. 하나님께서는 이새의 심부름을 통해 다윗을 현장으로 보내셨고 일전에 사자와 곰과 싸우게 하여 결투를 훈련시키셨기 때문이다.

다윗은 사울 앞으로 불려가서도 찬송받으실 여호와의 이름이 멸시를 받고 있으니 그를 위해 이스라엘 군대를 위해 싸우겠다고 다부지게 말한다. 하지만 사울 역시 다윗을 말리고 있다. 물론 사울은 그가 다치거나 죽게 될까봐 걱정한 것일 텐데, 옳은 목표라면 곧장 나아가겠다는, 그런 왕의 말에도 굴하지 않는 다윗에게는 오롯함과 불굴의 의지가 있었다.

다윗은 하나님의 이름을 높이기 위해 타인의 비방 섞인 말과 걱정 어린 염려의 말에도 눌리지 않고 앞을 향해 나갔다. 그가 용기를 낼 수 있었던 것은 분명 자신보다 앞서가실 하나님이 자신의 이름이 망령되이 여김 당하지 않기 위해 승리하실 것을 알았던 것이다. 그리고 그의 믿음대로 하나님은 승리를 주셨다. 다윗을 통해 하나님의 이름이 영광을 받으셨고 이스라엘은 위기를 극복할 수 있었다.

우리도 하나님의 이름이 다른 이들로 인해 세상 속에서 욕을 먹거나 망령되게 여김 받고 있다면 그분을 변호하고 영적으로 눌리지 않을 자신이 있는가? 아니면 다윗의 형들과 같이 조용히 그 자리를 회피하거나 침묵하겠는가? 하나님은 찬양받기에 합당하신 분이다. 우리도 그분을 위해 다윗처럼 강하게 일어나자.

달려갈 길과 사명

내가 달려갈 길과 주 예수께 받은 사명 곧 하나님의 은혜의 복음을 증언하는 일을 마치려 함에는 나의 생명조차 조금도 귀한 것으로 여기지 아니하노라 (행 20:24).

본문 말씀은 바울이 남긴 명언 중에서도 손꼽히는 말씀이다. 이 말씀을 따라 살다 주님 앞에 섰을 바울을 생각하면 그를 존경할 수밖에 없다. 바울은 두 가지 일을 끝까지 마치려 한다고 말하고 있다. 달려갈 길과 또 하나는 하나님의 은혜의 복음을 증거하는 일이라고 한다. 바울이 살다간 삶을 생각해 보면 후자만이 머릿속에 그려지는데 달려갈 길은 또 다른 무엇을 말하는 걸까?

성경에서 달려갈 길에 대해 적은 말씀들을 찾다가 디모데후서 4장 7절에 바울이 쓴 글을 발견하였음이 나온다. 거기에도 선한 싸움을 다 싸우고 달려갈 길을 마쳤다고 말하고 있고 사도행전 13장 25절에는 세례 요한에 대해 "그 달려갈 길을 마칠 때에"라고 말하며 그의 사명이 예수님의 길을 예비하는 것이었음을 말했다. 또한 시편 119편 32절을 보니 "주께서 내 마음을 넓히시면 주의 계명의 길로 달려가겠다"고 말한다. 그러고 보니 달려간다는 말은 달리기, 마라톤처럼 경주를 하는 것을 표현할 때 쓰는 말이다. 종합해 보면 성경에서, 또 바울이 달려간다고 표현하는 말은 '믿음의 경주'를 일컫는다고 볼 수 있다.

바울은 자신이 죽어서 하나님 앞에 이르는 그날까지 스스로 믿음을 지켜가겠다는 말을 한 것이다. 은혜의 복음을 증언하는 일은 특별한 그의 선교적 사명 곧 부르심에 속한 것이지만 믿음의 경주는 바울만이 아니라 예수님을 나의 구주로 고백하는 모든 신자들에게 해당되는 말이다. 그래서 바울도 두 가지로 나눠서 이 일들을 끝까지 마치려 한다고 고백하고 있는 것이다. 더욱이 하나님의 일을 하는 사람들, 사역자로서 부르심을 받고 사는 사람들이 하는 직업으로서의 사역은 바울이 말한 달려갈 길에 대한 튼튼한 배경이 전제되지 않으면 일 자체로 불가능하다. 하나님에 대한 믿음이 없는 사람이 사역을 할 수는 없기 때문이다. 또 사역자로서 특수한 직업적 부르심에 맞춰 사는 사람들이 아닐지라도 신자로서 달려갈 길을 마치는 것은 우리 모두의 사명이 된다. 주일 예배를 하면서 오랫동안 믿음을 지켜 오신 머리가 히끗히끗 백발이신 어르신들을 볼 수 있었는데 이처럼 끝까지 달려갈 길, 곧 믿음의 경주를 해내야겠다는 다짐을 하였다.

위에서도 잠깐 언급한 것처럼 바울이 말한 은혜의 복음을 증거하는 일은 그의 이방인을 향한 선교적 부르심을 일컫는 말이다. 이 사명을 완수하기 위해서 그가 받은 환난과 핍박은 말로 다 할 수 없다. 고린도후서 1장 8절에서는 그가 살 소망까지 끊어지고 사형선고까지 받을 위기에 처했음이 나온다. 고린도후서 11장 24절에서는 유대인에게 사십에 하나 감한 매를 다섯 번이나 맞았다고 하는데, 이는 사십 대를 맞으면 사람이 죽기 때문에 죽기 직전에만 살려둔 매를 잡혀들어가 맞았다는 뜻이다. 과연 그와 같이 믿음 때문에, 그의 사역으로 인하여 희생과 설움을 당한 사람이 있을까 싶을 정도로 그의 사역은 결코 화려하고 낭만적이지 않았다. 어떤 사역자들은 "이젠 너무 지쳤어"라는 말로써 은혜의 복음 증거하는 일을 일찍이 마치려 하지는 않는가? 앞길이 보이지 않고 막막해서 돌아서려고 하지는 않는가? 하지만 다시 한 번 바울을 기억하고 마지막에 그와 같은 고백을 할 수 있는 축복받은 사역자가 되길 꿈꾸자.

너는 나를 따르라

제자 중에 또 한 사람이 이르되 주여 내가 먼저 가서 내 아버지를 장사하게 허락하옵소서 예수께서 이르시되 죽은 자들이 그들의 죽은 자들을 장사하게 하고 너는 나를 따르라 하시니라(마 8:21-22).

하나님께서 우리를 부르시는 모양은 참 다양하다. 본문에서는 인간적으로 봤을 때 참으로 인색하다는 생각이 들 정도로 예수님이 당신의 제자를 부르고 계신다. 이 사람은 자신을 낳아주고 길러주신 부모님의 장사를 지내고 따르기를 요청하고 있다. 그러나 그의 진심과 슬픈 마음이 통하지 않았던 것일까? 아니면 그가 제자가 되기 싫어서 요령을 피우는 것일까? 이도 저도 아니라면 우리가 아는 사랑의 하나님, 긍휼의 하나님은 어디에 계신단 말인가? 매번 이 구절을 읽을 때마다 "아멘" 하고 입으로는 말했지만 머리와 가슴으로는 이해되지 않았던 것이 사실이다. 왜냐하면 마르다와 마리아의 형제였던 나사로의 죽음 앞에서도 눈물을 보이셨던 예수님께서 여기에서는 왜 이렇게 차갑게 보이는 것일까 하는 의구심을 감출 수 없었다. 그러나 사랑의 하나님이란 믿음은 흔들리지 않기에 분명히 내가 알지 못했던 이야기가 숨겨 있으리라 예상했고 그런 다양한 각도에서 이 말씀을 생각해 보고자 한다.

예수님은 유대인들이 가진 안식일과 예언과 사상에 대한 율법적 올무에 매여 있지 않으셨고 도리어 이것들을 바꾸시는 개혁가의 모습을 지니셨다. 유대인들에게 가족의 장사를 지내는 것은 얼마나 중요했을까? 하지만 육적으로 죽은 것보다 더 슬픈 것은 영적으로 죽은 것임을 예수님이 가르쳐주고 계신 것은 아닌가.

서울제일교회 정진우 목사님은 다음과 같이 해석하였다. 예수님의 제자 중 두 종류의 사람이 있다. 한 명은 목표지향적인 사람인데 본문의 제자를 부르기 바로 직전에 주를 따르겠다고 선언한 사람이다. 하지만 주께서는 인자가 머리 둘 곳이 없다고 말씀하시며 이를 거절하셨다. 또 다른 한 명은 관계지향적인 사람인데 본문의 제자이다. 비록 그는 인간적이어서 현실 앞에서 흔들리지만 사람이 좋은 사람이기에 그 안에서 하나님 나라의 가능성을 착안하셨다는 것이다.[35)]

또 다른 해석을 하는 사람도 있었는데 그 사람은 오히려 이 말씀을 통해서 자신의 일상에서 우선순위를 어디에 두어야 하는지를 고민하게 되었다고 말했다. 그는 어떤 상황에서도 예수님이 나의 중심이며 전부가 되시는가를 자문하고 믿음으로 나아가는 응답의 메시지로 이 말씀을 받았다는 뜻이다. 나는 상반되는 듯하지만 결국에는 같은 해석을 하는 두 사람의 의견에 동의했다. 그렇다. 우리가 관계 중심의 사람으로 매일 현실과 환경에 흔들리는 사람일지라도 무엇을 따라가야 할지 어디에 마음을 정해야 할지는 본문 말씀과 같이 푯대가 정해져 있는 것이다.

이 말을 역으로 바꾸면 곧 제자는 예수님을 따르는 사람이라는 뜻이 된다. 우리가 예수님의 온전한 제자가 될 수 있도록, 곧 예수님을 따르는 사람이 될 수 있기를 간절히 소망한다.

35) http://news.kukinews.com/article/view.asp?page=1&gCode=kmi&arcid=0007251675&cp=nv

귀히 쓰는 그릇은

그러므로 누구든지 이런 것에서 자기를 깨끗하게 하면 귀히 쓰는 그릇이 되어 거룩하고 주인의 쓰심에 합당하며 모든 선한 일에 준비함이 되리라(딤후 2:21).

청소년 시절, 큰 꿈과 비전을 가지라는 얘기를 많이 들었다. 하나님께 구할 때는 크게 구하고 그것이 큰 믿음이라는 누군가의 권면을 따라 큰 꿈을 이루며 큰 믿음을 갖고 싶었다. 지금 생각해 보면, 그 권면은 나에게 하나님에 대해서, 또 꿈과 비전에 대해서 잘못된 방향을 잡게 했다. 왜냐하면 내겐 하나님이 주신 순수했던 열망도 있었지만 내 안에 욕심이 그럴싸한 믿음이라는 옷을 입고 가증스레 활보하고 다니기도 했기 때문이다. 하나님을 찬양하고 싶은 마음도 있었지만 부끄러운 고백으로, 때로는 하나님께 기도하며 큰 무대, 멋진 앨범, 세상의 인기와 인정을 바랐다.

어려도 일찍이 꿈을 갖는 모든 청소년들은 선망의 대상을 선정하고 그들이 어떻게 꿈을 이뤘을지 찾아보고 그에 따라서 자신에게 필요한 공부, 자질 등을 개발해 나갈 것이다. 나 또한 그랬다. 당시에 좋아하던 몇몇의 아티스트들의 앨범을 들으며, 이들은 어떻게 꿈을 이뤘을까, 아티스트가 되었을까를 고심했다. 자연스레 높은 곳만 바라보면서 믿음과 큰 꿈만 구하면서 내 영혼은 하나님의 깊은 사랑을 알아가고 성숙해 가는 것이 아니라 거래를 하려 했다. 과연 내 영혼이 행복했을까? 몹시 불안했고 현재의 삶에 감사하며 살지 못했다. 무엇보다 내 영혼이 불쌍했던 건, 하나님이 약속하신 자녀의 권세를 누리며 살 수 있다는 하늘의 비밀을 몰랐다는 점이다.

20대 초반을 지날 때쯤, 하나님의 말씀이 꿀송이보다 더 달고 오묘함을 알기 시작하고 묵상하는 책들을 따라서 말씀의 성숙이 이뤄져 가고 있을 때, 하나님은 지금껏 올무가 되어 나를 괴롭히던 꿈과 비전에 대해 새롭게 깨닫게 하셨다. 늘 디모데후서 2장을 읽으며 금그릇이 되고 싶었던 내게, 하나님의 나라는 귀히 쓰일 그릇도 필요하지만 천히 쓰이는 그릇도 필요하며 그것을 정할 권한은 하나님께 속한 것이며, 나의 역할과 임무는 정한 그릇, 깨끗한 그릇이 되어 쓰시기에 합당한 그릇이 되어야 한다는 점을 알려 주셨다. 높은 자리에 오르고 싶다고 해도 그것은 하나님의 권한이다. 낮은 자리에 있어 불만이 많은가? 그보다 정결하고 깨끗한 그릇이 되어 모든 선한 일에 준비되고 사용됨에 감사하라.

하나님은 깨끗한 그릇을 쓰신다. 그러한 그릇은 어디에 갖다 놓더라도 쓰임이 있다. 이것을 깨닫고 난 후 내게 자유가 임했다. 내가 어떤 그릇인지를 염려하고 어떤 그릇이 될까를 하나님께 구하기보다 하나님의 사랑 안에 잠잠히 거하며 그분을 기뻐하는 법을 배우게 된 것이다.

정말 감사한 것은 무엇일까? 높은 자리, 낮은 자리, 금그릇, 질그릇이 중요한 것이 아니라 당신이 하나님의 손에 들려졌다는 것이다. 하나님 나라와 영광을 위해 당신을 사용하고 계시는 하나님께 감사하라. 그리고 사용되는 것에 집착하지 말고 하나님 사랑하기를 늘 구하라. 어떠한 모양도 하나님보다 앞선다면 그것은 죄다.

잘 나가는 아티스트, 찬양사역자도 좋지만 그렇게 되지 않는다고 해서 하나님이 당신에게 관심이 없으신 것이 아님을 기억하길 바란다. 오히려 아무도 갈 곳 없어 하나님의 사랑이 전해지지 않는 곳에 이제 "예수님, 제가 가고 싶어요. 저를 보내주세요"라고 고백하는 것은 어떨까? 하나님의 사랑을 깨닫고 그 사랑을 가진 자, 눈물을 씻겨드리는 작은 아티스트가 되어라.

큰 자는 섬기는 자가 되고

> 너희 중에는 그렇지 않을지니 너희 중에 누구든지 크고자 하는 자는 너희를 섬기는 자가 되고 너희 중에 누구든지 으뜸이 되고자 하는 자는 모든 사람의 종이 되어야 하리라(막 10:43-44).

이 본문은 세베대의 아들 야고보와 요한이 예수님께 나와 자신들의 간구를 들어달라고 아뢰는 대목이다. 그들은 주의 영광 중에서 하나는 좌편에, 하나는 우편에 앉게 해달라고 말했다.

나는 야고보와 요한의 요구가 두 가지의 가능성이 있다고 생각한다. 첫째는 제자였던 야고보와 요한은 예수님이 왕이 되었을 때 자신들을 그의 오른팔과 왼팔로 써달라는 요구였을 가능성이 있다. 이때 제자들은 예수님이 십자가에 달려 죽으실 것이라는 예언보다는 현세의 정치적인 왕으로 알았고, 주님이 이 땅에 왕이 되었을 때 자신들의 지위와 직함도 함께 오를 것이라고 생각했다. 실제로 제자들은 예수님이 십자가에 못 박히실 때 기다렸던 왕이 아닌 줄 알고 뿔뿔이 흩어져 각자의 길을 가게 된다. 둘째는 그들이 사후에 하나님의 나라에 들어가서 좌, 우편에 앉게 해달라는 간구이다. 두 가능성의 공통점은 높은 자리와 명성을 달라고 간구했다는 점이다. 하지만 예수님은 '너희가 구하는 것을 알지 못하고 있다'고 말씀하시며 거절하셨다.

제자들의 기대와 예수님의 본질적 사명의 차이에 대해 두 전제를 살펴보자. 예수님은 이 땅에 정치적인 왕으로 오셔서 당시 로마의 압제에서 이스라엘을 구하시고 왕이 되시는 목적이 아니라, 죄 사함으로 얻는 구원과 이 땅에 속하지 않은 하나님 나라에 대한 소망을 전해 주시려고 오셨다. 또한 하나님 나라에서 예수님의 좌, 우편에 앉을 분은 성부와 성자와 성령의 삼위일체 되시는 주로, 세 분은 서로의 곁에 계시다는 것이다. 또한 하나님 나라에 들어가서도 주의 전에 가까이 앉을 이는 순교의 피를 흘린 자이기 때문이다. 그래서 주께서는 그들에게 '너희가 빌 바를 알지 못하고 있다'고 말씀하셨으며 너희가 예수님 자신으로 인해 받을 고난의 잔과 세례를 다 감당해 내겠지만 그 자리에는 누구든 준비된 자가 앉을 것이라고 말씀하신 것이다. 이 소식을 들은 예수님의 제자들은 화가 났다. 왜냐하면 모두가 자신이 그 자리에 앉고 싶었기 때문이다. 그때에 예수님은 제자들에게 "큰 자가 되고 싶으냐? 큰 자가 섬기는 사람이고 너희 중에 으뜸이 되고자 하는 이가 종이 되어야 한다"고 말씀하셨다.

찬양사역자에게도 적용한다면 하나님을 찬양하는 일에 헌신된 많은 사역자들이 하나님의 나라에서 큰 자가 되고 싶고 또 이왕이면 이 땅에서도 높은 자리, 명성을 얻고 싶을 것이다. 하지만 우리가 이것을 간구할 때 주와 함께 고난의 잔을 마셔야 함도 생각해야겠다. 그리고 섬기는 자가 큰 사람이고 종의 마음으로 서 있는 자가 으뜸이라는 하늘의 원리를 믿어야겠다. 이는 끊임없이 우리의 자아를 높이려는 본성적인 교만과 반대되는 것이며, 이 세상이 추구하는 원리와도 다르다. 그래서 더욱이 어렵다. 주께서 돕지 않으시면 우리는 빠른 시대의 흐름에 동화되고 스스로를 높이려 할 것이다. 그러나 우리 힘으로는 할 수 없지만 주의 영으로는 가능하다(롬 8:26).[36]

36) 로마서 8:26 "이와 같이 성령도 우리의 연약함을 도우시나니 우리는 마땅히 기도할 바를 알지 못하나 오직 성령이 말할 수 없는 탄식으로 우리를 위하여 친히 간구하시느니라."

나를 떳떳하게 내세울 때는

> 부끄러워서 드러내지 못할 일들을 우리는 배격하였습니다. 우리는 간교하게 행하지 않고, 하나님의 말씀을 왜곡하지도 않습니다. 우리는 진리를 밝히 드러냄으로써, 하나님 앞에서 모든 사람의 양심에다가 우리 스스로를 떳떳하게 내세웁니다(고후 4:2, 표준새번역).

바울은 고린도후서 4장 5절에 기록하기를 하나님의 사람들은 우리 스스로를 선전하는 것이 아니라, 예수 그리스도를 주님으로 선포하고 나타낸다고 했다. 또한 고린도전서 1장 31절에서는 주 안에서 자랑할 것을 당부하며 자랑에 대해서 제한을 두고 있다. 모든 자랑이 옳다고 할 수 없는 이유는 만약 누군가와 구별되고 뛰어나다면 본래 하나님께로부터 받지 아니한 것이 어디 있겠느냐며 그런즉 자랑할 수 없다고 말한다(고전 4:7). 또 자랑하는 것은 적은 누룩이 온 덩어리에 퍼지는 것과 같다고 말한다(고전 5:6). 이뿐만이 아니고 시편 20편 7절에서도 어떤 사람들은 말과 병거를 자랑하지만 우리는 여호와 하나님의 이름을 자랑한다고 기록하고, 고라 자손은 자기의 재물과 부유함을 자랑하는 자라도 생명을 속량할 수 없다고 기록했다(시 49:7-8). 또 시편 12편 3절에서는 하나님께서 모든 아첨하는 입술과 자랑하는 혀를 끊으시겠다고 하신다.

그렇다면 무엇을 자랑해야 할까? 우리는 무엇을 자랑할 수 있을까? 우리는 좀 더 나 자신을 자랑하지 않고 하나님을 자랑하는 것과 우리 스스로를 떳떳하게 내세우는 자랑에 대해서 구체적으로 생각해야 한다. 시편 34편 2절에서는 "내 영혼이 여호와를 자랑하리니"라고 질문에 대한 답을 내놓았다. 이 말씀처럼 바울도 자랑에는 분명히 제한이 있되 어느 면에서는 자신을 드러낼 수밖에 없는 상황이 있음을 인정했다. 하지만 그 자랑이 말씀에서 벗어나는 것이 아니고 말씀을 드러낼 때 우리도 내보이게 된다는 의미로 전해진다. 바울은 부끄러워서 드러내지 못할 일들과 간교함, 말씀의 왜곡이 하나님을 자랑해야 할 모든 것들에 침투되면서 우리 자신을 드러내게 된다고 말하고 있다.

먼저 부끄러움에 대해 살펴보자. 우리가 사는 시대가 점점 더 다름과 차이를 인정하는 사회로 젖어들수록 개개인은 당당해지는 법인데, 이는 내가 생각하고 행동하는 방식이 곧 답이 될 수 있는 강한 힘을 실어줘서 부끄러움이란 단어가 무색할 수 있게 된다. 하지만 우리가 부끄러울 줄 아는 것, 부끄러움을 느끼는 양심이라는 것은 우리가 부족한 사람인 것과 완전한 하나님이 계시는 것을 알게 되는 수단이 되므로 반드시 사라져선 안 되는 감정이다.

간교함은 뱀, 곧 사탄의 대표적 특징으로 하와를 꾀어 선악과를 먹게 한 존재가 간교한 거짓말쟁이인 마귀였다. 간교함은 간사하고 교활함을 뜻하는데 이것은 누가 가르쳐 주지 않아도 모두가 행할 줄 아는 영역의 것이다. 왜냐하면 우리가 날 때부터 죄인 되어 영적으로 거짓의 아비에게서 낳고 욕심대로 행하길 좋아하기 때문이다(요 8:44).

마지막으로 말씀의 왜곡을 가져오는 모든 현상들이 하나님의 자랑하는 것에 반대될 수 있다. 도리어 말씀을 부끄러워하여 밖으로 드러내지 못했던 우리의 모습은 자아가 더 강하기 때문이며 진리를 밝히 드러내지 못하게 된다. 이것들로부터 자유하여 하나님만 자랑하는 우리의 모습이 되길 기도하자.

나의 간절한 기대와 소망

나의 간절한 기대와 소망을 따라 아무 일에든지 부끄러워하지 아니하고 지금도 전과 같이 온전히 담대하여 살든지 죽든지 내 몸에서 그리스도가 존귀하게 되게 하려 하나니(빌 1:20).

우리에게 있어서 간절한 기대 그리고 소망은 무엇인가 한번 생각해 보자. 그리고 이 말씀에서 먼저 자신의 간절한 기대와 소망에 대해서 바울이 뭐라고 이야기했는지, 무엇이 그를 이 땅에서 살아가게 했는지 함께 묵상해 보자.

바울은 "지금도 전과 같이"라는 말을 함으로 한 걸음 두 걸음 자신의 지나온 사역에 대해서 회상하고 있다. 그는 예수 그리스도를 전함에 있어서 자신이 '온전히 담대'할 수 있었음에 확신이 있다. 여기서 우리는 바울이 복음을 전하기 위해 감당하며 치렀던 대가들을 생각해 볼 수 있는데, 그가 당한 고난과 핍박으로 '이제는 끝내 죽음을 맞이하는구나' 싶었던 사건이 한둘이 아니었다. 바울이 말한 대로 복음을 전하는 선교, 그것을 위해 바울은 숱한 두려움에 마주 섰지만 오히려 뒤로 물러서지 않았다.

죽음이라는 공포, 바울은 이것에 대해서도 크고 대단하게 생각하지 않은 듯하다. 그는 "오래 살고 볼 일이다"라는 우리말 속담처럼 이왕이면 '장수하는 복을 받고 싶다' 내지는 '짧고 굵게 하나님의 복음을 전하다가 멋지게 전사하겠다'라는 야무진 꿈, 또는 '복음 전파를 하다가 하나님이 주시는 안위와 안정적인 복을 누리고 싶다'와 같이 삶과 사역에 대해서 어떤 요구와 집착을 보이지 않는다는 말이다. 오히려 바울은 자신의 목숨에 대해서 "살든지 죽든지"라는 표현을 쓰고 있다.

사람이 산다는 것, 그리고 살아간다는 것이 얼마나 중요한 일인데 바울은 무슨 말을 하고 있는 것인가? 건강을 더욱 중요시하는 요즘 사람들이 들으면 '어떻게 자신의 목숨에 그리 애착이 없는 것일까?'라고 생각할 만큼 말이다.

그는 무엇을 말하고 싶었던 것일까? 또 무엇을 우리가 주 안에서 깨닫기를 원했던 것일까? 분명 바울은 삶, 그리고 목숨에 대해서 "살든지 죽든지"라는 말을 해서 그럭저럭 내키는 대로 살아도 된다고 이야기하는 것이 아니다. 오히려 그는 자신이 주 안에서 완전하게 해결받은 '삶과 죽음'에 대한 가장 적절한 말로써 "살든지 죽든지"라는 표현을 썼다고 볼 수 있다. 바울은 이제 주 안에서 자신이 살게 된 것을 깨달았다. 그래서 자신이 죽는다고 하여도 주 안에서 죽는 자의 영광이 이 세상에서 얻을 수 있는 가치보다 더 뛰어난 영광으로 자신을 맞이할 것임을 알게 되었다. 그래서 주 안에서 죽는 자는 그가 이 땅에서 살다가 떠나는 죽음을 마주하더라도 이조차 복된 것임을 알았던 것이다. 살아도 복을 받은 사람, 죽어도 복을 받은 사람이 주 안에서 살고 죽은 자들이라는 진리를 그는 전하고 싶었다고 볼 수도 있다.

복음을 부끄러워하지 아니하는 것, 그래서 살아도 죽어도 그리스도의 이름이 나의 작은 삶에서 존귀하게 되는 것, 이것이 지금껏 담대한 마음으로 사역을 해왔던 바울의 간절한 기대와 소망이었다. 나는 소망한다. 우리의 간절한 기대와 소망이 그저 이 땅의 것으로 채워지길 바라는 삶이 아니라 주 안에서 사는 자, 또 주 안에서 죽은 자로 새로워져 가기를 말이다.

나의 지경을 넓혀주소서

네 성벽을 건축하는 날 곧 그날에는 지경이 넓혀질 것이라(미 7:11).

나의 지경을 넓혀달라는 기도를 주 앞에 드릴 때가 있다. 그러면 나의 지경은 어떤 의미로 드리는 기도인 걸까? 대개의 경우 사업, 직장, 돈, 결혼, 사람과의 관계, 능력, 좋은 집, 좋은 차 등이 우리가 간구하는 지경의 개념이 아닌지 생각해 본다. 만약 당신이 사역자라면 위와 같은 것은 아닐지라도 더 많은 사역, 더 큰 사역으로 나의 지경을 넓혀달라는 기도를 하는지 모르겠다. 이러한 기도가 잘못되었다고 얘기하는 것이 아니다. 물리적인 필요는 우리의 삶에서 아주 실제적이기 때문에 이런 것들을 부인할 수 없다. 우리는 영적인 것 말고도 육적인 것에도 연결되어 있는 사람들이다.

하지만 이런 기도가 가진 한계는 하나님의 존재 그대로 사랑하고 싶다는 마음보다는 우리의 필요를 채우기 위한 도구로 전락시키는, 겸허하지 않은 경우가 종종 있다는 점이다. 대개 우리가 이런 기도를 드리는 삶의 계절은 차갑고 춥고 쓸쓸하고 외로운 겨울일 가능성이 높은데, 그래서 우리 마음도 더욱 조급해서 하나님의 아름다우심을 누리고 영적으로 풍족하게 살기가 여간 어려운 것이 아니다.

광야와 같은 삶, 여정에서 우리는 더 넓고 편안하고 안정적으로 살 수 있는 지경으로, 더 넓은 지경으로 옮겨달라는 기도를 수없이 드리지만 광야에서도 하나님과 온전한 연합과 사랑을 이룰 수 있다는 하늘의 비밀을 보지 못하는 경우가 많다. 오스왈드 챔버스는 《주님은 나의 최고봉》이라는 책에서 당신이 홀로 서게 되었을 때, 하나님의 뜻을 알고자 열심히 기도할 때 하나님은 그것에 대해서 시원한 대답을 주지 않으실 것이라고 했다. 대신에 하나님은 그분을 바라볼 수 있는 눈을 열어주실 것이라고 말한다.[37]

그렇다면 주님이 우리의 지경을 넓혀주시는 것을 도무지 원하지 않으시는 것일까? 고난은 하나님의 가장 놀랍고 위대한 신비를 품고 있는 것이 분명하지만 우리가 고난 자체를 겪으면서 힘들어하는 상태를 결코 기뻐하거나 원하시는 분은 아니시다(겔 18:23; 시 34:19). 주께서는 우리가 복이 있는 사람으로, 물가에 심긴 푸른 나무와 같이 자라기를 원하신다.

우리는 나의 지경에 대해서 물리적인 요소로 해석하기를 그치지만 하나님께서는 그렇게 우리를 옮겨주신다 할지라도 먼저 영적인 지경을 넓히는 것을 원하신다. 이를테면 작은 사람이 그래도 하나님의 나라를 위하여 꿈을 꾸고 행했던 일들, 사역이라는 이름으로 헌신하고 섬겼던 것들로 감사하고 있을 때 낯설지만 정말 하나님의 관심이 있는 심장으로 더욱 깊이 이끌어 가시는 사인을 보내시는 시기라고 표현할 수 있다. 그것을 통해 이전에 하나님의 말씀에 대해 내가 알고 있고 추구하고 있었던 것들의 얄팍함을 보게 하시면서 이전보다 더 깊게 말씀으로 우리를 이끄시며 깨지는 과정을 거치게 하시는데, 여기에 우리의 영적인 지경을 넓히시는 하나님의 선하시고 아름다우신 뜻이 있다. 우리가 이 과정을 지나면서 깨닫게 될 때, 영적으로 나의 지경을 넓히시고 하나님의 꿈을 우리를 통해 이루시는 놀라운 작업을 보게 된다. 그래서 주는 진정 우리의 지경을 넓히시길 원하신다.

37) 오스왈드 챔버스, 《주님은 나의 최고봉》, 스데반 황 옮김, 토기장이, 2008, '갈 바를 알지 못하고 나아가겠습니까?'

부르심과 떠남

이삭이 그곳을 떠나 그랄 골짜기에 장막을 치고 거기 거류하며(창 26:17).

당신은 하나님의 인도하심을 믿고 신뢰하는가? 때로 하나님은 우리를 어느 한 곳에 머무르게도 하시지만 오래도록 봉사했던 지역, 또는 공간의 안전지대를 떠나게 하실 때도 있다. 사역의 중심이 하나님이 되시고 우리의 삶의 주인도 하나님이시라면 우리는 떠나라는 부르심이 있을 때 언제든 실천할 수 있는 믿음을 가져야 할 것이다.

하지만 떠날 때 인간적인 마음으로 아쉽고 안타까운 것이 없다면 그건 자연스런 감정을 부인하는 것이다. 떠남의 의미는 무엇을 말할까? 신앙생활하며 동거동락(同居同樂)했던 사람들과 자주 볼 수 없고 더러는 헤어지는 것을 말하고, 정들었던 교회와 또 익숙했던 삶의 터전과도 이별을 고하는 것을 말한다. 만약 교회가 영적으로 풍족하게 채워지고 필요에 부족함이 없고 만족도 크다면 더욱이 존경했던 목사님과 오래토록 사역을 해왔지만 떠나라는 부르심을 받았을 땐 극구 떠나라는 하나님의 사인을 부인하고 싶을 만큼 감정이 못내 아쉽기 그지없다. 어쩌면 어렴풋이라도 우리 모두는 언젠가 떠날 사람이라는 것을 알고 있을 것이다. 하지만 그 시간이 생각보다 빨리 찾아왔을 때, 내가 계획했던 시간보다 하나님의 부르심이 더 급박하게 느껴질 때 갈등하고 외로워하고 슬퍼하는 감정이 생기는 것은 사랑을 알고 이별을 아는 사람이기 때문이다.

아브라함에게 자기 친척과 고향과 집을 떠나라고 말씀하셨던 하나님은 그가 어디로 가야 할지 모름에도 먼저 행동하길 원하셨다. 또한 그는 믿음으로 한 발을 내딛고 인생의 여정을 따라 걸어가면서 많은 사건과 사람들을 만났는데, 이는 믿음이 성숙해지고 온전해지는 과정이었다. 하나님이 택하신 곳에 이르렀을 때 아브라함은 하나님이 주실 복과 하나님의 참 인정을 받게 되는데 이는 "네가 이제야 하나님을 경외하는 줄 아노라"라는 음성을 들은 것이다.

그의 믿음의 순종이 우리에게 가르침을 준다. 하나님은 우리에게 자신의 뜻을 보이시고 행하게 하실 적에 절대로 버리지 않으시고 떠나지 않으심을 상기시킨다는 점이다. 아브라함도 이별에 대한 인간적인 정과 슬픔이 없었겠는가? 하지만 하나님의 부르심이 그를 직면하게 하셨을 때 믿음을 가졌고 순종을 보였다. 또 누가 있을까? 이제 갓 낳은 송아지를 옆에 두고 법궤를 매고 벧세메스로 곧장 갔던 두 마리 어미소 이야기가 있다(삼상 6:12). 어미 소들이 울며 좌로나 우로나 치우치지 않고 갔다는 이야기는 아쉬워도 이별이 마음 아파도 가야 하는 주님의 길과 사명에 대해 묵상하게 한다.

우리는 잘 머무를 수도 있어야겠지만 잘 떠나보낼 수도 있어야겠다. 내 품에서 떠나보내고 하나님의 손에 맡겨드리는 것, 이것이야말로 제대로 된 질서가 아닐까. 우주적인 교회를 완성하기 위한 하나님의 뜻은 때로 모임과 사람을 흩으심으로 그의 복음이 전파되게 하시고 공동체와 사람의 영적 건강도 지키시는 또 다른 방법임을 보게 된다. 우리가 하나님의 제자라면, 또 하나님의 자녀라면 어디에서든지 주님과 함께 걷고 교회를 세우는 자들이 되어야 할 것이다. 당신은 그럴 준비가 되었는가?

소명, 직업적 사명보다 더 큰 부르심

하나님이 우리를 구원하사 거룩하신 소명으로 부르심은(딤후 1:9).

어렸을 적부터 교회에서나, 여름·겨울 부흥 수련회에 가면 젊은 세대를 향해 "꿈을 크게 가져라"는 말을 많이 들었다. 그리곤 그 분야에서 "크게 쓰임 받는 사람"이 되라는 말도 덧붙여 들었다. 그리곤 말씀을 마치며 그 꿈을 위해 기도하라는 말과 함께 나와 같은 십대들은 하나님께 쓰임 받는 자가 되게 해달라고 열심히 기도했다. 지금 생각해보면 자신의 꿈을 포기하고 하나님의 나라와 영광을 위해 기꺼이 죽을 각오가 되어 있는 자를 길러내는 말씀을 들은 기억이 많지 않다. 물론 꿈을 갖고 크게 쓰임 받는 것을 비판하는 것이 아니다. 하지만 만약 그 당시에 하나님을 나의 유익을 위해 존재하시는, 내 꿈을 이뤄주시는 분, 즉 이용하는 수준의 비전을 전수하는 말씀들이 아닌 바울의 고백처럼 예수로 살고 죽는 믿음이 가장 고귀함을 제대로 얘기해 주는 말씀을 들었다면 어땠을까 하고 생각해 보곤 한다.

어렸을 적 내가 그랬듯, 많은 사람들은 꿈을 가지라는 말과 함께 귀결되는 것이 직업이다. 우리는 꿈에 대한 정의를 직업에 초점을 맞추고 그것을 향해 달려간다.

최근에 존경하는 목사님의 설교를 들었다. 그 목사님 또한 우리나라의 청소년들이 꿈에 대해 적어보라는 과제를 내면 하나같이 특정한 직업을 적어 낸다는 것이다. 그 직업을 가지면 꿈을 이룬 것이라고 생각하는 것이다. 하지만 이어서 목사님은 꿈은 명사가 아니라 동사라고 말씀하셨다. 즉 무엇을 하고 있는지, 무엇을 할 것인지에 대해 생각한다면 비전이 훨씬 넓어진다는 것이다. 예를 들면, 의사라는 확고한 직업도 맞지만 아픈 사람을 돌봐주는 것이라는 동사가 훨씬 그로 하여금 직업에 갇혀 먼 훗날에 이룰 꿈을 꾸는 것이 아닌 오늘, 내 주변의 아픈 사람을 돌아보게 하여 꿈을 살아내는 삶을 살게 한다는 것이다. 꿈이 저 멀리 있기보다 꿈을 안고 한 걸음씩 걸어가는 삶이다.

20대 후반이 되면서 내가 하고 싶은 음악이 분명해지고 음반을 내면서 '어렸을 적 가졌던 꿈을 이룬 걸까'라는 생각에 잠겼다. 하지만 그 꿈을 이뤘다고 하기엔 어렸을 적에 내가 상상했던 드라마틱하거나 환상적인 어떤 감정이 없었다. 잔잔한 호수 같았고 서늘한 바람이 불다 간 듯했다. 오히려 앨범을 내서 찬양사역자로서 한 걸음 더 전진했다기보다 앞으로 어떻게 사는 것이 그 부르심에 합당한 것인가를 고민하게 되었다. 앨범을 내서 사역자가 되었다기보다 사역자로 살아온 삶이, 살아갈 삶에 대한 작은 반응에 불과했다고 이야기해도 무방하다.

참 존경하는 사역자 한 분이 계신다. 그분 또한 찬양사역자로서 많은 앨범을 내고 음악 활동을 한 것이 자신을 더 높은 경지로 끌어들이고 지켜줄 거라 생각했지만 그런 것은 존재하지 않았다고 한다. 참으로 감사한 것은 하나님께서 내가 어느새 나를 위한 바벨탑을 쌓고 철저한 계획을 쌓는 곁길을 가려 할 때 정직한 나를 보게 하시고 내적으로 어느 것이 옳은 길인지, 선한 부르심은 무엇이 달라야 하는지 알게 하신다는 점이다.

그렇다. 우리가 꿈을 꾼다면, 꿈을 위해 기도한다면 그것이 나를 안전하게 하고 높은 경지에 오르게 할 것이란 생각은 미리 접어두는 것이 좋다. 그러한 기도는 오늘을 살자 하시는 하나님의 부르심보다 가지지 못한 것에 집착하고 박탈감만 더 커지게 할 뿐이다. 오늘 당신은 그 꿈보다 더 큰 하나님의 부르심 속에서 살아가고 있다. 그리고 주님과 행복할 수 있다. 왜냐하면 꿈보다 더 크신 하나님께서 당신을 언제나 바라보고 계시기 때문이다.

소명, 죄의 멍에에서 자유로의 부르심

> 예수께서 일어나사 여자 외에 아무도 없는 것을 보시고 이르시되 여자여 너를 고발하던 그들이 어디 있느냐 너를 정죄한 자가 없느냐 대답하되 주여 없나이다 예수께서 이르시되 나도 너를 정죄하지 아니하노니 가서 다시는 죄를 범하지 말라 하시니라(요 8:10-11).

주님은 우리가 하나님의 자녀가 되었다면 이제부터는 죄의 멍에가 아닌 십자가의 멍에를 지기 원하신다. 또 죄의 종이 아니라 하나님의 종이 되었다고 선언하신다. 우리가 잘 아는 마태복음 11장 28절에서는 수고하고 무거운 짐을 진 자들로 쉬게 하시는데 이는 죄의 종으로 살았을 때 오는 수많은 것, 수고와 무거운 짐을 벗게 하시고 자유하게 하신다는 선언이다. 그리고 십자가를 지고 주를 따르라는 주의 멍에는 온유하고 겸손하신 주를 배우게 한다. 주님은 그 짐이 쉽고 가볍다고 말씀하신다.

'죄'라는 단어를 좋아하는 사람이 얼마나 될까? 이 단어를 듣게 될 때 우리의 마음은 무거워지고 심각해지며 불편한 감정에서 빨리 벗어나고픈 욕망에 사로잡힌다. 죄의식이 주는 불편함을 좋아하는 이는 없을 것이다. 모두가 '죄'를 좋아하지 않지만 또한 삶에서 스스로 죄로부터 자유하는 사람도 없다. 이 죄는 삶의 열매로 나타난다. 죄의 열매를 맺어가는 것을 알면서도 죄를 버리지 못하게 하는 습관들은 죄가 주는 즐거움이 있기 때문이고 죄가 주는 쾌락이 있어서다. 그것이 나를 유익하게 하고 즐겁게 한다고 생각하기 때문이다.

하지만 주께서는 우리에게 자유를 주시며 다시는 종의 멍에를 메지 말라고 한다(갈 5:1). 아직 죄에 매여 있는 자는 다음과 같이 생각할 수 있다. '과연 이 자유가 죄가 주는 즐거움과 쾌락을 버린다 해도 아깝지 않을 만큼의 가치가 있는 것인가?'라는 의구심으로 말이다. 하지만 이제는 더 이상 죄의 멍에에 끌려다니지 않고 하나님의 자녀로서 영적으로 아름답고 건강한 삶을 살고 싶어서 몸부림 치고 있는 자들에겐 이 자유가 어떤 대가를 치르더라도 갖고 싶은 실체이다. 그들에게 그 순간만큼은 이것을 하나님 다음으로 가장 얻길 원하는 전부라고 말해도 과언이 아닐 것이다. 간절하게 원하는 그 자유가 주는 해방과 기쁨을 우리는 원하고 있는가.

말씀처럼 하나님께서는 우리에게 이 자유를 주시길 원하신다. 이는 마치 놀이동산에 놀러 간 소녀의 모습에 비유할 수 있다. 놀이동산에 왔어도 솜사탕만 보고 좋아하는 소녀에게 더 좋은 것이 있다는 것을 알게 하려는 부모처럼 말이다. 부모는 솜사탕만 맛본 소녀에게 훨씬 재미있고 즐거운 놀이기구를 보여주고 태워주고 싶어한다. 솜사탕에서만 즐거움만 찾다가 놀이기구를 경험하고 자신을 더 즐겁게 하는 것이 있음을 알게 될 때 비로소 소녀는 자유가 무엇인지 깨닫게 된다.

사탄은 거짓의 아비로 우리의 영혼을 늘 속이고 눈을 가려 우리가 정말 봐야 할 것을 보지 못하게 한다(요 8:44). 지금까지 그렇게 살았으니 죄가 주는 쾌락과 즐거움에나 만족하며 살라고 한다. 하나님 편에 속한 더 큰 즐거움과 기쁨의 영적인 자유와 해방을 못 보게 하려는 속셈이다. 우리가 죄가 주는 쾌락과 즐거움에 마냥 눌려 있다면, 그래서 사역을 할 때도 죄의식이 주는 괴로움으로 힘에 겹다면 그것을 오래도록 두고 볼 수는 없다. 영적인 문제에서 발목이 잡혀 있으니 어떤 헌신과 봉사를 하더라도 주님이 주시는 참된 기쁨과 평안을 누리기 어려울 것이다. 더 많은 사역으로 애를 쓰는 것이 죄를 덮을 수도 지울 수도 없다. 주님이 주시는 자유! 그것을 얻기 위해 소망하고 간절히 주를 찾을 때 주는 반드시 만나주실 것이다.

소명, 나를 하나님의 자녀로 부르심

영접하는 자 곧 그 이름을 믿는 자들에게는 하나님의 자녀가 되는 권세를 주셨으니(요 1:12).

나는 앞에서 소명은 직업적인 사명보다 더 큰 부르심이라고 이야기했다. 이것에 대해 일찍이 존 스토트는 '기독교적 소명'이라고 하여 7가지로 정리했다. 나는 이것을 직업적인 소명과 이분화하지 않고 나의 삶에 대한 원초적인 부르심이 곧 '기독교적 소명'이며 그 소명에 직업적인 소명이 일부인 것으로 풀이한다. 우리는 부르심을 '직업'으로 생각하지만 하나님은 우리를 그의 자녀로 부르셨다.[38] 그러나 하나님의 자녀라는 것을 머리로만 이해한다면 이 땅에서 하나님의 자녀로 사는 권세, 그 기쁨을 충만하게 누리지 못할 것이다. 하나님의 자녀라는 권세가 주는 영적 유익이 가슴으로 누려지지 않는 것이다.

모태 신앙이었지만 하나님께서 우리를 그의 자녀로 부르시고 그에 합당한 삶을 사는 것에 있어서 영적인 축복과 유익이 얼마나 넘쳐나는지를 뒤늦은 나이에 깨달아 가고 있던 어느 날이었다. 열심을 가진 목사님 한 분을 만날 기회가 있었고 하루는 목사님과의 대화 속에서 이런 말을 들었다. 하나님께 복 받은 것이 워낙 없어서 하나님의 자녀가 된 것으로 기뻐하느냐는 것이다. 그러나 정말 그럴까. 내가 하나님의 자녀로 부름 받은 사실이 다른 어떤 기적과 이사와 물질적인 축복을 받는 것보다 열등한 축복인가. 그러나 정말 우리가 하나님의 자녀로 사는 것이 무엇인지 깨달아지고 그것을 누리며 사는 기쁨을 경험하게

---

38) 존 스토트, 《온전한 그리스도인이 되려면》, IVP 편집부, IVP, 1986, p. 30.

되면 이 부르심이 천천 금은보다 좋다고 고백할 것이다.

성경에서 보면 예수의 공생애 기간에 육신의 병듦을 치유 받은 병든 자들이 나온다. 그 중에 고침 받은 열 명의 나병환자가 있는데 모두가 고침을 받았지만 그분께 경배한 자는 한 명이었다. 고침을 받기 전에 그들은 주께 불쌍히 여겨 달라며 동일한 모습을 보이지만 치유 받고 난 후 아홉은 제 갈 길로 갔고, 하나님께 영광을 돌리며 다시 예수를 찾아온 사람은 한 명뿐이었다. 예수님은 주를 경배하러 온 그에게 나머지 아홉에게 주지 않으신 "너는 구원받았다"는 나중의 축복을 더하셨다(눅 17:11-19). 그가 하나님의 자녀가 된 것이다! 우리가 어떤 모양으로든 복을 받았을지라도 하나님의 자녀가 되지 못하면 안 된다는 것을 말씀은 가르치고 있다. 즉 육신의 필요는 있어야 하지만 하나님의 자녀가 된 영적 권위보다 우위에 있지 않다.

우리는 지금 무엇으로 기뻐하고 있는가? 내가 하나님의 자녀가 되었다는 것은 곧 '내가 하나님의 전부가 되었음'을 의미한다. 이것은 각 사람에게 영적인 유익이 다르게 다가오겠지만 개인적으로는 나 자신을 진정으로 사랑할 수 있게 되었다. 하나님의 자녀가 된 것은 세상이 바라보고 내가 바라보는 나가 아닌 하나님께서 바라보시는 나를 찾게 한 것이다.

그러므로 우리가 아무리 더 멋지고 큰 사역을 할지라도 그리고 세상에서 더 많은 것들을 남보다 얻었다 할지라도 하나님의 자녀가 된 권세보다 클 수 없음을 기억하자. 그 권세를 맛보며 알아 또한 살 수 있기를 소망하자.

하나님, 나는 아무것도 아닙니다

내가 그리스도와 함께 십자가에 못 박혔나니 그런즉 이제는 내가 사는 것이 아니요 오직 내 안에 그리스도께서 사시는 것이라 이제 내가 육체 가운데 사는 것은 나를 사랑하사 나를 위하여 자기 자신을 버리신 하나님의 아들을 믿는 믿음 안에서 사는 것이라(갈 2:20).

일반문학과 사설(社說) 계에서 비일비재하게 인용하는 "죽은 자는 말이 없다"란 문구가 있다. 허무한 인생과 미해결된 사건 앞에 힘없는 우리네 모습을 지적하는 말이다.

물론 죽음의 의미가 다른데, 성경에서는 죽음에 대하여 언급한 것이 바울의 가르침이다. 본문은 그리스도 안에서 죽은 자는 이후로 내 안에 내가 사는 것이 아니요, 그리스도께서 사시므로 예수 안에서 새롭게 되었다고 말하고 있다. 이것을 월터 J. 챈트리는 '자기부인'이라고 말하였고, 김원호는 '권리포기'라고 말했다.

그리스도께서 내 안에 사신다는 것은 어떤 모습으로 비춰질까. 우리는 새로운 피조물로 다시 태어났지만 죄성은 남아 있다. 이것을 구분하는 것이 필요한데 마치 이런 것이다. 아직은 죄 많은 이 세상에 살고 있는 것, 주를 믿고서 구원받고 영생을 얻었다는 믿음의 확신이 있는데 다음날 여전히 힘든 일이 생기면 지치고 화가 나고 남을 탓하게 되는 욕구들이 생겨날 때가 그 단적인 예이다. 그러나 한 가지 또 확실한 것은 이제부터는 죄(罪)성이 나를 다스리지 못한다는 점이다. 죄의 현상은 존재하지만 예수 그리스도 안에서 새로운 피조물이 된 자에게 죄는 아무런 힘과 능력을 발휘하지 못한다. 나에게서 죄는 권세를 잃었다는 말이다. 내 앞에 죄가 있는데 그 죄를 지으려는 욕구와 쾌락은 더 이상 힘이 없다는 말이 가장 적절하다.

또한 자아의 욕심이 죽는 것이다. 하나님의 영광이 아닌 '나'를 위한 영광을 추구하는 과거의 모든 모양이 뤼 밀러 목사 부인이 작시한 "주 예수보다 더 귀한 것은 없네"라는 찬송 가사처럼 바뀌고 그것을 추구하며 살게 하는 것이다. 이런 자의 마음은 자신의 영광을 구하는 것이 주 예수보다 중요하지 않기 때문에 내 안에 예수가 있는 가장 귀한 자리를 다른 무엇에 빼앗기지 않는다. 얼마나 놀라운지 삶의 예기치 못한 고난과 역경과 광야와 같은 시간을 지날 때도 예수님으로 인해 기뻐하게 되고 세상의 오락과 쾌락도 예수님과 사랑을 나누는 연합에 비하면 시시할 뿐이다. 비교할 수 없는 하나님의 사랑을 깨닫게 된 자가 오직 구할 것은 예수 그리스도가 존귀하게 되는 것이다. 하나님이 가장 존귀하시며 나 자신보다 더 중요한 존재가 되시기에 하나님을 향해 불평, 원망하지 않으며 세상 유혹을 피하는 것이다.

그리스도 안에서 자아의 죽음을 믿음으로 받아들이는 자는 빌립보서 1장 21절 말씀처럼 내게 사는 것이 그리스도이니 죽음도 유익하다고 고백하기까지 자라난다. 잘되든지, 못 되든지 모든 염려에서 벗어나 어떤 결과이든 내 안에 예수의 이름이 가장 존귀하게 되는 것이 목표이기 때문에 영적 공격으로부터 자신을 지키며 선한 싸움을 한다. 이들에게 가장 큰 영광이라면 주께서 그들의 삶에 원하시는 바대로 행하는 것이다. 주께 무엇을 더 요구하고 구하기 전에 원하시는 바대로 되는 것이 그들의 영광이다. 우리는 그만큼 주를 사랑하는가? 또 신뢰하는가?

하나님께서는 스타를 도구로 사용하실 수 있다. 그러나 이름도 알려지지 않는 음악인을 통해서도 일하신다. 예수 음악은 더 많은 무명의 음악인들이 함께 이루어낸 것임을 잊지 말라. 오직 예수 그리스도가 존귀하게 되는 것이 그의 영광인 자들을 통해 일하실 것이다.

하나님이 주신 본분대로 살아가는 것

각 사람은 주께서 그에게 나누어 주신 대로, 또 하나님께서 그를 부르신 그대로 살아가십시오(고전 7:17, 표준새번역).

본문의 "그에게 나누어 주신 대로"에서 공동번역은 "은총의 선물"로, 우리말 성경은 주께서 "나눠 주신 은사대로"라고 해석했다. 바울이 이 이야기를 한 주요 요지는 '할례' 때문이었다. 할례를 받은 몸으로 부르심을 받은 사람이 있고 할례를 받지 않은 사람이 있는데, 받은 자는 흔적을 지우려고 하지 말고 받지 못한 자는 굳이 할례를 받으려고 하지 말라고 하였다. 고린도 교회에서 할례를 두고 분명 영적으로 문제 삼을 만한 심각한 일들이 벌어지고 있었음이 확실하다. 하지만 이 싸움을 두고 무죄니 유죄니 따지기에 앞서서 할례가 유대인들에게 어떤 의미였는지 알아둘 필요가 있고 이전에는 이 같은 사건이 있지 않았는지 알아두면 고린도 교회의 '나누어 주시고 부르신 대로'라는 의미가 무엇인지 우리는 간파할 수 있을 것이다.

할례를 이미 받은 자들이 있다고 했는데, 이들은 바리새파 유대인들이었지만 예수를 믿게 된 사람들을 일컫는다. 유대교, 그리고 유대인들에게 할례는 하나님의 성민(聖民)을 상징하는 것으로 구약 시대에는 낳자마자 팔 일 만에 할례를 모두 행함으로써 부정함을 벗고 하나님의 백성으로 구별됨을 상징하는 전통이 있었다. 이 전통 아래서 신앙생활을 해온 바리새파 유대인들에게는 예수를 믿은 후라도 율법적인 사고방식이 그들을 쥐고 흔들었음이 확실했다. 이 같은 사건을 사도행전 15장 5절에서도 찾을 수 있다. 그들은 이방인들에게도 이 같은 법을 적용해야 한다는 바리새인적 율법주의로 예수를 믿는 믿음을 대신하려 했는데, 사도행전 15장 10절에서는 베드로가 이 같은 행위는 도리어 하나님을 시험하는 것이며 우리도 능히 메지 못하는 멍에를 메게 하는 격이라고 말했다. 이어서 12절에서는 바울과 바나바가 이방인들이 할례를 받지 않아도 이미 그들에게 하나님의 은혜로 표적과 기사가 일어났으므로 할례는 필요충분 조건이 될 수 없다고 말했다.

이방인에게 복음이 전파되기 시작하면서 할례가 바리새적인 유대인들과 이방인들 모두의 신앙과 믿음에 어떤 영향을 줄지는 당시에 굉장한 이슈였음을 알 수 있다. 같은 문제로 고린도 공동체도 문제가 있었고, 바울은 이전과 동일하게 하나님이 주신 본분대로, 또는 모습대로 살아가는 것이 옳은 것이라고 이야기하고 있는 것이다. 할례를 행하면서 예수님을 믿는 바리새인적인 유대인들에게 예수님을 믿는 믿음이 중요한 것이지, 할례로 성민이 되는 것은 아님을 그는 확실히 하고 있는 것이다. 할례를 행하면 모든 신앙의 형태가 완성이 된다고 생각했던 바리새인적인 믿음은 자유인이 되었음에도 사람의 노예처럼 살아가는 율법적인 신앙이고(22절), 자신들이 할례를 행한다고 해서 믿음을 위해 이방인들에게 강요할 수는 없다고 정리하는 바울의 태도이다.

우리의 신앙도 그렇다. 하나님과 함께하는 것은 분명 종교적 행위와 방식으로 나타나지만 이는 꾸며질 수 있고 남과 나 자신까지 속일 수도 있다. 하나님과 동행하는 아름다움은 율법에 매여 있지 않고 그분을 사랑하는 마음에서 출발함을 기억하자.

조력자 에바브라

그가 항상 너희를 위하여 애써 기도하여 너희로 하나님의 모든 뜻 가운데서 완전하고 확신 있게 서기를 구하나니(골 4:12).

바울의 곁을 지켜준 또 다른 인물 에바브라에 대해 묵상하고자 한다. 에바브라는 '매력 있는'이라는 뜻을 지녔다. 전에 '에바브라디도'에 대해서 함께 묵상한 바 있는데 여기에 등장하는 인물은 그와 동일인물이 아니다. 에바브라에 대해서도 많은 기록이 없는데, 그 남아있는 기록을 통하여 조력자로서의 우리의 모습을 보게 될 것이다.

에바브라는 골로새서 1장 7절에서 처음 등장한다. 여기서 바울이 에바브라에 대해 소개하기를 그가 그리스도의 신실한 일꾼이라고 했다. 에바브라가 주 앞에 '신실했던 사람'이라는 기록만으로도 우리는 신실함이 주는 의미의 더 많은 것들에 대해 그를 생각해 볼 수 있다. 신실함이란 믿음직하고 착실한 것을 말하며 하나님이 구원의 완성을 이루시기까지 우리를 어떻게 사랑하셨는지, 또 어떻게 사랑하시는지를 생각할 때, 신실함이란 주님의 형상을 닮은 아름다운 태도라는 것을 알 수 있다. 그러나 우리는 신실함이라는 것을 그저 '잘 믿는 것' 정도로 여기고 있는 것은 아닌지 생각해 본다.

《라이프 성경사전》을 보면 신실함이라는 말로 성경인물을 소개한 경우가 생각보다 많지 않다는 것을 알 수 있는데, 신실했다는 인물들의 이름을 나열하면 다음과 같다. 아브라함, 욥, 모세, 다윗, 엘리야, 여호사밧, 요시야, 다니엘, 바울, 디모데, 실라, 루디아, 오네시모, 에바브라 등이다.[39] 즉 이들이 어떤 환경과 배경에서 하나님 따르기를 날마다 선택했는지를 생각하면 '신실함'이라는 것은 결코 가벼운 믿음이 아님을 알 수 있다.

골로새서 1장 7절을 보면 그가 신실한 사람만이 아니고 가르치는 은사를 가졌던 사람임을 알 수 있다. 골로새 교인들이 그에게서 배웠다는 기록이 있기 때문이다. 성경 말씀을 신실한 마음으로 가르쳤을 에바브라의 모습을 상상해 보자.

또 골로새서 4장 12절을 보면 에바브라는 '기도의 사람'이었다. 기도의 사람으로서 그가 늘 주 앞에 간구한 바는 "너희를 위하여 애써 기도하여"라는 기록으로 보아 말씀을 가르치는 것으로 끝나지 않고 긍휼과 자비의 마음으로 단 한 영혼이라도 품기를 마다하지 않았던 사람이었음을 알 수 있다. 분명 에바브라는 바울의 동역자로서도 손색이 없을 만큼 믿음의 깊이가 깊은 사람이었고, 항상 기도하는 대상이 완전하고 확신 있게 서기를 위해서도 마음을 쓰는 진실로 겸손하고 신실한 하나님의 사람이었음을 알게 된다.

그렇다. 에바브라는 성경에서도 그리 눈에 띄지 않는 위치에 기록되어 있지만 몇 절 안 되는 그에 대한 기록에서 우리는 낮은 자의 마음으로, 조력자가 되어 사역에 힘썼던 그를 발견할 수 있다. 뒤에서 받쳐주는 사람이었던 에바브라, 그러나 그의 섬김이 잊혀지지 않고 너무나도 아름답고 잔잔하게 우리의 가슴에 스며드는 이유는 그와 같은 사람들이 찬양사역자로서도 더욱 많아지길 바라는 마음에서다. 주님께 신실하다는 칭찬을 받는 복, 그 복을 함께 사모하길 소망한다.

39) 가스펠서브, 《라이프 성경사전》, 생명의말씀사, 2006, 에바브라.

디모데의 인품

> 나에게는, 디모데와 같은 마음으로 진심으로 여러분의 형편을 염려하여 줄 사람이 아무도 없습니다. 모두 다 자기의 일에만 관심이 있고, 그리스도 예수의 일에는 관심이 없습니다(빌 2:20-21, 새번역).

우리는 대개 바울을 돕던 자를 떠올리면 바나바를 제일 먼저 떠올린다. 그리고 더 말해 보라고 한다면 바울의 회심 이후 그가 예수를 믿는 사람들에게 용인될 수 있도록 도와줬던 '아나니아' 정도를 생각한다. 하지만 바울에게는 이들만이 아니고 그가 하는 사역을 위해 함께 수고하고 애썼던 자들이 또 있었다. 그들은 바울의 옆을 지키며 복음을 위해 수고한 신실한 사람들이었다. 그 중 한 명이 본문 말씀에 등장하는 '디모데'이다. 우리는 바울의 지시를 따랐던 사람으로서 그들이 그저 순종적이기만 할 것이라고 생각하지만 바울이 옥에 갇혀 있는 동안 그의 사역을 돕기 위해 여러 교회로 파송을 받아 나가서 독립적인 사역을 할 정도로 그의 옆을 지켰던 사람들은 신임이 가는 지도자들이었다.

디모데와 바울의 만남은 바울이 더베와 루스드라라는 지역으로 복음 전도를 떠나면서 그곳에서 이루어졌다. 디모데는 신앙이 돈독했던 유대계 어머님을 뒀기에 어렸을 적부터 신앙 교육을 받아 왔다고 전해진다. 그래서 루스드라와 이고니온에 있는 신도들에게 호평을 받았다고 한다. 바울은 그런 디모데의 목양적 자질을 눈여겨 본 후 자신과 동행하기를 바랐다고 기록되어 있다. 이때 디모데와 바울의 동역이 시작되었다고 보며 디모데는 바울이 베뢰아에서 복음을 전하다가 아테네로 건너갈 때 그곳에 실라와 함께 남아서 남은 사역을 위해 헌신했고 바울이 아테네를 떠나 고린도로 건너갔을 때 함께 합류하여 바울 곁에 함께 있었다는 기록을 찾을 수 있다(행 17-20장). 우리가 아는 디모데전·후서에는 디모데를 향한 바울의 친밀한 마음이 잘 나타나 있다. 또한 이 서신을 디모데에게 보낸 것으로 보아 디모데는 바울의 지시를 따라 단독으로 교회 목회를 한 것으로도 보인다.

디모데의 인품은 어떠했는가? 디모데라는 이름의 뜻은 '하나님을 공경', '하나님을 영화롭게 하는 자'라는 뜻이다. 그는 이 이름의 뜻과 같이 하나님께 세움 받은 일꾼 바울을 자식이 아버지를 대하듯 돕고 섬기며 동역으로 옆을 지켜주었다. 디모데는 그리스도 안에서 한 형제자매가 된 이들의 형편과 처지를 돌아보고 돌볼 줄 아는 마음을 가졌던 자라고 한다. 이는 억지로 되거나 일부러 할 수 있는 차원의 것이 아니다. 모두가 다 자기의 일에만 관심이 있을 때 그리스도 예수의 일이라면 관심을 가졌던 것이 디모데였다. 바울은 이러한 마음의 태도를 모든 신자들에게 요구하고 가르쳤지만 그에 반응하는 마음을 보였던 것이 디모데뿐이었고 그래서 그가 더욱 특별해질 수밖에 없었다는 생각이 든다. 디모데후서 3장을 보면 디모데가 어떤 차원으로 하나님의 일에 동참했는지 볼 수 있는데 바울의 가르침, 행동, 의향, 믿음, 오래 참음, 사랑, 인내의 열매를 맺으며 따랐고 안디옥, 이고니온, 루스드라에서는 박해와 고난을 바울과 함께 겪었다고 기록되어 있다. 하나님의 말씀에 대하여는 온전히 순종하고 성도들을 사랑으로 대하며 바울을 도운 디모데는 온유와 겸손 그리고 담대함을 겸비한 사람이 아니었는가 싶다.

무엇을 보려고, 무엇을 보이려고

> 그들이 떠나매 예수께서 무리에게 요한에 대하여 말씀하시되 너희가 무엇을 보려고 광야에 나갔더냐 바람에 흔들리는 갈대냐 그러면 너희가 무엇을 보려고 나갔더냐 부드러운 옷 입은 사람이냐 부드러운 옷을 입은 사람들은 왕궁에 있느니라 그러면 너희가 어찌하여 나갔더냐 선지자를 보기 위함이었더냐 옳다 내가 너희에게 이르노니 선지자보다 더 나은 자니라 기록된 바 보라 내가 내 사자를 네 앞에 보내노니 그가 네 길을 네 앞에 준비하리라 하신 것이 이 사람에 대한 말씀이니라(마 11:7-10).

이 말씀은 세례 요한이 투옥된 후에 그의 제자들을 예수님께 보내어서 오랫동안 기다려온 구원자가 곧 당신인지를 묻는 내용이다. 예수님께서는 4-6절을 통해서 자신이 예언에 따라 온 구세주인 것을 말씀하신다. 이 말씀은 이사야 61장의 말씀을 인용한 것인데 하나님의 아들로 인해 회복되고 새롭게 되는 모든 만물에 대한 이야기다. 예부터 메시아를 기다려온 선지자들은 이 말씀을 이루는 자가 곧 메시아일 것임을 믿었고 예수님은 세례 요한에게 바로 자신이 그임을 예언의 말씀으로 증명해 보이셨다. 예수님은 요한이 보낸 제자들에게도 또한 그 이야기를 듣고 있는 자신의 제자들에게도 "나로 인하여 실족하지 않는 자가 복이 있다"고 말씀하시며 그들을 돌려보내셨다. 그런 후에, 자신의 제자들을 향해서는 요한에 대해 말씀하기 시작하신다. 예수님께서 이와 같은 말씀을 하신 이유는 많은 군중들과 제자들까지도 그들이 기다려온 메시아가 요한인 줄로 혼동했기 때문이다. 그래서 예수님은 본문의 말씀을 통해 선지자보다 더 나은 자가 세례 요한이지만 그는 예수님의 길을 닦기 위한 자였음을 확실하게 구분짓고 가르치시는 것이다.

무리는 세례 요한이 광야에서 주의 말씀을 전하는 사람이었기에 그의 말씀을 듣고자, 또 그를 찾으러 광야로 나갔다. 또한 정치적인 왕, 자신들을 단순히 배부르고 풍족하게 먹고 살게 해줄 수 있는 경제적인 왕이 메시아로서 합당하다고 생각했다. 예수님은 그들이 광야에서 무언가를 찾고 있었음을 아셨지만 광야에서 무엇을 보았느냐고 물으신다. 예수님은 또 다시 부드러운 옷을 입은 사람을 찾느냐고 물으신다. 주는 그들이 바라는 메시아의 모습이 허상인 것을 알게 하신다. 세례 요한은 낙타털 옷을 입고 허리에는 가죽 띠를 띠고 메뚜기와 석청을 먹는 사람일 뿐이었다. 그러나 그가 특별한 사람, 선지자인 것은 확실하다. 그래서 무리들도 세례 요한을 통해 하나님의 말씀을 듣고 싶어한 것이다. 하지만 예수님은 그가 그 이상이 아닌 것을 알기 원하신다. 왜냐하면 그가 인류를 구원할 처음이자 마지막인 메시아, 예수님을 소개하고 그의 길을 지지하는 동역자이기 때문이다. 과거의 선지자들은 오실 예수님에 대한 이야기를 전해 들으며 직접 눈으로 보고 싶어했지만 주 안에서 잠들었고 그 자리에는 세례 요한이 함께하는 자로 세움받은 자다. 오히려 예수님은 하나님의 섭리와 계획 안에서 세례 요한과 자신의 관계가 어떻게 합력하고 연결되어 있는지를 가르쳐주셨다.

사람들은 우리가 만든 음악, 앨범을 들을 때 무엇을 보기 위해 다가오는 걸까? 그리고 찬양사역자들로서 우리는 무엇을 보이려고 사역을 하고 있는 것일까? 때로 우리가 듣고 보고 싶은 것들을 갈망하며 험난한 광야로 가거나 화려한 고지를 향해 눈을 돌리지만 예수님은 정치적이거나 경제적인 필요만을 위해 존재하시는 것이 아님을 알게 하신다. 영원히 목마르지 않는 생수의 근원, 예수님은 그 이상의 분이시다. 세례 요한이 예수님의 길을 닦기 위해 자신을 내보였듯이 우리가 보여줄 것 또한 예수님 한 분이면 충분하다.

목표 없이 달리는 사람

그러므로 나는 목표 없이 달리는 사람처럼 달리지 않고(고전 9:26).

목적이 없을 때, 목표가 없을 때 우리의 가슴은 허공과 같아서 견디기가 참 어렵다. 그래서 사람들은 무엇이든 자신의 가슴을 채울 만한 것들을 정해서 거기에서 만족과 기쁨과 행복을 얻는다. 이러한 통찰력을 통해서 깨달은 바, 사람은 결코 혼자서는 살 수 없고 나를 제외한 외부와 끊임없이 관계를 맺으며 사는 것이다. 또한 거기에서 우리는 나의 만족과 유익을 좇는 대상을 예배하고 있다는 사실도 알게 된다.

본문에서 바울은 자신이 무엇을 향해 달려가는지를 이야기했다. 그는 달리기 선수에 비유하여 크리스천이 좇을 목표를 보여준다. 모든 선수가 달리기를 하는 이유는 우승자가 되기 위해서다. 그러나 1등이라는 우승을 거머쥐는 사람은 한 명으로 정해진다. 이 우승의 주인공이 되기 위해서 선수들은 달린다. 우리는 이 이야기가 마라톤 선수만을 말하는 것이 아니고 인생의 마라톤을 이야기하고 있음을 알고 있다. 높은 곳을 향해서, 고지가 눈앞에 보일 때까지 달려가는 최선은 최고가 되기 위해 장거리를 쉼 없이 달리는 선수의 노력과 비슷하다. 이 땅에서 열심히 살아가는 것, 그것은 하나님께서 우리에게 바라시는 바다. 하지만 잊지 않아야 할 것은 열심히 사는 이유가 단지 이 땅에서 최고가 되기 위한 것, 그것이 전부라면 우리는 하늘의 소망을 잊어버린 자들이 되는 것이다. 이 땅에서 최선을 다해 사는 것만으로 목표를 두고 사는 신자는 하늘의 소망에 대해서는 목표 없이 달리는 사람과 다를 바가 없다.

그래서 바울은 자신만이 아니라 우리의 인생도 썩지 않을 면류관을 얻기 위해 달려가기를 간절히 바라고 있다. 그렇다면 썩지 않는 것들은 구체적으로 무얼 말하는 걸까? 고린도전서 15장 53절에는 썩을 몸이 썩지 않을 것을 입고 죽을 몸이 죽지 않을 것을 입는다고 하였다. 이는 주 예수의 날에 우리의 몸이 홀연히 변화할 것이라는 말을 표현한 것이다. 주 예수 안에서 잠든 자들의 부활은 썩지 않을 새로운 몸으로 다시 살아난다. 또 베드로는 베드로전서 1장 23절에서 주 예수 안에서 다시 태어난 자들, 즉 중생을 체험한 자들에 대해서 썩을 씨로 그렇게 된 것이 아니고 썩지 않을 씨 곧 살아계시고 영원하신 하나님의 말씀으로 그렇게 된 것을 가리키고 있다. 이것은 주의 말씀이 영원히 하늘에 굳게 서있다는 시편 119편 89절 말씀과 또 그 말씀이 영원하다는 이사야 40장 8절 말씀, 하나님의 말씀이 살아 움직이는 운동력으로 우리의 소생시킨다는 성경과 같다(히 4:12).

우리는 이 땅에서 사는 모든 삶의 형태를 포기하고 영적인 것만을 추구하며 살 수는 없다. 그것은 영과 혼 그리고 육으로 지어진 우리 존재를 부정하는 것과 마찬가지다. 그리고 이와 같은 육체를 만드신 하나님을 부정하고 저급하다고 말하는 논리를 피할 수도 없다. 바울은 우리에게 금욕주의자가 되라고 하는 것이 아니다. 이 같은 함정에 빠지는 것이 기독교의 한 교파였지만 이단으로 분류되었던 영지주의자들의 생각이었다. 그러면 균형은 어디에 있는가? 저 멀리가 아닌 나 자신을 보면 알 수 있다. 내가 열심히 사는 이유, 그 목적이 어디에 있는가이다. 우리가 하나님께 날마다 기도하지 않는 이유는 하나님 없이도 잘살 수 있는 방법을 터득해 놨기 때문인지 모른다. 오늘도 우리의 삶의 소망을 하나님께 두길 소망한다.

항상 하나님의 일꾼으로서

영광을 받거나, 수치를 당하거나, 비난을 받거나, 칭찬을 받거나, 그렇게 합니다 (고후 6:8, 새번역).

우리는 영광을 얻기를 원하지 수치를 당하고 싶어 하지 않는다. 또 우리는 칭찬을 받고 싶지 욕을 얻어먹고 싶지도 않다. 수치를 당하고 욕을 얻어먹는 일은 썩 유쾌한 일이 아니기 때문이다. 그것이 어떠한 이유에서든지 말이다.

그러나 바울은 오늘 욕을 먹고 수치를 당하는 일에 있어서 새로운 관점을 제시한다. 바로 하나님의 일꾼으로서 말이다. 복음으로 인해 욕을 먹거나 수치를 당해 본 경험이 있는가? 아니면 욕을 먹고 수치당하는 게 싫어서 복음을 회피했는가? 이러한 것은 일상에서 아주 순간적으로 지나가는 일들이다. 이 감정은 아주 찰나적인 순간에 판단하여 행동하는 문제여서 언제 복음을 회피하게 되었는지는 기억하지 못할 수 있다. 하지만 한 번 더 생각해 보자. 과거의 것이 아니더라도 지금의 모습과 상황에서도 우리는 찾을 수 있을 것이다.

바울은 고린도후서 6장 1-8절에서 하나님의 일꾼으로서 남들에게 거리낌을 줄 일을 하지 않았다고 한다. 그러므로 바울이 복음을 위해 욕을 먹고 수치를 당했다는 일이 그저 복음을 핑계 삼아 세상의 일에서 안 믿는 자들보다 더 모범이 되고 존경받을 만한 행동을 했을 것이다. 자칫 기독교 안에 존재하는 엘리트주의에 대해서 이야기하려는 것이 아니고 복음을 위해 진실하게 삶을 살아갔던 바울의 겸손한 모습을 주목하고 싶다.

그렇다면 안 믿는 자들이 보기에도 문제 삼지 않고 타의 모범이 되는 바울이 누구보다 성실히 살아갔을 터인데 수치를 당하고 욕을 얻어먹을 일이 과연 무엇이 있겠는가? 하지만 바울의 삶에서 겪었던 많은 고난, 어려움, 괴로움, 두들겨 맞음, 갇히기도 함, 난폭한 사람들의 공격, 고된 일에 시달림, 굶주림 등이 수치와 욕을 얻어먹을 수 있는 요인들로 작용했다면 어떻겠는가라는 생각을 해보았다. 이런 것들은 어쩌면 욕심과 부도덕으로 만연했던 세상의 일반적인 법칙들에서 하나님의 일꾼이라는 이유로 스스로를 열외시켜 얻은 일련의 결과들을 이야기하는 것은 아닐까. 바울이 말한 하나님의 일꾼으로서 거리낌이 없이 행한다는 말은 우리가 생각하고 타협하고 싶은 어느 위치보다 더 높은 차원의 것일 수 있다.

상투적인 결론으로 흘러갈 수 있을지 모르지만 하나님의 일꾼답게 살아가는 하나님의 일꾼에게 힘을 공급해 주는 분은 주인 곧 하나님이시다. 주는 부족함이 없으셔서 그의 일꾼들이 굶주릴 때에, 곤경에 처했을 때에 먹이시고 입히시는 손길이 있다. 하나님을 대적하여 우상을 섬기는 자들과 참 신이 누구인지를 증명하는 싸움 후 죽음에 대한 위협에 숨을 곳과 까마귀를 보내서라도 엘리야를 먹이셨던 주님은(왕상 17:1-7) 바울이 옥에 갇힌 때에도 옥문을 열고 구해 주시는 하나님이시다.

가장 정확하고 오차가 없는 시간에 우리를 도우시는 하나님의 손길을 신뢰하며 영광을 얻든지 수치를 당하든지, 욕을 먹든지 칭찬을 받든지 하나님의 일꾼으로 살아가길 다짐하는 우리가 되길 소망한다.

하나님을 찬송하는 자라면

그러한데 어찌하여 네가 여호와의 말씀을 업신여기고 나 보기에 악을 행하였느냐 네가 칼로 헷 사람 우리아를 치되 암몬 자손의 칼로 죽이고 그의 아내를 빼앗아 네 아내로 삼았도다(삼하 12:9).

하나님을 경외함으로 찬송하는 다윗에게 무슨 일이 생긴 걸까? 나단 선지자의 입을 통해 다윗을 꾸짖으시는 하나님의 말씀이 들려온다. 다윗의 이번 사건은 하나님을 찬송하는 삶과 몸을 정결하고 성결케 하는 것이 항상 일치하지 않을 수 있음을 말해 준다.

다윗은 자신의 왕궁 옥상을 거닐다가 목욕하는 한 여인을 발견하고 누구인지 알아보게 하였는데, 그녀는 우리아의 아내 밧세바였다. 하지만 그녀를 취한 다윗의 방법이 정당했을까? 다윗의 다른 예를 살펴보자. 다윗은 정부인이었던 미갈 외에도 한 번 결혼한 여인 아비가일을 그의 남편 나발이 죽은 후 아내로 삼기도 했다(삼상 25:39-42). 남편이 있는 여인을 취하는 것은 금지되었지만 남편이 죽은 여인은 취할 수 있음을 알 수 있다. 즉 밧세바의 남편 우리아가 아직 살아있는데 다윗이 그녀를 취한 것은 하나님 앞에서 죄였다.

과연 다윗은 이러한 율례를 몰라서 죄를 지은 것일까? 이스라엘이 다시 하나님을 섬길 수 있도록 옳은 정치로 치리했던 그였기에 몰랐다고 할 수 없다. 그가 욕정을 못 이기고 밧세바를 범했다고 볼 수 있는데 하나님은 그가 말씀을 하찮게 여겼다고 말씀하신다. 즉 다윗은 해선 안 되는 것을 알면서도 자신을 죄에게 내어주었다. 하나님께서 나단 선지자를 보내시고 다윗에게 전하는 말은 비유에서 시작된다. 그 비유에서 부자는 이미 많은 소와 양을 가졌고 또 더 원하면 가질 수 있는데도 가난한 자가 가진 양을 빼앗아 자신의 것으로 삼은 것으로, 나단은 이것을 어떻게 처리해야 할 것인지 묻는다. 다윗은 가난한 자의 것을 탐낸 부자의 탐욕에 분노하였고 그를 죽이고 네 배로 갚아줘야 한다고 말했다. 즉 그는 이런 문제가 생겼을 때 하나님의 법규로 어떻게 처리해야 할지 아주 정확하게 알고 있다는 말이다.

나단은 곧 그가 바로 다윗 왕이며 아무도 모르게 은밀하게 숨겨온 그의 죄를 드러냄으로써 하나님께서 이를 어떻게 여기셨는지 왜 하나님의 눈까지 속일 수 있을 거라고 장담했는지 그의 영혼을 죄 가운데서 깨우기 시작했다. 다윗은 이로 인해서 지금껏 아무 문제 없던 그의 신앙에 금이 가는 결과를 불러들이게 된다. 그럼에도 다윗은 자신의 죄를 바로 인정하고 하나님께 용서를 구한다. 다윗의 참회가 얼마나 깊었는지는 시편 51편을 묵상하면 알 수 있다. 그 죄가 다윗을 얼마나 괴롭혔는지 그 죄로 인해 하나님께 버림당할까봐 그의 영혼이 얼마나 노심초사했는지 볼 수 있다.

다윗의 기도는 본래 어떠했는가? 항상 하나님을 기뻐하고 또 기뻐하였던 다윗이다. 하지만 간음과 탐욕으로 물든 그의 마음에는 더 이상 이런 기도를 찾을 수 없고 오직 눈물뿐이다. 그래서 더욱 그는 나의 모든 뼈마디까지 주를 즐거워하게 하고 회복시켜 달라고 기도한다. 이로 인해 다윗은 그저 무너져버리는 것이 아니라 하나님께 용서를 받고 그의 영은 귀한 것을 깨닫게 된다. 즉 자신이 하찮게 여겼던 말씀의 일부, 곧 정결하고 성결케 하는 일이 영적으로 얼마나 중요한 일이며 하나님과의 관계까지 쥐고 흔들 수 있는지 말이다. 하나님을 찬송하는 자라면 더욱 정결함을 지켜가도록 ,또 회복할 수 있도록 함께 기도하자.

혼자가 되더라도

내가 처음 변명할 때에 나와 함께한 자가 하나도 없고 다 나를 버렸으나 그들에게 허물을 돌리지 않기를 원하노라 주께서 내 곁에 서서 나에게 힘을 주심은 나로 말미암아 선포된 말씀이 온전히 전파되어 모든 이방인이 듣게 하려 하심이니 내가 사자의 입에서 건짐을 받았느니라(딤후 4:16-17).

바울이 쓴 서신서들을 통해서 그가 걸어간 사역의 발자취를 뒤따라가며 그의 모습을 생각해보곤 한다. 그리고 여기서 나는 바울이 좋은 환경과 안락함을 챙겨가면서 사역을 할 수 없었음을 발견했다. 본문을 통해 바울이 사역을 하면서 모든 사람에게 버림을 받아서 혼자가 되는 경험을 했음을 알게 되었다. "나와 함께한 자가 하나도 없고 다 나를 버렸으나." 이 말을 우리는 과연 얼마만큼 또 어떻게 이해할 수 있을까? 또 이 감정은 무엇일까? '그래도 바울이었는데, 위대한 사역자 바울인데'라는 생각이 바울이 혼자 있게 되었던 경험과 감정을 이해 못하게 가로막는 것은 아닌지 생각해 본다. "다 나를 버렸다"라고 말하는 그의 말을 가슴 속 깊이 조용히 들어보자.

우리는 사역을 하면서 나 혼자서는 절대 이 길을 갈 수 없고 동료들과 함께 이 길을 가야 한다고 배우고 말하지만 바울은 사역을 하다가 모두가 그를 떠나고 버려서 혼자 남은 경험을 했다. 그래서 오히려 나는 사역을 하다가 모두에게 버림받게 되는 경우에 무리에서 이탈된 것에 대한 좌절감으로 가슴을 채우지 말고 이 같은 경우가 어떤 이에게는 피할 수 없는 과정으로 거쳐가게 되는 것은 아닐까라는 재해석을 해본다. 옳은 길이었다면, 주께서 주신 사명으로 인해 혼자 남게 되었다면 우리는 바울이 겪은 오늘 이야기를 떠올릴 수 있을 것이다.

무언가 대단한 사역을 하지는 않아도 사역을 하다가 혼자가 되는 경우가 종종 있다. 그 이유는 각자가 너무도 다양한 이야기를 갖고 있을 터지만 바울은 변명을 했다는 것으로 보아 어떤 사건으로 인해 오해를 받고 자신의 의도와 다르게 사역이 흘러가는 경험을 한 것으로 보인다. 바울뿐만 아니라 자신이 믿은 사람들에게 죄인이라 낙인찍히고 맹렬한 분노와 비웃음을 받으며 십자가에 죽으신 예수님도 생각할 수 있을 것이다. 당신으로 혼자 남게 한 여러 가지 이유가 있다면 그것은 무엇인가?

만약 함께 사역을 했지만 함께 이 길을 갈 수 없는 상황을 만나게 되면, 그때는 어떻게 생각해야 할까? 바울은 혼자 남게 되었지만 포기하지 않았다. 그는 이제 다 끝이라는 생각으로 사역을 접지 않았고 주께서 그의 곁에 함께하셨다는 말씀으로 대신하고 있다. "주께서 내 곁에 서서 나에게 힘을 주심은" 모두가 그의 곁을 떠났을 때 주께서만은 그의 곁을 떠나지 않고 지켜주셨고, 그를 집어삼키려는 어둠과 두려움에서 건져주셨으며, 사역을 회복시키셔서 끝내 이방인에게 온전한 복음이 선포되도록 사용하셨다.

혼자 남았는가? 혼자라도 이 길을 가겠다고 말하라. 그리고 도우시는 손길로 끝내 회복시키시고 사역을 이끌어 가실 주님을 기대하라. 모두가 그대를 떠나버려도 주께서는 홀로 두지 않으신다.

홀로 있는 시간

내가 밤에 침상에서 마음으로 사랑하는 자를 찾았노라 찾아도 찾아내지 못하였노라 이에 내가 일어나서 성 안을 돌아다니며 마음에 사랑하는 자를 거리에서나 큰 길에서나 찾으리라 하고 찾으나 만나지 못하였노라 성 안을 순찰하는 자들을 만나서 묻기를 내 마음으로 사랑하는 자를 너희가 보았느냐 하고(아 3:1-3).

쉼이 우리에게 주는 소중한 의미에 대해 생각해 보고자 한다. 현대인들은 바쁜 일상을 보내느라 나 자신을 돌아볼 수 있는 시간을 갖기가 무척이나 어렵다. 일을 하지 않더라도 주변의 사람들, 가족들, 친구들을 챙기며 시간을 보낼 때가 있는데, 이것도 참 쉼을 갖는다고는 할 수 없다. 물론 그 시간이 더없이 행복하고 소중하겠지만 고요함이 주는 유익에 대해서 생각해 보라. 한 매거진에서는 현대인들이 복잡한 사회에 살면서 침묵이 필요로 해 비싼 돈을 지급하고 얻는 쉼도 있다고 할 만큼 우리는 외로움이 아닌 홀로 있는 시간이 필요한 사람들이다.[40)]

최근에 나도 글을 쓰는 시간이 없을 만큼 바쁜 일상을 지내야 했다. 이로 인해 내내 마음이 불안했던 건 하나님이 주신 선물, 곧 일상을 누리지만 하나님께 내 영이 더 깊은 반응과 많은 이야기들을 아뢰고 싶다는 갈망이었다. 오늘에서야 차로 긴 시간을 운전하는 동안에 휴게소에 들러 혼자 커피를 마실 시간을 가질 수 있었는데 두 눈을 감고 어느새 기도하고 있는 내 영의 소리가 들려오는 것이다. 하나님께 지금 내가 서 있는 인생의 여정에 대해 물으며 잘 걸어가고 있는지, 혹시 놓쳐버린 것은 없는지 묻고 있었다. 그리곤 잃어버린 무언가에 대해 하나

40) 〈워십리더〉 한국판, 2013년 2월호, p. 10.

님의 시간과 공간 속에서 아름답게 이뤄가시길 또 이뤄주시길 간구했다. 그렇다. 홀로 있는 시간에 내 영은 하나님을 잠시 동안이라도 생각 속에서 묵상하며 만난 것이다. 그리고 그때에야 비로소 하나님의 현현이 내 안에 누려지고 세밀한 음성이 들려왔다.

일상이란 주님과 늘 항상 동행하는 것이고 조목조목 다 점검할 수 없을 만큼 신실한 하나님의 선한 손길을 경험하는 것이지만, 그래도 하나님께만 온전히 집중할 수 있는 '구별된 시간'이 우리에겐 필요하다. 많은 무리들 속에서 하나님의 사랑을 나누고 전하며 함께 기뻐하고 슬퍼하는 시간들이 중요한 사역이지만 홀로 하나님을 만날 수 있는 시간과 공간을 구별해 놓는 것은 또 다시 회복되고 소생하기 위한, 내 영을 위한 시간이다.

아가서의 솔로몬과 술람미 여인의 사랑은 곧 그리스도와 그를 닮은 그리스도인들의 사랑이야기를 표현한 시이다. 그 사랑이 얼마나 깊고 진한지는 아가서를 묵상할수록 놀랍다. 3장에서는 잃어버린 아픔에 사랑하는 여인을 찾고 또 찾는 장면이 나온다. 애타게 사랑하는 이를 그리워하는 마음, 우리의 영은 하나님을 이토록 그리워하는가? 우리의 영이 하나님을 만나지 못해 애쓰고 찾으며 헤매는 간절함이 있는지를 묻게 된다. 세상의 일에 바빠질수록, 많은 사역들로 분주한 시간을 보낼수록 하나님과 단 둘이 친밀함을 나누며 사랑을 나누는 관계가 멀어지지 않도록 조심해야 한다. 하나님을 만날 은밀한 처소로, 고요함 속으로 들어가자.

다시 혼자 산으로

그러므로 예수께서 그들이 와서 자기를 억지로 붙들어 임금으로 삼으려는 줄 아시고 다시 혼자 산으로 떠나가시니라(요 6:15).

예수님은 공생애 기간 동안에 많은 이적과 기적을 보이셨다. 주님께서 이러한 놀라운 일들을 행하신 많은 이유 중 하나를 필립 얀시의 《내가 알지 못했던 예수》라는 책에서는 하나님 나라의 완전한 소망을 전해 주시기 위해서였음이라고 말했다.[41] 어떤 이들은 "예수님께서 병자들을 고치시고 죽은 이들을 살리시면서 다른 아픈 이들도 모두 고쳐주셨으면 좋았을 것을, 왜 몇 명만 선택하셨는가?"라고 의문을 제기하겠지만 우선적인 목적은 인간이 알지 못했던 사실, 하나님의 나라가 눈물도 없고 아픔도 없는 곳이며, 예언을 따라서 이 땅에 오신 메시아를 믿는 모든 이는 눈물도 없고 아픔도 없이 주의 기쁨에 함께 참예하는 자가 될 것임을 알리시기 위함이었다. 위와 같은 생각은 제3자의 관점에서 예수님 당시의 삶을 살지 않았던 우리의 고민이겠지만, 동시대를 살았던 유대인들은 더욱이 예수님을 자신들의 배고픔을 채워줄 현세의 왕으로 삼으려 했음을 보게 된다. 그러나 예수님은 모든 사람들에게 높임을 받는 왕의 자리도 마다 하시고 홀연히 사라지기를 자주 행하셨고, 그럴 때마다 주님은 혼자 있기를 자초(自招)하셨다.

예수님께서 이와 같이 행하신 이유는 무엇일까? 예수님은 왕이 맞으시다. 하지만 하나님의 영원이라는 시간 앞에서 잠시면 사라질 한계적인 세상의 시간에 우리의 육신적 욕심과 만족을 채우시기 위한 왕은

41) 필립 얀시, 《내가 알지 못했던 예수》, 김동완 옮김, 요단출판사, 1998. pp. 168-205.

아니시다. 예수님은 우리에게 "회개하라. 천국이 가까이 왔느니라"라는 말씀을 통해 하나님 나라의 도래와 이 세상의 모든 것들이 그날을 준비하고 깨어 있을 것을 당부하셨다. 예수를 믿는 자마다 영생을 얻게 하시리라는 약속으로 세상을 사랑하셨기에 인간들의 시간 속으로 들어오신 하나님, 단 하나도 잃기를 원치 않으시는 하나님의 마음은, 모든 이가 멸망치 않고 영생을 얻기를 소망하신다. 하지만 하나님의 나라를 모르고 그 소망에 부합되지 않는 일시적인 욕구만을 구하는 인간의 욕구를 충족시켜 주는 것은 하나님의 본래적 뜻이 아니고 예수님의 사명도 아니다.

둘째로, 예수님은 낮은 자를 향한, 낮은 곳으로 향하시는 마음을 지키시려고 많은 무리들과 혼란스럽고 바쁜 시간을 피하셨음을 보게 된다. 예수님을 부르신 하나님의 소명과 맞지 않은 화려한 세상의 소음에서 일시적인 침묵을 가지시는 예수님의 모습을 보라. 하나님의 음성을 듣고자 들려오는 세상의 소리를 차단하시며 주께서는 홀로 계셨다. 예수님은 사역에서 오는 피곤함과 어려움을 하나님과의 친밀한 교제를 통해 극복해 가시며 지친 육신과 마음을 말씀과 기도로 채우셨다(마 26:41).

다시 혼자 산으로 걸어가신 발걸음을 그려본다. 분명 예수님은 사람들이 싫은 것은 아니시다. 나는 예수님의 모습에서 어린 자녀를 사랑하는 부모의 마음을 본다. 어린 자녀가 원하는 것이 많지만 잘못된 부탁까지 들어줄 수 없는 부모의 마음 말이다. 오히려 사랑으로 자녀에게 옳은 것을 말하고 가르치는 부모처럼 예수님은 자신의 말이 아닌 하늘로부터 오는 능력으로 하나님의 말씀을 전달하실 뿐이다. 예수님처럼 우리에게도 주님의 음성을 듣기 위해 홀로 있는 시간이 필요하다.

또 다시 관계 속으로

내가 처음 변명할 때에 나와 함께한 자가 하나도 없고 다 나를 버렸으나 그들에게 허물을 돌리지 않기를 원하노라 주께서 내 곁에 서서 나에게 힘을 주심은 나로 말미암아 선포된 말씀이 온전히 전파되어 모든 이방인이 듣게 하려 하심이니 내가 사자의 입에서 건짐을 받았느니라(딤후 4:16-17).

바울은 사역을 하다가 홀로 남게 된 상황을 경험한 사역자였다. 나는 예수님도 자신의 길을 걸어가시면서 많은 제자들이 주를 떠나게 되었고, 십자가에 달리셨을 땐 맹렬한 분노와 조소 속에 죽으셔야 했음을 발견했다(요 6:67; 막 15:34). 사역을 하면서 어떤 관계를 통해서 함께 하나님 나라를 세워가는 것이 중요하지만 주님과 긴밀하게 동행하는 영적 깨어 있음도 중요함을 놓쳐서는 안 된다.

바울은 자신이 복음의 수고와 눈물로 낳은 영적 자녀들이, 그리고 신자들이 다 그를 버리고 떠났을 때에 어떤 믿음의 자세를 취했는가? 그들에게 허물을 돌리지 않기를 원한다고 했다. 자신은 잘못한 것이 없음에도 능욕을 당했는데 도리어 허물을 그들에게로 돌리지 않겠다고 말하는 이같은 마음은 또 어디에 나타나는가? 스데반이 자신을 돌로 쳐 죽이는 사람들로 그들이 자신들의 죄를 알지 못함에 "그들에게 죄를 돌리지 마옵소서" 하고 외치던 것과 같다(행 7:60). 또한 예수님은 죄 없음에도 죽으셨지만 부활 승천하셔서 제자들을 찾아가 그들에게 사명을 주시기를 "세상에 너희를 보낸다"고 말씀하셨다(행 1:8). 사역을 하면서 억울한 누명을 받더라도 침묵하고 또 허물을 그들에게 돌리지 않겠다던 믿음의 사람들은 진정 그들이 진실한 사역자였음을 이와 같은 행동을 통해서 보였다.

수잔 비에르가 감독이고 원제는 덴마크어로 〈Haevnen〉(복수)이며 미국에서 〈In a Better World〉 (더 나은 세상으로)라는 제목으로 개봉된 영화가 있다. 제목 그대로 사람의 마음에 품은 복수, 그리고 행동으로 이어지는 폭력이 어떤 결과를 가져오는지 잘 보여준 영화이다. 영화 속에서는 결코 용서받을 수 없을 것 같은 사람에게 상대방이 다시 기회를 주고 격려해 줬을 때 자신만이 아니고 실수를 저지르고 죄를 지은 못난 사람도 사랑을 배우고 깨닫게 되는 과정을 보여준다. 결국 영화에서는 복수하고 폭력으로 되갚아주면 행복할 수 있을 것이란 욕망보다는 어느 한쪽에서 용서할 때 전쟁과도 같은 아픔이 끝나게 될 것이라고 말한다.

나는 이 영화가 말하고자 하는 용서와 용납이 나에게 아픔을 줬고 상처를 준 사람에 대해 다시 한 번 기회를 줘야 한다는 메시지를 전하고 있음을 느꼈고, 나 또한 용서받고 싶은 사람이라는 것도 확인했다. 물론 용서는 강요한다고 될 수 없다. 용서의 가치를 정말 깨닫게 될 때 우리는 아무 조건을 달지 않고 용서할 수 있을 것이다.

사역과 크리스천 예술의 길을 가면서 겪은 아픔과 상처에 대해 분명 하나님은 곁에 계심으로 새 힘을 주실 것이다. 그렇게 상처를 받고 또 치유 받고 용서를 경험하면서 우리는 또 다시 관계 속으로 들어가게 될 것이다. 우리가 노래하는 것, 사역하는 것에서 아픔을 겪는 일은 일상의 삶으로 떼어낼 수 없다. 그러나 그 삶에 어우러지고 녹아지면서 표현된 크리스천 예술성은 살아 숨 쉬는 예술이 되고 아티스트가 되는 것이다.

하나님의 일꾼답게

아무도 우리가 섬기는 이 일에 흠을 잡지 못하게 하려고, 우리는 무슨 일에서나 아무에게도 거리낌거리를 주지 않습니다. 우리는 무슨 일에서나 하나님의 일꾼답게 처신합니다(고후 6:3-4, 새번역).

바울이 하는 일, 즉 그가 예수님의 부름을 받고 행했던 사역은 이방인들과 제왕들과 이스라엘 백성에게 예수님의 이름을 전파하는 일이었다. 그는 전도자, 그리고 선교사로 부름받은 주의 일꾼이었다. 바울에게 있어서 이 사역은 인생에서 어느 정도를 차지하고 있었을까? 바울은 똑같은 사람이 봤을 때도 정말로 곧은 사람, 한 치의 오차나 치우침이 없는 너무나 완벽한 사람이 아니었을까 생각해 본다. 그래서 그는 그의 성격대로 사역도 감당했을 것이다. 분명 바울은 적당히 사역을 하는 사람이 아니었다. 또는 다른 계획과 사업을 위해서 사역을 뒷전으로 미루거나 사역이 잘 안 돼서 다른 계획과 사업에 뛰어들거나 타협하는 정도로 사역을 이어가는 사람도 분명 아니었을 것이다. 왜냐하면 본문의 말씀에서 바울은 무슨 일에서나 아무에게도 거리낌을 줄 만한 일을 하지 않는다고 하였고 하나님의 일꾼답게 처신한다고 말하고 있기 때문이다. 혹시라도 바울이 천막 짓는 일을 부업으로 했다고 이의제기를 하는 사람이 있다면 그마저도 신자들에게 손을 벌리거나 부담을 주지 않고 사역을 계속할 수 있기 위한 생계비였다고 말하고 싶다.

여기서 바울이 "무슨 일에서나"라고 얘기하는 것에 주목하자. 바울은 사역과 일상이 분리되지 않았던 사람이었다. 우리는 언제나 적당히 속이는 일에 익숙하다. 그래서 사역에서 만나는 사람과 일상에서 만나는 사람이 다르거나, 사역에서는 한결같이 온순하고 온유한 모습을 보이지만 일상에서는 남들보다 손해를 보기 싫어서 자행하는 일들도 있다. 하지만 바울은 "무슨 일에서나"라는 말을 통해서 그의 사역이 일상에서도 이어지고 동일하게 녹아져내리는 것을 볼 수 있다. 우리가 바울과 같은 모습으로 산다는 것은 그리 쉽지 않다. 그것은 생각보다 더 큰 손해나 대가를 치를 수 있음을 내포하는 말이다. 하지만 가장 중요한 점이 여기에 있다. 사역할 때는 마치 천사 같은 사람이 따로 없지만 일상을 살아갈 때는 과연 예수님을 믿는 사람인지를 알 수 없게 하여 남들로부터 고민과 손가락질하게 하는 일에 바울은 남들이 거리낌과 흠을 잡지 못하게 하려고 주의 일꾼으로 동일하게 삶을 산다고 말하는 것이다. 바울은 분명히 자신의 유익을 구하는 것이 먼저가 아니라 부르심 받은 사명을 중심으로 삶을 살아갔다. 무슨 일을 하든지 과연 하나님이 영광 받으실 만한 일인가부터 시작해서 이로 인해 하나님의 이름이 욕을 먹지는 않을지를 항상 우선으로 삼았으니 말이다.

바울은 선교사, 전도자로서 하나님의 일꾼이 되었지만 하나님의 일꾼으로 부름받은 사역의 형태는 은사에 따라 다양한 형태를 가지고 있다. 찬양사역자로서 부름받은 이들 또한 하나님의 일꾼이다. 이것은 바울의 말을 따라 표현하면, 나를 규정할 수 있는 많은 특징이 있지만 그 중에서도 찬양사역자로 부름 받은 모습, 그 일꾼으로 부름을 받은 것이 가장 우선이 된다는 말과 같다. 어디서든지 하나님을 찬양하는 사람이라는 말에 흠이 잡히지 않도록 일상에서 우리의 입술과 행동이 어떠해야 할까? 우리가 사는 시대에 안 믿는 자들이 동일하게 하는 말이 있으니, 그가 믿는 예수는 좋지만 예수를 따르는 제자들의 삶은 그의 가르침과는 상당히 멀다는 것이다. 우리 모두가 일상과 사역이 분리되지 않는 삶을 살 수 있기를 소망한다.

하나님을 기쁘시게 하려 함이라

> 오직 하나님께 옳게 여기심을 입어 복음을 위탁받았으니 우리가 이와 같이 말함은 사람을 기쁘게 하려 함이 아니요 오직 우리 마음을 감찰하시는 하나님을 기쁘시게 하려 함이라(살전 2:4).

사람을 기쁘시게 하려는 자 그리고 하나님을 기쁘시게 하려는 자, 여기에는 복음을 반쪽도 아니고 균형 없는 말씀도 아닌 또 내가 듣고 싶은 말씀만이 아닌 내 입에 쓴 말씀까지도 받아먹음으로 온전하게 되는 완전한 복음을 향해 무엇을 선택해야 할지에 대한 깨달음을 주고 있다.

사람을 기쁘게 하려는 자의 성향은 어떠한가? 그들 또한 권면을 한다는 점에서는 하나님을 기쁘시게 하려는 자들과 공통된 성향을 가지고 있다. 그들은 대개 긍정주의 신학이 주는 자신감과 긍정적 세계관을 가르치는 것에 목적을 두어서 사람들의 마음에 위로와 기쁨과 가능성을 심어준다. 하지만 그들의 권면은 사람들이 받아들이기에 편리한 복음을 전하는 것으로 어느 정도에서 그치고 만다. 그들이 해줄 수 있는 권면은 기독교 신앙적인 면에서 본질을 다루는 죄와 회개, 그리고 빛과 어둠, 거룩한 성화에 대해서는 거의 다루지 않는데 이러한 것들이 그들이 앞을 향해 달려가는 성공을 위해서는 그다지 불필요하게 느껴지기 때문이다. 사람을 기쁘게 하려는 연설자와 같은 느낌을 주는 설교자, 찬양사역자들의 이러한 리더십은 그들처럼 사람에게 기쁨이 되고 싶은 제자들만을 양산해 낸다. 그들의 약점은 하나님의 말씀을 거스르는 이 세대 속에서 믿음의 싸움과 선한 선택을 해야 할 때 영적인 능력이나 권세를 찾을 수 없다는 점이다. 영적으로 이것은 진정 능력이 없는 크리스천들을 양산해 내는 결과를 만들어낸다.

이러한 자들의 또 다른 특징은 그들이 권면을 하지만 간사함, 부정, 속임수로 하는 것에서 크게 빗나가지 않는 방법들로 복음을 전한다는 것이다. 교회에 등록만 하고 사람 수가 많아지면 그것이 부흥이라고 여기는 사역자들을 만날 기회가 있었다. 그들이 불신자를 전도하는 방법은 온전한 하나님의 말씀으로 승부를 볼 수 있을 것이란 믿음의 권면이 아니었다. '우리 교회에서는 누가 잘났고 실력이 뛰어나고 예쁜 여자 청년들과 음악사역자까지 있는데'라는 방식으로 전도를 했다는 것이다. 과연 거기에는 전도 대상을 향해 삶을 놓고 진정 자신을 돌아볼 수 있게 하는 어떤 책망도 거룩한 권면도 섞여 있지 않았다. 어떻게 생각하는가? 이것이 복음을 전하는 정당한 방법인가? 이것은 오히려 속임수에 불과하다. 사람을 속이고 있을 뿐이다. 하나님의 말씀으로 사람을 낚는 어부가 될 수 있다는 겸손하고 확신 있는 믿음에서 비롯된 전도가 아니라 사람의 약점을 건드려 단지 교인 수만 늘리려는 간사함에 불과할 뿐이었다. 이런 방식으론 언젠가 많은 성도들이 자신들이 속았다는 것을 알게 될 뿐이다.

우리의 마음을 감찰하시는 하나님을 기쁘시게 하는 진정한 복음의 위탁성은 무엇인가? 하나님이 하시려는 것들보다 더 많은 것을 일찍이 얻어서 결과를 보려는 조급한 마음을 뒤로 해야 한다. 하나님이 하실 일을 기대하며 그분이 우리의 입술을 주장하시도록 온전히 나를 내어드리는 것, 거기에 하나님을 기쁘시게 하려는 자의 겸손함이 묻어난다.

하나님을 아는 것에 자라가는 것

주께 합당하게 행하여 범사에 기쁘시게 하고 모든 선한 일에 열매를 맺게 하시며 하나님을 아는 것에 자라게 하시고(골 1:10).

본문 말씀은 바울이 에바브라 편으로 보낸 빌립보 지역에 있는 교인들을 향한 편지다.

골로새 교회 지역의 성도들의 믿음의 성향은 어떠했는가? 바울은 그들을 위하여 기도할 때마다 에바브라에게 들은 소식으로 인해 감사했다. 교인들이 그리스도 예수 안에서 믿음과 성도에 대한 사랑으로 하나가 되어 있었기 때문이었다. 즉 골로새 지역의 교회에는 고린도 교회와 같이 분열과 갈등이 많은 것보다 성도들이 사랑으로 어우러져 있었다는 것을 알 수 있다(고전 6장).

골로새 교회가 가진 끈끈한 결속력은 분명 감사할 일이지만 이것에 하나님을 아는 바른 지식이 뒷받침되지 않으면 곁길로 가게 되는 경우를 종종 보게 된다. 무슨 말이냐 하면 사람을 사랑하지만 의지하는 대상으로까지 진행되면 올바른 하나님의 말씀대로 권면하고 행하고자 하는 일에서 갈림길에 섰을 때 하나님 말씀을 온전히 선택하는 일이 어려움을 겪을 수 있다는 말이다. 우리는 가끔 교회가 하나님의 말씀을 따라서 옳은 방향으로 가기보다 사람의 생각과 방법으로 움직이는 모습을 보며 거기에는 하나님의 말씀을 의지하는 것이 아니라 서로가 사람과의 관계에 의지하고 있는 모습을 발견하게 된다. 그래서 사람을 사랑하지만 의지하지는 않는다는 말의 뜻은 결국에는 하나님의 말씀이 우리의 삶을 움직이셔야 한다는 전제가 깔려 있다고 할 수 있다.

그렇다. 사람의 관계는 깨질 수도 있다. 그러나 깨지지 않고 계속 함께 가는 것이 가장 좋은 것이다. 그렇다면 어떻게 우리는 함께 하나님의 나라를 세워갈 수 있을까? 바울은 그것을 위해서 골로새 교인들을 위해 기도하기를 "너희로 하여금 모든 신령한 지혜와 총명에 하나님의 뜻을 아는 것으로 채우게 하시고"(9절), 주께 합당하게 행하여 범사에 기쁘시게 하고 모든 선한 일에 열매를 맺게 하시며 하나님을 아는 것에 자라게 하시기를 기도한다고 했다(10절).

대부분 우리는 기도한다고 할 때 남이 모르게 은밀한 곳에서 하는 기도를 배워왔지만 오늘 바울의 태도는 자신이 그들을 위해서 무엇을 놓고 기도하고 있는지를 아주 세세하게 알려 주고 있다는 점을 주목해 보자. 바울은 간구하는 기도의 제목을 그들이 모르기를 원치 않고 또한 그들로 이것을 위해서도 성장하기를 원하는 마음인 것을 볼 수 있다. 바울이 그리스도 예수 안에서 맺어진 형제자매들이 한 푯대를 향해 끝까지 나아갈 수 있는 방법이 하나님의 뜻 안에서 서로를 사랑할 때 가능한 것임을 이야기하고자 한 것은 아닌지 생각해 본다.

《비전성경》 통독 가이드를 보니 바울은 골로새 교회 내에 퍼져 있던 잘못된 철학, 유대적 의식주의, 천사 숭배의 신비주의, 금욕주의 등이 있었다고 이야기한다. 서로를 사랑하지만 이것들에 대해 무지하다면, 그래서 서로를 이해하고 봐주기만 하는 공동체로 멈춰 있는 것은 정말로 하나님의 뜻 안에서 사랑하는 것은 아닐 수 있다는 말이다. 하나님을 아는 것에서 서로 자라가며 그 안에서 서로 사랑할 때만이 그리스도의 몸 된 교회가 될 수 있다.

하나님의 부르심의 고유성

유력하다는 이들 중에 (본래 어떤 이들이든지 내게 상관이 없으며 하나님은 사람을 외모로 취하지 아니하시나니) 저 유력한 이들은 내게 의무를 더하여 준 것이 없고(갈 2:6).

본문을 통해 우리는 하나님이 각자에게 맡겨주신 사명이 어떻게 합력하여 선을 이루게 되는지를 알 수 있다. 말씀을 통해 사람의 존귀함을 일컬어 '사람 위에 사람이 없고 사람 아래 사람 없다'는 옛말처럼 사역의 부르심 앞에서 '사역 위에 더 큰 사역이 없고 사역 아래 더 작은 사역이 없다'는 말에 공감하며 자신의 모습에 대해 더욱 겸손해지는 계기가 될 것이라고 기대한다.

바울은 사역을 하면서 자신보다 더 일찍이 복음 전파의 길을 걸어간 제자들에 대한 이야기를 꺼낸다. 그들은 예수님을 본 사도들이었고 그 직함에 걸맞게 초기 기독교 신앙에 있어서 유력한 인물들이었다. 이들은 예수님의 12제자들로서 복음을 전파하는 소위 1세대에서도 가장 핵심이었던 자들이다. 그것은 9절에서 바울이 야고보, 요한, 베드로를 언급함으로 더욱 확실해진다. 하지만 이것에 대해서 바울은 그들이 유력하다고 해서 복음 전파 사역이라는 부르심과 의무를 지게 한 것은 아니라고 답한다. 바울의 말은, 사명은 하나님께서 자신에게 주신 것이지, 그 십자가를 지게 하신 이가 아무리 예수님의 12제자라도 될 수 없다는 뜻이다. 자신의 사역의 고유성과 특수성 그리고 개별성은 오직 하나님의 부르심이기에 유력한 누군가로 인해 인정을 받거나 흔들릴 수 없다는 말이 된다. 그리고 그의 말이 사실이라고 할 수 있는 것은 예수님이 아나니아의 환상 중에 나타나사 바울의 사명이 무엇인지 밝혀주신 기록을 찾아도 알 수 있다.

바울은 자신의 사역이 어떤 부르심인지 분명하게 알고 있었다. 무할례자에게 복음을 전하는 것이 바울의 사명이었다. 이 사명은 베드로와는 또 다른 사명이었다. 베드로는 할례자에게 복음을 전하는 것이었기 때문이다. 바울은 이것이 베드로와의 대등성으로까지 내비치는 말을 하는데, 베드로에게 역사하여 그를 할례자의 사도로 삼으신 이가 또한 자신에게도 역사하사 자신을 이방인의 사도로 삼았다는 구절에서다(8절). 이 사역의 맡음은 베드로가 할례자에게 전하는 복음과 같고 그 사역의 크기가 다르지 않다고 말한다(7절).

여기서 우리는 '과연 예수님의 이름으로 복음을 전하는 제자들과 바울의 사이가 과연 좋지 않았는가?'라는 생각에 빠질 수 있지만 야고보와 요한 그리고 베드로가 바울에게도 자신들과 동일한 복음에 대한 사명이 있음을 확인하고 친교의 악수를 하였다는 표현에서 그런 의심은 지울 수 있다(9절). 이것은 그들의 사역의 주인이 하나님이신 것과 바울과 바나바를 이방인에게로, 그들은 할례자에게로 보내는 것이 하나님의 뜻임에 무엇을 더하거나 따지지 않는다는 말이 된다.

때로 제자들은 자신들을 예수님이 부활하셨을 때 더 높은 곳에 앉혀달라고 부탁하거나, 자신들 안에서 누가 더 큰지에 대해 열띤 논쟁을 하였다. 하지만 예수님은 그런 논쟁이 얼마나 하나님 나라에서 소비적이고 무의미한지를 설명하시면서 도리어 작은 자가 되라고 섬김에 대해 가르치셨던 것을 볼 수 있다.

사역이란 무엇인가? 하나님을 찬양하고 노래하는 사명자의 사역 역시 다를 것이 없다.

눈물이 흐르더라도

하나님의 말씀은 다 순전하며 하나님은 그를 의지하는 자의 방패시니라(잠 30:5).

사역을 하다 보면 때로는 어떤 사건들이 의도와 다른 방향으로 흘러가기도 하고, 그런 의도가 아닌데 상대방에게 오해를 받기도 하고, 사역자들 사이에서 불의한 일을 겪기도 하며, 상대방을 도와주려다가 피의자가 되는 웃지 못할 상황 등 억울하고 속상해서 마냥 손을 놓고 한참을 울고 싶을 때가 있다. 그렇다. 눈물이 흐르더라도 계속 가야만 할 때가 있다.

하지만 힘든 순간에도 포기해서 안 되는 것이 있으니 순전함을 지켜가겠다는 의지이다. 순진, 순수, 순전이라는 단어의 미묘한 차이는 무엇인가? 사전에서 순진함은 '마음이 꾸밈이 없고 순박하다'의 뜻을 갖고 있다. 또 '세상 물정에 어두워 어수룩하다'라고 쓰여 있다. '순진함'이 첫째 의미로 쓰인다면 좋은 의미이지만 둘째 의미로 쓰이면 단점을 말할 때 쓰인다. 당신이 사역자라면 성도들을 대할 때 꾸밈이 없이 순박한 마음으로 있는 그대로를 바라볼 수 있고 대할 수 있는 성품이 필요하다. 간혹 스스로는 꾸밈이 없고 순박하지만 상대방이 그렇지 않아서 힘이 들고 손해 볼 일들이 있겠지만, 하나님을 사랑하고 이웃 사랑을 실천한 데 있어서 마음밭이 꾸밈이 없는 순박한 자가 사랑을 먼저 주고 손을 먼저 내미는 미덕을 지녀야 한다. 이는 로마서 12장 10절에서 형제를 사랑하여 서로 우애하고 존경하기를 먼저 하기를 가르치는 것과 일맥상통한다.

순수함은 '전혀 다른 것의 섞임이 없음'이라는 뜻과 '사사로운 욕심이나 못된 생각이 없음'이라는 뜻을 지녔다. 다이아몬드나 순금을 잘 알 것이다. 보석이 지닌 순도는 물질에 차지하는 비율이 다른 불순물이 없이 높은 정도에 따라서 순수하다고 말한다. 사람에게는 둘째 의미로 그 마음에 욕심이 없음을 말한다. 당신이 사역자로서 물질, 명예, 직책 등에서 자유로울 수 있고 욕심이 없다면 순수하다. 왜냐하면 순수한 자만이 자신의 만족과 욕심을 위해서가 아니라 하나님 마음에만 집중하여 낮은 곳으로 가라고 하시면 갈 수 있고 높은 곳에 올라도 자신을 지킬 수 있기 때문이다. 또 나에게 피해를 주거나, 내가 피해를 입히고 싶은 사람이 있을 때 못된 생각을 버릴 수 있고 불의를 행하지 않을 수 있다면 순수하다고 할 수 있다. 이는 마태복음 5장 39절에 누군가가 나의 오른 뺨을 때릴 때, 나도 뺨을 때리고 싶겠지만 차라리 왼편도 대주라는 말씀이 나온다.

마지막으로 순전함은 '순수하고 완전하다'의 뜻을 지녔다. 순전함은 '온전하다'의 뜻으로도 쓰일 수 있다. 순전함은 우리 안에 들어오는 불순물들을 계속해서 제거해 갈 때 지켜질 수 있는 것이다. 다시 말하면, 순수함을 계속 지켜갈 때만이 순전하다고 할 수 있다. 그래서 순전함이 참으로 어렵다. 아홉 번을 잘했지만 한 번을 못 하면 순전한 것이 아니기 때문이다. 이 순전함은 특별하다. 성경에서는 하나님의 말씀이 순전하다고 가르치고 있다(잠 30:5). 그리고 빌립보서 2장 14절에서는 모든 일에 원망과 시비가 없이 하라고 가르친다. "흠 없고 순전하여 세대를 거슬러 하나님의 흠이 없는 자녀로서 빛과 말씀을 나타내라"고 명하고 있고, 시편 51편 4절에서는 "우리의 죄악이 용서받음으로 하나님께서 심판하실 때 순전하다 칭하시겠다"고 말한다. 즉 율법과 행위로 순전하다고 인정받을 사람은 단 한 명도 없는데 예수님의 보혈로 죄가 덮어진 자에게는 마지막 날에 순전하다고 선언하시겠다는 의미이다.

당신이 사역자로서 주의 길을 갈 때 눈물이 흐르고 억울하고 속상해도 순진할 수 있겠는가? 또 순수할 수 있겠는가? 이 마음을 지켜낼 수 있다면 된 거다.

나무가 되어

마치 사람이 자기 채소밭에 갖다 심은 겨자씨 한 알 같으니 자라 나무가 되어 공중의 새들이 그 가지에 깃들였느니라(눅 13:19).

요즘 나는 나무를 키우고 있다. 이사를 하면서 귀한 손님에게 받은 선물이다. 이 나무는 아직 작은 묘목에 불과하지만 현재 나와 함께 추운 겨울을 잘 나고 봄을 맞이하고 있다. 이 나무와 함께 온 식구가 하나 더 있는데 그 이름이 '호야'(Hoya)이다. 식물을 키우는 것에 취미가 있는 사람들이면 누구나 잘 알고 있는 호야. 호야는 다른 식물들에 비해 잎을 빨리 틔우고 씩씩하게 잘 자란다. 그래서 불과 4개월 남짓하게 함께 살고 있음에도 새싹이 돋아나서 잎이 내 엄지손가락만 하도록 자라는 과정을 본 것이 몇 번인지 모를 정도다.

작은 나무와 호야에게 때마다 물을 주면서 어서 빨리 자라는 모습이 보고 싶어서일까. 호야는 잘 자라는 것이 눈에 보여서 키우는 재미에 빠졌지만 나무는 크기와 길이가 멈춰 있고 잎사귀만 자라가고 있는 것이 보인다. 잎사귀를 틔우는 모습도 너무나 예쁘고 고맙게 여겨졌지만 어느 때는 호야만큼 자라주지 않으니 쑥쑥 자랐으면 좋겠다고 애를 태울 때도 있었다.

하지만 어느 날 문득 이런 생각이 들었다. 호야는 덩굴줄기식물인지라 그만큼 자라기가 빠를 수 있지만 나무가 정말 든든한 나무로 자란다면 몇십 년은 걸리지 않겠느냐는 것이었다. 스스로 질문하고 얻은 답에서 나는 '내가 너무 조급한 마음을 가졌구나. 빨리 결과를 보고 싶었구나. 빨리 꽃을 피우고 싶었구나'라는 반성을 했다. 그리곤 나의 삶이 이왕이면 빨리 자라기보다는 뿌리를 잘 내린 오롯한 나무, 든든한 나무가 되면 좋겠다는 생각을 했다.

성경에도 나무 이야기가 나온다. 예수님은 하나님 나라 비유를 제자들에게 들려주시는데 한 농부가 채소밭에 심은 겨자씨 하나가 자라서 나무가 되어 공중의 새들이 쉬기도 하고 노래도 부르는 안식처가 되었다는 말씀이다. 실제로 겨자씨는 갈릴리 지방에서 많이 나는 십자화과 식물로서 씨가 눈에는 보이지 않을 만큼 작지만 자라게 되면 4-5m까지 자라는 나무다.

우리가 주님과 영원히 함께 살게 될 하나님 나라, 그곳은 저기에만 있지 않고 우리 마음 안에도 있다. 예수님은 우리가 뿌리 깊고 든든한, 흔들리지 않는 나무처럼 자라가길 원하신다. 찬양사역자로 살아가는 것도 작은 묘목이 오롯한 나무 한 그루로 자라가는 것과 참 닮았다. 찬양사역자로 헌신하기로 결단한 사람들이 주님 앞에서 함께 나무로 서 갔으면 좋겠다. 물가에 심긴 나무처럼 말이다.

에바브로디도의 인품

그가 그리스도의 일을 위하여 죽기에 이르러도 자기 목숨을 돌보지 아니한 것은 나를 섬기는 너희의 일에 부족함을 채우려 함이니라(빌 2:30).

바울의 옆을 지켰던 또 한 사람 에바브로디도에 대해서 알아보고자 한다. 에바브로디도는 '매력 있는', '사랑스런'이란 뜻의 이름이다. 그에 대해서 우리가 더 알 수 있는 바는 빌립보 교인들이 바울에게 필요한 것들을 보내줄 때 이를 바울에게 전달하였다는 것과 함께 빌립보 서신을 그들에게 전달했다는 점이다. 또한 에바브로디도는 충성스런 섬김의 본을 보여준 사람으로서 옥에 갇혀 있는 바울을 위해 함께 복음의 수고를 아끼지 않았다. 바울이 디모데에 이어서 빌립보 교인들에게 그를 소개하는 기록을 볼 수 있는데 그가 바울의 형제요, 함께 군사 된 자이며, 또 빌립보 교인들의 사자로 자신의 쓸 것을 돕는 자라고 이야기했다.

바울은 그가 분명 자신을 돕고 보필(輔弼)하는 위치에서 있었던 것이 맞지만 그를 '형제'라고 부르고 있다는 점에서 그의 헌신과 순종의 이유가 예수 그리스도 안에서 주를 믿는 믿음에 근거한 것임을 잊지 않고 있음을 볼 수 있다. 그를 하수인으로 보지 않고 형제라고 부르는 바울의 친근한 표현이 주 안에서 부르심을 받은 모든 이들의 관계가 어떠한지를 깨닫게 한다.

또한 바울이 함께 군사 된 자, 곧 전우(戰友)라고 얘기한 것을 보면 에바브로디도의 믿음이 얼마나 깊고 성숙하고 단련된 '영에 속한 사람'이었는지를 알 수 있다. 바울은 믿음의 사람들이 싸울 영적 전투에 대해 에베소서 6장에서 언급한 바 있는데, 즉 에바브로디도는 이 전투에서 어둠의 권세와 이 세상의 악한 영들을 대적하여 바울과 함께 최전방에 서서 영적 전쟁을 한 전우였다는 것이다. 우리는 영적 전쟁에서 사용하는 무기가 혈과 육에서 나오는 것이 아님을 잘 알고 있다. 영적 전투에서 쓰러지지 않는 비결은 하나님의 사랑이며 이것이 없이는 불가능한데 그만큼 에바브로디도가 하나님을 사랑하고 섬겼던 마음도 깊었다는 것을 알 수 있다.

바울은 에바브로디도가 그리스도를 위하여 죽을 위기까지 처했다고 말한다. 에바브로디도가 얼마나 복음을 위하여 열정적인 사람이었는지, 죽기에 이르러서도 자신의 목숨을 돌보지 않고 더욱 바울을 섬기는 일에 정력을 다 쏟아냈다는 것이다. 이것이 옥에 갇혀 있던 바울에게도 적지 않게 마음의 부담으로 왔지만 하나님께서 에바브로디도를 긍휼히 여기사 살리셨고 바울도 근심에서 벗어나게 하셨다는 기록이 있다. 그리고 병자라면 자신이 아픈 것이 먼저인 법인데 병들었다는 자신의 소식을 빌립보 교인들이 듣고 걱정할 것을 도리어 염려하며 심히 근심하였다는 기록은 과연 에바브로디도의 인품이 어떠하였는지를 잘 알 수 있게 한다.

하나님이 부르신 사람들이 그리스도와 복음을 위해 수고할 때 그 인품이 어떻게 드러나는지와 사용되는지를 볼 수 있다. 그만큼 예수님을 닮은 인품으로 사역을 한다는 것은 참으로 중요하다. 우리도 예수님을 닮은 인품으로 복음의 수고를 할 수 있기를 주께 간구하자.

유스도

> 유스도라는 예수도 문안합니다. 할례 받은 사람들로서는 이들만이 하나님의 나라를 위하여 일하는 나의 동역자들이요, 나에게 위로가 되어 준 사람들입니다(골 4:11, 새번역).

바울에게는 좋은 동역자들이 참 많았다. 하지만 그가 3차 전도여행을 감행하고 오로지 그리스도의 비밀을 전하는 일에 삶을 바쳤다고 할 때 그의 옆에서 참된 동역자로 있었던 사람들의 수는 그리 많지 않았는지도 모른다. 신자들에게 온갖 오해와 의심을 받기도 했기 때문이다.

바울이 이방인을 위하여 복음을 전한 자라고 볼 때 유스도라는 인물이 주는 성경적 의미는 참으로 크다. 비록 유스도에 대한 기록은 골로새서 4장 11절이 전부이지만 말이다. 바울이 이방인들에게 복음을 전하기 위하여 소명으로 짊어져야 했던 십자가는 바리새인적인 믿음과 유대주의적인 믿음을 뿌리 뽑는 일이었다. 복음이 첫째로 유대인들에게 흘러가면서 할례를 받았으면서도 이후로 예수님을 영접하게 된 신자들이 있었기에 그들이 자라오면서 가졌던 종교적 사상이 완전히 바뀌기란 참으로 오랜 시간이 걸렸으리라 짐작할 수 있다. 그래서 이런 유대주의적 믿음을 버리지 못한 이들은 예수를 믿게 된 이방인들을 향해서도 자신들과 같이 할례를 받아야 한다고 주장하곤 했는데, 그것에 베드로에게까지도 유혹이 되었다는 기록을 찾을 수 있다.

당시에는 이 문제가 꽤나 심각한 교리적, 신앙적인 문제로 작용했을 것인데 바울은 예수 그리스도 외에 다른 것으로 구원을 얻는다는 논리는 있을 수 없다는 말을 누누이 이야기하고 있는 바이다. 바울의 이런 노력과 수고로 유대주의적인 믿음에서 돌이킨 사람들도 있겠지만 그러지 못한 자들에게는, 즉 할례를 받은 유대주의적 믿음을 가진 예수파들에게는 바울이 분명 반가운 존재가 아니었을 것이다.

한 가지 한계에 봉착한 것은 '유스도'라는 인물이 한 명을 가리키는 것인지 아니면 '사람들'이라는 복수형으로 보아 어떤 단체나 뜻을 모아 모인 작은 집단을 가리키는지 모호하다는 점이다.

그러나 그가 단수이든 복수이든 우리에게 줄 수 있는 의의가 있는데 '유스도'라는 인물은 그런 배경을 가진 자들 중에서도 유일하게 하나님 나라를 위하여 일했던 동역자들이라고 기록되어 있다. 유스도는 적어도 자신들과 같은 배경을 가진 유대주의적 믿음을 가진 자들과 함께 있었을 것이고 그들의 영향도 받았을 법한데, 신앙적 난관을 극복하고 하나님 나라를 위하여 바울과 같이 헌신하게 된 동역자가 되었다는 말에 주목해 보자. 그래서 그들은 더욱 바울에게 위로가 된 사람들이기도 했다. 할례를 받은 유대주의적 믿음을 가진 예수파들에게는 반갑지 않은 바울이었기에 그 한계를 극복하고 바울의 동역자로 함께 옆에 있어준 것만으로도 그들은 위로의 사람들이었을 것이다.

이 한 줄로 그치는 '유스도'라는 존재에 대해 주목하게 된 것은 우리도 자신이 가진 높음이나 깊음 그리고 지식과 교육까지도 내려놓고 낮은 곳에서 오직 하나님 나라에 목적을 두고 헌신하는 마음이 필요하다고 느꼈기 때문이다. 하나님이 가장 높아질 수 있는 최고의 예배 행위는 무엇인가? 바로 나 자신이 가장 하찮게 여겨지고 주님이 가장 크심을 깨달아 알 때이다. 그래서 주님 나라를 위해 지극히 작은 자와 함께 협력하는, 겸손한 마음으로까지 낮아질 때 하나님은 크신 영광을 받으실 것이다.

바울이 아킵보에게 전한 말

아킵보에게 이르기를 주 안에서 받은 직분을 삼가 이루라고 하라(골 4:17).

'아킵보'라는 이름의 뜻은 마부(馬夫)라 하여 말을 끄는 사람 또는 주인이라고 볼 수 있다. 바울은 골로새서 4장의 끝인사에서 아킵보를 향해 전할 메시지를 던져주고 있는데 "주 안에서 받은 직분을 이루라"는 내용이었다. 이것으로 보아 우리는 아킵보가 직책을 맡았던 사람이었음을 알 수 있다. 빌레몬서 1장 2절에서는 아킵보에게 편지를 쓴 내용이 등장하는데 그를 가리켜 자신과 같이 '병사'가 된 자라고 말한다. 즉 아킵보도 하나님 나라의 복음과 그리스도의 비밀을 전하기 위해 부름을 받은 바울의 전우라고 볼 수 있는 것이다. 이로써 우리는 아킵보가 맡은 직책이 작거나 가벼운 것이 아니었으리라 짐작할 수 있다.

하지만 바울은 왜 아킵보에게 굳이 "받은 직분을 삼가 이루라"고 전하고 있는 것일까? 그것에 대해서는 기록된 바가 없기 때문에 알 수 없지만 나는 아무래도 아킵보에게 어떤 일이나 사정이 생겨서 맡은 직책을 다 끝낼 수 없었다거나 안타깝지만 중도에 포기하려고 했던 것은 아니었을지 가정해 보았다. 왜냐하면 사역을 잘하고 있는 사람에게 격려와 칭찬과 위로의 의미로 메시지를 던지는 경우에는 "우리의 수고가 헛되지 아니한 줄 아노라" 내지는 "그의 수고와 인내를 아노라" 또는 "그가 나와 함께 고난을 받았다"(빌 2:25; 골 1:1, 7)라는 형식으로 접근하는 것이 바울의 방식이었기 때문이다. 우리도 그렇다. 대부분은 잘하고 있지 못하고 멈춘 상태, 실망하고 망설이는 상태의 사람을 보면 "끝까지 해야지"라는 식의 내용으로 그 사람을 감독하고 격려하곤 한다.

내가 이것을 더 자세히 알고 싶어서 현대인의 성경을 참고하니 "아킵보에게 주님께 받은 직무를 성실히 수행하라고 전해 주십시오"라고 번역되어 있고, 새번역에서도 "아킵보에게 주님 안에서 받은 직분을 유의하여 완수하라고 일러주십시오"라고 번역되었음을 보면서 '성실히', '유의'라는 단어로 보아 아킵보가 지금은 그러하지 못한 상태를 두고 바울이 선택한 단어들이 아니었는가 하고 생각해 보았다.

이런 전제하에 깨닫는 내용은 우리 또한 하나님의 부르심을 받은 것이 전부는 아니라는 경각심이다. 주님의 부르심에는 후회하심이 없으시며 자신 또한 하나님의 부르심에 확신을 갖고 있지만 어떤 이유에서 비롯되었는지 그 길을 그만두려는 것, 포기하려는 것, 부르심과 상관없이 살아가는 상태에 빠질 수 있다는 사실이다. 그리고 이것이 가장 영혼이 불쌍하고 불행한 상태가 아니고 무엇이겠는가?

찬양사역자로서 부르심을 받았지만 어떤 이유에서든지 우리를 중도포기하게 만드는 갖가지 이유들이 있다. 그럴 때 우리는 바울이 아킵보에게 한 말을 기억해야 한다. "직분을 삼가 이루라"는 바울의 음성 말이다. 그러나 이것에 바울이 아킵보에게 화를 냈고 경직된 상태로 이야기했을 것이란 상상은 금하자. 왜냐하면 빌레몬서 1장에서 아킵보를 향한 바울의 사랑이 아주 잘 느껴지기 때문이다.

우리를 부르신 주님의 부름에는 후회하심이 없다(롬 11:29). 그러므로 우리도 후회할 필요가 없다는 지극히 단순한 이 믿음을 끝까지 저버리지 말자.

아무것도 염려하지 말고

아무것도 염려하지 말고 다만 모든 일에 기도와 간구로 너희 구할 것을 감사함으로 하나님께 아뢰라 그리하면 모든 지각에 뛰어난 하나님의 평강이 그리스도 예수 안에서 너희 마음과 생각을 지키시리라(빌 4:6-7).

때로 우리는 불안감에 휩싸이는 자신을 마주할 때가 있다. 그때는 고독과 침묵이 우리를 휘감는 순간으로 아무 힘없이 자신을 그 감정에 맡길지 아니면 박차고 다시 일어설지, 힘겨운 자신과의 싸움도 하게 될 터이다. 어떤 경우에는 이런 싸움조차 버겁게 느껴져서 그저 엉엉 울어버리면 속이 편할까 싶을 만큼 힘이 들 때도 있다. 사람마다 혼란과 불안에 휩싸이는 이유가 각각 다르다. 그 이유가 다양한 만큼 여기서 피상적이고 아주 단순하기 그지없는 해결책 마냥 처방을 내리는 것은 무모한 짓임을 알고 있다.

최근에 나는 사역의 길을 가면서 마주하게 되는 외로움과 지금껏 해왔던 길을 여전히 고수하겠다는 재다짐을 하기 위한 힘겨운 내적 싸움을 하게 되었는데 그때 난 그저 엉엉 울어버리는 것밖에 할 수 없는 무력하고 연약한 내 영혼을 보았다. 나를 포기하게 하고 힘들게 하는 어떠한 사건 그리고 그 이유가 또 다시 나를 정복하려고 하는 순간에는 마치 사탄이 도전을 하며 "네가 무얼 하겠다고? 아니, 넌 할 수 없어, 한 번 쓰러져봐"라고 공격하는 듯했다. 염려는 마음과 생각이 흔들리고 무너져 내릴 때 들어온다. 그래서 영적 공격에서 사탄은 우리의 마음과 생각을 흔드는 일을 제일 먼저 감행한다. 그래서 이때 무너지면 영적 침체로 들어가게 되는 것이다. 그리고 이것이 바로 사탄이 원하는 것이기에 더욱 내 영혼을 괴롭히는 어두운 생각과 감정의 혼란을 허락하지 않았다. 대개 내면의 치열한 영적 공격과 전쟁을 하게 될 때 우리가 할 수 있는 것이 무엇이 있을까? 당연히 '하나님을 찬송하는 것'이다. 그 무엇보다 비교할 수 없을 만큼 소중한 하나님의 이름을 불러보는 것, 주님의 도우심을 또다시 구하며 어둠이 아닌 하나님의 영원한 빛, 그 위대함이 나와 우리를 여전히 통치하고 다스리고 있음을 선포하고 믿는 것이 영적 싸움에서 우리를 승리하게 한다.

정말 그렇다. 하나님을 찬송할 때 놀라운 역사가 일어난다. 귀신이 떠나가는 일, 불가능하기만 했던 옥문이 열리는 일, 주의 천사가 나타나 돕는 일 등 영적 공격과 고난 앞에서 하나님을 온전히 신뢰하겠다는 믿음의 찬송을 드리게 될 때 우리의 눈을 가리려 했던 사탄의 공격은 힘없이 무너지고 마는 것을 보게 된다. 그러나 이 순간이 영적인 공격과 시험인 것을 모르고 세상의 것들에 취해서 이겨보려고 한다면 우리의 영혼은 더욱 어두워지고 잠들게 된다. 이 싸움을 통해서 우리의 믿음이 더욱 자라고 하나님의 살아계심을 경험하게 되는 것인데 믿음의 싸움을 포기해 버리기 때문이다.

이 말씀에서는 아무것도 염려하지 말라고 얘기하고 있다. 그리고 기도와 간구로 우리가 구해야 할 바를 '감사함으로' 주 앞에 아뢰라고 아주 친절하게 가르쳐주고 있다. 하나님의 평강은 우리가 헤아릴 수 있는 수를 훨씬 뛰어넘는 것으로 우리의 마음과 생각을 지켜주신다고 약속하고 있다. 그 평강이 우리의 마음과 생각을 지키시도록 감사함으로 기도와 간구를 주께 올려드리자.

얼굴을 가린 모세

우리는 모세가 이스라엘 자손들에게 장차 없어질 것의 결국을 주목하지 못하게 하려고 수건을 그 얼굴에 쓴 것같이 아니하노라(고후 3:13).

전심으로 주님의 얼굴을 구하는 자들에게 나타나는 특징이 있다면 그들은 자신들의 얼굴을 가리고 온전히 하나님이 영광을 받으시는 데 집중한다는 사실이다. 모세는 그와 같은 사람으로서 하나님의 영광이 자신에게 반사되어 얼굴의 빛이 났을 때에 스스로 얼굴을 가렸다. 하나님의 영으로 충만했던 모세는 주님과 대면하여 대화를 나눌 정도로 하나님이 그를 친구와 같이 여기셨고 가까이 하셨던 사람이다.

사건의 전면을 보면 모세가 두 돌판을 들고 시내 산에서 내려올 때 여호와를 만나고 사귐을 갖고 말한 것으로 얼굴에 광채가 났지만 이를 알지 못했다. 그는 아론과 이스라엘 자손의 다른 어떤 행동으로 자신의 얼굴에 광채가 남을 알게 되는데, 그들은 모세에게 가까이 가기를 두려워했다. 그러나 모세가 그들의 이름을 부를 때 그가 모세인 것을 알고 다가오니 그때 모세는 자신의 얼굴을 가리기로 마음을 정하였다. 이는 이스라엘 자손들이 모세가 전할 하나님의 말씀을 보는 것이 아니라 그의 얼굴의 광채를 보기 때문이었다. 여기서 본다는 의미는 주목하는 대상과 생각이 어디로 향하는지를 말한다. 고린도후서 3장 13절에서는 더욱 정확하게 얘기해 주는데, 모세가 자기 얼굴을 수건으로 가린 이유가 장차 없어질 것에 주목하는 그들의 마음 때문이었다고 말한다.

세상 사람들이 추구하는 시대적 영웅, 그리고 크리스천 안에 있는 위대한 신앙적 영웅을 추앙하려는 마음은 개별적이지만 하나님이 아닌 피조물을 섬기려는 마음에 있어서는 일치된다. 그것들이 주는 위로와 우리가 표현하는 존경은 사랑의 교제와 친선을 위한 발판이 되지만 하나님이 아닌 그것을 의지하는 순간에는 우상이 되는 위험도 있다. 얼굴에서 광채가 나는 모세를 보고 이스라엘 백성들은 하나님이 아닌 모세를 더욱 의지하고 싶었을 것이다. 모세가 결국 하나님의 사람인데 무엇이 다르냐고 반문할 수 있겠지만 하나님이 아닌 다른 무엇을 가슴에 담아두는 행위를 모세도 저지했음을 바로 보자. 모세가 하나님의 영으로 충만한 것은 자신의 신비로운 능력이나 됨됨이가 아닌 그를 충만케 하신 하나님의 전적인 은혜였다.

신앙의 위대한 길을 바로 걷는 인물들을 대하는 우리의 마음과 태도는 어떠해야 할까? 하나님께서는 그의 백성들을 구원하시기 위해 시대를 따라서 그의 선지자와 예언자들을 보내셨고 하나님의 종을 세우셨다. 그들을 보내신 하나님의 온전하신 뜻은 자신의 백성을 잃지 않으시겠다는 영원하고 신실하신 하나님의 약속에 기인한다. 하지만 주께서는 자신의 백성들이 하나님을 온전히 알고 그의 길을 따르며 주를 사랑하기를 원하셔서 주의 종들을 세우시는 것이다. 하나님은 이스라엘 백성을 구원하셔서 주님 안에서 살게 하시기 위해 모세를 사용하셨다. 그러므로 우리가 찬양할 분은 하나님이시며 하나님을 향해 감사를 드려야 한다. 그렇다면 이러한 존경과 신임을 받고 있는 당사자의 마음은 어떠해야 할까? 바울은 자신이 세움을 받는 것과 달리 자신의 몸을 쳐 하나님의 뜻에 복종하게 한다고 말했다. 주님을 전하는 자로 귀하게 사용되었지만 이후로 하나님의 영광에서 도리어 버림을 당할까 두려워한다는 말은 자신 또한 하나님을 예배하는 사람인 것을 말한다(고전 9:27). 오직 주의 얼굴만 구한다는 것이 이와 같다.

우리는 그리스도의 향기

항상 우리를 그리스도 안에서 이기게 하시고 우리로 말미암아 각처에서 그리스도를 아는 냄새를 나타내시는 하나님께 감사하노라 우리는 구원받는 자들에게나 망하는 자들에게나 하나님 앞에서 그리스도의 향기니(고후 2:14-15).

예배음악에서 교제송으로 많이 알려진 김영범이 쓴 "너는 그리스도의 향기라"는 곡이 있다. 개인적으론 이 곡이 '향기'라는 단어가 주는 성경적인 의미 중 하나를 크리스천들이 잘 알 수 있도록 기여한 바가 크다고 생각한다. 이 곡은 고린도후서 2장 15절 말씀을 배경으로 우리가 하나님 앞에서 그리스도의 향기라고 알려 주고 있다. 분명하게 무엇을 말하는 걸까?

앞 절인 14절을 보면 하나님께서는 그리스도를 아는 지식을 곳곳에 퍼지게 하시는데 주님을 믿고 기다리는 신자들을 통해서 이 일을 진행하신다고 한다. 우리가 이 세상을 살 동안 그리스도로 말미암아 넉넉히 이기게 하시며, 예수님이 어떤 분이신지, 하나님이 어떤 분이신지를 곳곳에 세상 사람들에게 전하게 하셔서 예수님의 향기가 진동할 수 있도록 하신다고 한다. 그러고 보면 이 말은 우리가 예수님을 나타내는 자들, 곧 그분을 선전하는 자들이라고 할 수 있다. 좋으신 하나님을 자랑하는 것, 그분이 행하신 일들을 나누고 전하여서 하나님의 이름이 영광을 받으시도록 하는 일이 그리스도의 향기를 전하는 자들이 하는 일이다. 믿는 자들의 모임만이 아니고 멸망하는 사람들에게, 곧 세상을 향해서도 우리는 그리스도의 향기이다. 멸망을 받는 사람들에겐 미련해 보이고 죽음의 냄새로 여겨지지만 구원받는 이들에겐 생명이 되니, 누가 이 향기를 전하는 주인공이 될까? 17절을 보면, 말씀을 전해도 하나님의 말씀을 팔아서 먹고 사는 장사꾼처럼 살지 않고 진실되게 증거하는 이들을 구분짓고 있음을 알 수 있다. 만약 우리가 말뿐이라면 장사꾼에 지나지 않을 것이다. 이러한 자들에게는 세상을 이기는 흔적이 없다. 하지만 세상을 이기게 하심으로 그리스도를 아는 것을 말하는 자는 다르다. 왜냐하면 하나님께서 친히 그들을 이끄시기 때문이다. 이러한 자들은 때에 따라 꼴을 먹이시는 하나님을 경험하고 목자의 음성을 듣는 양과 같다(요 10:14-15). 장사꾼에 지나지 않는 이들은 말씀을 혼잡하게 하지만 그리스도의 향기인 자들은 순전함으로 그리스도 안에서 말한다(17절, 개역개정). 말씀을 파는 잡상인들이 아니라 하나님의 말씀을 파견받아 순수한 마음을 가지고 그리스도 이름으로 말씀을 전하는 자들이다(17절, 공동번역).

이것을 스스로 자가진단할 수 있는 방법은 없을까. 개인적으로는 우리가 하는 사역의 다양한 모습들에 하나님만 순전히 드러나면 감사하고 만족할 수 있는지를 묻는 것이 우선이라고 생각했다. 그리스도의 향기로 살아가는 것은 힘든 의무가 아니라 예수님이 정말 좋은 이들에게는 그분을 소개하고 자랑하고 나타내는 것이 즐거운 일이 될 것이란 생각을 했다. 어쩌면 하나님은 이 구절이 '~면'이라는 가정이 아니라 선언해 주신 것으로 볼 때 신자들은 이미 그리스도의 향기일 것이다. 그것을 깨닫는 지적인 성숙과 믿음으로 취하는 법을 알 때 하늘의 복을 누리는 영적인 권세를 누리게 될 것이다.

이제 교제송으로 이 노래를 부를 때 주 안에서 하나 된 그리스도의 향기로서 우리가 할 일은 예수님을 자랑하는 것임을 되새기며 서로를 더욱 격려하는 것이다.

빛으로 나타내는 자

이는 너희가 흠이 없고 순전하여 어그러지고 거스르는 세대 가운데서 하나님의 흠 없는 자녀로 세상에서 그들 가운데 빛들로 나타내며(빌 2:15).

하늘에서 반짝이는 별을 보면서 많은 사람들은 스타를 꿈꾼다. '저 별들처럼 나도 반짝이는 사람이 되고 싶다.' 이렇게 말이다. 그러나 하늘에 반짝이는 별들뿐만 아니라 땅 위에서 반짝이는 별들이 이미 있으니 바로 하나님의 자녀로 이 땅을 살아가는 크리스천들이다. "그들 가운데 빛들로 나타내며"라는 말씀 속에서 우리는 육안으로는 볼 수 없지만 영의 눈으로 볼 때 신자와 신자가 아닌 자들이 함께 사는 세상 안에서 반짝이고 있는 빛의 자녀들을 볼 수 있을 것이다.

내가 좋아하는 말씀 중에 하나는 우리가 다 무명한 자 같으나 주 앞에서는 유명한 자라고 말했던 사도 바울의 기록이다. 이 빛을 비추셨던 예수님, 그리고 그 빛을 받아 비추고 있는 하나님의 자녀들, 그들이 말씀으로 인하여 헌신하고 봉사하며 순종하는 모습은 눈에 크게 띄지 않는다. 어쩌면 진정 하나님 나라가 세워지고 주님이 영광받기를 간절히 소망하는 마음이 그들의 이름을 무명으로 만들고 또 모였다면 어느새 흩어져버리는 성향을 만들어내는지도 모르겠다. 그렇다. 하나님 나라와 그 뜻을 위해 모인 사람들이 언약의 성취를 위하여 도모하는 많은 노력과 성과가 있을지라도 여느 날과 다르지 않게 시간은 흘러가고 또다시 새로운 하루가 시작되는 아침 눈이 떠질 때면 또 앞을 향해 걸어가야 할 걸음이 아직은 남아있다는 생각이 그 빛을 드러내지 않게 할 수도 있다. 하지만 빛의 자녀들이 남겨놓은 수많은 빛의 열매들은 사라지지 않는다. 무엇보다 그들의 마음을 받으시는 이가 주님이셨기 때문이다. 그래서 그 빛이 가장 적절한 곳에, 어둡고 메마른 땅에, 광야와 같은 삶을 살고 있는 사람들에게 비치게 하심으로 주님의 뜻을 이루시며 영광을 받으실 것이다.

이러한 일로 마음이 활짝 열려 있어서 기쁨으로 주님을 찬양하는 일에 동참한 형제자매들을 최근에 만날 수 있었다. 그저 '얼마나 많은 사람들이 알게 될까?' 또는 '듣게 될까?' 와 같은 홍보와 마케팅의 부재 상황을 짐작하면서도 하나님의 사랑과 말씀이 필요한 곳에서만큼은 사람들의 귀에 들려지길 원했던 순수한 마음으로 모여서 노래를 불렀던 것이다. 물론 모두가 같은 마음이었다고 할 수 없었지만 말이다. 아마도 그 중 한 명이 무명의 사람들이 부르는 노래보다는 좀 더 넓고 화려하고 큰 무대에서 노래하는 것에 더 의미를 두는 듯했다. 하지만 항상 감사란 것을 뒤늦게 깨닫는 것이 우리의 본모습이었음을 기억할 때 그 사람의 마음을 기다려줄 수 있겠다는 생각이 들었다. 믿음이 연약하면 연약한 대로, 믿음이 장성하면 장성한 분량대로 우리가 할 수 있는 것들이 있기 때문이다. 또한 우리가 서로를 보듬어서 함께 가야 한다는, 주의 부탁하신 말씀이 있기에 더욱 그렇다.

성경에서는 이 세대를 어그러지고 거스르는 세대라고 말했다. 하나님 그분의 존재와 가치를 아직은 알지 못하고 알고 싶지 않은 세대라는 표현이 적절할 것이다. 하지만 그분의 존재와 가치가 그 무엇보다 가장 뛰어나고 아름답다는 것을 아는 자는 이 땅에서 주님의 빛을 비추는 별이 되어 살아가게 된다. 주님의 빛을 비추는 별이 되고 싶다면 무엇보다 내가 하나님의 자녀임을 잊지 않을 때임을 기억하길 소망한다.

신랑의 친구로서, 세례 요한

> 내가 말한 바 나는 그리스도가 아니요 그의 앞에 보내심을 받은 자라고 한 것을 증언할 자는 너희니라 신부를 취하는 자는 신랑이나 서서 신랑의 음성을 듣는 친구가 크게 기뻐하나니 나는 이러한 기쁨으로 충만하였노라 그는 흥하여야 하겠고 나는 쇠하여야 하리라 하니라(요 3:28-30).

예수님은 세례 요한을 '여자가 낳은 자 중에 가장 큰 자'라고 말씀하셨다. 그 이유는 모든 사람이 한 번 태어나서 죽는 것은 정해진 법인데, 요한은 메시아 예수를 알아보고 그를 세상에 소개하는 일로 부르심 받아 살았기 때문이다. 크리스천으로서 그와 같이 복된 삶을 산 사람이 과연 어디에 있을까 싶을 만큼 그는 영적으로 큰 축복을 받은 선지자였다. 그래서인지 세례 요한을 따르는 제자들도 있었다.

본문은 예수님께서 요단 강 저편에서 세례를 베풀기 시작하니 요한의 제자가 와서 무리들이 자신들에게로 오지 않고 예수님께로 다 가버렸다며 걱정을 하는 장면이다. 제자의 입장에서는 요한이 최고인데 혹시나 예수님으로 인하여 선지자 사역에 피해를 입을까봐 조바심이 난 것이다. 하지만 요한은 제자들의 서운함에도 예수님은 흥하고 자신이 점점 쇠해야 함이 옳다고 설명한다. 왜냐하면 자신은 그리스도가 아니며 그리스도이신 예수님을 증언할 뿐이기 때문이다. 예수님이 신랑이라면 그를 구세주로 믿는 자들은 신부인데 자신은 신부를 취한 신랑의 음성을 듣고 기뻐하는 친구라고 이야기한다. 무대에 서는 배우로 비유하면 예수님은 주연이고 자신은 조연이라는 것이다. 신랑은 옆에서 축하해 주는 친구로 인해 결혼식에서 가장 멋진 남자가 되고, 주연은 조연의 연기 덕분에 아름답고 더욱 빛이 나는 법이다.

이처럼 세례 요한은 예수님의 역사적인 구원 사역의 조연으로서 그를 돕고 지지한 것이 크게 기뻐할 일인 것을 제자에게 가르치고 있다. 그러므로 자신은 세상을 구원할 그리스도가 아니며 요한의 제자가 되었다면, 오히려 사람들이 자신을 그리스도로 오해하는 사람이 있다면 옳고 바르게 일러주라는 것이다. 사람들의 주목을 받았던 요한이 잊혀질까봐 내심 두려워하는 제자에게, 관심과 주목이 도리어 예수님께로 집중되고 흘러가야 할 것을 가르치는 요한의 모습이다.

예수님이 흥하고 요한은 쇠하여야 세상을 향한 하나님의 구원 사역이 곧게 설 수 있다는 성경 말씀은 오늘날 하나님 나라와 그의 영광을 위해서 헌신하는 사역자들이 걸어갈 방향에 핵심을 짚어준 것이라고 볼 수 있다. 음악을 하고 또 강단에 서서 설교를 하면서 항상 주목받고 눈에 잘 띄는 곳에 서 있는 우리들이 지켜야 할 마음의 태도가 세례 요한과 같아야 한다. 나라는 사람을 나타내고 자랑하는 것이 아니라 예수님을 자랑하고 선전하는 것이 모든 사역의 본질이 되어야 한다.

하지만 관심과 이목에서 잊히는 것이 두렵고 사역이라는 것도 내 소유가 될 때가 얼마나 많은지 모른다. 세례 요한은 무리들의 마음이 예수님께로 쏠리는 것을 보면서 자신이 쇠하는 것에 도리어 감사했다. 왜냐하면 그렇게 되는 것이 진정 자신의 사명이었기 때문이었다. 우리의 사명도 나 자신이 아니라 예수님이 빛나는 것이다. 세례 요한처럼 우리에게 주어진 사역 위에 예수님만 주목받기를 간절히 소망한다.

하나님은 참 좋은 분

또 주께서 주의 구원하는 방패를 내게 주시며 주의 오른손이 나를 붙들고 주의 온유함이 나를 크게 하셨나이다(시 18:35).

사역이란 건 마냥 힘든 일만 있지 않으며 기쁨도 함께 공존한다. 어떤 일이 잘 풀리지 않았다는 이유로 낙심이란 유혹에 넘어질 수 없음이, 또 다른 열매를 보여주시며 힘을 주시는 하나님의 배려와 사랑이 예비되어 있기 때문이다. 오늘은 여성중창단과 6개월 남짓하게 함께 찬양을 해오면서 가슴이 따뜻해지는 일을 경험하게 되었다. 떨리는 목소리와 두서없는 말들로, 앞뒤 문맥도 맞지 않는 기도였지만 한 집사님이 예수님의 이름으로 공동체를 위해 기도하는 첫 입술이 진실된 목소리로 하나님께 드려진 날이다.

모두 전공한 목소리, 다듬어진 목소리는 아니지만 서로가 잘 못한다 하여 흉을 보거나 선을 긋는 따위는 찾아볼 수 없이 연습하는 내내 웃으시고 또 웃으시는 모습이 반주와 지도로 돕고 있는 내 마음에도 한 모금 해갈할 수 있는 오아시스로, 작은 꿈이란 모종을 심을 수 있는 실현의 장으로 다가왔다. 되려 서로 화음이 안 맞는 데도 "아휴, 나 되게 못 한다~"라는 말 한마디에 모두가 까르르 웃음보가 터지며 각 파트별로 화음을 잘 내려고 각자의 귀를 쫑긋 세우는 모습은 교회 찬양 사역의 친밀함, 사랑이란 코드를 찾을 수 있는 장이다.

그 중 한 집사님이 있다. 젊은 시절에는 가수가 되고 싶어서 KBS합창단에서 아카데미 수료를 받기도 하셨다. 맑은 소리를 좋아하신다며 나에게 이런저런 가요를 들려주시던 집사님은 소프라노로 파트가 나뉘면서 젊었을 때의 기억을 떠올리시며 줄곧 단원들과 노래하며 즐거워하는 모습을 보여주셨다. 한번은 내가 중창단이 부를 곡을 선곡하는 중에 찬송을 듣고 있던 터였다. 집사님은 옆에 와서 요즘엔 찬양을 듣는 일이 정말 즐겁고 차 안에서 매일 듣고 있노라고 말씀하셨다. 자신이 잘 못하기 때문에 무조건 반복해서 듣고 또 들은 후에 중창단이든지, 찬양 팀에 서게 된다는 것이다. 오늘 선곡해서 부르게 될 찬송도 잘 모르는 곡들이지만 입술을 열어 하나님을 찬송하는 기쁨은 말로 표현할 수 없이 기쁘다고 얘기하셨다. 정말 집사님은 한 주 한 주 함께 배우는 찬양을 통해 하나님이 어떠한 분이신지를, 그리고 하나님을 더 깊이 알고 싶어하는 행복한 모습이 역력했다. 하지만 이 모습은 최근이다.

중창단은 교회 공동체에서 생겨난 모임이고 하나님을 더 아름다운 하모니로 노래하고자 시작되었기에 연습을 시작할 때도 끝날 때도 기도로 마무리했다. 과거에 연습이 끝나는 기도를 집사님께 부탁드려봤지만 자신은 안 하겠다고 뒤로 빼시던 분이셨다. 이유는 쑥스럽기보다는 어떻게 기도해야 할지 몰라서, 또 하나님께 개인적으로 기도로 친밀감을 가져본 적이 없었기에 마음도 기도의 입술도 열리지 않아 어려워하신 거였다.

그러나 오늘은 집사님이 찬양을 통해 만나 온 따뜻한 하나님 아버지의 이름을 부르며 기도한 날이다. 입술로 늘 찬양해 온 것이 기도의 입술이 열리는 데도 중요한 역할을 했음이 분명하다. 우리의 찬양 속에 거하시는 주의 온유함이 집사님을 크게 하신 순간을 나와 중창단은 함께했다. 우리의 부족한 찬양과 기도에도 응답해 주시는 하나님 아버지는 참 좋은 분이시다.

일장춘몽(一場春夢)

> 주여 사람이 깬 후에는 꿈을 무시함같이 주께서 깨신 후에는 그들의 형상을 멸시하시리이다 내 마음이 산란하며 내 양심이 찔렸나이다 내가 이같이 우매 무지함으로 주 앞에 짐승이오나 내가 항상 주와 함께하니 주께서 내 오른손을 붙드셨나이다(시 73:20-23).

하나님 나라의 백성은 어떤 꿈을 꾸어야 할까? 우리의 희망사항은 무엇이 되어야 할까? 오늘날, 하나님의 사람들을 더 구체적으로 표현한다면 예수님을 따르는 사람들이라고 할 수 있다. 이는 예수님의 제자가 된다는 뜻이다.

신기루라는 현상이 있다. 이는 물체가 실제의 위치가 아닌 곳에서 보이는 일종의 착시현상을 말한다. 이 신기루가 나타나는 이유는 불안정한 대기층의 빛이 굴절하면서 생기는데 비교적 사막이나 극한 지방의 바닥과 대기 온도 차이가 심한 곳에서 발생한다고 한다. 1798년에는 나폴레옹과 군대가 사막에서 오아시스와 야자수가 가까이 있는 것을 보고 더운 사막에서 그늘을 만나고 시원하게 목을 축이고자 열심히 그곳을 좇았지만 곧 사라져버렸다는 이야기가 있다.[42] 왜냐하면 정말로 오아시스와 야자수는 거기에 없었기 때문이다.

사람들은 이 이야기를 통해 깨닫기를 신기루같이 허황된 것을 좇은 결과를 사상누각(砂上樓閣)이라 하여 모래 위에 지은 다락집, 곧 헛된 것을 비유하는 말이나 귀배괄모(龜背刮毛)라 하여 거북 등의 털을 벗겨 뜯는다는 말로 없는 것을 애써 구하려는 헛됨이라고 말한다. 또 일장춘몽(一場春夢)이라고 하여 한바탕의 봄 꿈, 즉 인생의 부귀영화가 덧

42) http://navercast.naver.com/contents.nhn?rid=116&contents_id=58499

없이 사라짐을 일컫기도 한다.

예수님은 그의 제자들에게 다음과 같이 말씀하셨다. "나를 따르라"(요 1:43). 또한 예수님은 "사람이 나를 섬기려면 나를 따르라"고 말씀하셨다(요 12:26). 우리는 진정 알고 싶어 한다. 주님을 따르려면 어떻게 해야 하는지를, 어떤 삶이 주를 따르는 삶인지를 말이다. 예수님은 이처럼 고뇌하고 고심하는 많은 사람들을 만나주시며 그들이 처한 삶과 환경에서 가장 꼭 맞는 말씀으로 예수님을 따르는 삶이 무엇인지를 가르쳐주시는 것을 볼 수 있다. 니고데모에게, 자신의 아비를 장사지내고 주를 따르겠다는 제자에게, 또 주님을 따른다지만 그 의미가 정말 무언지 모르는 제자들을 향해서 말이다. 이는 예수님을 좇지 않는 다른 어떤 모양들이 신기루와 같이 곧 사라질 것에 소망을 두지 말라는 말과 동일하다고 할 수 있지 않을까.

우리도 꿈과 비전이라는 말로 이처럼 신기루와 같은 현상들을 잘 포장하여 애써 그것들을 좇고 있지는 않는지 돌아보아야 한다. 예수님을 따르는 삶을 구하는 것이 아니라 실제로는 다른 것들을 더 구하고 있지는 않는지, 본문 말씀은 어쩌면 살짝 들켜버렸는지 모를 우리 마음을 두드리시는 주님의 세밀한 음성일지도 모른다. 우리가 주 앞에 서게 될 때 우리는 하룻밤을 자고 깨어난 것처럼 꿈같이 빨리 지나간 세월, 신속하게 가니 날아간다는 시편의 말을 실감하게 될 것이다. 그 때에 이 땅에서 살았던 삶이 일장춘몽(一場春夢)이 되지 않도록 이것을 위해 기도하기를 소망한다.

주를 기쁘시게 할 것은

그러므로 여러분은 주님을 기쁘시게 할 일이 무엇인지 살펴보십시오. 여러분은 열매 없는 어두움의 일에 끼어들지 말고 오히려 그런 일을 책망하십시오 (엡 5:10-11, 현대인의 성경).

사랑하는 사람의 마음을 기쁘게 하는 것, 나아가 사랑하는 사람의 기쁨이 되고자 하는 소망은 사랑을 만드신 하나님, 그분이 우리를 사랑하시는 마음을 조금은 알게 해준다. 하나님은 무엇보다 사랑의 대상이 되신다. 하나님의 형상을 따라 지음 받은 우리도 사랑의 존재다. 하나님이 우리를 기뻐하시는 것, 그리고 우리가 하나님을 기뻐하는 것이 바로 하나님 나라가 우리 안에 있고, 우리가 하나님 안에 있다는 말씀과 가장 어울리지 않을까.

본문에서는 주님을 기쁘시게 하는 일에 대해서 상고하라고 가르친다. 물론 하나님을 기뻐하는 자가 하나님이 기뻐하시는 일을 하는 것은 당연한 이치라고 생각되지만 우리의 연약한 모습으로 인하여 하나님을 기쁘시게 해드리지 못하는 일들을 저질렀다는 실제적 사실을 보게 될 때면 말씀과 상치되는 것이 아닌가 생각한다. 하지만 하나님이 우리를 기뻐하시는 기쁨, 우리를 향해 부르시는 사랑의 노래의 깊이는 우리의 행위가 옳아서 또는 그릇되어서 사랑으로 다가오시다가도 멀리 떠나버리시는 인간적인 이해로 해석하는 사랑이 아니라, 영원무궁한 사랑으로 사랑하고 계신다는 점이다. 그리고 그 사랑을 삶에서 깨달아가는 과정과 예수님의 얼굴을 닮아가는 것이 삶의 이유가 아닌가 싶다.

주님은 우리가 어두움의 일에 참여할 때 슬퍼하신다. 예수님은 우리가 빛의 자녀임에도 불구하고 어두움의 일에 노예가 되어서 사는 것을 끊어버리고 우리에게 자유를 주시려고 오셨다. 그러나 주님의 자녀인데도 우리가 어둠이 행하는 일을 그대로 따라하면서 사는 상태, 이것은 주님의 슬픔이다.

본문에서는 어두움의 일에 대해서 말하기를 음란, 온갖 더러운 것, 욕심, 추잡한 짓, 어리석은 말, 유치한 말, 하나님께 불순종하는 것이라고 말하고 있다. 그런데 이런 일을 저지르는 것이 누구인가? 사람이다. 우리가 음란한 행동을 하면 음란한 자가 되고, 더러운 행동을 하면 더러운 자가 된다. 여기에서 자유할 수 있는 사람이 없다. 만약 스스로 깨끗하다고 여기는 자가 자기의 더러운 것을 씻지 아니한 자라면 어찌할 수 있겠는가?(잠 30:12) 과연 우리는 주님을 슬프게 하는 자들일까?

그러나 여기에 희망이 있다. 이것을 정직하게 보고 깨달은 자, 그가 하나님 앞에 무릎을 꿇을 때, 그 마음은 상한 자의 마음이다. 통회하는 마음, 자복하는 마음이다. 시편 34편 18절에서는 "여호와는 마음이 상한 자를 가까이 하시고 충심으로 통회하는 자를 구원하시는도다"라고 노래하며, 51편 17절에서는 "하나님께서 구하시는 제사는 상한 심령이라 하나님이여 상하고 통회하는 마음을 주께서 멸시하지 아니하시리이다"라고 한다. 주는 통회하고 마음이 겸손한 자에게 함께하시니 그의 영을 소생시키시고 돌보아주신다(사 57:15). 그리고 이것이 곧 우리가 영적으로 유지해야 할 가난한 마음이다(사 66:2). 열매 없는 어둠의 일에 참여하지 아니하고 하나님의 아름다우심에 참예하는 자, 그것이 우리가 바라는 소망이다.

주님의 노예입니까?

> 만일 종이 분명히 말하기를 내가 상전과 내 처자를 사랑하니 나가서 자유인이 되지 않겠노라 하면 상전이 그를 데리고 재판장에게로 갈 것이요 또 그를 문이나 문설주 앞으로 데리고 가서 그것에다가 송곳으로 그의 귀를 뚫을 것이라 그는 종신토록 그 상전을 섬기리라(출 21:5-6).

우리 시대에 '노예'라는 말이 주는 어감은 수치스럽고, 공평하지 않으며, 인권에 부합되지 않아 반드시 철회되어야 할 구시대의 산물이라는 이미지가 크다. 어느 누구도 무엇에 속박되거나 자유를 침해당하는 것을 원하지 않는다. 즉 노예가 되지 않으려 한다. 그렇다면 노예가 정당한 대우를 받으며 살아왔던 시대가 있었을까? 대부분의 노예는 농민들이었는데, 지배층의 관리 아래 있었던 조선시대의 노비들은 어떠했을까? 또 중세의 봉건사회는 어떠했을까? 붕괴의 원인이 장원제의 동요, 도시 발달과 상업의 부흥, 교황권의 약화와 왕권의 강화가 영주 세력의 약화 초래 등으로 다양한 노예들의 실제적 문제와 한계는 무엇이었는가? 이는 '현대사회의 신(新) 노예전은 없는가?'라는 질문까지 이어질 수 있다. 알다시피 현대의 일을 하는 방식에 있어서 도입된 막스 베버(Max Weber)의 관료제 이론은 역기능을 극복하기 위해 탈 관료제가 대안이 되고 있다.

성경에서는 노예에 대해 어떻게 말하고 있는가? '하나님께서는 인간들의 삶에 노예를 허락하셨는가?'에 대한 질문도 있다. 먼저 구약을 살펴볼 때 하나님은 인간들에게 노예를 허락하지 않으셨다. 하나님을 섬기는 민족이 아닌 모압이나 암몬 자손에는 일찍이 왕이 있었고 당시의 이스라엘 백성에게는 왕이 없었으며 하나님이 인간을 직접 다스리시는 방식이었다. 그러나 이스라엘이 왕을 요구하기 시작했고 사무엘 선지자는 괴로워했다. 이에 그들이 왕을 구한 것은 하나님을 버리고 자신들의 왕이 되지 못하게 한 것이며 하나님은 그들에게 왕을 허락하시지만 그가 세울 왕의 제도는 다른 나라와 같이 이스라엘이 왕을 위한 종이 될 것임을 미리 명시하셨다(삼상 8:6-17).

그렇다면 인간이 하나님을 섬기는 것도 노예의 일종일까? 그리고 노예라면 세상의 방법과 무엇이 다른가? 그렇다. 우리는 주님의 노예다. 그러나 우리를 다스리는 하나님의 방법은 제자의 발을 씻기신 예수님처럼 먼저 섬김의 본을 보여주시는 사랑에서 시작된다. 본문에서는 주인과 노예의 신뢰와 사랑이 있을 때 어떤 결과를 낳는지, 그리고 이것이 우리에게 주는 영적인 메시지는 무엇인지 알게 한다.

본문은 자신의 주인에게 속하길 기뻐하는 노예의 모습을 상상하게 한다. 노예로 6년을 지내는 동안 얼마나 행복했는지 7년째에는 자유의 몸이 될 수도 있지만 주인을 사랑하기에 곁에 남기를 사모하고 영원히 그의 노예로, 종으로 살기를 결정한다. 그리고 이것은 노예의 길을 선택하는 주님의 종의 모습을 가르친다. 더불어 자신의 종을 끝까지 사랑하고 보호해 주는 성실한 주인, 하나님의 성품을 보게 한다. 즉 세상에서 배운 '노예'의 이미지로 '주님의 노예'를 동일하게 생각하는 것은 맞지 않은 그림이다. 참된 권위에서 시작되는 주인의 성실, 그래서 고난이 있을지라도 주인을 따르는 것이 기쁜 노예, 하나님의 나라를 위한 우리의 예정된 선택이 되어야 하지 않겠는가!

우리는 누룩을 넣지 않은 반죽

> 여러분이 자랑하는 것은 좋지 않습니다. 여러분은 적은 누룩이 온 반죽을 부풀게 한다는 것을 알지 못합니까? 여러분은 새 반죽이 될 수 있도록 묵은 누룩을 넣지 않은 반죽입니다(고전 5:6, 표준새번역).

바울은 고린도 교인들에게 당부와 교훈의 말씀을 전하면서 오늘의 말씀도 전한다. 여기서 누룩은 묵은 누룩, 곧 악의와 악독을 뜻하고 누룩을 넣지 않은 빵은 성실과 진실로 된 것을 말한다(8절). 바울은 악의와 악독이 가득한 말과 행위를 자랑하는 몇몇의 교인들의 모습을 보고 이것이 본래 그들이 모습이 아니라고 한다. 도리어 그들은 이제 새 반죽이고 묵은 누룩을 넣지 않은 반죽이라고 한다. 미묘한 차이를 이해할 필요가 있는데, 바울이 누룩의 모습을 버리고 회복하라고 하지 않고 이미 새 반죽이고 묵은 누룩을 넣지 않은 빵이라고 선언하고 있다는 점이다.

이는 바울이 다른 성경에서도 언급한 것과 같은데 주께서 십자가에 못 박히셨을 때 우리도 십자가에 함께 못 박혔나니(갈 2:20)라고 이야기한 것이다. 그는 십자가에 못 박으라고 말하지 않고 이미 못 박혔다고 말한 것처럼 그리스도인에게 누룩을 빼거나 버리라고 하지 않고 이미 묵은 누룩을 넣지 않은 새 반죽이라고 가르치고 있다. 바울의 관점은 마치 아름다운 형상을 회복하기보다 잃어버린 형상을 찾으라고 얘기하는 듯하다. 본래는 우리의 모습이 그게 아니었고 하나님의 자녀가 된 후로는 본래의 형상을 되찾게 되었는데 우리가 거꾸로 자꾸만 옛 모습을 따라간다는 점이다. 이는 계속 버리고 버려야 하고 못 박아야 하는 지친 영적 상태와는 사뭇 다른 말이다. 이는 어떻게 계산해야 할

까보다는 옳다고 믿음으로 받는 것이 성경적인 원리이다.

바울은 그리스도인들의 정체성을 제대로 알려 주고 있지만 적은 누룩, 곧 자신을 자랑하는 얕고 사소한 영적 문제들이 해결되지 않음으로 온 반죽, 곧 영적 생명에 큰 치명상을 입을 수 있음도 가르쳐주고 있다. 아가서에서도 작은 여우가 포도원을 모두 해쳐놓는다는 성경 말씀이 있는 것처럼, 작은 여우를 조심하라는 말과 같이 적은 누룩이 결코 작지 않다는 것을 말한다(아 2:15). 하나님이 자랑이 되지 않고 사람을 자랑하는 것, 그래서 적은 누룩을 내적인 작은 마음 공간에 허락하고 내준 것은 무엇이 있는가? 그것은 하나님을 반대하는 것이기 때문에 자연히 악의와 악독이 될 처지에 놓여 있는 것들이다.

반대로 누룩 없는 빵이 있다. 이 빵은 성실과 진실로 넣어서 일궈낸 빵이다. 우리는 우리를 향하신 주님의 성실하심과 진실하심을 묵상해 볼 수 있다. 이 세상을 향한 하나님의 선하심과 인자하심을 생각할 수 있다. 이것에 시선을 돌리고 바라보는 것이 우리의 영을 살게 한다. 누룩, 즉 죄는 없어지지 않지만 그것이 더 이상 나를 다스리지 못하는 것이 참된 그리스도인의 정체성이다.[43)]

---

43) 유기성, 《예수를 바라보자》, 규장, 2014, pp. 275-278.

우리는 하나님의 작품

우리는 하나님의 작품입니다. 선한 일을 하게 하시려고, 하나님께서 그리스도 예수 안에서 우리를 만드셨습니다. 하나님께서 이렇게 미리 준비하신 것은, 우리가 선한 일을 하면서 살아가게 하시려는 것입니다(엡 2:10, 표준새번역).

작품 활동을 하는 최고의 예술가가 작품을 세상에 내놓을 때 그 작품에 대한 기대와 가치 부여에 대한 관심은 최고조에 이른다. 대개 최고의 예술가들이 거대한 습작(習作) 과정을 거쳐서 단 하나의 작품을 완성하여 세상에 공개하기 때문이다. 그런 작품을 놓고 우리는 숭고하여 아름답다고 말한다.

어느 한 예술가가 자신이 가장 소중하게 여기는 그림들을 화방에 걸어놓고 감상하곤 했는데 어느 날 그림 수집가가 그의 작품을 보고 매입하고 싶다고 말했다. 하지만 화가는 자신은 작품을 팔지 않는다고 말했고 그의 작품을 사고 싶은 사람은 몇 번이고 졸라댔다. 화가가 그에게 작품을 팔려고 하지 않았던 이유는 그가 자신의 그림을 보고 작품의 세계에 대한 이해와 공감을 하기보다는 얼마를 주면 살 수 있는지에 대해서, 즉 돈의 개념으로만 작품을 바라보았기 때문이었다. 몇 번이고 졸라댔던 그림 수집가는 화가에게 그동안 자신이 불렀던 값보다 더 큰 값을 제안하며 작품을 사겠다고 했지만 끝내 화가는 그 그림을 수집가가 보는 앞에서 찢었다는 이야기가 있다.

어느 값이라도 예술가의 혼을 무시하는 거라면 작품을 팔아야 할 이유가 없다는 것이 예술가의 입장이었다. 자신이 창조한 그림을 놓고 그 정도의 인정을 받아서 감지덕지(感之德之)하지 않겠다는 것이다. 여기에는 예술에 대한 혼, 그리고 작품 세계에 대한 절대적인 창조를 수

치로 매기는 것이 합리적이라고 말할 수 없다는 논리가 숨어 있다. 그리고 나는 예술가가 자신의 작품을 최고로 여기는 것, 자신의 전부로 여기는 마음을 보면서 우리를 지으시고 바라보시며 심히 좋았다고 말씀하셨던 창세기 말씀이 떠올랐다(창 1:31).

혹시라도 자신이 이 세상에서 쓸모없게 여겨지고 많은 사람들 중에서도 보잘것없는 작품이라고 생각하지는 않는가? 김춘수 시인이 지은 "꽃"이라는 시는 사람을 가장 아름다운 꽃에 비유하였다. 뿐만 아니라 많은 예술가들도 사람을 꽃에 비유하여 아름다운 노래, 시, 그림 등으로 표현하고 있는데, 거기에는 사람의 존엄성이 피어오른다. 하지만 인간의 존엄성 중에 가장 뛰어난 건 하나님께서 사람을 흙으로 지으시고 생기를 불어넣어 주셨다는 고귀한 창조에 있다. 하나님은 당신의 자녀로, 예수님의 신부로, 영원한 사귐을 위하여, 하나님 자신의 가장 순결하고 아름다운 모습을 보이시고자 우리를 지으셨다는 것이다. 당신 스스로 충만하신 완전한 사랑을 우리에게 영원토록 베푸시기 위해 지으셨다는 말이다.

혹시라도 이 하나님의 사랑에서 끊어지지는 않을까 염려한다면 이 사랑의 주권이 하나님께 속하였음을 선포하라! "내가 확신하노니 사망이나 생명이나 천사들이나 권세자들이나 현재 일이나 장래 일이나 능력이나 높음이나 깊음이나 다른 어떤 피조물이라도 우리를 우리 주 그리스도 예수 안에 있는 하나님의 사랑에서 끊을 수 없으리라"(롬 8:38-39). 아멘.

주님께서 칭찬해 주는 사람이 되자

주님이 인정하는 사람은 자기 자신을 칭찬하는 사람이 아니라 주님께서 칭찬해 주는 사람입니다(고후 10:18, 현대인의 성경).

어떤 사람을 칭찬할 때 우리는 그 사람의 무엇을 놓고 칭찬을 하는가? 그 사람의 학식, 덕망, 인품, 재력, 명예 등 칭찬할 요소는 참 많다. 요즘은 '나'라는 존재를 알리기 위해서 자신의 장점을 내세우는 시대이지만 아무래도 자기 자신을 칭찬하는 것과 많은 사람들이 인정해 주는 것에는 차이가 있음을 발견한다. 나는 이렇다고 말할 수는 있어도 그 말이 정말인지는 얼마나 사람들이 인정하느냐에 따라서 진실이 되기도 하고 거짓이 되기도 하니 말이다. 그러나 자기 자신을 칭찬하고 여러 사람들의 판단으로 그 사실 여부가 인정되는 것만으로는 진실하다고 단정할 수 없다. 내가 이렇게 얘기하는 이유는 세상에서 말하는 성공과 실패의 기준을 제외하고 크리스천의 삶의 성공과 실패의 여부는 이 땅에서 판가름날 수 있는 것이 아니요, 하나님 앞에 섰을 때 주께서 판단하실 일이기 때문이다.

본문에서는 주님께서 칭찬해 주는 사람이 있다고 한다. 물론 우리는 자기 자신을 사랑할 줄 알고 또한 이웃에게도 칭찬받고 인정받는 사람이 되고 싶어 한다. 나아가서는 하나님께 칭찬받는 사람도 되고 싶어 한다. 하지만 여기서는 사람에게 칭찬을 받지 못하더라도 하나님 앞에서 칭찬받는 사람이 있을 수 있다고 인정해야겠다. 그 이유는 하늘이 땅보다 높음같이 여호와의 길은 사람의 길보다 높으며 또 그의 생각은 사람의 생각보다 높기 때문이다(사 55:9). 또 여호와의 생각이 사람의 생각과 다르며 사람의 길과 다르기 때문이다(사 55:8). 로마서 8장 6절에서도 육신의 생각은 사망이고 영의 생각은 생명과 평안이라 하여 그 본질적 차이를 드러냈다. 시편 73편 26절에도 인간의 마음 그리고 생각은 쇠잔하여서 불완전하다는 말씀이 기록되어 있다.

우리는 유대인들을 지도했던 뛰어난 학식과 유대 전통을 갖춘 유대 지도자들마저도 예수님과 생각이 달랐던 것을 찾을 수 있다. 예를 들어, 세금 문제를 놓고 예수님을 시험하려 했던 지도자들의 교묘한 생각에 빠져들지 않으셨던 모습, 안식일에 병든 자를 고쳐주시고 종교지도자들에게 원한을 샀지만 그 생각에 도전을 주셨던 것 말이다. 또한 유대인 무리에게도 마찬가지셨다. 율법으로는 돌로 쳐 죽여야 할 간음한 여인을 놓고 그에게 용서함을 보여주셨고 자유함을 주신 것 말이다. 그러므로 우리가 사람에게 칭찬을 듣고 인정을 받는 것에는 한계가 있다. 우리는 각자의 마음과 육체는 쇠잔해지기에 불변한다고 할 수도 없다. 그래서 우리는 하나님께 칭찬을 받는 사람이 되는 것에 목적을 둔다. 어떤 이들은 이렇게 말할지 모른다. 인간의 편에서 볼 때도 이렇게 부족한데 완벽하신 하나님의 기대를 충족시킬 만한 자랑이 우리 안에 있겠느냐고 말이다.

물론 우리 안에는 자랑할 것이 전혀 없다. 만약 우리에게 자랑할 것이 있다면 그것은 하나님의 은혜로 말미암아 된 것이다. 그리고 이것이 바울이 말한 '주 안에서 자랑하라'는 의미일 것이다. 마태복음 25장 40절에서는 지극히 작은 자에게 베푸는 자비가 곧 예수님께 한 것이라는 말씀이 있다. 또 청지기로서 주인이 맡겨놓은 일을 잘 수행한 자에게는 주인이 돌아온 날에 칭찬과 상이 있으리라는 말씀도 있다(시 19:11; 눅 19:17). 이처럼 주님 앞에서 칭찬받는 신자가 되길 함께 소망하자.

우리의 눈이 어두워지지 않도록

내가 또 알아본즉 레위 사람들이 받을 몫을 주지 아니하였으므로 그 직무를 행하는 레위 사람들과 노래하는 자들이 각각 자기 밭으로 도망하였기로(느 13:10).

느헤미야는 성벽 재건을 완성하고 이스라엘 민족이 잃어버린 신앙을 되찾기 위해 개혁을 일으켰다. 이스라엘 민족이 모임으로 공적인 예배가 다시 시작되었다. 하지만 그가 바벨론 왕 아닥사스다에게 말미를 청하기 위해 잠시 예루살렘을 떠난 사이에 제사장 엘리아십이 도비야에게 방을 하나 내주었으니 그 방은 소제물, 유향, 그릇, 곡물, 새 포도주를 저장하는 거제물을 두는 곳이었다. 이는 레위 사람들과 노래하는 사람들에게 십일조로 나눠주는 거제물이었다. 제물을 저장하는 곳이 없어졌으니 그 의미 또한 무엇이겠는가? 레위 사람들과 노래하는 사람들이 성전에서 봉사를 하면서도 그에 따라 받을 몫을 받지 못하게 된 것이다.

하나님께서는 열두 지파에게 땅을 분배해 주실 적에 레위 지파에게는 땅과 소유를 주지 않으셨고 오로지 성전에서 나는 제단 음식으로 그들의 필요를 충당하게 하셨다. 그러나 제사장 엘리아십이 하나님이 내리신 법을 지키지 않음으로 인하여 성전에서 봉사하는 레위 사람들과 노래하는 사람들은 먹고 살 수 없게 되었고 성전 봉사의 직무를 버리고 도망가거나 떠나게 되었다. 느헤미야가 다시 예루살렘으로 돌아왔을 때 이 소식을 듣고 도비야의 세간을 내던지고 방을 깨끗이하여 성전 그릇과 유향 또 소제물을 다시 들여놓게 된다.

대제사장 엘리아십의 행동에 대해 성경에서는 뭐라고 말하고 있을까? 그가 "도비야를 위하여" 하나님의 전 뜰에 악한 일을 행한 것이라고 말한다. 엘리아십은 도비야와 사적으로 친밀함을 유지하고 있었고 우정을 나누는 좋은 관계를 유지하고 있었으리라 짐작된다. 그로 인해 분명히 하나님의 집이 자신의 소유가 아님에도 불구하고 제사장이라는 직분을 이용해 방 한 칸을 자기 마음대로 친한 친구, 도비야에게 내줬으니 그로 인해 성전은 큰 혼란을 낳게 되었다. 상상해 보라. 하나님께서 성전을 위해 구별하신 성물과 소제물이 있어야 할 방에 있지 않고 레위 사람들과 노래하는 사람들이 마땅히 받을 수 있는 십일조를 못 받고 있는 모습을 말이다. 엘리아십은 한 개인과의 유대감 또는 연고관계로 인해 제사장으로서 성전을 바르게 치리하지 못한 것이다.

느헤미야는 귀족과 민장들이었던 유다 사람들도 꾸짖고 온 유다가 다시 곳간에 십일조를 거둬들이도록 했다. 이 외에도 유다 사람들이 안식일에도 두로 상인들에게 물건을 사고파는 일을 행하였고 아스돗과 암몬과 모압의 이방 여인들을 아내로 맞기도 했는데, 솔로몬이 지은 죄를 따라 행해 하나님께 범죄하였으므로 이를 바로잡기도 했다. 그리고 레위 사람들과 노래하는 사람들이 다시 성전 직무를 행하도록 하였다. 그들의 몸을 정결하게 하고 성문을 지킴으로 안식일이 거룩할 수 있도록 하였다. 제사장 셀레먀와 서기관 사독, 레위 사람 브다야를 세워서 곳간을 지키게 하였는데, 그들의 직분은 성전 직무자 곧 자신들의 형제에게 분배하는 일을 맡게 하였다. 느헤미야는 성품이 충직한 자들을 뽑아 분배의 일에 문제가 없도록 했다.

느헤미야의 성전 개혁은 이 시대에도 시사될 수 있다. 느헤미야가 하나님의 전과 모든 직무를 위해 행한 선한 일이 우리에게도 필요하다.

우리는 주님이 거하시는 성전입니다

"도성 시온아, 기뻐하며 노래를 불러라. 내가 간다. 내가 네 안에 머무르면서 살겠다. 나 주의 말이다." 그날에, 많은 이방 백성들이 주님께 와서 그의 백성이 될 것이며, 주님께서 예루살렘에 머무르시면서, 너희와 함께 사실 것이다. 그때에야 너희는, 만군의 주님께서 나를 너희에게 보내셨음을 알게 될 것이다 (슥 2:10-11, 새번역).

남유다가 멸망할 때 솔로몬 성전도 바벨론의 왕 느부갓네살에 의하여 파괴되고 유대인들은 디아스포라로 흩어지게 된다. 이스라엘은 70년 만에 1차 포로 귀환이 시작되어 예루살렘으로 모이게 되고 성전을 먼저 건축한다. 이것이 곧 제2성전, 스룹바벨 성전으로도 불린다. 당시에는 이스라엘 민족의 믿음이 약화되고 응집되지 않은 탓에 성전을 건축하는 것 또한 어려움을 겪었겠지만 선지자인 학개와 스가랴의 격려와 독려로 또 스룹바벨의 지도 아래 성전이 건축되었다.

본문은 성전 재건을 놓고 스가랴가 환상을 보고 예언을 한 기록이다. 당연히 스가랴가 개인적으로 본 환상과 예언인지라 그 언어가 새롭고 신비롭다. 1-8장은 성전 건축을 위한 준비로 보며, 9-14장은 성전을 완성하고 정결케 하는 갖가지 하나님의 뜻을 보여주는데 더불어 메시아 되시는 예수님과 하나님 나라의 도래가 함께 다뤄지는 것을 볼 수 있다. 그렇기 때문에 우리는 1-8장 또한 성전 건축이 단지 예루살렘 성전을 짓는 것만 뜻하지 않고 영적인 의미로 깨닫게 하는 바가 있다고 볼 수 있다. 즉 주님이 다시 오시기까지 마음의 성전을 잘 지키고 보수하고 정결케 하는 것 또한 스가랴 선지자가 전하는 말씀이기도 하다.

우리는 고린도전서 3장 16절 말씀을 기억한다. "너희는 너희가 하나님의 성전인 것과 하나님의 성령이 너희 안에 계시는 것을 알지 못하느냐." 이스라엘 백성은 포로 귀환 후에 성전을 다시 재건할 때마다 자신들이 잊었던 신앙을 영적으로 다시 기억하고 회복하는 작업을 함께 해나갔을 것이다. 그래서 건물로 짓는 성전이 앞으로 하나님께 예배하고 이스라엘이 하나님의 백성이라는 민족성을 이어가려면 본인들이 곧 하나님의 성전인 것과 하나님의 사람, 교회인 것을 회복해야 했음을 깨달았을 것이다.

예수님도 사역을 하시는 동안에 성전을 깨끗하게 하셨다. 누가복음 19장 46절을 보면 "그들에게 이르시되 기록된 바 내 집은 기도하는 집이 되리라 하였거늘 너희는 강도의 소굴을 만들었도다 하시니라"고 기록되어 있다. 예수님은 성전을 정결케 하는 것과 하나님의 백성이 성령으로 다스림 받는 충만한 사람으로 준비되기를 원하셨다. 이 말씀은 이사야 56장 7절의 "내가 곧 그들을 나의 성산으로 인도하여 기도하는 내 집에서 그들을 기쁘게 할 것이며 그들의 번제와 희생을 나의 제단에서 기꺼이 받게 되리니 이는 내 집은 만민이 기도하는 집이라 일컬음이 될 것임이라"이기도 하다.

주님께서 우리 안에 머물러 사신다는 것이 가장 큰 기쁨이다. 그리고 우리는 이것으로 주님을 노래하고 크게 찬송해야 한다. 성전을 크게 짓는 것을 무조건 비판하는 것도 잘못이지만 상대적으로 우리의 영을 하나님이 거하시는 성전으로, 성령이 우리 안에 계시는 것을 잊고 있거나 큰 건물보다 덜 귀하게 여기고 있지는 않은가?

주 안에서 한 가족

그러므로 내가 이것을 말하며 주 안에서 증언하노니 이제부터 너희는 이방인이 그 마음의 허망한 것으로 행함같이 행하지 말라(엡 4:17).

바울이 이방인을 향해 그리스도의 복음을 전파하기 위한 사역을 시작하면서 할례를 받지 않았으나 예수님을 구주로 고백한 이들이 많아짐으로 그들 안에 교리적 분열, 할례파와 무할례파로 나눠졌던 사건이 있었다. 할례파는 예수를 믿지만 바리새파는 유대적인 사상을 버리지 못하고 이방인들에게도 할례를 강요했으니, 바울은 이것에 대해 예수님 외에 구원받을 다른 이유와 조건이 없음을 재차 가르쳤다. 뿐만 아니라 바리새적인 할례파 그리스도인들은 이방인들과 함께 식사하는 정결 규례도 버리지 못했는데, 이로 인해 베드로가 이방인들과 거리낌이 없이 식사를 하다가도 그들을 두려워하고 식사 자리를 피하고 도망함으로 남은 유대인들과 바나바까지 그들의 외식에 유혹되었던 사건이 있었다(갈 2:12). 이를 보아 알 수 있듯이 당시에는 혈과 육으로 난 이방인에 대해서 그들이 가져왔던 전통적 규례와 법에서 벗어나는 것을 힘들어했다.

하지만 본문에서 바울은 이방인을 혈과 육으로 난 자들이라고 단정 짓는 것에 대해서 이방인에 대한 새로운 정의를 내놓는다. 이방인이란 누구인가? 바울은 혈과 육으로는 이방인이라도 예수를 구주로 고백하고 주 예수 안에서 한 형제자매가 된 이들이라면 하늘나라를 함께 상속받을 자들이라고 말한다. 그가 사역을 시작한 이후로 부단히 노력해 왔던 일, 곧 주 안에서 접붙임이 된 이방인이 더 이상 이방인이 아니라 참 감람나무의 뿌리와 진액을 함께 받는 자라는 말이다. 즉 진노의 자녀에서 하나님의 자녀로 뿌리의 근원이 바뀌었다는 것이다. 진액은 몸 안에 흐르는 수액으로 우리 안에 흐르는 물과 피가 예수 그리스도가 많은 사람들을 위하여 흘린 피, 곧 언약의 피로 인해 이제는 주 안에서 새롭게 살게 되었음을 뜻한다고 할 수 있을 것이다(막 14:24). 그러므로 이방인은 더 이상 혈과 육으로 나눌 것이 아니라 그 마음에 허망함을 심는 자, 곧 옛 사람, 하나님의 생명에서 떠나 있는 자들을 지칭하는 말이 된다(18절).

그래서 바울은 이제부터는 진리가 예수 안에 있는 것처럼 주 안에서 행하라고 말한다. 이제는 주님의 자녀가 되었으니 주님의 자녀답게 살라는 뜻이다. 이는 어떻게 드러나는가? 하나님과 나로 볼 때는 주님의 뜻이 아님에도 돌이키지 못하고 돌아서지 못하는 죄를 끊는 자유의 은혜를 깨닫게 되고 나와 세상에 대해서는 악독과 노함과 분노와 떠드는 것 그리고 비방하는 것을 버리며 서로를 불쌍히 여기고 친절하게 하며 하나님이 그리스도 안에서 우리를 용서하셨듯이 용서하라는 말씀이다(31-32절).

바울은 혈과 육으로 난 자들이 이방인이라는 개념에서 새로운 가족의 개념, 곧 주 안에서 하나가 된 자들이 함께, 위와 같은 '사랑'의 본을 보이신 예수님의 모습을 닮아가기를 소원하고 있다.

신자 된 우리가 사역의 역할과 분담 그리고 부르심의 모양이 다를지라도 우리는 주님 안에서 하나가 된 자들임을 잊어서는 안 되겠다. 우리가 살아가며 행하는 범사의 일들이 하나님의 영광을 위해서 함께 합력하여 선을 이루게 된다는 공동체 의식을 버려서는 안 된다.

4
PART

복음으로 찬양

가말리엘 율법 교사의 지혜

"그래서 지금 내가 여러분에게 말씀드리는 바는 이것이오, 이 사람들에게서 손을 떼고, 그들을 그대로 내버려두시오, 이 사람들의 이 계획과 활동이 사람에게서 난 것이면 망할 것이요, 하나님께로부터 난 것이면 여러분은 그것을 없애 버릴 수 없소, 도리어 여러분이 하나님을 대적하는 자가 될까봐 두렵소"(행 5:38-39, 표준새번역).

주의 천사가 밤중에 옥문을 열어줌으로 복음의 마지막까지 전하라고 명하니 감옥에 갇혔던 사도들이 성전에 서서 또 다시 백성들을 가르치기 시작했다. 그때 경비대장과 경비원들이 사도들을 데려다가 의회로 끌고 갔다. 대제사장은 심문했다. 예수의 이름으로 가르치지 말라고 하였거늘 그 말을 어겼으니 그 죄가 크다는 것이다. 이때 제자들은 사람에게 순종하는 것이 아니라 하나님께 순종함이 옳다고 얘기하며 더욱 담대히 복음을 드러냈다. 그러자 지도자들은 격분하여 사도들을 죽이려고 하였다.

나는 여기서 하나님은 기존의 지도자들을 통하여 예수님을 드러내시는 방법도 있으셨을 텐데 가장 작은 자들을 부르시고 사도로 택함으로 복음을 전하신 이유가 무엇이었을까 생각해 보았다. 이러한 이유로 대제사장들과 율법 교사들, 사두개파 사람들은 사도들을 시기하고 미워하게 되었고 복음이 전해지는 방법이 싸움과 아픔에 물든 것같이 보이기 때문이다. 과연 하나님이 원하셨던 복음이 미움과 화로 얼룩진 것이었을까? 하지만 대제사장과 지도자들이 예수님을 애초부터 받아들이고 싶지 않았던 갖가지 이유들로 자신들만의 종교적 성읍을 쌓아 올려놓는 것에만 급급했다면 얘기는 달라질 것이다.

예수님이 귀신들린 사람을 자유하게 하는 것을 보고 무리들은 다 놀라워했지만 이를 똑똑히 보고서도 바리새인들은 악의적으로 예수님이 귀신의 힘을 빌려 좇아낸다고 훼방하였다(마 12:22-24). 바리새인들에 대해 예수님이 하신 말은, 잔과 대접의 겉은 깨끗이 하지만 외식하며 속은 탐욕과 악독이 가득하다고 하셨다(눅 11:39). 율법 교사들에겐 지식의 열쇠를 쥐고서 자신들도 들어가지 않고 또 들어가고자 하는 자들도 막는다고 말씀하셨다(눅 12:52). 즉 그들은 자신들이 지켜온 것들을 잃지 않으려고 예수님을 밀어내고 높은 자리와 시장에서 문안 받기를 기뻐했던 것이다. 그 복음을 전하면서 그 자리를 잃는 게 싫은 것은 당시 지도자들의 당연한 마음이었다.

하지만 사도들의 죽음이 코앞에 이르렀을 때 그들을 살린 율법 교사도 있었으니 온 백성에게 존경을 받는 가말리엘이라는 바리새파 사람이었다. 그는 만약 이것이 하나님의 뜻이면 그 죄를 자신들이 짊어지게 될 것이고 만약 하나님의 뜻이 아니라면 사도들의 사역은 자멸될 것이니 손을 떼라고 권고한 것이었다. 가말리엘은 율법교사 바리새인이었지만 자신이 얻는 존경과 높은 자리를 하나님보다 더 좋아하는 사람은 아니었음이 분명하다. 그의 말의 중심은 '하나님의 뜻'이 무엇인지를 묻고 생각함에 있었기 때문이다. 도리어 이 일로 하나님을 대적하게 될까봐 두렵다는 가말리엘의 말에는 하나님을 깊이 경외하고 높이는 태도가 비쳐진다(39절). 비록 유대교였지만 우리는 가말리엘 율법 교사에게서 배울 것이 있다. 바로 사역의 주체는 하나님이시니 최종적으로 모든 과정과 결과도 주관하실 것이라는 깊은 신뢰이다. 그리고 한 발 물러서 기다릴 수 있는 겸손함이다.

포기할 수 없는 보물

> 우리는 이 보물을 질그릇 속에 담고 있습니다. 그것은, 이 엄청난 능력이 하나님에게서 나오는 것이지, 우리에게서 나오는 것이 아님을 드러내시려고 하는 것입니다(고후 4:7, 표준새번역).

보물에 대한 각자의 이미지를 떠올려보자. 보물 하면 무엇이 생각나는가? 대중가요에서 보물을 사랑하는 연인을 향한 은유적 표현으로 워낙 많이 쓰니 이것을 생각할 수도 있겠다는 생각도 든다. 또 보물은 돈, 건강, 사람, 꿈 등으로 다양하게 풀이될 수 있을 것이다.

본문에서 바울이 말하는 보물은 무엇일까? 바울은 이를 6절에서 답하고 있는데 "예수 그리스도의 얼굴에 나타난 하나님의 영광을 아는 지식의 빛"이라고 말했다. 굉장히 길고 어렵게 풀이가 되었지만 우리의 언어로 쉽게 옮겨 보자면 예수 그리스도를 깨닫게 되었고 또 믿게 된 것에 대한 최상위의 표현으로 볼 수 있을 것이다. 우리가 생각하는 보물, 그리고 세상에서 말하는 보물과는 굉장히 상반되는 답인 것이 분명하다. 과연 우리에게도 바울이 말한 것과 같이 예수 그리스도를 아는 지식과 하나님의 영광이 세상에서 제일 가는 보물인 걸까? 솔직히 지금 당장은 아니라고 말하는 우리의 모습도 더러 있을 것이다. 하지만 이렇게 되기를 소망하며 바울이 말한 보물이 나에게도 같은 보물이 되길 바란다고 말한다면 달라질 것이다. 앞으로의 삶이 주님 안에서 성숙해가고 아름답게 세워가기를 기대할 수 있기 때문이다.

"약할 때 강함 되시네"라는 곡을 쓴 데니스 저니건(Dennis Gernigan)은 그의 노래 가사에서 다음과 같은 가사를 썼다. "주 안에 있는 보물을 나는 포기할 수 없네 주 나의 모든 것"이라고 말이다. 이제는 많은 사람들에게 알려졌다시피 데니스 저니건은 예수님을 믿고 사랑하는 사람이었지만 안타깝게 동성애자였다. 이를 고치고 싶었지만 잘 되지 않아서 삶도 포기하려 했던 데니스였는데 그의 약함이 무엇이었는지를 우리는 충분히 알 수 있다. 하지만 그가 또 포기할 수 없는 것도 주 안에 있는 보물이었다. 그 보물은 예수님을 알게 된 것이었고 그것이 자신의 소망이고 살아가는 힘이 되어준 것만은 분명하기에 포기할 수 없었다고 볼 수 있을 것이다. 데니스에게 주 안에 있는 보물도 바울이 말한 것처럼 질그릇과 같이 연약하여 금방이라도 깨질 것 같은 자신 안에 예수님이 함께하신다는 믿음이었다.

믿음생활을 오래 하다 보면 어느새 예수님을 구주로 고백할 수 있는 것도, 남들보다 선하고 착하게 사는 것도, 남들보다 말씀을 더 많이 보고 아는 것도, 기도도 더 많이 하는 것까지도 자신이 열심을 냈기 때문에 된 것이라고 생각하기 쉽다. 하지만 바울은 우리의 모습 자체가 질그릇이라고 말한다. 이 질그릇에 주님을 아는 지식의 빛이 비췄으니 이것을 믿게 되는 것이 기적이라고밖에는 설명이 될 수 없다. 왜냐하면 누군가에겐 믿음을 갖고 싶어도 머리로는 알지만 마음으로는 믿어지지 않는 답답함이 있기 때문이다.

우리가 지금 누리고 바라봐야 할 것은 질그릇이라서 속상한 자아에 대한 상념이 아니라 하나님의 아들이신 예수님, 그분 안에서 발견된 하나님의 영광과 그 빛이 우리에게 온 것에 대한 감사요, 찬양이다.

주의 말씀이 어려워도

빌립이 달려가서, 그 사람이 예언자 이사야의 글을 읽는 것을 듣고 "지금 읽으시는 것을 이해하십니까?" 하고 물었다. 그가 대답하기를 "나를 지도하여 주는 사람이 없으니, 내가 어떻게 깨달을 수 있겠습니까?" 하고, 올라와서 자기 곁에 앉기를 빌립에게 청하였다. 그가 읽던 성경 구절은 이것이었다(행 8:30-32, 새번역).

사도 빌립은 주의 성령이 지시하신 곳으로 가서 에티오피아 사람을 만났다. 그는 여왕 간다게의 고관으로 여왕의 모든 재정을 관리하는 사람이고 내시였다. 이 사람은 예배드리러 예루살렘에 왔다가 돌아가는 길에 이사야의 글을 읽고 있었다. 하나님을 예배하려고 예루살렘까지 와서 예배가 끝난 후에는 성경 말씀을 다시 펼쳐보는 에티오피아 사람에게는 하나님을 경외함으로 그를 더욱 깊이 알고 싶은 갈망이 있었던 것이다. 이를 아시는 주의 성령은 빌립을 보내심으로 그에게 하나님의 말씀을 열어주고 성령을 부어 주시기를 원하셨다. 주를 향한 갈망과 목마름이 있는 곳에, 주님을 사모하고 원하는 사람의 맘속에 거하시기를 기뻐하시며 그들과 함께하시는 성령의 개입하심을 볼 수 있는 장면이다.

에티오피아 내시는 오늘날의 이사야 53장의 말씀을 묵상하고 있었다. 이 말씀은 장차 오실 예수님에 대해 아주 구체적으로 묘사하고 설명하는 말씀이다. 에티오피아 사람은 이 말씀을 혼자서 곰곰이 묵상하고 있었지만 여기서 말하는 도살장에 끌려가는 양이 누구를 말하는 것인지 알지 못했다. 예언자가 두고 이야기한 사람이 자기 자신인지 다른 누구를 가리키는 것인지 몰랐던 것이다. 그리고 예수님을 두고 묘사하고 설명한 구절로 누구를 가리키는지 모르고 본다는 것은 말씀을 읽는 의미를 찾을 수 없는 것과 마찬가지였다.

그때 성령님이 빌립을 통해 에티오피아 사람에게 찾아오신 것이었다. 그가 읽고 있는 말씀에서 가리키는 사람이 누구이며 그가 무엇을 위해 왔는지를 깨닫게 하기 위함이었다. 빌립은 입을 열어서 예수를 알리는 기쁜 소식을 전하기 시작하였다. 여기서 우리는 예수님이 부활 승천하실 때 하셨던 말씀, 예루살렘과 온 유대와 사마리아와 땅끝이라는 순서를 따라 복음이 전해지는 것을 볼 수 있는 대목이다. 비록 유대 땅으로 예배드리러 온 에티오피아 이방 사람이지만 그로 인해 땅끝의 복음의 문이 열리기 시작했다. 사도행전 7장이 끝나면 8장부터는 이방인 선교를 했던 바울, 이전 이름인 사울이 회심하는 사건이 등장하는데 빌립과 에티오피아 사람의 이야기는 그를 위한, 또 이방 선교를 위한 전초 과정이라고 볼 수 있을 것이다.

우리는 에티오피아 사람을 지도해 준 빌립, 그리고 빌립을 보내신 성령님의 역사하심이 지혜와 계시의 영으로 임하시는 것을 볼 수 있다. 그래서 말씀을 온전히 비춰주심으로 그의 눈이 열리고 진리를 깨닫게 되는 은혜의 과정을 본다. 마찬가지로 우리도 말씀을 읽을 때 이해하지 못하고 알지 못하는 내용들이 참 많다. 사람들마다 성경의 어느 부분이 난관이 되는지는 다르지만 말이다. 하지만 어렵다고 하여 말씀을 포기하거나 덮어두는 것은 성령님이 도우실 때를 가로막는 것임도 잊지 말자. 우리가 에티오피아 사람처럼 말씀을 붙잡고 갈망할 때 성령님은 주의 뜻과 말씀을 알려주시기를 기뻐하시며 넉넉히 도우시는 헬퍼(Helper)가 되어 주실 것이다.

착한 일, 그것은 복음을 전하는 일

너희 안에서 착한 일을 시작하신 이가 그리스도 예수의 날까지 이루실 줄을 우리는 확신하노라(빌 1:6).

빌립보서 1장을 읽게 되면 3절부터 바울이 '너희로 인하여 항상 기쁘게 간구한다'고 말하는데 이는 다른 서신에서 보기 드문 인사다. 그가 보낸 서신에는 적지 않게 교회에서 일어난 내분으로 인해 권면하거나 교리의 가르침을 보여주기 때문이다. 아무래도 빌립보 교인들은 바울의 마음에 기쁨과 위로를 주는 교회였으리라 짐작한다.

바울의 마음을 기쁘게 한 빌립보 교인들이 잘한 일은 무엇이었을까? 5절을 보면 그 내용을 알 수 있는데 교인들이 첫날부터 이제까지 복음을 위한 일에 참여하고 있다는 말이 나온다. 여기서 첫날이 무엇을 근거로 어느 때부터인지는 알 수 없지만 바울이 자신의 사역을 알리고 또 복음 전파의 중요성을 그들이 알게 된 날로부터 이 일을 위해 힘써 참여했다고 볼 수 있을 것이다.

바울은 이것을 착한 일이라고 한다. 복음 전파하는 일을 말이다. 복음을 전파하는 일이 착한 일이라니, 그 의미가 확연하게 다가오지는 않는다. 그래서 찾아보니 이를 공동번역은 "훌륭한 일"로, 새번역은 "선한 일"로 번역했다. 다른 관점에서 생각하자면 대개 '착함'이란 언행이나 마음씨가 곱고 바르며 상냥함을 일컬을 때 사용하는 말이고 우리는 '성격이 착하다'라는 식으로 사용하고 있는데 만약 이 '착함'을 도덕적인 개념으로 넓혀서 이해하면 어떤 일을 행할 때 착하고 옳은 일, 또는 바른 일로 확대할 수 있을 것이다. 즉 도덕적으로 착한 사람이 착한 일을 행한다는 관점이다.

그러나 착한 일이 복음을 전파하는 일이라고 할 때, 이것을 도덕적으로도 착한 일이라는 개념에 속한다고 말할 수 있을까? 그렇다면 예수님을 영접하기 이전에 나름 자신이 착한 일을 하며 살아왔다고 생각하는 이들에 대해서는 그들의 착함에 대해 어떤 말이 필요할 것인가? 여기에서 착한 일을 복음 전하는 일이라고 얘기하는 것과 도덕적 착함으로 행한 일의 차이가 발생한다.

나는 여기서 도덕적으로 착한 일이 복음을 전파하는 일보다 하등한 것이라고 생각하지 않는다. 그것은 도덕 폐기론자들이 하는 말과 다를 것이 없게 되는데 바울 또한 빌립보서에서 이를 경계하고 있기 때문이다. 그러나 도덕적 선한 일로 자신을 의롭다고 여기는 입장에 대해서 오직 하나님께로부터 난 의가 우리를 의롭게 할 수 있다는 말을 대신한다. 바울은 이전에 자신이 알던 모든 것이 해로 여겨지게 된 이유는 그리스도를 아는 지식이 가장 고상한 것을 깨달았기 때문이라고 전한다. 예수를 믿기 전부터 그 누구보다도 곧고 바르게 살아왔던 그가 이것을 배설물로 여기게 된 것은 그리스도를 얻고 오직 그 안에서 발견되는 것이 참 의로운 일임을 깨달았기 때문이라고 말한다. 그러므로 바울의 말처럼 복음을 전파하고 듣고 주 예수를 믿는 것, 그것이 착한 일, 선한 일이 된다고 말할 수 있다.

바울은 이 복음을 전파하는 착한 일을 이미 얻었다고도 온전히 이루었다고도 쉽게 말하지 않는다. 그 부르심을 향해 오늘도 달려간다고 고백하는 바울이다. 빌립보 성도들에게 그들 안에 착한 일을 시작하신 이가 예수요, 주 예수의 날까지 이뤄가실 것을 확신한 것처럼 말이다.

그를 보시고 사랑하사

> 예수께서 그를 보시고 사랑하사 이르시되 네게 아직도 한 가지 부족한 것이 있으니 가서 네게 있는 것을 다 팔아 가난한 자들에게 주라 그리하면 하늘에서 보화가 네게 있으리라 그리고 와서 나를 따르라 하시니(막 10:21).

마가복음 10장 17절에서는 진리에 목마른 한 사람이 나온다. 그는 영생을 얻기 위해 계명을 다 지켜왔지만 고독했고 마음의 허전함이 채워지지 않았다. 그는 진리에 대한 갈증으로 조용히 길을 지나가시던 예수님을 불렀다. "예수여! 당신은 선한 선생님입니다. 내가 무엇을 하여야 영생을 얻을 수 있나요?" 그의 눈빛과 목소리는 사뭇 진지하였다. 무화과나무 아래 있던 빌립을 미리 아시고 그를 제자로 부르셨던 예수님은 진리를 찾고 있던 이 사람도 아셨다. 주는 그와 대화를 하시기 위해, 더 정확하게는 그를 만나주시기 위해 이 길을 지나셨을 것이다.

주는 계명을 말씀하셨다. 하지만 이조차 그가 다 지키고 있는 계명임을 아셨고 그 역시도 어려서부터 열거한 계명들을 다 지켜왔다고 말했다. 마침내 그에게 없는 한 가지를 알려줄 때이매 "네게 있는 것을 팔아 가난한 자들에게 주라"고 말씀하셨다. 하지만 그 말씀을 하실 때 그가 가장 사랑하였을 재산과 소유를 빼앗아가려는 것이 아닌, 또 율법으로 추궁하고 매질하려 함이 아닌, 그를 보시고 사랑하사 진실의 말씀을 전해 주신 거였다. 여기서 사랑하기에 옳은 길을 갈 수 있도록 인도해 주시는 선하시고 온유하신 하나님의 모습을 보았다. 영적으로 부족하고 연약한 우리의 모습을 추궁(追窮)하심이 아닌 불쌍히 여기시고 사랑하시는 예수님의 성품에 기대고 싶다.

우리는 때로, 내가 원하는 것만 보려 하고 가지려고 한다. 그리고 그것이 옳은 길이 아님에도 감정적으로 좋아한다면 더는 생각하지 않으려 한다. 또 버리려고도 하지 않는다. 세상 사람들은 자신의 능력을 다해 그것을 갖지만 신앙을 가진 이들은 하나님께 열심히 기도를 한다. 그것이 하나님의 말씀에 비춰 선하고 아름다운지 분별하기 전에 하나님께 달라고만 한다. 또 이미 자신이 가진 것을 빼앗기지 않으려고 애쓴다. 무언가를 요구하시는 하나님의 음성이 들리면 "이것만은 안돼요" 하며 선하신 하나님의 방법을 신뢰하는 것이 아닌, 내 뜻을 중요하게 여긴다. 주 안에서 거듭남을 모르는 이방인이 구하는 것과 별반 다르지 않다. 마찬가지로 진리를 추구하는 이 사람도 가장 자신이 사랑하는 재산과 소유를 포기하기는 힘들었다.

이때에 주님의 모습을 주목하자. 주께서는 그에게 강요하지 않으신다. 근심하며 돌아가는 그를 붙잡아 역정을 내지도 않으신다. 주가 그를 사랑하시기에 지금 당장 손가락질하지 않으신다. 다만 이 모습을 지켜보고 있는 많은 무리들에게 다시 한 번 가르치실 뿐이다. 주님의 대응은 두 가지에서 나를 성숙하게 한다. 사람을 사랑하기에 놓치지 않으시려고 진리를 왜곡하는 우를 범하지 않으시는 모습, 그리고 그를 사랑하기에 추궁하지 않으시고 기다리시며 다른 이들을 향해서도 낙심하지 않고 가르침을 쉬지 않으시는 모습이다.

만약 당신이 재물과 소유에 대해 남들보다 애착이 많고 포기하기 어려운 사람이라면 오늘 주님의 모습을 보길 원한다. 주는 당신을 추궁하지 않지만 진리를 왜곡하지 않으신다. 다만 이것도 행할 수 있기까지 기다리신다. 또 이 진리를 전하기 위해 애쓰는 이들에게는 진리를 듣고 사람들이 떠나더라도 낙심하지 말고 계속 전할 것을 말씀하신다. 우리를 측은히 여기시고 사랑하시는 예수님, 그분이 우리의 전부가 되신다면 가끔 손해가 있더라도 충분하지 않은가.

그 어떤 탕자일지라도

이 내 아들은 죽었다가 다시 살아났으며 내가 잃었다가 다시 얻었노라 하니 그들이 즐거워하더라(눅 15:24).

다시 한 번 탕자의 이야기를 묵상하면서 우리가 나름 가지고 있던 선입견과 죄인에 대해 내렸던 판결에 대해서, 그것이 과연 옳은지를 생각하고자 한다. 본문에서는 예수님께서 집을 나갔다가 다시 돌아온 아들에 대한 비유를 들면서 하나님의 사랑이 어디까지이며 그 어느 누구라도 품으시는지 깨닫고자 한다.

한 아버지에게 두 아들이 있었다. 첫째 아들은 늘 아버지의 말도 잘 듣고 시키는 일이 있으면 군말 없이 다하며 부지런히 일하여 아버지의 가업도 늘려 말썽 안 피우고 문제 안 일으키는 참 대견한 장남이었다. 하지만 둘째 아들은 아버지의 말씀이라도 불만과 의심을 갖고 '왜?'라는 생각을 가지며 자신이 하고 싶은 대로 맘껏 다해 보는 성격이었다. 둘째는 여기저기 볼 것도 많고 경험할 것도 많아서 늘 밖으로 돌아다니느라 아버지가 맡겨놓은 일도 하지 않고 자기의 환심을 사지 못하는 일이라면 더더욱 거들떠보지도 않는 성격이었다. 결국에는 자신이 옳다고 생각하는 대로 살기 위해서 집을 나가겠다고 아버지께 통보하고 사후에 분배받을 재산까지 미리 달라고 하니 어딜 봐도 불효막심했다.

아버지는 그가 원하는 대로 그를 밖으로 내보내기를 허락하였고, 둘째 아들은 자신이 옳다고 생각하는 대로 꿈과 비전을 성취하며 열심히 살았다. 하지만 세상은 돈이 있는 그를 사랑했던 것이었을 뿐 그가 재산을 탕진한 후에 그의 곁에 남아 있는 사람은 아무도 없었다. 그는 진정 홀로 남았고 사람에게도 세상에서도 더 이상 위로와 사랑을 받을 수 없음을 깨달았다. 그는 다시 아버지께로 돌아가고 싶어서 수백 번도 더 용기를 낸다. 그는 맘속에 생각하기를, 자신이 어떻게 아버지 곁을 떠나왔는지를 누구보다 잘 알기에 '그래도 내 아버지는 사랑이신데, 아버지께로 돌아가자. 하지만 그분의 아들이라 칭함 받기에 내가 저질러 온 일들을 지울 수 없으니 종으로라도 받아달라고 부탁드려보자' 하며 부끄러운 맘으로 아버지의 집으로 걸어갔다. 하지만 이미 멀리서 둘째 아들이 걸어오고 있는 것을 본 아버지는 냉큼 그에게로 달려가 눈물로 그의 목을 안고 키스를 해주는 것이다. 그러고는 다시 자신의 아들로 회복시켜 주고 손에 금가락지를 끼워 주고 발에도 신을 신겨 주고 새 옷을 입혀주며 가장 성대한 잔치를 벌이는 것이다.

우리는 이 비유를 읽을 때마다 감동스런 러브 스토리라고 여기고 그 안에서 자신을 발견하지만 탕자는 그 이상 더 넓은 개념이 될 수 있다. 가장 밑바닥에 있는 사람들, 또는 세상으로부터 지탄받고 격리될 만하며 사람들에게 손가락질 받는 사람이 다시금 아버지의 집으로 용기를 내어 찾아온다고 가정해 보자. 예수님을 믿는 우리의 모습, 그리고 교회 공동체는 가장 기본적인 이 이야기에서 다시 회복해야 할 것들이 있지 않을까. 주님은 바울을 통하여 우리를 그리스도의 향기라고 하셨다. 남들 눈에는 예수 믿는 사람이라는 정체성이 가장 클 텐데 그들을 향해 예수님의 이름으로 죄인 취급하고 손가락질을 동시에 하고 있다면 그들이 받을 상처가 사람으로 끝나는 것이 아니라 하나님께서 마치 시키신 것처럼, 하나님께서 자신을 그렇게 생각하고 있을 거라고 오해할 수 있다. 하지만 하나님은 그의 거듭남을 위해 예수를 보내셨다. 하나님은 그 무엇보다 사랑이시다.

그리고 굳세게 말하라

> 우리 구주 예수 그리스도로 말미암아 우리에게 그 성령을 풍성히 부어 주사 우리로 그의 은혜를 힘입어 의롭다 하심을 얻어 영생의 소망을 따라 상속자가 되게 하려 하심이라 이 말이 미쁘도다 원하건대 너는 이 여러 것에 대하여 굳세게 말하라 이는 하나님을 믿는 자들로 하여금 조심하여 선한 일을 힘쓰게 하려 함이라 이것은 아름다우며 사람들에게 유익하니라(딛 3:6-8).

선한 일은 아름답고 모든 사람에게 유익하다. 우리는 유익이라는 말을 오직 나를 위한 유익을 추구하는 세대의 성향에 따라 이기적인 말로 이해하기도 하지만, 본래 유익이라는 말은 '선함을 추구하여 모든 사람을 한 데로 모으는 힘'을 뜻한다.

또한 성령을 우리에게 풍성히 부어 주시는 주님으로 인해 일상에서 우리는 주님의 인도하심과 이끄심을 경험하지만 예술가의 창조성의 근원으로도 성령님은 우리와 함께하신다. 그래서 작품 하나를 제작하고 완성하기까지 자신이 믿는 신에게 절하고 기도하는 사람들의 성향은 창조의 원천이 외부로부터 오는 것임을 부인하지 않음을 보여주기도 하는 것이다. 하지만 모든 사람을 유익하게 하는 것은 오직 성령뿐이시다. 예수 그리스도로 말미암은 성령. 그 은혜를 힘입어서 우리가 행하는 선한 일들은 아름답고 사람을 살리는 유익으로 남는다.

"선한 일을 하되 낙심하지 말지니"(갈 6:9). 때가 이르면 거둘 것이라고 바울은 말했고 오늘 본문에서도 이것에 대해 "굳세게 말하라"고 전하고 있다. 그렇다. 우리는 오늘 말씀에 힘입어서 굳세져야 할 필요를 느낀다. 어쩌면 이것을 말할 수 있는 자는 이것의 귀함의 가치를 깨달아 선구자로서 굳세게 말하는 축복을 가졌는지도 모르겠다. 마치 이런 것이다. 예수님께서 가나의 혼인 잔치에서 처음 베푸신 기적, 물이 변하여 포도주로 만드신 사건으로 잔칫집에 가득한 사람들에게 더욱 맛있는 포도주를 내줌으로써 선함을 보이셨고 모든 이를 유익하게 하신 것 말이다. 하지만 그 전에 이 일이 성취되도록 보내심을 받은 자, 곧 물을 떠온 하인들을 기억해야 할 것은 그들의 순종으로 이 유익이 모두에게 전해졌기 때문이다.

물 떠온 하인들은 보았을 것이다. 자신들이 예수님의 말씀을 순종하기로 결정했을 때 물이 포도주로 변하는 과정을 말이다. 그래서 물 떠온 하인들이 취한 자세는 오늘 우리에게 먼저 깨달은 바 된 것, 굳세게 말함으로 선한 일과 모든 사람에게 유익이 되게 하라는 바울의 말과 상통하는 면이 있다. 굳세게 행함, 굳세게 말함이 물 떠온 하인들에게 분부하신 예수님의 말대로 바울의 권면이기도 한 것이다.

오늘날 사역자, 아티스트가 회복해야 할 것이 굳세게 말하는 것이 아닌가 싶다. 말씀을 전하는 자들은 사람들의 관심과 인기가 두려워서 말하는 것이 아닌 성령의 충만함을 받아 굳세게 말해야 하고, 아티스트는 굳세게 말하고 노래하는 가사의 다양함, 성령의 충만함으로 힘입은 목소리가 필요할 것이다.

고난 속으로 들어가는 찬양

나는 이제 너희를 위하여 받는 괴로움을 기뻐하고 그리스도의 남은 고난을 그의 몸 된 교회를 위하여 내 육체에 채우노라(골 1:24).

복음을 전하기 위해서 선교사로 떠나거나 선교여행이라는 이름으로 그 땅에서 일시적으로 봉사하는 사람들이 있다. 그들이 무탈하게 돌아오면 참으로 다행이지만 조금이라도 위험한 지역으로 선교를 가게 되면 종교적 충돌로 인한 피랍에 이어 죽임을 당하지는 않을지 염려하게 된다. 이런 염려가 앞서는 것은 이것이 우리가 여러 매체로 선교에 대해 들어왔던 얘기이기 때문이다. 그래서 우리는 더욱 보낸 자들을 위해서 기도하게 되지만 가령 최후의 선교 방편 또는 선교의 꽃이라고 불러야 할까. 영광스런 '순교'의 소식을 들어도 하나님 나라에 대한 확장에 대한 기쁨 이전에 인간적인 마음으로는 슬픔을 거부할 수 없고 애도를 표하는 것이 당연함을 느낀다.

한국인 선교사로서 무고한 한 생명이 종교 신념 차이로 이방 땅에서 무참히 희생되었을 때 여기저기에서는 선교사 파송을 일시적으로 금지하거나 외국에서 선교 여행 중이었던 신자들까지도 조속히 입국 수속을 밟을 것을 요구했었다. 당시에는 해외선교를 입 밖에도 꺼내지 않고 모든 투자와 프로그램 제작을 포기하며 선교가 수면 아래로 감춰는 듯했다. 항간에는 이런 소문까지 지배적이었던 것이 사실이다. "아무런 승산이 없는데다가 굳이 선교가 아니어도 주님 나라를 위해 할 일과 방법도 많은데 앞길 창창한 젊은 세대들이 죽어야 하겠느냐"는 말이었다. 곧 "이런 선교 방식은 오히려 낭비이고 소모적이다"라고 얘기한다는 것이다. 이는 '전도의 방법이 꼭 선교 하나뿐이냐? 다른 방법으로도 복음을 전할 수 있다'라는 뜻이 된다.

그러나 영화 〈미션〉 (The mission, 1986)을 보면 복음이 전혀 들어가지 못한 미개척지, 깊은 산골짜기에 사는 원주민 마을로 들어가서 그들과 첫 인사를 나누는 선교사의 모습이 나온다. 그의 손에 악기가 들려 있는데 자신이 그들의 적이 아니고 친구라는 의미로 아름다운 멜로디로 연주하였다. 또한 나는 최근에 한 교회에서 캄보디아로 단기 선교를 다녀온 팀들의 소식을 접할 기회가 있었는데 앙코르와트에서 그 나라의 민속악기로 노방 찬양을 하면서 오히려 거부감이 아닌 많은 관광객들의 호의와 환영을 받았다는 얘기를 들었다. 물론 그 노래가 찬송이었는지 어떤 가사를 가졌는지 자국민들은 모를 것이다. 하지만 음악이 가진 기쁨, 밝은 힘이 어느 장벽을 무너뜨렸는지 주목해 보자.

이미 찬양으로 선교하는 것은 단기 선교를 하는 한국교회 팀들이 많이 사용하고 있는 방법 중의 하나다. 우리가 받은 음악 교육, 고급 교육이 예수님의 이름을 위해 손에 들려 이방 땅을 향해 전달되고 있다. 그들이 배우고 싶었던 음악에 대한 목마름과 교육의 열정을 채워줌으로 하나님이 베푸시는 선한 손과 공급하심을 그들이 경험하게 된다. 또 이것이 작은 믿음의 씨앗으로 심겨지는 것을 볼 수 있다. 우리나라 또한 한국전쟁 당시 도와주려고 왔었던 미국인 전우들이 자신들의 몸속에 지녀왔던 조그만 종이 쪼가리 복음가가 퍼지기 시작했고 그들이 이 땅에서 자신들의 예배를 위해 불러왔던 곡들이 우리가 어렸을 적 즐겨 부르던 복음가에 속해 있었다. 찬양은 고난 속으로 들어간다. 복음을 듣지 못한 어두운 땅으로 말이다.

기도를 부탁하는 바울

또 나를 위하여 구할 것은 내게 말씀을 주사 나로 입을 열어 복음의 비밀을 담대히 알리게 하옵소서 할 것이니(엡 6:19).

본문은 에베소 교인들을 향해 바울이 전하는 교훈의 말씀이다. 바울은 4장부터 구체적으로 교인들에게 하나님의 뜻과 말씀을 권면함으로 가르친다. 그 중에서 6장은 자녀가 부모에게, 또 부모가 자녀에게 주 안에서 서로를 어떻게 섬겨야 하는지를 가르쳐주고 있고, 10절부터는 우리가 잘 아는 '하나님의 전신갑주' 말씀이 나온다. 마지막 24절까지 주 안에서 승리하는 성도의 삶에 대해서 말씀을 전한다. 우리는 성도들의 삶에 실재하는 영적 전쟁을 인정할 수밖에 없다. 진리, 의, 평안의 복음, 믿음의 방패, 구원의 투구, 성령의 검인 하나님의 말씀으로 무장하는 것이 영적 전쟁에서 갖출 하나님의 전신갑주라고 한다.

영적 전쟁에서 빠지지 않을 것이 또 하나 있는데 그것은 바로 '기도'다. 바울은 영적 전쟁에서 우리가 구해야 할 기도가 무엇인지 말한다. 그것은 모든 기도와 간구를 하되 '성령 안에서' 기도하며 이것을 항상 깨어서 구할 것을 말한다. 즉 우리가 기도하면 하나님께서 무작정 다 들어주신다거나 기도를 하기만 하면 기뻐하실 거라고 이야기하는 것이 아니다.

마태복음 6장 7절에서는 예수님께서 이방인이 기도하듯이 '중언부언'(重言復言)하지 말 것을 말씀하셨다. 이는 했던 말을 계속 되풀이하는 것인데 마치 주문을 외우듯 하거나 또는 집중하지 않고 흐트러진 생각으로 하는 기도의 상태를 말한다. 마치 그들은 이렇게 말을 많이 하여야 하나님이 들으실 줄 생각하지만 하나님의 귀는 둔하지 않다. 또한 우리는 이전에 바리새인의 기도와 세리의 기도에서도 감사기도를 드리더라도 교만한 마음으로 고백하는 내용, 남들과 비교하여 감사하는 내용들, 즉 자신이 의롭다고 여기는 상태에 비해서, 고개를 들지 못하고 다만 "죄인인 나를 불쌍히 여겨주소서"라고 기도한 세리가 의롭다 여김을 받은 자였음을 살펴보았다. 주께서 구하시는 제사는 상한 마음, 통회하고 자복하는 마음이다. 또한 우리가 주 앞에 나가기도 전에 우리의 기도할 바를 미리 아시는 주님은 이방인이 우상에게 축복을 비는 기도처럼 기도하지 말 것을 말씀하셨다. 하늘을 나는 새보다 들에 핀 꽃들보다 우리가 더 소중하다고 말씀하신 예수님이시다.

그러면 우리는 어떻게 기도할까? 주께서 가르쳐주신 기도가 있다. 마태복음 6장 5-13절이다. 이 외에도 오늘 말씀 즉 '성령 안에서' 기도하는 법 중 하나를 바울은 나 자신을 위한 기도만이 아니라 여러 성도들을 위해서 기도하라고 말한다. 나와 가족만이 아니고 성령 안에서 여러 성도들을 위하여 기도하는 것, 그것이 또한 하나님의 뜻이다.

그리하여 바울은 성도들에게 자신을 위해서도 기도하기를 부탁하는데 지금까지 사역을 잘 감당해 왔던 바울이지만 자만하지 않고 앞으로 하나님의 영광을 위하여 전파할 복음을 다 채울 수 있도록 간구해 달라고 말한다. 주 안에서 한 형제자매로 부르심 받은 신자들의 모든 사역이 오직 하나님의 주권으로만 완성될 수 있음을 볼 수 있다. 우리도 자신을 낮추고 성령 안에서 간구해야 할 바를 신자들과 함께 나누는 동역의 관계로 서 갈 수 있을 것이다. 그렇다면 오늘 주 안에서 우리가 간구해야 할 기도는 무엇인가?

교회에 사람을 세울 때 신중을 기하듯이

그러니 형제자매 여러분, 신망이 있고 성령과 지혜가 충만한 사람 일곱을 여러분 가운데서 뽑으십시오(행 6:3, 새번역).

찬양사역을 하면서 개 교회마다 말씀과 찬양이 뜨겁고 기도가 회복되길 소망하는 모습들을 보아왔다. 그런 교회일수록 찬양사역자 내지는 전도사와 담당자들에게 거는 기대도 크기 마련이다. 사역을 시작한 지 얼마되지 않았을 때는 기대가 클수록 성장을 빨리 보고 싶어 하는 사역자들의 기대에 맞추려다가 적지 않은 실수를 저질렀다는 생각이 들기도 했다. 물론 어느 특출한 사람이 찬양을 하는 것이 아니고 하나님을 찬송하는 일에서 높고 낮음도 없지만 반대로 공적 영역에서 하는 찬양에 있어서 신중을 기하지 않는 것도 많은 영적인 문제들을 낳을 수 있다. 찬양팀 안에는 내부적으로 팀원들끼리 갖게 되는 문제가 있고 외부적으로는 찬양팀에 대하여 평가하거나 얘기하는 사람들이 많을수록 행동 하나하나가 조심스러울 수밖에 없다. 물론 사람이 있는 곳에 문제가 없는 곳이 없다는 말도 맞아서 모든 문제를 뿌리 뽑을 수도 없지만 공적 영역에서 사람이 세워지고 일선으로 물러나는 일에 있어서 어떻게 해야 이 모든 과정에 문제가 덜할 수 있을까 생각해 보고자 한다.

사도들의 성령 충만함으로 복음을 전하고 부흥이 일어났지만 사도행전 6장은 또 다른 문제를 다루고 있다. 제자들이 점점 많이 생겨나면서 불이익을 당하는 그리스 말을 하는 유대인이 생겨난 것이다. 초대교회의 한 특징은 구제와 선교가 활발히 진행되었다는 점이었고 배고프거나 덜 가진 사람이 없었다는 점에서 세상 사람들의 환심을 사게 되었다. 하지만 그 일, 음식을 베풀고 나누는 일에 문제가 생긴 것이다. 이때 공동체는 더할 나위 없는 공동생활을 잘 유지하기 위해 어떤 방법을 선택했을까? 그들은 단순히 셈을 잘하여 나누기를 잘하는 사람, 즉 기술만 가진 사람을 채용하거나 말씀 사역자들이었던 사도들에게 책임 전가를 하지 않고 자신들 가운데서 일곱 사람을 뽑았다. 그 사람들의 조건은 다음과 같다.

첫째는 신망이 있는 믿음이 높고 두터운 사람이어야 했고, 둘째는 성령이 충만하고, 셋째 지혜가 충만한 사람, 넷째는 칭찬받는 사람, 또는 인정받는 사람이어야 했다. 성령의 충만함은 사도행전의 맥락을 따라 읽어보면 성령 세례를 받은 사람, 또는 그런 사람에게 나타나는 모습을 통해서 충만함을 알 수 있다고 볼 수 있다. 지혜가 충만한 것은 지식의 단편적인 면만이 아니라 창의적이고 현명함을 이룸에 가깝다고 볼 수 있다. 인정받는 사람은 사람의 인정만을 구하는 것에 만족을 찾는 저급한 수준의 사람을 말하지 않고 어리더라도 '존경'을 받을 수 있는 마음과 태도를 지닌 사람을 말한다. 이러한 조건 속에서 구제 사업에 자신들을 이끌어줄 지도자들을 뽑았으니 말씀 사역자들은 기도와 말씀에 힘쓸 수 있었고 구제 또한 교회 공동체라는 특수성을 잘 반영한 형태를 유지할 수 있게 되었다.

나는 여기서 교회에서 사람을 세우는 일이 얼마나 중요한지를 보게 되었다. 초대교인들이 취했던 해결방법이 단순히 구제사역으로 한계 지을 수는 없을 것이다. 그들이 사람을 세울 때 중요하게 생각했던 것이 무엇인지를 본다면 말이다. 찬양사역에 함께하는 대원들, 단원들을 세우는 일 또한 충분한 기도와 준비 속에서 각 교회마다 하나님 중심의 사람들이 세워져가는 준비가 필요하다.

모든 민족이 너로 말미암아

> 너를 축복하는 사람에게는 내가 복을 베풀고, 너를 저주하는 사람에게는 내가 저주를 내릴 것이다. 땅에 사는 모든 민족이 너로 말미암아 복을 받을 것이다(창 12:3, 새번역).

최근에 나는 교회 밖과 안에서 많은 활동을 하는 크리스천 뮤지션들로 구성된 찬양콘서트를 관람하고 왔다. 공연의 끝자락에서 한 유명한 크리스천 가수가 나왔고 활동하며 히트했던 많은 곡들을 불렀다. 뛰어난 뮤지션들로 구성된 팀이기에 음악적으로도 훌륭했다. 또 노랫말도 성경적이었다. 가수가 크리스천 뮤지션으로서 스타 반열에 올랐기에 많은 청중들이 가수의 공연을 볼 기회를 잡아 여러 지역에서 왔다. 그가 한 멘트는 이렇다. "여러분들이 저보다 더 뛰어나고 유명한 사람이 되어서 저에게 먼저 인사를 건네주세요."

유명해진 것이 가수를 부담스럽게 한 걸까, 아니면 교만하게 한 걸까라는 생각이 들었다. 그만큼 유명해지는 것이 어디 쉬운가. 그리고 모두가 유명해질 수 없는 경쟁구도 속에서 청중은 성공을 위해 자신을 스펙과 경험으로 얼마나 더 옭아맬지 염려되었다. 그리고 청중이 듣기 원한 멘트가 정말 그것일까라는 생각도 스쳤다. 교회 밖에서 매일 듣는 세계관을 교회 안에서조차 지경이 넓어지는 것이 축복이라는 편협한 말씀을 들어야 하느냐는 점이다. 물론 이중적 의미를 지닌 말이어서 판단해선 안 되었지만 마음에 걸린다. 유명해지고 스타가 된다는 것, 아티스트로서 앨범이 알려지고 상업적으로 성공하는 것, 무조건 잘못된 걸까? 현실적인 성공도 필요하다. 이는 민감한 사항인지라 이 일을 업으로 삼은 이들이 함께 짊어져야 할 과제임이 틀림없다. 그러나 유명해진 것이 가수를 교만하게 만든다면 과연 복인지도 생각해야 한다.

하나님께서 선한 계획과 섭리를 가지시고 시대의 한 인물을 택하시고 이름을 떨치게 하시고 축복의 통로로 사용하신 예들이 성경에 등장한다. 아브라함이 그렇다. 아브라함은 21세기를 살아가는 우리도 아는 유명한 자다. 후대에도 그의 이름은 유명할 것이다. 언젠가 천국에 간다면 성경에 등장했던 인물들을 만나게 될 텐데, 아브라함을 보고 "바로 당신이 아브라함이었군요!" 하고 말할 자신의 모습을 상상해 보라. 유명한 그의 삶의 순종을 통해 신자는 수많은 영적 유익과 선한 열매를 맺고 있다. 하나님께서는 그의 삶을 드러내시고 선한 도구로 사용하셨다. 유명한 자의 참 아름다운 예다. 유명함이 무엇으로 흘러가야 할지 알 수 있다. 존 스토트 (John Stott)는 하나님이 아브라함 한 사람을 택하시고 지상의 모든 이에게 복을 주겠다고 약속하셨고, 한 사람을 택하신 이유는 모든 사람에게 복을 내릴 목적에서였다고 말했다.[44] 중요한 포인트는 유명한 사람에만 집중하는 독자들의 이목을 모든 사람, 즉 타인으로 전환시켰다는 점이다.

하나님께서 한 사람을 유명하게 하심은 그 사람을 위한 걸까, 아니면 타인을 위한 걸까? 존 스토트의 말을 따라서 대답할 수 있다면 유명해진 것이 부담스러울 때에도 이것으로 어떻게 예수를 전할까를 고민할 것이다. 또 고정된 시선, 유명한 자에게 끊임없이 집중하려는 우리의 눈이 많은 사람을 유익하게 하시려고 한 사람을 택하시는 모두를 위한 하나님의 방법임을 알 때에 스타성이 탐욕적인 성공으로만 치닫지 않으리라 생각한다.

44) 존 스토트, 《온전한 그리스도인이 되려면》, 편집부 옮김, IVP, 2003. p. 92.

더욱 담대히 복음을 전하다

형제 중 다수가 나의 매임으로 말미암아 주 안에서 신뢰함으로 겁 없이 하나님의 말씀을 더욱 담대히 전하게 되었느니라(빌 1:14).

예수님이 붙잡혔을 때 제자들은 주님을 버리고 멀리 도망을 갔다. 그 중에서도 마치 드라마의 가장 극적인 장면을 보는 것처럼 아주 선명하게 묘사된 기록이 있는데, 베드로가 예수님을 부인했을 때다. 예수님은 마지막 만찬 자리에서 베드로에게 '닭이 울기 전 네가 나를 세 번 부인할 것이라'고 말씀하신 바 있다. 이후에 예수님이 감람 산 겟세마네 동산에서 붙잡히시고 닭이 세 번 울 때까지 베드로가 예수님을 부인했으니 그 순간 주님과 눈이 마주친 기록은 가룟 유다가 예수님께 입맞춤으로 배신한 것만큼 우리의 가슴을 절망과 아픔과 죄의식 속으로 몰아넣곤 한다(눅 22:61). 베드로는 그제야 예수님이 말씀하신 것이 떠올랐고, 고작 그가 할 수 있는 일이라곤 깊은 슬픔에 통곡하며 우는 것밖에 없었다.

여기서 우리는 베드로가 곧 우리의 모습과 흡사함을 깨닫지만 과연 그런 베드로가 유다와 같이 자살을 했거나 예수님을 영영 떠나지 않게 된 이유가 어디에 있는지도 볼 수 있기를 원한다. 그것은 베드로가 회개했기 때문이라고 생각하지만 그 전에 예수님이 베드로를 위해 기도하셨던 것이다(눅 22:31-32). 사탄은 하나님께 욥을 참소(讒訴)했던 것처럼 베드로를 참소하여 손아귀에 넣으려고 했지만 주는 그의 믿음이 떨어지지 않기를 기도하셨고 부활체로 다시 그를 찾아오실 때 주실 사명 곧 "내 양을 먹이라"는 말씀의 전조까지 이미 주신 바 있다. 베드로의 회개를 받아주신 주께서 이미 그를 위하여 기도하고 계셨다는 사실에서 하나님의 초월하시는 신비가 우리에게 어떻게 은혜로 다가오는지 볼 수 있기를 원한다.

성령을 받은 이후로 제자들은 그리스도의 복음 전하는 일에 있어서 두려워서 도망가던 예전의 모습은 찾을 수 없으니 그들을 더욱 담대하게 하시는 성령을 힘입었기 때문이다. 그들 안에서 도우시는 성령은 바울 안에도 함께 있어 복음을 전하면서 당하는 핍박과 고난 그리고 죽음의 위협 앞에서도 담대하게 했다.

물론 고난과 핍박을 반가워하고 인사할 이는 없겠지만 예수님을 전함으로 겪게 될 이 같은 상황을 피할 수는 없을 것이다. 그때에 우리는 어떤 선택을 할까? 베드로와 제자들처럼 두려워서 예수님에 대해 묵인하거나 도망하게 될까, 아니면 더욱 담대해진 모습으로 일어서게 될까? 본문에서 빌립보 지역의 형제들 중의 다수는 바울이 복음을 전한 대가로 옥에 갇히고 매임을 받게 되었을 때 더욱 강하게 일어선 모습을 보여주고 있다. 그래서 옥에 갇힌 바울의 몫까지 합쳐서 복음을 더욱 담대하게 전하기를 멈추지 않으니 그들 안에 어떻게 이러한 용기가 생겨났던 것일까? 물론 바울은 다음 구절에서 사랑으로 그리스도를 전하고 있는 것과 순수한 동기가 아닌 이기적인 야심에서 그리스도를 전한 것을 구별하여 말하였지만 사랑이 있는 곳에 하나님이 함께 계시니 거기에는 성령의 도우심이 함께하시는 것이라 믿는다.

복음을 전하기 어려운 상황과 시대가 와도 성령의 도우심으로 복음을 전할 수 있다는 말씀은 변하지 않는다. 성령의 도우심이 함께할 때 우리도 담대하게 복음을 전할 수 있을 것이다. 이것을 위해 기도와 간구를 드리자.

도리어 크게 기뻐함으로

나에게 이르시기를 내 은혜가 네게 족하도다 이는 내 능력이 약한 데서 온전하여짐이라 하신지라 그러므로 도리어 크게 기뻐함으로 나의 여러 약한 것들에 대하여 자랑하리니 이는 그리스도의 능력이 내게 머물게 하려 함이라(고후 12:9).

바울에게는 육체의 가시가 있었다. 이것을 놓고 성경 어디에서도 무엇이라 정확하게 얘기하지 않기 때문에 이 육체의 가시를 짚어 설명할 수는 없다. 하지만 이것이 바울에게 괴로움을 준 것이 분명했다. 바울은 이 육체의 가시가 자신을 떠나기를 세 번 간구했다. 하지만 주께서는 지금의 모습으로도 '나의 은혜가 네게 족하다'고 말씀하셨다. 왜냐하면 하나님의 능력이 약한 데서 온전하여지기 때문이다. 우리는 이 말을 좀 더 깊이 들여다볼 필요가 있는데, 인간의 시각에서는 능력이라는 실제적인 힘이 강할 때 나타날 것이라고 생각하기 때문이다. 모든 질서에 힘의 논리가 적용되고 있다는 현실을 부정할 수 없기 때문이다. 더욱이 주께서는 강하고 능하신 왕이신데 왜 주께서는 하나님의 능력이 약한 데서 온전하여진다고 말씀하신 걸까?

여기에는 완전히 새로운 다른 관점이 숨어 있다. 무엇보다 하나님의 능력은 약함과 강함 어느 한쪽에 치우지지 않으며 그분이 창조하신 세계에 '능력'도 피조임을 기억하자. 그러나 하나님의 피조물이 된 우리로서 하나님의 능력을 체험한다 할 때는 우리의 어찌할 수 없는 부족하고 불완전한 어떤 모습에 직면하게 되었을 때이다. 이때 사람의 방법으로 해결할 수 없으므로 절대적으로 하나님을 의지하거나 의존할 수밖에 없게 된다.

우리는 우리가 해결할 수 없는 내 안의 수많은 문제들을 알고 있고 세상의 아픔들을 보고 있다. 그것은 우리가 더욱 힘을 키우고 강해질 때 극복하고 예방할 수 있다는 수많은 연설들과는 상관없이 뜻밖에 갑자기 일어날 뿐이다.

세상의 법칙은 약한 것을 숨겨야 인정을 받고 대접을 받는다. 그래서 우리는 자신의 약함을 숨기고 감춘다. 행여나 다른 이의 약함의 가시가 될 만한 것을 발견할 때조차도 그에 대한 소비적인 언변만 늘어놓을 뿐 나에게도 약함이 있다는 사실은 잊고 있으니 말이다. 자신의 약함과 부족함으로 힘들어하고 상처받은 사람들이 있어도 그것이 그 사람의 운명, 자업자득이라는 말로 넘어가기 일쑤다. 그렇다. 약함은 우리에게 있어서 부정적이고 극복해야 할 방해거리이다. 과연 거기에서 선한 것이 날 수 있을까?

하지만 바울은 도리어 자신의 약함으로 크게 기뻐함으로 자랑하겠다고 얘기한다. 그의 말은 자신이 당한 능욕, 궁핍함, 박해를 받음, 곤고함, 질병, 약한 것들로 인해서 온전히 하나님을 의지할 수밖에 없다고 말한다. 우리는 그때에 그리스도의 능력을 바라게 된다. 그리고 주께서 자신의 날개로 우리의 영혼을 품어주시게 된다. 거기에는 약할 때 강한 하늘의 방식이 숨어 있다.

광야에 던져졌기 때문에 그 누구의 손도 기대할 수 없는 곤고한 상황에 있다면 주님만 의지할 수밖에 없기에 거기에도 기쁨과 위로의 손길이 있음을 깨닫기를 소망한다. 그리고 자신의 약함을 나타내는 이가 있다면 그의 모습이 바로 나라는 것을 깨달으며 함께 울어주고 웃어주는 우리가 되길 진심으로 바란다.

그러나 여호와께서 기다리시나니

> 그러나 여호와께서 기다리시나니 이는 너희에게 은혜를 베풀려 하심이요 일어나시리니 이는 너희를 긍휼히 여기려 하심이라 대저 여호와는 정의의 하나님이심이라 그를 기다리는 자마다 복이 있도다(사 30:18).

건강한 기독교 신앙인이라면 하나님을 기다린다는 말, 또 주를 바란다는 말의 의미를 생각해 보고 자신의 삶에 적용하면서 살아오지 않았을까 싶다. 앞으로도 우리는 내일 일을 알 수 없는 삶 속에서 하나님의 도우심을 기다리고 주를 바라게 될 때 새 힘을 얻음으로 날마다 승리하는 삶을 살 수 있게 될 것이다.

하지만 오늘은 새로운 발견을 해본다. 우리만 하나님을 기다린다고 생각하지만 주께서도 우리를 기다리신다는 말이다. 무슨 말일까? 기다림의 과정이 인내와 시련의 연속이라고 생각한다면 하나님께서도 인내와 시련 속에 자신을 놔두신다는 말이 된다. 흠이 없고 완전하신 하나님은 아픔을 느끼실 이유가 없으시고 하나님께서 결정하셨다면 막을 자도 없을 터인데, 왜 하나님은 자신을 시련 속에 놔두시는 걸까? 그 이유는 바로 우리 때문이다. 하나님의 백성으로 인치심을 받았지만 아직도 세상이 더 좋고 세상과 짝하는 것이 편한 우리 때문에 주께서는 시련 속에 자신을 두신다.

하나님께서 인간의 죄가 하늘까지 가득함을 보시고 사람을 지으셨음을 한탄하셨을 때가 있으셨다. 그래서 노아와 그의 가족만 남겨두시고 사람들을 모두 멸하셨다. 이것이 노아의 홍수 사건이다. 하지만 주께서는 노아가 방주에서 나온 즉시 드리는 번제를 받으시고 다시 한 번 약속하셨다. 사람들이 항상 생각하는 것이 악함으로 인해 아픔과 근심 중에 홍수 심판을 시행하셨지만 이후로는 사람으로 말미암아 땅을 저주하지 아니하시겠다는 것이다(창 8:21-22). 이것에 대해 차춘희 교수는 심판의 근거가 됐던 사람의 악함이 심판 포기의 근거가 되었다고 설명했다.[45] 나는 과연 우리가 사는 시대가 그리고 세상이 노아의 때보다 죄에서 깨끗하기 때문에 심판을 당하지 않는다고 생각하지 않는다. 이는 종말의 때까지 노아에게 약속하신 말씀을 지키시는 하나님의 자비와 은혜이다. 그래서 하나님은 세상의 죄가 가득함을 보시지만 스스로 인내와 시련 속으로 들어가심으로써 주의 백성들이 온전히 하나님을 섬기고 사랑하기를 기다리고 계신다.

우리는 하나님을 기다림으로 복을 얻는다. 그리고 하나님을 기다릴 수 있는 자는 복이 있는 사람이다. 그러면 하나님께서도 우리를 기다리심으로 얻으실 것이 있으실까? 하지만 하나님께 무언가 드릴 것이 있다고 생각하는, 즉 계산적인 방법이 합당한가를 질문하는 것 자체가 옳지 않다. 다만 하나님 가슴에 이것은 있을 것이다. 한 생명을 살리시려고 대신하여 죽으신 십자가 말이다. 그렇다. 하나님은 사랑의 대상이시다. 사랑 안에서 따지고 묻고 얻는 계산은 더 이상 필요하지 않다. 그것은 사랑이 아니리라. 우리를 기다리시는 하나님의 사랑을 의심하지 말자. 그 사랑은 십자가에 자신을 버리기까지 우릴 위해 죽으신 사랑이니까.

45) 차춘희, 《모세오경 바로 읽기》, 성서유니온선교회, 2013, pp. 46-48.

마게도냐 교인들에게 주신 귀한 은혜

> 형제들아 하나님께서 마게도냐 교회들에게 주신 은혜를 우리가 너희에게 알리노니 환난의 많은 시련 가운데서 그들의 넘치는 기쁨과 극심한 가난이 그들의 풍성한 연보를 넘치도록 하게 하였느니라 내가 증언하노니 그들이 힘대로 할 뿐 아니라 힘에 지나도록 자원하여 이 은혜와 성도 섬기는 일에 참여함에 대하여 우리에게 간절히 구하니 우리가 바라던 것뿐 아니라 그들이 먼저 자신을 주께 드리고 또 하나님의 뜻을 따라 우리에게 주었도다(고후 8:1-5).

우리는 대개 내 상황과 환경이 넉넉해지면 선교와 구제를 하겠다는 생각을 한다. 속담에도 "내 코가 석자다"라는 말이 있는 것처럼 지금 내 삶도 버티기가 너무나 어려운데 누가 누굴 걱정하느냐는 것이다. 그러나 어려운 상황과 환경에 처했을지라도 오히려 극심한 가난이 풍성한 연보를 넘치도록 하게 하는 요인이 된 신자들이 있다. 그들은 넘치는 기쁨으로 살아가는 방법을 알고 있었던 마게도냐 교인들이었다.

마게도냐는 '넓은 땅'이라는 뜻으로 그리스 반도 북쪽 발칸 반도의 로마 주였고 필립 2세 때는 헬라의 지배자가 되기도 했다고 한다. 그의 아들 알렉산더 대왕 때는 최강의 제국을 건설한 역사를 지닌 곳이었다. 성경에 등장하는 마게도냐의 도시들은 바울이 2,3차 선교여행 때 방문했던 지역들로 빌립보, 데살로니가, 베뢰아 등이 있다.[46] 이토록 화려함을 자랑했고 한때 큰 나라였던 마게도냐였지만 본문에서는 그중에서도 극심한 가난에 시달렸다는 것으로 봐서 당시에 복음을 믿고 받았던 사람들이 부한 계층은 아니었음을 짐작할 수 있다. 그러나 바울이 아가야로 떠나야 할 때 그를 후원한 유일한 자들이었음을 밝혔고, 예루살렘 성도들을 구제하기도 했다. 우리는 당시에 각 교회끼리

46) 가스펠서브, 《라이프 성경사전》, 생명의 말씀사, 2006, 마게도냐.

긴밀하게 연결되어 있으면서 바울을 통해 서로를 돕고 구제하는 모습을 볼 수 있다.

마게도냐 교인들은 자신들의 능력 밖으로, 그 이상으로 자원했다고 한다. 그들의 구제의 목적은 성도를 섬기는 일에 참여하기 위함이었다. 자신들이 할 수 있는 만큼만 해도 될 텐데 그 능력 이상으로 자원했다는 말이 경제적인 환경을 실제적으로 어떻게 흔들었을지 생각해 보자. 이것은 굉장히 현실적이다. 자신들이 무엇을 더 갖기 위해 집착하지 않고 도리어 다른 신자를 섬기는 일에 더 마음이 기뻤던 마게도냐 교인들의 모습에서 우리가 오늘날 배울 것은 무엇일까.

그들은 하나님의 은혜 속에 충만히 살아갔던 자들이었다. 바울은 고린도전서 13장에서 그 어떤 구제를 하여도 사랑이 없으면 아무 소용이 없다고 했는데, 그들은 하나님의 은혜로 인한 넘치는 기쁨에 사로잡힌 자들이었다. 바울은 그들의 연보가 바로 자신들에게 온 것으로 끝난 것이 아니고 하나님께 자신들을 드린 것이었다고 분명히 말한다. 남들이 알아주지 않더라도 주님 앞에서 한 행위에 대한 순수성을 지닌 마게도냐 사람들의 마음을 하나님의 뜻에 따라 바울과 예루살렘 교인들이 받게 된 것이라고 말한다. 우리의 연보도 하나님 앞에서 드리는 봉헌이 된다는 것을 기억하자. 그리고 이것이 하나님의 뜻에 따라 사용되길 소망하자.

바울이 떠날 때

주께서 너희를 우리 주 예수 그리스도의 날에 책망할 것이 없는 자로 끝까지 견고하게 하시리라(고전 1:8).

우리는 시대마다 하나님께서 세우신 귀한 사역자들을 보게 된다. 그들을 통해서 하나님의 말씀을 듣고 예배 찬양을 공급받고 영의 양식을 먹으며 험한 시대에서 어떻게 살아갈지 도움을 얻는 것은 참으로 감사할 일이다. 부자와 나사로의 이야기에서도 이와 같은 내용을 찾을 수 있다. 부자는 다섯 형제가 자신이 있는 음부에 오길 원하지 않고 아브라함 품에 안길 수 있도록 아브라함에게 요청한 바가 있다. 하지만 아브라함의 말은 무엇인가? 선지자와 모세의 선지자들이 있어 그들로 복음을 듣게 하신다는 것이다. 하나님께서 세우신 자들로 복음을 전하게 하시며 당대의 사람들은 그들로 인해 복음을 듣게 되는 것, 이 땅에 생명을 구원하시려고 오셨던 예수님을 각 시대마다 전하는 일꾼들이 있으니 그들의 수고와 인내가 참으로 고맙다.

바울은 이와 같은 사역자였다. 그가 옥중에서 보낸 편지와 교회에 보낸 편지 그리고 목회자에게 보낸 편지는 당시의 신자들에게 옛적 길 곧 선한 길(렘 6:16)을 갈 수 있도록 이바지했다. 바울은 이방인을 향해 쉬지 않고 복음을 전함으로 자신이 세운 교회마다 지속적으로 옮겨 다니며 돌보는 방식을 취했다. 각 교회마다 문제가 있으면 다시 그들을 만나기 전에 편지를 미리 보내어 죄를 끊고 교회가 올바르게 설 수 있도록 선험적 도움을 주었다. 하지만 바울은 복음을 전하기 위해 늘 떠나야 했던 사역자였고 그때마다 신자들의 마음이 어떠했을지를 생각해 본다. 둘 중 하나였을 것이다. 더욱 견고하게 서든지, 흔들리든지 말이다.

실제로 그가 떠났어도 견고하게 섰던 교회가 있으니 고린도 교회가 이러했다(고전 1:6). 물론 그들에게 교리적 도덕적인 문제가 없었던 것은 아니지만 그들에게 있는 은혜로 말미암아 바울은 하나님께 감사했다(4절). 또 빌립보 교회는 바울이 복음을 전함으로 옥중에 갇히게 되었을 때 그를 위로하고 격려했다(빌 1:3-5, 4:14). 골로새 교회도 바울은 떠났지만 하늘에 소망을 두고 사는 믿음으로 견고해졌다(골 1:5). 반면에 갈라디아 교회는 그가 떠남으로 속히 다른 복음을 따르는 현상을 보였다(갈 1:6). 갈라디아 교인들의 복음은 교란(攪亂)되어 변하게 될 위험에 처했었다(갈 1:7). 이를 통해 우리가 깨닫게 되는 것은 무엇일까? 비록 바울과 같은 사역자가 부재중일 때도 신자의 신앙은 계속적으로 견고해지고 성숙해져야 한다는 점이다. 그것이 건강한 교회, 또 하나님의 몸 된 지체들이 나갈 방향인 것이다. 바울은 떠났어도 그가 전한 복음 곧 진리의 말씀은 여전히 살아 운동력이 있다는 것을 기억해야 한다. 당시에 견고하게 섰던 신자들의 믿음이 이와 같았을 것이다.

우리 시대에도 복음의 진리를 전하는 사역자들이 있고 신자들은 그들의 가르침을 받고 있다. 하지만 때론 그 사역자가 아니라면 또는 존경하는 롤 모델이 시야에서 사라진다고 하여 낙심하거나 신앙의 중심을 잃은 적은 없는지 돌아봐야겠다. 흔들리는 신자의 마음에 광명한 천사로 가장한 거짓 사역자들이 틈을 노렸듯이 공동체의 신앙을 잘못 이끌어 변질시키려 했듯이 우리 또한 그런 일을 당할 수 있다. 나는 어쩌면 영적으로 건강하게 홀로서기에 대해 말하고 있는지 모르겠다. 만약 우리가 존경하는 사역자들이 하나님을 의지하는 것보다 더 우위에 있다면 이는 돌이켜야 할 영적인 문제임을 직시하자.

번영신학에 물든 기독교

내게 능력 주시는 자 안에서 내가 모든 것을 할 수 있느니라(빌 4:13).

나는 고등학생 시절부터 이 말씀을 참 좋아했다. 더 정확하게 말한다면 추억의 7080 노래가 있는 것처럼 이 말씀이 함께 포함된 복음송이 있었는데 그 찬양을 자주 부르면서 힘을 얻었기 때문이었다. 지금은 워낙 곡이 오래 되어서 악보도 찾기가 어려운데 첫 가사가 "찬양하리라 생활 속에 거하시는 우리 주 예수를~"로 시작된다. 내용은 이렇다. 주님의 위로하심을 통해 매일 주님의 뜻대로 걷고 주님의 크고 기쁘시고 아름다운 일들을 전할 수 있음이, 능력을 주시는 이 안에 있기 때문이라는 가사다. 그 시절에 이 의미를 깊이 다 알아서 불렀다고 할 수는 없겠지만 아름다운 선율과 가사를 지녔던 노래였고 할 수 없을 것만 같은 두려움에 사로잡힐 때마다 할 수 있다는 노랫말이 용기를 주었다.

그러나 위에서 말한 찬양의 가사에 포함되었던 본문의 말씀을 깊게 들여다보면 쉽게 단면적으로만 알던 뜻과는 완전히 다른 뜻이었음을 알게 된다. 이 말씀은 단순히 '할 수 있다'는 용기와 능력을 주려는 긍정주의 또는 성공주의 신앙과는 아주 거리가 먼 내용이기 때문이다. 바울이 이 말씀을 사용하게 된 배경을 살펴본다면 말이다.

11절에서 바울은 자신의 궁핍함에 대해 얘기하지만 성도들에게 도와달라고 애걸복걸(哀乞伏乞)하지는 않는다. 오히려 그는 자족하는 법을 배웠다고 말하고 있는데, 12절에서는 자신이 부에도 처할 줄 알고 궁핍에도 처할 줄 아는 '일체의 비결'을 깨달았다고 전하고 있다. 그러므로 13절, 즉 본문에서 말하는 능력은 '성공과 부를 얻기 위한 능력과 힘'을 얘기하지 않고 부에도 처할 줄 알고 궁핍에도 처할 줄 아는 '일체의 비결'을 뜻하는 말이다.

고지(高地)를 오른다는 것은 최고가 되기 위한 길이다. 높아질수록 좁고 험난해서 그 길도 인생의 환난과 시험을 당하는 자들과 같이 용기와 힘이 필요하다. 하지만 이러한 종류의 용기와 힘은 결국에는 나를 빛내기 위한 인내에 불과하다. 결국에는 이런 용기와 힘은 자기만족과 안위를 위한 풍요와 축복, 승리, 승진을 안겨 줄 것이다. 그러한 용기와 힘을 주시도록 기도하는 기독교 사상을 우리는 뭐라고 이야기하는가? 기복주의, 기복신앙, 번영신학이라고 이야기한다. 여기에서 원하는 것은 용기와 힘일 뿐이지 하나님 그분 당신은 아니다. 이런 신앙은 그분을 이런 것들을 주기 위한 수단으로 전락시킨다. 이것은 일체의 비결을 깨달았던 능력, 즉 바울이 말한 신앙과는 먼 이야기다.

그러고 보면 나 또한 힘들고 어려웠을 때 이 환경을 벗어나고 싶은 마음만 컸고 그 순간에도 하나님은 소중하고 아름다운 분이란 것은 아주 늦게야 깨닫게 되었다. 우리가 지금 하나님께 구하는 용기와 힘에 대한 목적은 어디에 있는가? "내게 능력 주시는 자 안에서 뭐든지 할 수 있다"는 말씀은 성경적으로 무엇을 나타내는 것인가? 어렸을 적 내가 불렀던 노래 가사에서 더 중요했던 가사는 '주님의 뜻대로'라는 어절이었는지 모른다. 이 가사를 놓치지 않을 때 주 안에서 할 수 있다는 가사가 그 뜻에 따라 살아갈 수 있도록 도우시는 하나님의 마음에 합한 노래가 될 수 있는 것이다.

복음을 전하는 방법 그리고 동기

> 그러면 무엇이냐 겉치레로 하나 참으로 하나 무슨 방도로 하든지 전파되는 것은 그리스도니 이로써 나는 기뻐하고 또한 기뻐하리라(빌 1:18).

바울은 자신이 복음을 전파함으로 매인 바 된 것으로 인해 빌립보 지역의 교인들, 즉 형제들의 다수가 오히려 더욱 담대하게 복음을 전하게 된 것을 이야기하고 있다. 그러나 "무슨 방도로 하든지"에서 혼동할 만한 이야기들이 제기될 수 있음에 바울이 정말 말하고자 했던 의도를 찾고자 한다.

이 말씀에서 바울의 매인 바로 형제들이 더욱 복음을 전하게 되었다고 말한다. 복음을 전할 때 가장 핵심되는 것은 '그리스도'다. 그분의 이름이 높이 들려 증거되는 것. 이것이 복음 전도다. 형제들이 전하는 것은 예수 그리스도였다. 그러나 그 방법이 순수한 동기에서 사랑으로 전파하는 자들이 있는가 하면 복음을 전파하되 이로 인해 바울이 더욱 옥에서 매인 바 되어 당하는 고통과 괴로움이 더해질 것이라는 이유로 복음을 전한 자들도 있었다는 것이다. 이것을 현대인의 성경에서는 시기와 다툼으로 전하는 자들, 자신의 이기적인 야심에서 전하고 있는 것이라고 말했다. 바울은 여기서 이 같은 두 가지 방법, 즉 순수한 동기에서 복음을 전하는 것과 이기적인 야심으로 전해지는 복음에서 '예수 그리스도'의 이름이 전해지는 것에는 문제가 없다는 말을 하고 있다.

나는 여기에는 숨은 동기를 짚어내는 분별이 필요한 법이라고 생각했는데 바울은 '다른 복음'을 전하는 것과 그 방법이 설령 동기가 순수하지 않을지라도 '예수 그리스도' 복음이 전해지는 데는 무리가 없는 방법도 있다는 의도를 전하려는 것은 아닌가 하고 생각했다. 갈라디아서 1장 7절과 고린도후서 11장 4절에는 '다른 복음'이라고 하여 다른 예수, 다른 영, 다른 복음으로 교란시키려는 이단에 대해서 경고하고 있다. 즉 순수하지 않은 동기인데다가 우리가 아는 예수 그리스도가 아닌, 이전에는 듣지 못했던 다른 복음까지 얘기한다면 이 같은 경우는 오늘 논의에서 낄 수도 없다는 말이다. 그러나 비록 순수하지 않은 마음에서 전파한 복음일지라도 거기에 예수님의 이름에 문제가 없다면 증거가 될 수 있다는 말이다.

바울은 자신이 당한 일이 도리어 복음 전파에 진전이 된 것과 예수 그리스도 그분의 이름이 다른 이름으로 둔갑되지 않았는지를 면밀히 살펴보는 것에 더욱 초점을 맞추고 있다. 물론 바울이 하나님의 사람들다운 행동에 대해서 방관하고 있는 것은 아니다. 그는 복음에 맞게 합당하게 생활하는 것으로 한마음으로 서서 한뜻으로 복음의 신앙을 위하여 협력하기를 권면하고 있다(27절). 또한 2장에서는 그리스도의 겸손에 대해 언급함으로 복음을 전함에 있어서 마음의 동기에 대해서 어떠해야 하는지 충분한 답을 제시하고 있다. 그러므로 18절의 바울이 "무슨 방도로 하든지"라는 말은 그가 복음 전함에 있어 올바른 동기를 회피하고자 한 말이 아니라 '그리스도'라는 예수님이 전해지고 있는 것에 더욱 초점을 맞추려고 한 말씀이라는 점이다. 그래서 18절만 보고 성경 해석을 할 것이 아니라 앞뒤 문맥과 다음에 나올 말씀을 살펴보아 바울이 말하고자 했던 숨은 의도를 찾아야 한다.

우리 또한 순수하지 않은 동기로 복음을 전한 적은 없는지 생각해 보자. 복음을 전함에 있어서 바울처럼 그리스도인다운 마음과 행동으로 복음을 전함으로 흠이 잡히지 않길 소망한다.

사람에게 베푸신 주의 놀라운 구원

> 주의 인자하심을 감사하여라. 사람에게 베푸신 주님의 놀라운 구원을 감사하여라. 감사의 제물을 드리고, 주님이 이루신 일을 즐거운 노래로 널리 퍼뜨려라 (시 107:21-22, 새번역).

본문 말씀의 “사람에게 베푸신 주의 놀라운 구원”은 개역개정에서는 “인생에게 행하신 기적”이라고 번역되어 있다. 본문에서 말하는 ‘기적’이라는 단어를 보며 우리가 생각하고 꿈꾸는 기적이 무엇인지 묵상해 보았고 내가 바라고 원하는 일을 ‘기적’이라는 단어에 넣어서 재차 확인해 보았다. 시편 107편 전부를 읽게 되면 ‘기적’이라는 단어의 맥락이 ‘구원’이라는 관점과 맞아떨어지는 것을 느끼게 된다. 우리는 구원을 생각할 때 ‘영혼 구원’을 떠올리는데 이보다 좀 더 넓은 개념이 될 수 있다. 예수님께서 우리 영혼을 건지신 구원뿐만 아니고 광야에서 길을 잃고 배고프고 목이 말라 기력이 다 빠진 사람을 고통에서 건지심, 인생의 어려운 고비를 만난 가난한 사람들, 자신의 어리석음으로 인하여 어둠에 거하게 되었지만 주께 부르짖었을 때 다시 건져주심, 풍랑과 풍파를 만나 주께 부르짖는 자를 곤경에서 벗어나게 해주심, 자연을 주관하시는 주님 등으로 구원의 개념이 위기에서 건지심으로 확대됨을 볼 수 있다.

우리가 원하는 기적은 과연 무엇일까? 어떤 이들은 다른 사람에게 일어난 기적 같은 상황을 보며 부러워하기도 하고 축하하기도 한다. 그리고 자신에게도 그와 같은 또는 그보다 더 큰 대박이 터지길 간절히 바란다. 하지만 석연치 않은 마음도 있으니 질투가 나고 시기심이 나는 것도 부정할 수 없는 사람 마음일 것이다. 아무리 믿는 사람이라도 하나님께 도우심을 입거나 크게 복을 받는 사람들을 보면, 자신에게도 하나님의 도우심과 건지심이 필요할 때 조바심을 내고 더 나아가서는 하나님께 화를 내기도 한다. 하지만 믿음의 공동체 안에서 우리가 가져야 할 마음은 우는 자들과 함께 울 수 있고 기뻐하는 자들과 함께 기뻐하는 마음이다. 하나님의 도우심을 경험한 자는 아직 삶의 처지와 어려움에서 건져주실 하나님의 도우심을 바라며 함께 울어줄 수 있는 긍휼과 겸손의 마음이 있어야 한다. 비록 어려운 처지에 있는 성도라도 믿음의 형제가 잘되는 것을 본다면 함께 기뻐해 줄 수 있는 마음이 아름다운 것이다. 찬송가에 실려 있는 존슨 오트맨(J. Oatman Jr)이 작시한 "받은 복을 세어 보아라"는 찬양이 있다. 그 찬양의 가사는 세상 모든 풍파에 믿음이 흔들릴 때마다 주께서 주신 복을 세어봄으로써 주의 은혜를 기억하라는 권면과 크신 은혜를 깨닫게 된다는 내용까지 담고 있다. 여기서 '복'은 에베소서 1장 3절의 '신령한 복'에 대한 말씀으로 쓰인 가사지만 많은 신자들이 인생의 역경에서 구원을 바라고 기다리면서 얻을 복에 대한 믿음으로 부르니 시편 107편의 말씀을 담고 있는 노래도 될 수 있지 않은가 싶다.

하지만 중요한 것은 우리가 원하는 눈에 보이는 기적보다 더 귀한 기적이 있다. 인생에게 행하여 주신 '영혼 구원'이라는 은혜가 눈에 보이는 기적보다 덜하거나 무용지물이나 똑같다고 생각하는 실용적인 믿음에서 벗어나는 것이다. 그러므로 나 자신이 이미 하나님께는 '기적의 사람'이라는 것을 깨닫는 것이 중요하다. 그래서 하나님의 기적을 바라고 받는 데서 그치지 않고 기적을 일으키는 사람, 만드는 사람이 될 수 있음을 깨닫는 것이 중요하다. 우리 각자를 통해서 이제는 하나님께서 기적을 이루시도록 말이다. 본문은 이 기적을 즐거운 노래로 널리 퍼뜨리라고 한다. 그 찬양을 만들고 부르고 전하는 사람들이 어디에 있는가? 바로 이 글을 읽는 우리들이다. 하나님의 기적을 일으키는 모두가 되길 진심으로 축복한다.

번성하는 복

이르시되 내가 반드시 너에게 복 주고 복 주며 너를 번성하게 하고 번성하게 하리라 하셨더니(히 6:14).

이 말씀은 번성하는 복에 대한 말씀이다. 이 말씀도 참 의미를 먼저 생각하기 전에 번영신학의 편협된 해석으로 사용되는 경우가 많다. 앞뒤의 좌우문맥을 따지지 않으면 쉽게 '그저 너에게 복 주고 번성하게 하겠다'는 의미로밖에 해석되지 않기 때문이다. 하지만 여기서 말하는 '너'가 누구이고 왜 이렇게 말씀하셨는지 살피면 번성하는 복의 참 의미를 발견할 수 있을 것이다.

이 말씀은 여호와께서 아브라함에게 주신 복을 말한다. 그래서 이 말씀은 바울이 히브리서에서 자신이 처음 말한 것이 아니고 성경의 기록을 인용한 것이라고 볼 수 있다. 이 말씀은 창세기 17장 2절에서 처음 기록되었는데 아브람에게 "여호와께서 내가 내 언약을 너와 나 사이에 두어 너를 크게 번성하게 하리라" 하신 말씀이다. 아브람에게 이 복을 주신 여호와는 3절에 그가 여러 민족의 아버지가 될 것이라고 그 이름을 아브람이라 하지 않고 아브라함이라고 바꿔주셨다.

이후에 여호와는 아브라함에게 주신 번성하는 복을 성실히 지키심으로 이스라엘 백성들이 크게 번성하는 복을 주셨다. 그것에 대한 기록은 출애굽기 1장 7절과 레위기 26장 9절에 이어서 반복 언급하심으로 아브라함에게 주신 복을 여전히 수행하고 계시는 여호와의 성실하심을 보여준다. 아브라함은 번성하는 약속을 받았고 비록 생전에 이 약속이 이뤄지는 것을 계속 볼 수 없었지만, 이스라엘 백성들은 자신들이 받은 복이 아브라함에게 약속하신 복이었음을 알았을 것이다.

아브라함에게 주신 복의 영적인 의미는 육적으로 그의 혈통에서 구원자 예수가 나셨고 예수님의 죽음과 부활이 이방인에게까지 복음이 선포됨으로써 여러 민족의 아버지가 된다는 말씀, 믿음의 조상이 된다는 말씀이 성취되었다. 즉 아브라함이 받았던 번성하는 복은 단지 땅에서 자손을 많이 낳고 풍요롭게 잘 먹고 잘사는 것을 얘기하는 것이 아니다. 놀라운 하나님의 구원의 섭리를 이루실 때 한 사람, 한 가문을 사용하셔서 이루셨는데, 그 복을 받은 이가 아브라함이었던 것이다. 아브라함이 받은 복은 정녕 그를 위한 것이 아니라 온 열방을 향한 하나님의 구원의 계획과 선포였던 것이다.

시편 107편 38절에서는 '번성하는 복을 주시고 가축이 감소하지 않게 하시더라도 다시 압박, 재난, 우환을 주심으로 그들의 수를 줄이시고 낮추신다'는 말씀이 있다. 이것은 탐욕적으로 변질하여 우리의 유익대로만 해석하는 성향, 즉 번성하는 복에 대해서 하나님의 뜻이 어디에 있는지를 다시 한 번 묵상하게 한다.

신명기 8장 13-14절에서는 번성하는 복으로 인하여 도리어 '네 마음이 교만하여져서 하나님을 잊어버릴까 염려한다'는 말씀이 있다.

번성하는 복만을 바라지는 않는가? 하지만 그 복을 받고서 하나님을 잊어버리고 교만하여진다면 번성하는 복이 과연 복이 될 수 있을까? 참된 복은 압박과 재난이 없을 때나 있을 때도 하나님을 나의 구주로 고백하고 찬송하는 삶임을 잊지 말자.

사람을 좋게 하랴, 아니면 하나님을 좋게 하랴

이제 내가 사람들에게 좋게 하랴 하나님께 좋게 하랴 사람들에게 기쁨을 구하랴 내가 지금까지 사람들의 기쁨을 구하였다면 그리스도의 종이 아니니라(갈 1:10).

대중 예술가 혹은 전통 예술가라도 음악인으로서 음악이 가진 기능에 무엇이 있는지 폭넓게 이야기할 수 있다. 그중에서도 음악이 추구하는 기쁨에 대해 부정하는 이는 없다. 음악이 가진 기능, '기쁨' 그것은 무엇이고 우리에게 어떤 영향을 주는가? 음악은 사람의 감정과 밀접한 관련이 있다. 왜냐하면 사람은 감성이라는 것을 지녀서 외부에서 주는 자극을 인지할 수 있는 능력이 있기 때문이다. 그리고 이것이 음악이 가진 오락적 기능 중의 하나다. 이 오락성에 대해서 사람들마다 생각이 조금씩 다른데 오락성이 지닌 유흥적인 성향 때문에 부정적으로 보는 이들도 있다. 하지만 그렇다고 해서 음악이 가진 본래적 성격, 오락성을 부인한다면 음악 자체를 부인하는 것과 같다. 그러니 오락성이 어떻게 유흥적인 성향으로만 사용되지 않을 것인가를 놓고 다양한 방편을 찾는 것이 더욱 유익할 것이다.

음악은 인간이 만들어낸 인류의 또는 문명의 창조물이 아니라 하나님께서 만드신 창조 세계의 엄연한 피조물이다. 우리는 성경에서 음악이 사용된 예를 찾아볼 수 있고 특히나 하나님을 예배하는 곳에 음악이 사용된 적극적인 요소를 적지 않게 볼 수 있다. 그러므로 음악이 저질이거나 유흥적이라고 생각하는 것은 현대사회에서 인간의 쾌락과 탐욕을 위해 만들어진 음악을 보았기 때문일 가능성이 크다. 나는 창조과학 강의를 하시는 박사님의 강의에서 하나님이 만드신 창조 세계의 피조물들을 관찰하면서 광활한 대지와 색색으로 물든 드넓은 하늘을 만드신 하나님께서 때로는 작고 귀엽고 심지어는 재미나게 생긴 동물들을 지으신 것을 보고 하나님은 거룩하고 위대하시기만 하신 게 아니라 재미있고 유쾌하신 분임에도 틀림없다는 생각을 하게 되었다는 말을 들었다. 나 또한 입가에 미소가 번지면서 고개를 끄덕이게 되었는데 여기에 하나님이 지니신 기쁨(joy), 오락성이 있다고 생각했다. 그리고 음악이 지닌 오락성으로 우리는 거리낌이 어떻게 하나님을 기쁘시게 할 것인지 고민하는 것이 전혀 성경적이지 않다고 볼 수 없음을 생각했다.

우리가 만드는 음악, 그리고 연주하고 부르는 음악이 추구하는 기쁨이 오늘 말하는 '사람을 기쁘게 하랴, 아니면 하나님을 기쁘게 하랴' 와는 어떤 연관성이 있겠는가? 이것을 구분하고 정리하는 것이 더욱 음악이 지닌 기쁨이라는 요소에 대해 자유를 주고 나아가 하나님을 기쁘시게 하는 음악이 될 수 있다고 말하는 바이다.

바울은 자신이 사람들의 인정과 기쁨을 구하였다면 하나님의 종이 아닐 것이라고 말함으로 하나님을 바라보고 주를 기쁘시게 하는 기쁨에 대해 구체적인 설명을 시작한다. 바울은 자신이 전하는 복음이 사람들이 구하는 뜻, 즉 인본적인 뜻에서 출발하는 높아지는 성향과는 거리가 멀다고 말한다. 이러한 성격의 것은 사람에게서 나오고 사람에게서 배운 것이 아니라 그리스도의 계시, 즉 위로부터 오는 기쁨이라고 말한다. 여기에 음악이 지닌 기쁨이 추구해야 할 방향이 있다. '어떤 가사로 노래할 것인가?' 그리고 '어디로부터 출발하여 우리에게 임하는 기쁨이여야 하는가?'이다. 바로 위로부터 오는 기쁨이고 노래이다. 그것은 우리는 낮아지게 한다.

하나님의 때를 기다림

그 형제들이 예수께 이르되 당신이 행하는 일을 제자들도 보게 여기를 떠나 유대로 가소서 스스로 나타나기를 구하면서 묻혀서 일하는 사람이 없나니 이 일을 행하려 하거든 자신을 세상에 나타내소서 하니(요 7:3-4).

이스라엘의 명절인 초막절이 되면 유대인들은 조상들이 40년 동안 광야에서 장막을 지어 유목생활을 했던 때를 기억하고 일주일간 기념한다. 예수님이 공생애를 사셨던 시간에도 초막절이 지켜졌는데 예수님의 형제들은 이날을 통해 메시아를 기다리는 세상에 스스로를 나타내어 예수님을 드러내라고 말했다. 이유인즉슨, 스스로 나타나기를 구하면서 때로는 숨어서 또는 조용하게 묻혀서 일을 하는 사람은 없다는 것이다. 그러므로 세상에 예수님이 자신을 드러내서 모두가 믿게 만들라고 형제들은 말했다. 그들이 예수님께 요구하는 이유가 세상적으로 봤을 때 너무나 타당했기에 당혹스럽지 않을 수 없었다. 더욱이 우리가 사는 세상은 자신을 PR(Public Relations)하는 시대이다. 자신을 홍보하고 대외관계에 나서며 선전(宣傳)계몽을 하고 정책을 나타내는 등, 자신의 능력과 장점을 남과 세상은 모르기 때문에 적극적으로 드러내라고 요구하는 시대에 살고 있다. 더욱이 예수님은 이 세상의 법칙과는 다른 하나님 나라를 선전하고 계몽하시려 오신 것이 아닌가.

하지만 예수님의 반응은 형제들의 말에 응하는 것이 아닌 하나님의 때에 대해 말하고 있다. 아직 자신의 때가 이르지 않았다는 것이다. 그렇다면 예수님은 어떤 때를 기다리셨던 것일까. 이것이 죽기까지 순종하신 예수님의 십자가와는 무슨 상관이 있는 것일까. 예수님은 형제들을 보낸 후 갈릴리에 머무시다가 혼자서 예루살렘으로 오르셨다. 아무래도 기록을 보니 예수님께 자신을 드러내라며 충고한 말조차 응원해서 한 말이 아님을 보게 된다. 유대인들에게는 아리송한 말뿐이었지만 예수님은 무리에게 자신이 그들과 함께 있다가 다시 하나님께로 돌아갈 것임을 말씀하시며 십자가 죽음을 예견하신다. 예수님은 명절이 끝나는 마지막 날에는 영원히 목마르지 않을 생수를 설교하시며 승천하신 후에 내릴 성령까지 가르쳐 말씀하신다. 보아 하니 아직 이르지 않았던 하나님의 때는 예수님의 십자가 사건과 성령의 보내심이고 이것을 믿는 자들에게는 언제든 열려 있을 구원의 추수가 준비된 때였다.

또 하나, 과연 사람들의 인정을 받을 때 예수님의 사명이 증명되는 것일까. 결국은 초막절에 오르셔서 자신을 드러내셨지만 그 이전에 예수님은 형제들에게 인간의 자력으로 애쓰는 성취와 하나님께서 스스로 이뤄 가시는 때에 대해서 무언가 가르치실 말이 있는 것은 아닌지 생각해 보았다. 예수님은 자신의 사명이 무언지 알고 이 땅에 오셨다. 하지만 이것을 성취하기 위해서 하나님을 제외하고 스스로 먼저 행하신 일은 없다. 하나님과 동행하셨으며 아버지 안에 예수님이 계시며 둘은 언제나 하나이셨다. 예수님은 주께서 가르치시는 말을 하였을 뿐 자신의 생각도 말하지 않으셨다.

사역을 하는 우리에게 자신을 PR하는 것은 어떤 이유에 근거하는 것일까. 만약 우리의 이유가 예수님의 형제들이 말하는 것과 같다면 사역에 대한 믿음과 주권은 누구에게 있는 것일까. 그리고 우리는 하나님의 때를 기다리는지 묻는다. 오늘은 자신의 때가 오기까지 갈릴리에 그저 머물러 계셨던 예수님의 멈춤이 게을러 보이지만은 않는다.

천사들이 흠모하는 복음의 증거

> 이 구원에 대하여는 너희에게 임할 은혜를 예언하던 선지자들이 연구하고 부지런히 살펴서 자기 속에 계신 그리스도의 영이 그 받으실 고난과 후에 받으실 영광을 미리 증언하여 누구를 또는 어떠한 때를 지시하시는지 상고하니라 이 섬긴 바가 자기를 위한 것이 아니요 너희를 위한 것임이 계시로 알게 되었으니 이것은 하늘로부터 보내신 성령을 힘입어 복음을 전하는 자들로 이제 너희에게 알린 것이요 천사들도 살펴보기를 원하는 것이니라(벧전 1:10-12).

우리는 성경의 진리를 말씀으로 전하고 성경의 진리를 노래로 부른다. 그리고 이 복음의 증거는 그리스도께서 받으신 고난과 장차 받으실 영광에 대해 이야기한다. 우리가 부르는 복음은 창세기 3장 15절에서 이미 예언하신 하나님의 말씀이다. "내가 너로 여자와 원수가 되게 하고 네 후손도 여자의 후손과 원수가 되게 하리니 여자의 후손은 네 머리를 상하게 할 것이요 너는 그의 발꿈치를 상하게 할 것이니라 하시고." 아담의 후손으로 나서 모든 사람이 범죄하고 죄에 이르렀으나 둘째 아담, 곧 성령으로 잉태하신 예수 그리스도에 대한 예언과 성취를 담고 있는 거룩한 말씀이다.

우리는 아브라함에게 내리신 복이 장차 열방을 구원하실 하나님의 섭리이며 천국에서 오직 한 분만을 위한 찬양을 드릴 허다한 무리들을 하늘의 수없는 별과 같이 바다의 모래알같이 많게 하실 것이라는 축복의 말씀인 것을 알고 있다. 그리고 아브라함 또한 이것을 구전(口傳)으로, 그리고 그들의 전통적인 예배 안에서, 말씀 안에서 끊어지지 않도록 전하였으리라 짐작할 수 있다. 한 예로, 아브라함 이후의 구약의 선지자들은 장차 그리스도가 오실 것과 그분이 어떻게 고난을 받으실 것인지를 알았고 그것을 기록하였다. 그러므로 선지자들의 가르침을 따라 구약의 백성들은 장차 오실 예수를 내다보고 믿음으로 구원받았음을 알 수 있다. 또한 비록 지금은 예수를 구주로 믿지 않아 그들의 눈이 어두워져 있으나 신약의 유대인들은 구약의 사람들이 실제로 보고 누리길 원했던 소망, 즉 예수와 함께 길을 걷기도 하며 음식을 나눠 먹기도 하며 그분의 말씀을 귀로 들을 수 있었다. 비록 예수님이 오셨다는 예언의 성취, 위대한 역사 앞에서 한 시대를 살았던 그들처럼 예수님의 얼굴을 볼 수는 없었지만 우리는 이제 장차 오실 예수를 기다리며 믿음을 지켜가는 영광스런 세대다. 우리가 누리는 이 복음은 천사들도 기이히 여기며 살펴보기 원하는 놀라운 증거이다.

이 위대한 복음은 조금도 흠이 없어 우리가 노래해야 할 다른 어떤 가치보다 뛰어나다. 그리고 때로 우리는 이 복음을 더 많은 이들에게 들려주기 위한 목적으로 간접적으로 전하기도 한다. 그러나 복음을 간접적으로 전하는 것을 모토로 삼기도 하는 CCM이 취하는 전략이 복음을 증거하기에 불충분한 내용이 될 수도 있고 되려 복음을 흐리지는 않는지를 점검해야 한다. 우리는 복음에 무엇을 더하는 것에 대한 경계만이 아니라 덜 전하는 것에 대해서도 경각심을 가져야 한다. 이 복음에 어떤 것을 더하거나 덜 한다면 복음은 변하게 되는 것이다(갈 1:7).

이 복음은 예언하던 선지자들이 연구하고 부지런히 살핀 것으로 이미 그 의미는 충분하다. 고린도후서 11장 4절과 같이 다른 예수를 노래하거나 다른 복음, 다른 영을 받아들이게 한다면 그것이 천사라도 저주를 받으며 그가 누구이든지 저주를 받아 마땅하다고 바울은 가르쳤다 (갈 1:8-9).

설 자리를 잃어가는 기성세대

총각과 처녀와 노인과 아이들아 여호와의 이름을 찬양할지어다 그의 이름이 홀로 높으시며 그의 영광이 땅과 하늘 위에 뛰어나심이로다(시 148:12-13).

어디든 시간이 쌓인 만큼 사람의 관계도 깊어지기 마련이다. 이 말이 내게도 무색하지 않다. 내가 현재 봉사하고 있는 교회는 작은 지역의 개척교회인데, 사역자들과 교인들과 함께하는 시간이 늘어갈수록 교회 내부의 상황과 사정을 알아가고 있다. 이곳은 20년이 넘도록 교회를 떠나지 않고 눈물과 열정으로 교회를 지켜온 목회자 가정과 단 한 번도 교회를 떠나지 않고 어려운 고비마다 자리를 지켜준 몇몇의 장로님들과 직분자가 전부이다. 이들이 교회를 지켜오면서 기도한 것은 함께 교회를 섬겨줄 동역자를 보내주시는 거였고, 올해는 젊은 세대가 들어와 교회의 각 부서의 빈자리를 채우고 있다.

나는 하나님을 찬양하는 지식이 얕고, 간신히 버텨오다 사명도 열정도 식어버린 적은 무리의 찬양대를 맡게 되었다. 하지만 감사한 점은 새로운 것을 받아들일 준비가 되어 있는 분들이었기에 찬양대의 환경과 조건을 고려하여 조그마한 비전을 갖고 한 걸음씩 성장해 갈 수 있다는 점이다. 그 중에 찬양대를 오랫동안 섬겨온 장로님 한 분은 일흔에 가까운 나이에도 찬양하는 자리를 지켜왔고 그 충성을 하나님께서 기뻐하시리라고 생각한다.

하지만 최근에 장로님은 내게 찬양대에서 그만 물러나겠다는 의사를 밝히셨다. 항간에 새로움이라는 명분으로 젊은 세대들이 일을 하니 나이 드신 분들이 일선에서 물러나야 하지 않겠느냐는 말이 교회 안에서 돌았던 것이다. 갈등 속에 장로님은 내게 자신이 나이가 많이 들었고 보기에도 예쁘지 않으니 은혜가 되지 않는다며 찬양대를 그만 하겠다는 것이었다. 도대체 장로님이 누구에게 은혜를 줘야 하기에 하나님을 찬양하는 기쁨에서 물러나야 하는 걸까? 하나님을 찬양하는 일에 나이가 무슨 상관이며 예쁘고 잘생긴 것이 왜 중요하단 말인가. 가슴이 너무나 아픈 말이었다.

동시에 학업에 전념했을 때 예배음악의 실천 부분에서 한 전공 교수님이 강의 중에 하신 이야기가 떠올랐다. 요즘 교회 문화나 음악이 젊은 세대와 문화의 흐름에만 맞추다 보니 나이 많은 기성세대들이 향유하고 공감할 수 있는 콘텐츠는 사라져 간다는 점이다. 1970-1980년대에 기성세대가 신앙의 부흥기를 맞이하면서 은혜의 불씨가 되었던 찬양과 문화는 지금 시대에 발 맞지 않게 옛것이고 구식이라는 인식으로 괄시(恝視)받음에 자연스레 기성세대도 교회에서 소외되어 간다는 것이었다. 사역 현장에 고스란히 재현되고 있는 이 상황을 보며 나는 간절하게 장로님을 붙잡았다. 그 자리를 계속해서 지켜주시며 우리의 육신은 쇠약해지지만 영은 날로 새로워져 하나님을 더 깊이 찬양하는 모습을 보여주시길 바랐다. 모든 세대가 하나님을 찬양하는 아름다운 공동체로 세워지기를 바랐다.

만약 새로운 개혁과 역동성이라는 교회 성장의 주요 코드가 현재가 과거보다 항상 우월하다며 전통을 무시하는 것은 안 된다는 말과 하나님을 위한 것이 아닌 인간의 필요와 만족에 초점이 맞춰진 실용주의에 불과하다면 빛 좋은 개살구일 뿐이지 않겠는가. 교회 성장은 교회가 성숙할 때 가능하리라 생각하며 우리의 사역이 소외당하는 이 없이 함께 한 걸음, 한 걸음 걸을 수 있기를 간절히 바란다.

신자에게 받는 모함(謀陷)

하여간 어떤 이의 말이 내가 너희에게 짐을 지우지는 아니하였을지라도 교활한 자가 되어 너희를 속임수로 취하였다 하니(고후 12:16).

바울은 사역을 하는 동안에 많은 어려움을 겪었다. 옥에 갇히고 유대인들에게는 사십에 하나 감한 매를 다섯 번이나 맞고 궁핍했고 곤고했다. 그러나 그가 겪은 여러 환난은 그리스도의 복음을 전함으로 생긴 결과 중 하나였다. 이러한 고통에 대해서 바울은 도리어 기뻐한다고 이야기했다. 왜냐하면 그리스도의 복음의 흔적을 가졌고 그리스도의 능력이 자신에게 머물 수 있기 때문이었다. 나는 그가 말한 것에 어떤 것을 더하려는 것이 아니고 육체적으로 힘들고 곤고했다는 것에 대해 말하려고 한다. 만약 그가 이런 것을 전혀 느끼지 못하고 도리어 기뻐하겠다고 말했다면 그가 가졌던 다른 감정을 부인하는 것이니 말이다. 이런 고통은 바울이 예수를 그리스도로 고백하지 않는 자들에게 받은 환난이었다.

그러나 그가 받은 환난은 이것으로 끝이 아니었다. 바울은 예수님을 구주로 고백하는 자신과 같은 신자들에게도 오해를 받고 시비(是非)를 당했다. 자신이 세운 교회, 그리고 복음을 전한 지역에 예수를 믿게 된 사람들이 이제는 바울을 의심하고 미워하기 시작한 것이다. 그의 심정이 어땠을까? 차라리 믿지 않는 자들에게 당하는 핍박은 그들이 복음을 알지 못함으로 그럴 수 있다고 생각하지만 예수님 안에서 한 형제자매로 함께 부르심 받았다고 하는 신자들에게, 또 그가 사역하는 친밀한 공동체에서 그에 대한 거짓된 소문이 떠돌았으니 말이다.

그에 대해 떠돌던 소문은 바울이 교활하다는 것이었다. 어떻게 바울에게 이런 소문이 돌 수 있었는가? 그러나 바울은 진실했고 진정성을 갖고 누구보다 복음을 전하는 데 헌신했던 자였다. 그는 모든 사람에게 거리낌이 없이 행동했던 사람이었다. 혹시라도 그가 전하는 복음에 흠집이 생기거나 책이 잡힐까봐 자신의 유익을 구하지 않고 복음을 중심으로 삶을 살았던 사역자였다. 그런 그에게 교활함이라는 것은 가장 먼 이야기인 것이다. 예상되는 시나리오는 터무니없는 소문임에도 신자들의 마음은 흔들렸고 안 좋은 소문을 퍼트리는 자들과 한 패가 되어 바울을 멀리하고 의심하기 시작했을 것이다. 바울의 억울함을 뒤로 하고 결국 신자들에게 남는 것은 무엇일까? 바울에게 느낀 실망과 의심은 하나님께로 향하게 되어 그의 종과 하나님도 멀리하고 영적으로 고아의 상태로 전락했을 것이다. 여기서 우리는 신자들의 모임에서 나눠야 할 이야기, 즉 진정한 성도의 교제가 무엇으로 이뤄져야 할지 깨달을 수 있다.

또한 바울은 속임수로 사람의 마음을 산다는 오해를 받았다. 그러나 그들이 예수님을 구주로 고백하게 된 것은 성령(Holy Spirit)의 도우심으로 된 바니 속임수는 거짓말하는 영 곧 사탄의 정체다. 아무래도 바울이 교활하고 속임수를 갖고 있다는 말로 보아 그를 모함했던 수치가 그를 사탄의 하수로 여기는 것에 거의 흡사하지 않았는가 생각된다. 하지만 바울은 그의 진정성을 보여주기 위하여 그리고 복음의 진실됨에 문제가 없도록 그저 디도와 자신이 어떤 유익을 구한 것이 있냐며 투명성을 내보였다. 신자들은 여전히 바울이 변명할 뿐이라고 의심했지만 그는 다만 '너희를 사랑하고 하나님 앞에서 덕을 세우기 원한다'고 말했다. 바울이 사역의 어려움에도 치우침 없이 곧게 걸어간 진리의 길, 그 담대함을 우리도 가지길 소망한다.

자기의 백성이 되게 하시려고

우리를 양육하시되 경건하지 않은 것과 이 세상 정욕을 다 버리고 신중함과 의로움과 경건함으로 이 세상에 살고 복스러운 소망과 우리의 크신 하나님 구주 예수 그리스도의 영광이 나타나심을 기다리게 하셨으니(딛 2:12-13).

우리는 아티스트인가? 사역자인가? 제자인가? 그리스도인인가? 우리는 어떻게 살아야 할까? 마치 이것들은 우리에게 수많은 정체성이 있는 것을 말해 주는 것 같지만 결국 하나로 집결(集結)되는 것을 알게 된다. 그렇다. 가장 큰 개념은 그리스도인이다. 우리는 그리스도인이다. 우리가 그리스도인이기 때문에 아티스트로서, 사역자로서, 제자로서 어떤 삶을 살아야 하는지는 그리스도인으로 살아가는 방식에 따라서 달라지고 결정된다.

오스왈드 챔버스는 만약 우리의 믿음이 흔들린다면 우리에게 주신 하나님의 비전도 아무 의미가 없게 될 것이라는 말을 했다.[47] 그의 말대로 아무리 내가 찬양사역자로서 비전을 발견했다고 하여도 하나님에 대한 궁극적 믿음이 흔들리고 회의감이 든다면 주 안에서 발견한 비전이 어떻게 이뤄지겠는가라는 질문을 던지게 된다. 그런 후에는 역시나 우리의 모든 꿈과 소망은 우리가 그리스도인이기 때문에 주어진 것들이었음을 인정하게 된다. 바꿔 말하면, 내가 그리스도인이 되었기 때문에 꿈을 가지게 되었다고 말할 수 있다.

우리는 그리스도인이기 때문에 자기 백성으로 삼으신 하나님을 삶의 주인으로 모시고 말씀을 최우선으로 두고 살아가게 된다. 그렇다

47) 오스왈드 챔버스, 《주님은 나의 최고봉》, 스데반 황 옮김, 토기장이, 2008, 하늘비전에 순종하십시오.

면 그리스도인으로 사는 것은 무엇일까? 그리스도인들은 그리스도의 영광이 나타나심을 기다리고 소망하는 자들임이 첫째로 우선이 된다. 만약 우리가 '그리스도인'인데 우리에게 오늘의 정체성을 주신 '그리스도', 그분의 다시 오심에 대한 소망이 약해졌다면 우리의 믿음이 고장이 났다고 말할 수 있다. 왜냐하면 우리가 받은 구원, 그리고 구속의 완성이 곧 주님이 오시는 날에 이뤄지기 때문이다. 그래서 바울은 "그리스도의 나타나심을 기다리게 하셨으니"라고 말하고 있는 것이다.

일단 그리스도인이 되었다면 우리는 주님의 양육을 받게 된다. 이 양육은 우리가 주 앞에 서는 날까지 계속된다. 주께서는 이런 그분의 성품을 우리가 가장 잘 이해할 수 있도록 한 가지 예를 들어주셨는데 사랑으로 자녀를 훈계하는 아비의 마음이다. 만약 우리가 주님의 자녀임에도, 그리스도인임에도 그분의 징계를 받지 아니한다면 진짜 아들이 아니고 사생아일 것이라고 바울은 이해를 도왔다(히 12:8).

그러므로 그리스도인으로서, 그리스도인답게 이 땅에서 살아가는 것이 무엇일지 생각해 보자. 아티스트로서, 사역자로서, 제자로서 우리를 부르시는 주님이 그리스도인으로서 우리가 해야 할 일이 무엇인지 들려주시는 음성에 귀를 기울이자.

편협한 분파주의적 사고가 교회 사역에 주는 악영향

그에게서 온 몸이 각 마디를 통하여 도움을 받음으로 연결되고 결합되어 각 지체의 분량대로 역사하여 그 몸을 자라게 하며 사랑 안에서 스스로 세우느니라(엡 4:16).

본문은 말씀을 적용하는 범위를 정하는 정도에 따라서 그 영향력과 크기의 차이가 수없이 달라질 수 있다. 교회의 머리가 되시는 예수님은 두세 사람이 모인 곳에서도 함께하시는 분이시기에 대소(大小)를 망라하고 그리스도의 몸 된 교회는 가장 작은 곳에서 시작된다. 그리고 이러한 교회는 각 마디를 통해 도움을 받고 연결되고 결합되어 그 몸을 자라게 하고 사랑 안에서 세워진다.

하지만 이렇게 말씀에 명시되어 있는데도 불구하고 간혹 성숙하지 못한 우리는 분파주의적인 성향으로 교회를 바라보고 성령의 역사를 제한시키거나 은혜의 자리에서 스스로 분리되는 등 교회 사역에 악영향을 미치기도 한다. 최근에 한 사역자가 담당하는 분야가 잘될 때 질투심을 느끼고 사역을 방해하거나, 또는 관심이 없는 분야라서 선을 긋고 등한시하거나 외면하는 등의 연합하지 않고 결합되지 않으려는 분열과 분리적인 현장을 목격하였다. 또 당을 짓는 무리로 인하여 편협한 분파주의가 조장되어 어떠한 사역이 끝내 결실을 보지 못하고 실패하는 경우를 보았다.

반면에 한 교회의 찬양사역을 담당하면서 각 포지션에 위치한 사역자들이 서로의 사역을 개방하고 때로는 유기체적으로 도우며 서로의 짐을 나눠 질 때 얼마나 큰 시너지 효과를 경험하게 되는지도 보았다. 정녕 교회는 사랑 안에서 하나가 되어 아름답게 세워져 가는 모습이었다.

교회가 온전히 세워지기 위해 필요한 조건들이 무엇이라고 생각하는가? 기독교 교육에 헌신하고 계시는 어느 한 분의 이야기로는 교회에 말씀, 기도, 찬양, 교육이 성령 안에서 올바르게 서게 될 때라고 말씀하시곤 했다. 어떤 이는 선교, 구제, 양육 등을 더 포함시키기도 한다. 각 교회마다 목표가 다르기에 추구하는 정도가 다를 수 있겠지만 중요한 것은 모든 포지션이 서로의 도움을 구할 때 손을 펴야 한다는 점이다. 마음을 함께 나누고 기도하는 것이 연합의 핵심이다. 이는 하나님의 영이 함께 계셔서 서로를 기뻐하고 즐거워하며 이야기를 나누신 것을 본받는 것이다.

그렇다면 연합을 더욱 구체적으로 얘기해볼 때 어떻게 하여야 교회가 사랑 안에서 자라갈 수 있을까? 다른 포지션에서 도움을 요청할 때, 할 수 있는 데까지 돕는 것이다. 예를 들어 교회 내에서 아버지 학교가 시작될 때 소 모임을 인도하는 찬양으로, 또는 어린이 예배에 찬양팀의 인도가 필요할 때, 교회 내의 집회와 행사에 채워줄 예배 음악 등, 이 외에도 아주 무수한 상황 속에 연합할 수 있는 기회는 존재한다. 그리고 이런 도움이 언젠가는 당신의 찬양팀이 도움을 받아야 할 상황에 처할 때 당신이 헤아린 그 헤아림으로 돌려받을 것이다(마 7:2). 나의 사역 포지션만 잘되기보다 모든 사역이 사랑 안에서 함께 서 갈 수 있도록 도우라. 그리스도의 몸 된 교회를 위해서.

선을 행하되 낙심하지 말지니

우리가 선을 행하되 낙심하지 말지니 포기하지 아니하면 때가 이르매 거두리라 그러므로 우리는 기회 있는 대로 모든 이에게 착한 일을 하되 더욱 믿음의 가정들에게 할지니라(갈 6:9-10).

그리스도 안에서 하나 되게 하신 하나님의 뜻을 위해 우리가 힘써 지켜가야 할 것이 있다면 무엇이 있는가? 그것은 서로의 짐을 지는 것이다. 함께 짐을 나눠 지는 것, 우리가 이렇게 할 때 "서로 사랑하라"는 그리스도의 사랑의 법을 실천하게 되는 것이다. 그러나 이것은 자신이 질 짐까지 남에게 지게 하는 것을 말하지는 않는다. 분명히 예수님은 자신의 십자가를 지고 주님을 좇을 것이라고 말씀하고 계시기 때문이다. 하지만 그 짐을 서로가 나눌 수 있는 것, 거기에는 자신의 짐을 지고 가다가 쓰러진 이가 있다면 그를 일으켜 세워주는 다른 이, 그리고 공동체가 있으므로 나를 대신하여 죽어주신 예수님의 십자가 사랑의 모형이 숨어 있음을 보게 되는 것이다.

이러한 행위를 바울은 '선'(善)이라고 말했다. 예수님의 이름으로 행하는 구제가 바로 선이다. 하지만 세상이 삭막해질수록, 사람들이 서로에 대한 불신으로 강해질수록 선을 행하는 용기가 우리에게 절실함을 경험하게 된다. 그러나 바울은 선을 행하되 낙심하지 말라는 말을 통하여 선을 행한 후에 우리가 당하게 될 실망과 좌절에 대해 미리 말해 주는 듯하다. 낙심하는 원인은 실망과 좌절할 이유가 생겨서 초래되는 것이니 말이다. 그러므로 우리는 선을 행했다고 해서 기뻐하기보다 선을 행한 후에 찾아올 시험에 대해서 무장하는 영적 준비가 필요하다.

어떤 이들은 결국 일을 포기하여 마무리짓거나 접는 경우가 있다. 하지만 바울은 포기하지 아니하면 때가 온다고 말한다. 그때에 열매를 거두게 될 것이라고 말한다. 여기에는 인내가 숨어 있다. 선을 행하는 일에 있어서도 인내가 필요하다는 말씀은 우리가 무장할 영적 준비가 무엇인지 구체적으로 가르쳐주는 것이다.

바울은 기회가 닿는 대로 선을 행하라고 말한다. 이는 선을 행할 수 있는 순간순간이 늘 찾아온다는 점과 우리 주변에 펼쳐져 있다는 뜻일 것이다. 또한 선을 행함에 있어서 '어느 정도가 적절한가?' 또는 '어느 정도가 필요한가?'에 대한 답이 될 수 있다.

우리가 실천하는 선, 이는 세상을 향하지만 바울은 더욱 믿음의 가정들에게 하라고 가르치고 있다. 여기서 '가정'을 현대인의 성경으로 보니 그리스도의 몸 된 교회, 지체, 성도들로 해석했다. 그러나 세상을 향하는 복음을 전파라는 지상명령을 위해 선을 행하는 것 또한 중요한 일인데 왜 바울은 믿음의 가정으로 축소시켰는가?

나는 이것이 결코 믿는 자들끼리 잘 먹고 잘살고 우리끼리만 행복하자는 의도가 아니라 안에서 세는 바가지가 밖에서도 센다는 말처럼 우리가 서로 사랑하지 못하면 세상은 예수님의 형상을 우리에게서 찾을 수 없을 것이란 의도라고 본다. 초대교회가 세상에선 찾을 수 없는 '거저 주는 법칙'으로 배고픈 자, 가난한 자가 없이 하나님을 찬송함이 더해 갔던 것이 안 믿는 자들에게 환심(換心)을 갖게 된 것처럼 말이다. 우리가 낙심하여 선을 행하지 못하는 일이 없도록 기도하자.

사람에게 복종하는 것보다

"우리가 그대들에게 그 이름으로 가르치지 말라고 엄중히 명령하였거늘, 그대들은 그대들의 가르침을 온 예루살렘에 퍼뜨렸으니, 그대들은 그 사람의 피에 대한 책임을 우리에게 씌우려하고 있소." 베드로와 사도들이 대답하였다. "사람에게 복종하는 것보다, 하나님께 복종하는 것이 마땅합니다(행 5:28-29, 표준새번역).

예수님은 부활하여 하늘로 승천하실 때 사도들이 예루살렘에서 사마리아 땅끝까지 이르러 그의 증인이 될 것을 예견하셨다. 본문은 사도들이 대제사장과 그의 지지자들 사두개파 사람들 앞에서 예수님의 증인으로 서면서 받는 핍박에 대한 이야기다.

제자들은 오순절에 성령 세례를 받고 예수님의 증인 사역을 본격적으로 시작하였고, 베드로의 오순절 설교로 신도의 수가 삼천 명이나 늘어났으며, 그들은 공동생활을 통해서 하나님을 열심히 찬양하였다. 예수님이 나무에 달리기 전에는 주님을 세 번이나 부인하는 연약한 믿음을 가졌던 베드로는 성령을 받은 후에 완전히 다른 모습을 보이며 아주 굳건하고 견고한 믿음으로 예수님의 증인 사역에서 두각을 나타냈다. 베드로뿐만 아니라 요한도 예수님의 증인 사역에 박차를 가하여 예수님이 아끼시고 사랑하셨던 제자답게 부흥의 주도적인 역할을 하였다. 베드로와 요한의 설교를 듣던 제사장들과 성전 수위대장과 사두개파 사람들은 그들이 사람들을 가르치는 것과 예수의 부활을 내세워 죽은 사람들의 부활을 선포하고 있는 것에 격분하였다.

이튿날 유대의 지도자들과 장로들과 율법학자들이 예루살렘에 모였을 때 사도들을 향해 묻는 질문은 그들이 말씀을 전할 자격 여부였다. 그러나 이들의 진짜 마음은 자격 여부에 대한 순수성을 따지는 것이 아닌, 모두 시기심이 가득 차서 들고 일어서려는 목적이었다. 하지만 그들에 비해 지식과 언변의 기술도 없던 사도들이 조금도 두려워하지 않고 예수님의 이름을 힘입어 구원받을 이름은 하늘 아래 예수 한 분 외에 없다고 증거했다. 시기심이 났던 유대 지도자들은 사도들을 저지하려고 했지만 외압에도 흔들리지 않는 모습에 예수님의 이름으로 아무것도 말하거나 행하지 못하게 하라고 경고를 했다. 더욱이 그들조차도 예수님으로 말미암아 기적이 일어났다는 사실을 부인할 수 없었고 모든 사람들도 알고 있는 상황인데도 말이다. 종교 권력을 쥔 지도자들의 압력이 오순절 성령의 부흥 역사를 파괴하려고 했지만 예수님을 믿고 성령을 받는 부흥의 불은 꺼지지 않았다. 믿는 사람들의 수가 더욱 늘어날 뿐이었다. 교회 부흥 역사의 초점이 예수님을 구주로 고백하는 믿는 자들의 수가 날로 더해가는 영적 성장이라는 것을 알 수 있는 대목이다(행 1-5장 참고).

시기심에 가득 찬 종교지도자들은 없는 죄를 만들어서 사도들을 감옥에 가두고 박해를 가했지만 주의 천사가 감옥 문을 열고 생명의 말씀을 남김없이 백성에게 전하라고 하나님의 메시지를 전달했다. 사도들이 더욱 예수님의 이름을 힘입어서 담대히 복음을 전하매 종교지도자들의 압박에 대한 대답은 이것이었다. "우리는 사람에게 복종하는 것이 아니라 하나님께 복종합니다." 사도들은 종교지도자들이 구원의 길 예수에 대한 절대 신앙에 합력될 수 없었기에 그들로부터 분리될 수밖에 없었다. 예수님보다 더 소중하고 중요한 문제는 없었기 때문이다. 사도들의 이런 열정을 우리는 분명히 배워야 한다. 주 예수보다 더 귀한 것은 없다는 찬양처럼.

하나님! 억울합니다

소리를 높여 이르되 예수 선생님이여 우리를 불쌍히 여기소서 하거늘(눅 17:13).

우리가 사는 세상이 하나님을 마음껏 사랑하고 섬기고 주를 위한 삶을 사는 것을 좌절하게 하는 구조라고 생각해 본 적이 있는가. 내가 무정부주의자이거나 돈과 재물이 이유 불문하여 부정하다고 이야기하는 것이 아니다. 그것은 우리에게 적절하게 필요하다. 하지만 바쁘게 돌아가는 세상에 발 맞춰 살려는 사람들에게 하나님을 예배하는 마음과 시간은 낭비처럼 느껴질 것이다. 또 마음은 원하지만 육신이 약하다고 말씀하셨던 것처럼 많은 시간을 일하고 돈을 버는 행위는 우리의 육신을 피곤하게 하여 하나님께 나아가기에 장애물이 될 수 있다. 이는 전도서에도 언급되었던 말이기도 하다(전 5장). 하루에 10시간 13시간을 꼬박 일한다면 내 앞에 직면한 일들에 집중하게 할 뿐, 하나님을 생각하기란 쉽지 않을 것이다. 세상의 구조와 시스템에 따라 맞춰 살아야 하는 인간에게는 '나의 존재가 어디에서 왔는가'라는 철학적 질문도 낡은 관념이 된다. 먹고 사는 문제와 영성을 추구하는 삶의 불균형에서 사람들은 치열해지고 악질적으로 변해가는 먹고 사는 문제로 인해 자의 반, 타의 반으로 발이 묶이게 된다.

이처럼 지치고 상한 맘이지만 우리의 마음은 영원을 사모한다(전 3:11). 그러나 내 영이 하나님을 찾게 될 때 깊은 안정을 갖게 됨에도, 영원함을 채워야 할 가슴에 일시적이고 자투리적인 기쁨만 채우고 있지는 않은가. 실제로 내가 영적 침체기를 만났을 때 나는 홀로 하나님께 나아가야 함을 알았지만 좋아하는 TV 프로그램 시청, 인터넷 서핑,

음악 작업, 친구와의 만남을 통해 외로운 마음을 대체하곤 했다. 일시적으로 채우는 기쁨으로 허한 가슴을 채우려고 했던 것이다. 나와 같이 이 시대의 사람들은 광야와 같은 빈 터에 혼자만 서 있는 것 같은 진한 외로움이 낯설지 않다. 하지만 얼마나 슬픈 일인가. 얼마나 억울한 일인가. 바쁘게 돌아가는 세상에 맞춰 살다보니 주님을 만나지 못했고, 하나님을 기뻐하는 기독교 희락주의(존 파이퍼 목사의 핵심 가르침)는 저급한 영상물을 대체하고 사람을 만나 수다를 떠는 즐거움으로 전락하고 있으니 말이다.

우울한 우리의 모습에도 희망을 발견한 사례는 《하나님의 임재 연습》이라는 책을 통해서였다. 24시간을 주님과 동행하는 비결을 알았던 로렌스 형제의 실화를 통해 내 안에도 주를 향한 성실한 꿈이 생긴 것이다. 사제로서 그가 맡은 직분은 예배 직무가 아니라 설거지였다. 하지만 그는 그 많은 설거지를 해야 할 때도 하나님을 찬양하며 초점을 주님께 놓지 않았다. 그만이 아니라 주님께 사로잡힌 자들은 일상을 살아가면서 하나님과 교제하는 비결을 알았다. 헨리 그루버(Henry Gruver)는 어린 시절 그의 어머니가 집안의 청소를 하며 걸레질을 하고 어린 자신을 목욕시킬 때에도 하나님을 찬송하고 기도하며 눈물을 흘리셨던 분임을 고백하기도 했다.[48] 또 다른 책은 빌 하이벨스(Bill Hybels)가 쓴 《너무 바빠서 기도합니다》라는 책이다. 이 책이 현대를 살아가는 이들에게 더 적절하게 들어맞으리라 생각한다. 그 책에서도 바쁜 생활에 쫓겨 하나님을 잃어버리는 생활에 대해 염려하고 있으며 어떻게 우리가 현대사회를 살아가며 직장생활을 하며 하나님을 사랑할 것인가에 대해 쉽게 풀이해 놓았다. 그렇다. 누군가를 사랑한다면 많은 일들을 해도 그 사람이 계속 생각나는 것처럼 하나님을 사랑하는 자는 많은 일들 속에서도 하나님을 놓치지 않을 것이다.

48) https://www.youtube.com/watch?v=zRE7R8kKCyM

사랑받는 형제로 대하는 것

이후로는 종과 같이 대하지 아니하고 종 이상으로 곧 사랑받는 형제로 둘 자라 내게 특별히 그러하거든 하물며 육신과 주 안에서 상관된 네게랴(몬 1:16).

성경을 보면 구약에서도 신약에서도 노예 신분이 나온다. 상전(上典)이 있고 그에게 종속된 노예가 있는 것, 만약 정치적인 노예 해방과 제도적 마련을 찾으려 한다면 구체적인 방법을 성경에서는 찾을 수 없다. 왜냐하면 성경의 중심이 그것을 이야기하고자 하는 것은 아니기 때문이다. 오히려 그런 류는 일반 전문 서적에서 방법론을 잘 알려줄 뿐이다. 하지만 이것이 예수님이 노예 신분을 철회하려는 일에 있어서는 무관심했다고 말할 수 없다. 먼저는 구약의 모세를 통해 이집트의 노예 신분으로 있던 이스라엘 민족을 어떻게 구출하셨는지, 그들이 압제받고 부당한 일을 당하며 신음으로 부르짖을 때 분명 여호와께서는 그들의 눈물과 부르짖는 기도를 들으시고 모세를 보내어 구원하시기를 선택하셨기 때문이다.

우리는 노예 신분을 아예 없애는 일보다 주 안에서 노예를 어떻게 바라보고 대해야 할지를 성경을 통해 알 수 있다. 구약에서는 노예를 해방시켜 주는 희년의 때가 있었고, 또 노예를 의무적으로 풀어줘야 하는 지시사항도 있었다. 우리는 노예를 무조건 일만 하고 상전이 부려먹는 가치 없는 자들로 여기기 쉽지만 성경에서는 상전으로서 노예를 어떻게 관리해야 할지 우리가 아는 일반적인 것과 훨씬 다르다는 것을 알 수 있다. 도리어 상전이 노예를 먹이고 돌보고 책임져 주는 논리가 그 안에 숨어 있다. 신약에서는 빌레몬의 노예였던 오네시모가 그의 돈을 훔쳐서 멀리 도망을 가고 옥에 붙잡혔을 때 바울을 만나게 되면서 그리스도인으로 새로 태어나게 되는 스토리가 담겨 있다. 물론 오네시모의 잘못이 있었지만 바울은 그가 주 안에서 새로워지면서 자신을 극진히 모시고 있다는 것을 보이며 이전의 오네시모가 잘못을 범한 것을 용서하고 하나님의 사랑으로 그를 다시 받아줄 것을 부탁하고 있다. 사도 바울은 빌레몬에게 오네시모를 이제는 종으로 대하기보다는 사랑받는 형제로 바라볼 것을 진심으로 부탁한다. 물론 빌레몬의 억울함과 속상함을 바울은 무시하지 않는다. 하지만 예수님의 사랑으로 품는 것이 그리스도인으로서 먼저 해야 할 일임을 바울은 빌레몬에게 넌지시 보여주고 있다.

"노예를 사랑받는 형제로서 대하라"는 말에는 여러 가지 의미가 담겨 있고, 이는 앞으로의 삶의 태도가 새롭게 바뀌게 될 것을 예견하는 말이기도 하다. 이것은 주 안에서 영이 새롭게 된 자, 새로 태어난 자들에 대해서는 이 모습대로 대해 줄 것을 말한다. 일이 가지는 특성, 높고 낮음이 있고 일을 시키고 그를 따라 움직이는 것이 존재하지만 사람에 대해서는 인격적으로 대하고 귀하다고 여길 수 있는 것, 충분히 사랑받는 존재라는 것을 늘 확인시켜 주는 작업이 바로 예수님께서 서로 사랑하라고 하신 말을 뜻하는 것이 아니겠는가.

그래서 우리는 고용인, 고용주라는 현실이 존재할 때 서로를 사랑으로 대하고, 인격적으로 대해 주는 일에 있어서는 서로가 대접하고 섬기기를 마다 하지 않아야 한다.

음악을 하는 일에 있어서도 그렇다. 가장 화려해 보이는 무대에서 노래하고 제자를 양육하는 가르치는 자를 포함해서 우대받는 작사, 작곡가만이 아니라 뒷골목에서 곡을 쓰고 음악적 탁월성을 위해 혼자 외로이 이름 없이 고군분투하는 자들에게까지 서로를 사랑받는 형제로 대해주는 것, 여기에 하나님의 뜻이 있다.

반응이 없는, 반항하는 세대

"이 세대를 무엇에 비길까? 마치 어린아이들이 장터에 앉아서, 다른 아이들에게 이렇게 말하는 것과 같다. '우리가 너희에게 피리를 불어도 너희는 춤을 추지 않았고, 우리가 애곡을 해도 너희는 울지 않았다. 요한은 와서, 먹지도 않고 마시지도 않았다. 그러니까 사람들이 말하기를 그는 귀신이 들렸다 하고, 인자는 와서 먹기도 하고 마시기도 하니, 그들이 말하기를 보아라, 저 사람은 먹기를 탐하는 자요, 포도주를 즐기는 자요, 세리와 죄인의 친구다 한다. 그러나 지혜는 그것이 한 일로 그 옳음이 증명된다"(마 11:16-19, 표준새번역).

예수님은 당시의 시대를 무엇에 비유하셨는가? 기쁜 소식을 전하여도 춤을 추지 않고 세상을 향해 애가를 불러도 울지 않는, 반응이 없는 세대라고 하셨다. 그 시대의 사람들의 성향은 어떤가? 복음이 무엇을 해도 마음에 들지 않고 낙인을 찍고 바라보는 반항하는 세대와 같다고 하셨다. 요한은 요한대로 비꼬기를 일삼고 예수님은 그와 다르더라도 율법을 어기고 있다며 비꼬기를 일삼아 꼬투리를 잡는 것에 익숙하고 복음이 무엇인지는 진지하게 고민하지 않는 세대라고 말씀하셨다.

이것이 마치 예수님께서 우리 시대를 보고 말씀하신 것은 아닌가라고 착각할 만큼 우리 시대에 서로에게 무관심하고 불친절하며 복음에 대해서 무조건 깎아내리고 보는 반항하는 사람들이 옆에 있는 것을 본다.

그러면 우리는 어떻게 해야 할까? 이 세대가 이런 모습이니 복음에 대해서도 마찬가지라는 생각으로 복음을 전하기를 멈춰야 할까? 하지만 예수님은 마지막 말씀에서 의미심장한 말씀을 하셨다. "그러나 지혜는 그것이 한 일로 그 옳음이 증명된다." 무슨 의미일까? 예수님은 그럴지라도 너희의 행함으로 그 옳음을 보여주라고 말씀하고 계신다. 때로는 복음에 대해 뛰어난 언변의 기술을 갖는 것이 무기로서 좋은 역할을 한다고 하지만 이미 반응이 없고 반항하는 세대에게는 들으려고조차 하지 않는다는 것이 그들의 문제이고 우리가 봉착한 한계이다. 그렇지만 예수님은 행위로 보여주는 것은 막을 수 없음을 알려주셨다. 예수님이 말씀하신 대로 살고 우리가 그것을 세상에 보여주면서 살 때에는 우리들이 비록 화려한 언변을 가진 전도자가 아닐지라도 세상은 우리 안에서 예수님을 보게 된다.

하지만 우리가 이것이 되지 않아서 비난을 받고 있는 것은 아닌가? 말로 전하는 복음이 의미가 없다는 것이 아니라 일부 존재하는 상처를 주는 말들로, 온유한 마음이 아니라 공갈협박에 가까운 말들로 그들을 공격하는 것은 아무리 복음이 옳을지라도 마음을 더욱 꽁꽁 닫게 하는 역할이 되는 것을 본다.

그렇다면 노래하는 자들 또한 어떻게 할 것인가? 작은 우리의 삶에서 복음이 진실하다는 것을 보여주기 위해 우리가 택할 방법과 행위들을 모색하는 것이다. 예수님은 자신의 전하는 말에 다른 것을 더하거나 빼지 않으셨고 또한 삶으로 복음을 보여주셨는데 어떻게 하셨는가? 사랑과 공의가 그분의 가장 완벽한 언어였다.

우리는 지혜를 구해야 한다. 기도 외에는 이런 유가 나갈 수 없다고 말씀하셨던 예수님의 말씀을 기억하고 가장 원초적인 방법을 순전하게 구해야 한다. 나의 능력으로는 결코 할 수 없다는 것을 인정하는 데서 하나님의 이끄심은 시작된다. 주께서 나의 삶을 통해 이루실 것을 믿으며 내딛는 한 걸음, 거기에 놀라운 신비와 하나님의 기적이 담겨 있다.

부흥이 오려면

여호와여 주는 주의 일을 이 수 년 내에 부흥하게 하옵소서 이 수 년 내에 나타내시옵소서 진노 중에라도 긍휼을 잊지 마옵소서(합 3:2).

우리가 사는 이 시대의 교회와 크리스천들은 다시 한 번 뜨거운 부흥을 원하고 있다. 나는 부흥을 사모하고 또 부흥을 위해 노래하고 기도하는 뜨거운 크리스천들의 신앙심에 동참하면서도 과연 무엇이 부흥인가를 알고 싶었다. 그래서 과거 교회사의 부흥의 흔적을 찾아보니, 현상적으로는 교회의 사람 수가 떼를 이루고 말씀을 사모하니 4-5시간 걸리는 거리도 마다 않고 교회로 걸어가는 어린아이부터 노인들에 이르는 풍경을 볼 수 있었다. 그리고 집회를 보면 무엇이 그렇게 간절한지 하나님을 향해 모두가 두 손을 들고 부르짖고 뜨겁게 박수를 치며 열심히 찬양하고 2-3시간 동안 말씀 선포가 지속되어도 지루해하지 않고 설교마다 "아멘"으로 응답하는 성도들의 모습을 보니 과연 이것이 부흥이었구나 싶었다. 즉 말씀을 사모하는 간절함이 그들의 영혼을 장악하고 있었다. 생각해 보니 하나님을 사랑한다면, 그분이 더 알고 싶어지고 말씀을 사모하는 마음이 불일 듯 일어나는 것은 당연한 이치다. 오스왈드 스미스는 《구령의 열정》이라는 책에서 다음과 같은 글을 썼다.

"우리가 담대하게 그리스도를 전할 때 부흥이 온다. 우리는 말씀을 전하는 일로 돌아가야 한다. 영혼을 찌르고 회심시키는 것은 우리의 말이 아니라 하나님의 말씀이다. 그의 말씀은 방망이와 같아서 강팍한 마음도 부술 수 있다. 그것은 칼과 같아서 찌르며, 불과 같아서 모두 태워버린다. 부흥이 오려면 하나님의 백성이 용감하게 하나님의 말씀을 선포해야 한다."[49]

물론 부흥의 현상으로 가시적인 양적 성장은 눈에 띄었다. 하지만 이에 대한 근간을 이루는 배경은 하나님의 말씀을 향한 목마름과 열정 그리고 회복에 있었다. 내가 안타까운 것은, 우리의 영혼을 찌르고 쪼개는 하나님의 말씀을 온전히 회복하려는 교회들의 상한 마음보다는 더 좋은 프로그램과 기획 또 편리한 시설로 하나님의 말씀으로 얻을 수 있는 영적 만족을 대신하려 하는 성향이다. 한국의 교회가 점점 더 많아지고 몸은 커지는데 성도는 더더욱 줄고 회심의 증거들도 찾아보기 힘든 이유가 하나님의 말씀을 바로 전하지 못하는 사역자들의 두려움, 그리고 기도 없이도 사역을 잘할 수 있다고 생각하는 우리의 교만 때문이 아닐까? 아니 어쩌면 성도들의 수가 증가하는 것은 정말 현상에 불과한 것일 수도 있다. 지금 시대에서 과거의 부흥을 똑같이 기대한다면, 그때와는 또 다른 과격한 어두운 영적 공격들로 채워진 세상에서 그 수가 비록 적더라도, 정말 진실하고 신실한 신자들만 남는 것은 아닌지 생각했다.

하나님의 말씀, 그것이 핵심이다. 부흥이 오려면, 또 부흥을 가장한 값싼 은혜에 우리가 젖어들지 않으려면 달기만한 말씀이 아닌, 쓴 말씀도 먹어야 한다. 그러한 말씀을 전할 사람들은 누구인가? 설교자다. 복음을 전하는 말씀사역자들이다. 그리고 찬양사역자들이다. 찬양사역자들에겐 한 곡에 모든 말씀을 담을 수 없는 시간적 한계가 있지만, 마치 hook을 이용한 기법처럼 핵심을 던져줄 수 있는 강한 한방으로 맡은 일을 시도할 수 있다. 마지막으로는 성도들이다. 우리를 보내신 곳에서 하나님을 예배하는 것이다. 우리 모두는 복음의 증거자들로 말씀을 전하기 위해 부름 받았다. 부흥을 꿈꾼다면, 하나님의 말씀으로 다시 돌아가자.

49) 오스왈드 스미스, 《구령의 열정》, 박광철 옮김, 생명의 말씀사, 2005, p. 147 재인용.

논쟁과 변론

헬라파 유대 사람들과 말을 하고, 논쟁을 벌이기도 하였다. 그러나 유대 사람들은 사울을 죽일 음모를 꾸몄다(행 9:29, 표준새번역).

예수님이 부활 승천하시고 오순절 성령이 강림하시면서 예루살렘과 온 유대와 사마리아 땅에 사도들을 통하여 복음이 무서운 속도로 전파되기 시작하니 그 수가 날이 갈수록 늘어났다. 예수님을 힘입은 성령 충만함은 수적인 성장만이 아니라 세상의 일반적인 생각과 방식으로는 이해될 수 없는 신도들의 공동생활이 시작되었으니 그들의 순수하고 깨끗한 마음, 그리고 가난한 자가 없고 힘써 하나님을 찬양하는 모습이 모든 사람들의 호감을 샀다. 만약 예수를 믿는 사람들의 수가 적었더라면, 그리고 밖에서 보기에 부흥의 속도가 미비했다면 이들을 반대하는 남은 유대인들과 종교지도자들은 그들을 내버려뒀을지 모르지만 모든 사람들의 호감을 사고 사도들이 가는 곳곳마다 하나님이 함께하심으로 그들의 말과 증언에 힘을 실어주시는 각종 기적과 은사들이 나타나니 적대자들은 위기감을 느꼈을 것이다. 성령의 충만함 속에 믿는 자들의 수가 늘어날수록 그들을 반대하는 세력도 함께 커져가는 것을 볼 수 있기 때문이다. 사도들이 자주 논쟁의 자리에 나앉게 되는 사태들이 벌어지고 신실한 집사였던 스데반도 논쟁에 휩싸이다 급기야 죽음을 맞이했다.

사도들은 성령 충만한 역사가 있는 은혜의 자리에 있다가도 다투는 자리로 가게 될 때마다 더욱더 담대하게 복음을 전했지만, 그래서 예수님의 이름 때문에 모욕받는 것도 기뻐했지만, 다툼 자체는 분명 반가운 감정이 아니다. 논쟁은 각기 다른 주장을 가진 사람들이 모여서 자기의 주장을 글이나 말로써 논하며 다투는 것을 말하는데, 과연 복음을 전하기 위한 논쟁은 어떤 가치가 있을까? 분명 사도들은 반대하는 자들로 인해 논쟁을 피해갈 수 없었지만 남는 건 회개하고 돌아오는 사람들이 아닌 더욱 그들을 죽이려는 음모와 계략(計略)을 가져올 뿐이었음을 본다. 논쟁이 가진 본질적인 요소가 다툼이고, 이는 성경에서 말하는 시기와 질투 그리고 미움을 불러일으키는 것이다. 나는 성경에서 논쟁해야 했던 사도들을 있는 그대로 묘사해 줬지만 그것을 복음을 전하는 방법으로 추천하거나 권유하는 것은 아니라고 보인다.

디모데후서 2장 23절에서는 어리석고 무식한 논쟁을 멀리하라고 권고하는데 거기에는 싸움만이 있을 뿐이라고 한다. 디도서 3장 9절에서도 어리석은 논쟁을 피하라고 동일하게 이야기하는데 도리어 유익하지 않고 헛될 뿐이라고 지적한다. 사울이 로마의 시민권자로서 왕 앞에 섰을 때 그가 했던 말을 우리는 논쟁이라고 하지 말고 '변론'이라고 해야 옳을 것이다. 예수님도 '너희가 나로 인하여 여기저기 끌려가서 핍박을 받을 때 무슨 말을 해야 할지 미리 염려하지 말 것은 그 입에 할 말을 두겠다'고 하셨는데 여기서도 예수님이 복음을 위해 다투는 것이 아니라 복음을 위해 변론하는 의미로 말씀하셨음을 볼 수 있다. 변론은 일종의 피의자로 지목된 자가 자신의 무죄를 밝히려는 언변에 가까워 그 뉘앙스에는 다툼이 아닌 호소 짙은 성격을 띤다.

사역을 하면서 조심해야 할 것은 복음을 위한 다양한 노력들이 변론이나 토론이 아닌 논쟁에 가까운 성향을 띨 때다. 자신의 옳음을 주장하기 위해 남을 짓밟고 정죄하고 군림하는 태도들은 긍휼과 자비로운 마음과는 거리가 멀고 관계의 단절과 용서가 없을 뿐임을 잊지 말자.

변론도 듣지 않은 유대 사람들이라도

> 그러나 마음을 돌이키지 않은 유대 사람들이 이방 사람들을 선동해서, 믿는 형제들에게 나쁜 감정을 품게 하였다……사도들은 그것을 알고, 루가오니아 지방에 있는 두 성읍 루스드라와 더베와 그 근방으로 피하였다. 그들은 거기에서도 줄곧 복음을 전하였다(행 14:2, 6-7, 새번역).

앞서 논쟁과 변론의 차이를 이야기하며 논쟁을 통해 전하는 복음의 한계에 대해서 생각해 보았다. 아무리 바른 이야기라도 사람의 마음이 상하면 듣지 않는 법인데 논쟁이란 다툼이 포함되어 있어서 복음에 대해 더 반감을 갖게 할 수 있는 가능성을 점지했다. 그러나 또 다른 한계에 봉착하게 되었는데, 과연 처음부터 복음에 대해 마음을 아예 닫은 사람들은 변론적 시각으로 그들에게 다가간다고 해서 마음이 열리거나 복음을 들을 것인지에 대해서다.

본문 말씀은 바울과 바나바가 이고니온에 가서 유대 사람의 회당에 들어가 복음을 전하는 장면이다. 바울과 바나바는 어떻게 복음을 전했을까? 13장에서 바울과 바나바가 비시디아 안디옥에서 펼친 복음의 내용을 보면 이스라엘의 모세 출애굽으로 시작해서 다윗의 자손에서 구주로 나신 예수에 대하여, 그러나 그를 알지 못하고 깨닫지 못하여 정죄하고 죽인 예루살렘의 사람들과 지도자들의 모습에 비춰진 예언의 성취, 예수가 온 후로 믿음으로 얻는 의에 대해서 변론적 설교를 했음을 볼 수 있다. 이것이 그들의 설교 방식이었고 이고니온에서도 같은 맥락에서 복음을 전했으리라 보인다. 왜냐하면 예수님이 오신 이후로 성경에서 말하는 다가올 메시아에 대한 성취가 이미 이뤄졌는데 바울과 바나바는 이 복음의 소식을 전하는 주요 인물이었기 때문이다. 변론적 설교 방식은 이스라엘 사람들과 지도자들을 향해 가슴 저린 안타까운 마음과 지성적 이해를 도움으로 복음을 전하는 방식이었다고 볼 수 있다.

하지만 더 많은 사람들이 믿고 이 말씀을 들으러 오는 것이 그저 싫었고 시기심만 불일 듯 일어난 사람들이 있으니 그들은 마음을 돌이키지 않는 다른 유대 사람들이었다. 논쟁이 아니라 변론적 설교일지라도, 그것이 무엇이 되었든 그들이 잘되는 것이 배 아프고 싫어서 복음에 대해서 들을 귀조차 닫게 하는 모습이다. 심지어 이들은 이방 사람들까지 복음을 듣고 예수를 믿게 되는 것이 싫어서 비방하고 이미 믿는 사람들에게는 나쁜 감정을 품게 함으로 복음의 확산과 바울과 바나바를 밀어내려 하였다. "그냥 두어라" 말했던 가말리엘 선생과 그를 따르는 무리들 같지 않고 질이 나쁜 유대 사람들의 방식은 안 좋은 소문, 험담, 비방, 누명 씌우기 등의 갖가지 방법들을 동원하여 주의 종들을 힘들게 하였다는 것이다. 우리 또한 그렇다. 같은 신자끼리도 온전한 공동체를 지향하지 않고 서로 비방하기에 가깝다면 하나님이 결코 기뻐하시는 일이 아니다. 또한 반대로 생각하면 아무리 옳지 않은 종교를 가진 자들을 본다고 하여서 질이 나쁜 유대인들과 같이 해서는 안 된다고 볼 수 있다. 예수님께서도 하나님께서 심지 않으신 거면 뽑힐 것이니 추수 때까지 그냥 두라고 말씀하신 것을 보면 결과보다 방법을 중요시 여기시며 과정을 거치면서 알곡까지 뿌리 뽑히지 않도록 조심하시는 것을 알 수 있다.

그런데 이것은 다르다. 바울과 바나바의 행동을 보면 잠잠하게 당하지만은 않고 그 지역의 근방으로 피하였던 점이다. 그래서 안주하지 않고 거기에서도 줄곧 복음을 전했다는 것이다. 변론도 듣지 않는 사람들이라도 복음을 포기하지 않았던 사도들의 마음을 본받길 원한다.

집 위에서 전파하라

> 내가 너희에게 어두운 데서 이르는 것을 광명한 데서 말하며 너희가 귓속말로 듣는 것을 집 위에서 전파하라(마 10:27).

예수님은 그의 제자들을 잃어버린 양들에게 보내실 때 본문의 말씀을 주셨다. 이 복음의 내용은 "회개하라! 천국이 가까이 왔다!"라는 핵심적인 말이지만 제자들에게 어떻게 해야 할지 할 말을 주시겠다고 하신다. 그런데 그 말씀을 들려주시는 때가 있음을 알 수 있다. 하나는 어두운 데서 일러주시는 것이고, 둘째는 귓속말로 들려주신다는 것이다. 이것은 곧 세밀하신 음성으로 그들에게 할 말을 일러주신다는 것이다. 세밀한 음성을 듣기 위해서 우리가 해야 될 것은 무엇일까? 홀로 있는 시간, 그 안에서 하나님을 독대하고 마주하게 됨으로써 우리는 성령님의 깊은 것까지도 알 수 있게 된다. 그러므로 전도하면서 복음을 전할 때 일차적으로 원하는 것은 하나님께 나와 기도하고 주님의 능력과 구원의 손길을 간구하는 것이라고 할 수 있다. 이것은 곧 영적인 일이요, 구원은 하나님께 속한 것이기에 우리의 능으로 할 수 없음을 고백하고 주님을 의지하는 것과 같은 것이다. 주께서는 이렇게 은밀한 곳에서 깨달은 말씀을 갖고 관계 속으로, 그리고 세상 속으로 들어가기를 원하신다. 광명한 데서 말하고 집 위에서 전파하는 것은 세상 사람들이 다 듣도록, 잃어버린 양들이 듣게 하기 위함이다. 어둡고 은밀한 곳, 귓속말로 속삭여주시는 말씀은 또 무엇을 의미할까? 우리가 복음을 전하고자 잃어버린 사람들을 만나고 마주할 때 친히 할 말을 가르치시고 지혜를 주시는 성령님의 세밀한 음성에 귀를 기울이려는 마음, 성령님께서 일하시도록 나 자신을 내어드리는 겸손하고 순수한 마음을 통해서 일하실 수 있음을 말한다.

또한 복음을 높은 곳에서, 산 위에서, 집 위에서 전파하라는 기록을 통해서 모든 사람들보다 그 위에 계시며 뛰어나신, 곧 말씀이 육신이 되신 예수님이 최고봉이 되시는 말씀이라는 것을 깨닫는다. 우리는 우리가 높아져서 복음을 전해야 사람들이 듣게 될 것이라고 얘기하지만 이미 복음이 뛰어나다는 것을 알아야 한다.

마태복음 10장 28절 이후로는 예수님께서 제자들의 걱정스러운 마음, 두렵고 떨리는 마음을 잘 아시고 그들의 마음을 강권하시는 내용이 나온다. 제자들은 자신들을 거부할까봐 사람들이 두려운데 몸은 죽여도 영혼은 죽이지 못하는 이들을 두려워 말고 몸과 영혼을 능히 지옥에 멸하실 수 있는 분을 두려워하라고 그 초점을 바꿔주신다. 그리고 참새에 비유하시며 그 중에 하나라도 하나님께서 허락지 않으시면 땅에 떨어지지 않는다고 말씀하신다. 무슨 말일까? 복음을 전하기에 두려워 말고 능히 지켜주시고 함께하시는 하나님을 바라보라는 영적인 비밀이다. 참새보다 귀한 것이 너희이니 두려워 말라고 고무하신다. 과연 이 말씀이 세상을 향해, 사람들을 향해 일어서야 할 교회, 그리고 한 사람의 크리스천들에게 살아있는 말씀으로 다가오기 위해서 우리가 해야 할 것은 무엇일까? 오직 기도뿐이다. 다시 복음 앞에 돌아올 수 있도록 긍휼의 마음, 애통하는 마음, 그리고 담대함까지 도우시는 분이 성령 하나님이시기 때문이다.

영광스러운 그날에, 예수님은 구원받은 사람의 생명이 기록된 두루마리를 해제하는 권한을 받았다(계 5:7). 그날에, 그 생명책에 나의 이름이 불리기를 간절히 소망하고 꿈꾼다. 진정한 크리스천은 이 땅에서의 삶으로 만족할 수 없고 다가올 하나님 나라에 대한 기대로 자신의 가슴을 채우는 사람이다. 그리고 그것을 노래하고 전하는 사람이다.

전도하기 어려워도

하나님의 지혜에 있어서는 이 세상이 자기 지혜로 하나님을 알지 못하므로 하나님께서 전도의 미련한 것으로 믿는 자들을 구원하시기를 기뻐하셨도다(고전 1:21).

추운 겨울이다. 집을 나가기 전 옷을 따뜻하게 입었는지 몇 번이고 확인하고 노래하는 사람인지라 목을 따뜻하게 감싸줄 목도리와 체온 유지를 위해 두툼한 손 장갑을 끼고 길을 나선다. 한 주간 동안 일이 잘 풀리지 않아 마음이 어렵지만 동시에 주를 위해 내가 할 수 있는 일이 무엇인가를 고민한다. 날씨만이 아니라 이 시대의 정황도 추운 겨울이지만, 복음의 희망을 보고 싶은 마음도 굴뚝 같다.

일을 마치고 집으로 돌아가는 길에, 신호등 앞에서 예수님을 전하고 있는 50대 어르신을 보았다. 주를 위해 내가 할 수 있는 일이 전도라고 생각하고 할 수 있는 기회와 여건을 간구하며 길을 걷고 있었는데, 예수님을 전하려고 부끄러움도 마다 않고 잔잔하게 복음을 전하시는 어르신의 모습에 마음 한쪽에 감동이 찾아왔다. 하지만 전도를 해보았다면 알 것이다. 요즘 시대가 얼마나 복음에 대해 냉대한지. 불특정 다수에게 전하는 복음에 대해서는 더욱 대립각을 세운다. 구원과 부활의 소식을 전하는 어르신의 좋은 소식과 이를 거부하는 완악한 사람들의 모습. '정말 쉽지 않구나' 하는 가슴속 혼잣말을 뱉고 신호등을 건넜다. 건너는 길에 옆에서 그렇게까지 얘기할 필요가 있을까 싶을 정도로 두 아주머니가 신호등을 건너며 복음에 대해 비판을 가한다. 아니, 그분들은 종교가 없는 모양이다. 한 아주머니는 "아침에는 아무개가 SNS에 부처 사진을 보내서 이걸 갖고 있으면 일이 잘 풀리고 돈이 들어온다고 그러대"라고 말한다. 하지만 그 의미는 종교인들의 유세 떠는 모습이 싫고 그런 걸 믿는 이들이 한심하다는 뜻이다. 다른 아주머니는 맞장구를 치며 정말 돈이 들어온다고 하면 자기도 해놓겠다고 비아냥거리며 진리에 대한 추구가 아닌 물질에만 매여 있는 이야기를 한다.

가슴이 따뜻하다가 연기만 풀풀 나올 찰나였다. 하지만 추운 겨울에도 신호등 앞에서 복음을 전하던 어르신의 모습을 다시 떠올렸다. 그리고 마음을 다잡았다. 이 시대를 살아가는 크리스천들이 감당해야 할 몫이 아닐까. 갈수록 경제는 어려워지고 물가가 상승하여 서민들은 살기가 힘들어지고 돈에 집착할 수밖에 없는 환경이기에 두 아주머니만 탓할 수는 없을 것이다. 하지만 더 많은 것을 가져야 행복하다고 생각하고 물질을 섬기는 맘몬주의와 불필요한 소비를 조장하는 소비주의에 대해서도 생각해 봐야 할 것이다.

이처럼 복음을 전해야 할 현 시대의 모습을 넓게 볼 수 있는 시각을 가지는 것은 그들에게 필요한 진리가 무엇인지 알게 하고 예수님이 왜 이 땅에 오셨는지를 분명하게 한다. 주는 우리가 눈에 보이는 세상, 육의 것, 땅의 것만을 바라보고 이것이 전부인 줄 알고 사는 것을 바라지 않으신다. 사람은 하나님과 사랑의 교제를 나누며 그분의 능력을 경험하고 장성한 분량까지 주를 닮기 위해 창조되었다. 그래서 이 땅에서 물질에만 매여 사는 이는 영적으로 보면 참으로 불쌍한 사람이다.

어떤 이에게는 십자가의 도가 미련해 보일지라도, 구원을 받는 자에게는 하나님의 능력이 된다(고전 1:18). 전도라는 방법이 요즘 시대에는 더욱이 구식으로 보이지만 앞으로도 복음을 전하는 방식의 고수가 될 것이다. 우리도 밖으로, 내 주변 사람에게 찾아가자.

임마누엘의 복

복 있는 사람은 악인들의 꾀를 따르지 아니하며 죄인들의 길에 서지 아니하며 오만한 자들의 자리에 앉지 아니하고 오직 여호와의 율법을 즐거워하여 그의 율법을 주야로 묵상하는도다(시 1:1-2).

주일 아침, 앞으로 내딛는 교회로 향하는 발걸음에 찬양사역자로서 서 있는 지금의 내 모습이 힘이 들어 하늘을 바라보고 주님께 묻고, 또 다시 하늘을 바라보며 '지금 나는 행복한가'를 묻고 있는 자신을 발견했다. 지금 당신의 삶의 방향이 어디를 향해 가고 있는지 아는가? 아니면 나처럼 스스로 이런 물음을 던지고 있다면 지금 그대의 삶은 큰 만족이 있기보단 뒤를 돌아보게 하는 후회 또는 다양한 문제들에 직면하여 마음이 답답하고 어렵기 때문일 것이다. 우리가 어디를 향해 정확히 걸어가고 있다고 말할 수 없는 것은 내일 무슨 일이 일어날지 알지 못하는 자들이기 때문이다. 찬양사역을 하는 사람들도 다르지는 않다. 쉽게 우리의 사역의 척도를 사역의 크기에 놓고 가늠한다면 영원할 수 없어 언제든지 변할 수 있는 것들에 우리의 마음이 매여 있는 것은 아닌지 돌아봐야 한다.

우리가 이 땅에서 살면서 누리고 싶어하는 복, 그리고 세상이 말하는 복은 무엇일까? 유교가 배경이고 정치 강령의 책이기는 하지만 동양의 고전학으로 내려오는 서경(書經)에서는 오복(五福)을 말하는데 장수의 복인 수(壽), 재물의 부(富), 건강을 나타내는 강녕(康寧), 덕을 말하는 유호덕(攸好德), 고통이 없이 생을 마감한다는 고종명(考終命)[50]을

50) http://terms.naver.com/entry.nhn?docId=892338&cid=41773&categoryId=41778네이버 지식백과

누리게 되면 복을 얻은 사람이라고 말한다. 서양 철학사 아리스토텔레스는 생애 전반에 걸쳐서 자신의 가능성을 실현하는 것을 행복이라 말하였다.[51] 지금 이 시대를 사는 보통 사람들, 옛 시대의 철학과 사상에 관심이 없거나 지성에 대해 애착이 없는 일반적인 경우에는 무엇을 복이라고 말할까? 너무나 가볍지만 굉장히 현실적인 '돈'을 말하지 않을까 싶다. 물질만능의 시대를 사는 이들에게 돈은 무엇이든 가능하게 하는 수단이기 때문이다.

동시대를 사는 찬양사역자들도 이러한 복을 누리고 싶을 것이다. 하지만 "글쎄"라고 한 번 더 생각하게 되는 건 그리 오래이진 않아도 이런 것들을 누려봤던 기억을 떠올리면 나를 행복하게 했던 건 얼마나 유명세가 있는 교회에서 사역을 했고, 공연을 했고, 잘나가는 친구들이 있고, 고정적인 수입이 있어서가 아님을 알았기 때문이다. 진짜 복은 하나님이 보내신 곳에 내가 있는 것이었고, 사랑하는 친구들과 진정한 영적인 교제가 있었을 때이며, 삶을 사는 이유가 하나님께 고정되어 있을 때임을 알기 때문이다. 주님과 함께하는 곳이면 어디라도 두렵지 않았고 주님이 말씀하시는 거라면 믿고 따라갈 수 있는 순전함이 있을 때, 내 영혼이 가장 안정을 누렸던 때임을 안 것이다.

정말 우리가 행복하길 원한다면 다른 무엇을 더 구하기 전에 하나님의 임재와 그분의 사랑 안에 거할 수 있는 마음을 구해야 된다. 성경에서 말하는 복은 하나님과의 친밀한 관계다. 회복된 관계다. 그분과 깊은 사귐을 갖는 것, 우리와 영원히 함께하시겠다는 임마누엘의 하나님의 약속이 현재의 삶에서 맛보아 누려지게 되는 것, 그것이 복이다.

51) http://www.kyosu.net/news/articleView.html?idxno=30211

하나님을 찬양하는 것의 반대는(1)

> 나를 원망하는 이 악한 회중에게 내가 어느 때까지 참으랴 이스라엘 자손이 나를 향하여 원망하는 바 그 원망하는 말을 내가 들었노라(민 14:27).

하나님을 찬양하는 것의 반대는 무엇일까? 그것은 하나님을 원망하는 것이다. 저주하는 것이다. 불평하는 것이다. 하나님을 거절하는 것이다. 성경에서는 하나님을 원망하고 저주했던 사람들의 이야기가 나온다. 레위기 24장 11-23절에서는 이스라엘 여인의 아들로 등장하는 한 남자가 나오는데, 그가 여호와의 이름을 모독하고 저주하였다는 기록이 나온다. 그가 왜 하나님을 원망했는지는 나와 있지 않다. 모세의 율법 아래서 그는 어떻게 되었을까? 하나님을 저주하는 자가 있으면 진영 밖으로 끌어낸 후 모든 사람이 그의 머리에 손을 얹게 하여 회중들이 돌로 쳐 하나님을 모독한 자를 죽였다. 그들이 머리에 손을 얹는 행위는 죄를 전가하는 의식인데 하나님을 저주한 자가 죄를 담당한다고 나와 있다.

또 하나님을 원망하고 저주하는 자들이 있었는데, 그들은 가나안 땅에 들어가기 전 광야를 지난 세대로 하나님께 불평했다. 여호와는 그 소리를 들으셨고 하나님을 원망한 20살 이상의 사람들은 약속한 땅, 가나안에 들어가지 못하고 광야에서 쓰러져 죽게 하셨다. 그의 자녀들 세대는 아비 세대가 하나님을 원망한 죄에 대해서 땅을 탐지하는데 걸린 40일을 1년으로 하여 40년을 방황하게 하셨다. 이스라엘 백성들은 자신들의 죄를 회개했고(40절), 여호와는 용서하셨다(20절). 하지만 여호와는 이것이 하나님을 거절하는 결과가 어떤 것인지 알게 하시려는 이유가 있으셨다. 사실 하나님의 영광을 보고 또 이집트와 광야에서 행한 기적을 본 자들은 아비 세대였지만 그들은 하나님을 열 번이나 시험하였고 순종하지 않았다(22절). "하나님을 경험한 사람들이 어떻게 그럴 수 있지?" 하며 혀를 차겠지만 하나님이 부어주신 은혜를 금방이라도 잊고 또다시 원망하는 못된 우리의 본성이 기억난다면 우리는 이스라엘 백성들과 자신을 동일시하게 될 것이다. 그렇다. 그들은 하나님의 은혜를 경험했고 지금껏 그 은혜로 살아왔지만 장래의 은혜 앞에서는 하나님을 믿지 않고 습관적인 원망과 불평으로 불안감에 휩싸여 살았던 백성들이었다.

나는 금방 우리가 이스라엘 백성들의 죄를 보면 그들을 비난하기보다는 동조하게 될 수 있다는 여지를 주었다. 사람이 애초에 불완전하고 비합리적인 것을 누구보다 잘 아시는 하나님께서 왜 꼭 그렇게 하셔야만 했는가라는 의심의 질문을 던지게 된다. 하나님을 원망한 죄의 결과, 대가는 죽음이었고 죽은 후에는 하나님을 찬송할 수도 없고 다시금 예배할 수 있는 기회조차 없다. 하지만 여기서 나는 새로운 관점이 우리에게 필요하다고 생각했다. 먼저 하나님께서는 그들을 죄의 상태로 죽이신 것이 분명 아니다. 그들을 용서하셨기에 우리는 천국에서 그들을 만날 수 있을 것이다.[52] 하지만 죄가 가득 차서 홍수로 세상을 삼키시고 노아의 후손을 통해 다시 인류를 시작하셔야 했을 하나님의 절대적 주권과 선택을 우리가 다 이해할 수 없는 것처럼 다음 세대를 통해서 다시 역사를 이어가시고 시작하시는 하나님의 절대적 주권은 우리에겐 오묘하고 놀라운 일이다. 또한 하나님을 향한 백성들의 태도를 보고 우리는 어떤 모습을 취할 것인가를 배울 수 있지 않는가. 이 책에서는 그것만을 보는 것으로도 충분하다.

---

52) 구약 시대엔 율법으로 구원을 얻는다고 생각하지만 그들 또한 다가올 메시아, 곧 예수님을 믿고 바라봄으로 구원을 얻었을 것이라는 존 파이퍼 목사의 신학적인 의견을 참고해 보라. 존 파이퍼, 《장래의 은혜》, 차성구 옮김, 좋은씨앗, 2013, p. 233.

하나님을 찬양하는 것의 반대는(2)

그러나 베드로가 저주하며 맹세하되 나는 너희가 말하는 이 사람을 알지 못하노라 하니(막 14:71).

앞에서는 하나님을 찬양하는 것의 반대가 저주, 원망, 불평, 거절하는 것이라고 말했다. 그리고 구약의 사건들을 살펴보았다. 신약에 와서는 어땠을까? 하나님을 저주한 사람과 그가 어떻게 처리되었는지 알 수 있는 기록이 있는가? 있다. 하나님의 영광을 위해 순교한 베드로. 그는 어떤 사람이었을까? 그는 예수님이 로마 병정들에게 끌려가실 때 세 번 부인하며 예수님을 모른 척했고 저주까지 퍼부었던 사람이다(마 26:74). 존 맥아더 목사는 그의 책에서 베드로가 말이 앞서고 성급하고 신뢰하지 못할 성품의 사람으로 때로는 육적이기도 하고 영적이기도 했다고 말했다.[53] 그는 예수님을 살아계신 하나님의 아들이라고 말하여 성령이 깨닫게 하시는 일에 장본인이 되는 반면 예수님께서 자신의 죽음에 대해 제자들에게 말씀하실 적에 앞서서 그런 일이 미치지 않을 것이라고 말해 예수님께 "사탄아!"라는 말을 듣는 등, 예수님을 넘어지게 하려 했다. 그는 예수님이 로마 병정에 잡혀가는 새벽, '닭이 울 때 네가 세 번 나를 부인할 것'이라고 예견하신 말을 따라서 예수님을 모른 척했다. 성숙되지 않은 그의 성격과 기질은 두려움과 죽음 앞에서 도망치는 비겁한 모습으로 나타나 예수님을 따르던 제자에서 배신하고 저주하며 예수님을 반대하는 반역자가 되었다.

'만약 베드로가 이런 행동과 말을 구약시대에 했다면 어땠을까?' 하

53) 존 맥아더, 《예수님이 선택한 평범한 사람들》, 정다올 옮김, 2011, 생명의 말씀사, p. 58

는 생각이 들지만 나 또한 성급한 것이 그의 즉각적인 행동이 성경에 기록되어 있기 때문이다. 베드로는 부인하고 난 이후 그제야 예수님이 하신 말씀이 기억나서 가슴을 치며 후회하고 펑펑 울었다. 예수님을 저주한 것은 분명 그의 잘못이었지만 그로 인해 시달렸을 죄의식의 공포가 그를 괴롭혔다. 사실 그의 고통이 어디까지였을까 생각해 보면 예수를 판 유다가 자살로 삶을 마무리한 것을 볼 때 예수를 저주한 베드로의 자괴감도 결코 가볍지는 않았을 것이다. 하나님을 원망하면서 순종하지 않은 것이 죄인 줄 모르고 끝까지 불평한 이스라엘 백성과 자신의 죄를 후회하며 괴로움에 펑펑 울었을 베드로의 모습. 같은 말을 했어도 중심을 보시는 하나님은 베드로가 마음으로는 주를 사랑하는 자였음을 알고 계셨음이 분명하다. 그런 베드로를 먼저 찾아와 주신 예수님, 예수님은 그가 세 번 부인할 말에 따라서 세 번 네가 날 사랑하느냐고 물으시며 그의 죄, 후회, 아픔, 상처를 싸매주시고 용서해 주셨다(요 21:17).

해서는 안 될 말과 행동을 하고 후회하는 베드로의 모습은 이스라엘 백성의 모습처럼 우리의 자화상을 보듯이 역시나 닮았다. 하지만 이것이 주를 원망하고 저주하는 입술로 동시에 하나님을 찬양하는 것에 대해 정당성을 말하는 것은 절대 아니다. 이는 비합리적이고 불완전한 우리의 모습은 시대를 막론하고 동일하지만 주께서 우리를 새롭게 하시고 변화시켜 주시기를 우리는 소망하고 있는가를 묻게 되는 방향으로 나가야 한다. 나중에 베드로는 자신의 민족을 향해 예수와 하나님 나라의 복음을 전하는 담대한 일꾼이 되어 순교자의 반열에 오른다(요 21:15-17). 우리도 베드로처럼 하나님을 찬양하는 담대한 입술의 사람이 되어야 하지 않을까. 비록 지금은 흔들리는 믿음이라도 반석 위에 서서 하나님을 찬양하고 전하는 자로 말이다.

낮은 곳 그리고 열방을 향해

진실로 너희에게 이르노니 만일 찾으면 길을 잃지 아니한 아흔아홉 마리보다 이것을 더 기뻐하리라(마 18:13).

하나님 나라를 위해서 낮은 곳으로 가는 것과 열방을 향해 나가는 것은 참으로 닮았다. 어떤 이는 낮은 곳으로 가는 길은 좁고 열방을 품는 것은 크고 높지 않느냐고 말할 것이다. 하지만 이 둘은 모두 자신이 사랑했던 많은 것들을 포기하고 주의 길을 걷는 것이다. 낮은 곳으로 가는 자의 발걸음은 높아지고자 하는 마음 곧 본래의 자기를 부인하고 무덤까지 내려가셨고 죽기까지 순종하신 예수님의 흔적을 따라가는 것이다. '열방을 품는 자'란 말도 온 세계가 자기 가슴 안에 있어도 그 선교사의 삶은 예수님의 이름이 드높아지는 것에만 목적이 있다. 그렇기에 이 둘이 합하여 하나님의 나라를 이뤄간다.

한국에서 젊은 나이에 중국 선교를 떠난 선교사 부부를 만날 기회가 있었다. 20년을 타지에서 살아오면서 복음 전하기에 앞장선 선교사님은 이제 머리가 희끗희끗한 노인이 되셨다. 지금이야 중국의 기독교 인구 수가 급격하게 늘었지만 선교사님의 가정이 중국 땅에 입국했을 때만 해도 탄압은 지금과 비교할 수 없을 정도로 심해서 몇 번이고 감옥에 수감되면서 탈출하기를 반복하셨다고 했다. 그 얘기 앞에서 나의 마음은 엄숙해질 수밖에 없었다. 선교사 내외분은 선교사의 삶은 복음을 위해 크게 세 번을 떠난다고 하셨다. 첫째, 자신의 나라를 떠나고 둘째, 고향을 떠나고 셋째, 친지와 가족, 사랑하는 사람을 떠나온다고 말씀하셨다.

일명 열방이 아닌 낮은 곳으로 떠나는 이들의 삶에도 포기하는 것들이 있다. 인생에서 누리는 더 높은 것을 추구하려는 상향성의 삶에서 돌아서서 사람의 손이 가지 않고 소외되며 매력이라고는 찾아볼 수 없는 것들을 가슴으로 끌어안겠다는 결심이 없이는 지속할 수 없다. 그들이 추구하는 오직 한 가지는 '예수'라는 이름이 영광과 높임을 얻는 것이다. 낮은 길로 들어서는 무명의 그리스도인으로 살게 되지만 사람들의 시선에서 잊히는 것을 두려워하지 않을 각오가 있어야 한다. 아니 그것이 사명이라면 하나님은 우선적으로 그 땅에 우리를 보내실지 모른다. 각오가 없이도 말이다. 그리고 주의 일을 수행하면서 우리는 '예수' 그 이름이 나의 인생보다 귀하고 가장 귀한 것임을 깨닫게 되는지 모른다.

예수님은 한 사람의 생명이 얼마나 귀한지 양 100마리가 있는데 그중 한 마리를 잃는다면 아흔아홉 마리를 들판에 둔 채 한 마리를 찾아 헤매지 않겠느냐며 만약 찾으면 그 한 마리로 인해 더 기뻐하겠다고 말씀하신다. 하나님의 구원의 관점은 남은 아흔아홉 마리로 만족하는 것이 아니라 잃어버린 한 마리를 찾기에 애태우는 것이라고 말한다. 낮은 자리로 가는 것과 열방을 향해 가는 것은 그 땅에 십자가와 복음의 능력이 실현되기를 바라는 순수한 열정이 있을 때 가능할 것이다.

그렇다면 어떻게 이 열정을 가질까? '예수' 한 분만 내 안에 가득하다면 충분하다. 넘치는 은혜로 사는 기쁨을 알게 되어 예수님 안에서 거하는 기쁨과 순종을 잃지 않는다면 어떤 것도 좋겠다는 마음이 지속적인 자기 포기를 낳는다. 영혼을 사랑하는 마음이 마르지 않도록 주님의 단비를 구하자.

가장 아름다운 날은 오늘이다

> 주께서 대답하여 이르시되 마르다야 마르다야 네가 많은 일로 염려하고 근심하나 몇 가지만 하든지 혹은 한 가지만이라도 족하니라 마리아는 이 좋은 편을 택하였으니 빼앗기지 아니하리라 하시니라(눅 10:41-42).

당신은 오늘 하루를 어떻게 보냈는가. 만약 당신도 하루를 바쁘게 보내는 것에 익숙하다면, 또 그래야만 적어도 남들에게 부러움을 사거나 경쟁에서 빠르게 앞장서는 것이라고 안심한다면, 조급함과 염려가 많은 사람일 것이다. 내 주변은 빠르게 돌아간다. 잠시 친구들을 만나 사는 얘기를 듣노라면 더 많은 음악 생활, 높은 자리에 오르기 위한 계획과 포부를 밝히는 얘기를 들을 때면 정작 삶이 많은 불안과 두려움으로 덮여 있는 것은 아닌지 생각하게 된다. 진실로 우리는 너무나 바쁜 시간을 지내면서 잘 쉬는 법을 잊어버렸는지 모른다.

이보다 우리가 바쁘게 하루를 보내는 동안에, 우리의 신앙은 감사를 잃기가 쉽다. 또 하나님을 아무것도 바라지 않고 순수하게 사랑하기도 참 어렵다. 계속해서 자신의 계획의 성공과 성취를 위해 하나님을 찾을 뿐, 그분을 진정으로 하나님으로서 내 안에 모시고 맞이한 적은 얼마나 될까? 불안한 미래에 대한 기도에 하나님의 응답을 기다리면서 우리는 어느새 오늘 하루를 선물하신 하나님의 성실하시고 신실하신 사랑을 등한시하게 된다. 더불어 오늘 나를 향한 하나님의 선하신 계획도 불필요할 뿐이다. 하나님의 계획이 내가 나를 위해 맞춰놓은 일정과 부딪힌다면 우리는 하나님을 외면하려 할 것이다. 지금까지 나열한 내용은 인본주의적인 신앙의 예다. 이러한 믿음은 내 기준에 맞춰서 하나님께 실용주의적이고 합리적인 것만을 원하는 믿음일 뿐 하나님과 동행하던 많은 선진들의 믿음과 다르고 하나님께 순종함이 없는 믿음이다.

어떤 이는 나의 직설적인 이 말에 충격을 받았을지 모른다. 그래서 나의 삶에서 감사를 다시 회복하고자, 또 자신이 세웠던 모든 계획을 무산시키고 기도와 말씀에 힘쓰고자 무리한 계획들로 자신을 괴롭힐지도 모르겠다. 그러나 나는 뜨거운 믿음의 회복을 위해 당신을 또 다시 많은 계획들로 내몰고 싶지 않다. 이것은 마르다와 마리아의 이야기이다.

"마리아는 주의 발치에 앉아 그의 말씀을 듣더니." 마리아는 많은 일들로 주를 기쁘시게 할 것이 아니라 주의 말씀을 듣고 묵상하며 교제하는 시간을 사모하고 예수님의 얼굴을 바라보았다. "마르다는 준비하는 일이 많아 마음이 분주한지라." 그러나 마르다는 이와 반대로 많은 사역과 계획으로 주를 기쁘시게 할 줄 알았다. 하지만 바쁜 그녀에게는 감사보다는 불만과 염려가 점점 더 쌓여갔다. 그녀는 예수님께 마리아로 하여금 "자신을 도와 주님을 대접하게 하소서"라고 얘기하지만, 예수님은 마르다의 대접을 기뻐하지 않으셨다. 오히려 마리아의 편을 들어주시며 많은 일로 근심하지 말고 주님 안에 잠잠히 거하는 법을 배우기를 원하셨다.

우리도 마리아처럼 오늘을 허락하신 하나님께 감사하며 잠잠히 그분의 얼굴을 바라보길 원한다. 오늘 우리를 향해서 행하실 하나님의 선하신 계획을 여쭙고 온전히 이뤄지길 위해 기도한다. 미래를 걱정하며 너무 많은 노래와 악기 연습을 하기보다는 오늘 귀하신 하나님의 말씀을 들으며 예수님을 앎이 우리의 영혼을 쉬게 하고 참된 안식을 누리게 하는 방법임을 배우자. 마르다가 아닌 마리아가 되어라.

대언(代言)

나는 내 마음대로 말한 것이 아니다. 나를 보내신 아버지께서, 내가 무엇을 말해야 하고 또 무엇을 이야기해야 하는가를, 친히 나에게 명령해 주셨다. 나는 그 명령이 영생을 준다는 것을 안다. 그러므로 나는 무엇이든지 아버지께서 내게 말씀해 주신대로 말할 뿐이다(요 12: 49-50, 표준새번역).

예수님은 나무에 매달리실 날이 가까이 오는 것을 아시고 제자들의 발을 씻겨주심으로 예수님의 제자로서 세상에 대하여, 사람들에 대하여 어떻게 살아야 할지 몸소 보여주셨다. 이 일이 있기 전에는 마지막 날과 심판에 대하여 말씀하셨는데, 듣는 이들마다 깜짝 놀라고 무서운 종말에 대해서 얘기하신 것이다. 물론 예수님을 끝까지 믿고 기다리는 자에게는 축제의 날이 될 것이지만 말이다. 예수님은 이것이 자신의 생각과 지혜에서 나온 말이 아니고 하나님께로부터 온 예정된 일임을 언급하셨다. 이 사실을 입증하시려고 예수님은 하나님의 말씀을 대신하여 전하는 것이라고 큰 소리로 말씀하셨다.

대언의 뜻은 '남을 대신하여 말함'이다. 남의 말을 전하는 과정에서 주의할 것이 있다. 자신의 생각과 해석을 넣어서는 안 되고 감정을 섞어서도 안 된다. 왜냐하면 본래의 말의 의미가 달라질 수 있고 변질될 수 있기 때문이다. 그러나 사람들마다 본인의 감정과 생각을 넣어 해석하고 전달하다 보니 절대적으로 순수한 대언을 듣기란 쉽지 않다. 그래서 더욱 대언이라는 말을 쓰는 것을 꺼리게 되고 조심해서 사용하기도 한다. 그러나 예수님은 아주 큰 소리로 거침없이 하나님의 말을 대언한다고 하신다. 예수님은 하나님께서 말씀하실 때 무엇을 이야기해야 하는지를 친히 가르치고 명령해 주셨다고 하신다. 예수님은 다른 어떤 말도 하지 않고 하나님께서 말씀해 주신대로만 말할 뿐이라고 하신다. 이렇게 볼 때 예수님의 말은 온전한 대언임이 확실하다. 그리고 그 대언은 마지막 날과 심판에 대한 것이었다.

가끔 교회에서 예배 중에 대표기도를 하시는 성도님들 중에 말씀사역자나 찬양사역자를 위해 기도하시는 것을 볼 수 있다. 그 내용은 참으로 은혜가 되고 힘이 되는 내용들이 많아 함께 "아멘" 하게 되지만 어느 순간에는 두렵고 떨릴 때도 있다. 왜냐하면 예배를 집례하고 찬양을 인도하는 사역자들을 하나님의 대언자로 올려놓고 강하고 간절하게 기도하는 내용을 들을 때이다. 감사하지만 대언자는 정말 무엇을 얘기해야 하는가? 절대적이고 순전한 대언자가 있고 그보다 하수도 있는 걸까? 하지만 하나님의 말씀을 다룬다는 점에서 대언자의 기준은 절대적일 수밖에 없다는 생각이 든다. 즉 예수님만이 대언자가 되신다. 성도님의 마음을 모르는 것이 아니기에 "아멘" 하고 응답하지만, 가끔은 교회 강단에서 전해지는 메시지가 대언과는 너무나도 다른 것들이 쏟아져 나올 때면 기도와 말씀이 하나가 되지 못하는 모습에 울상이 되곤 한다.

C.S. 루이스도 《스크루테이프의 편지》에서 이러한 교회 현실을 반영한 글을 쓰기도 했다.[54] 하나님의 대언자라는 말은 쉽게 갖다 붙이는 단어가 아니다. 하지만 이것이 사역의 불완전성을 정당화하는 것도 아니다. 그래서 더욱 떨림으로 우리는 사역을 소중히 여겨야 하는 것이다.

---

54) C.S. 루이스, 《스크루테이프의 편지》, 홍성사, 김선형 옮김, 2000년, p. 108-109

나에게 호흡이 있을 때까지

호흡이 있는 자마다 여호와를 찬양할지어다 할렐루야(시 150:6).

하나님께서는 호흡이 있는 자들에게 당신을 찬양하라고 명령하고 계신다. 어떤 이는 이를 보고 하나님을 이기적이라고 말할지도 모른다. 또 어떤 이는 하나님께서 부족함이 있으셔서 우리를 통해 인정받거나 채움을 받고 싶으셔서 그렇다고 말할지도 모른다. 하지만 이 모두가 아니다. 하나님은 스스로 충만하신 존재이시다. 그분은 누군가 사랑을 주지 않아도 사랑으로 충만하시며 찬양 또한 그렇다. 그분은 누군가 찬양해 줘야 가치가 인정되는 분이 아니라 찬송으로 충만하시다. 존 파이퍼 목사의 글을 통해서 하나님의 이러한 성품을 이해한다면 우리에게 찬송하라고 명령하신 하나님의 강한 어필(御筆)에 대한 잘못된 오해를 풀 수 있을 것이다.

> "사랑받는다는 느낌이란 자신이 중시된다는 느낌을 의미한다고 가르친다. 당신이 나를 중시하지 않는다면 나를 사랑하지 않는 것이다. 그러나 사랑에 대한 이러한 정의를 하나님께 적용한다면 그분의 가치는 약화되고 그분의 선하심은 훼손되며 우리의 궁극적인 만족은 사라져버린다."[55)]

그렇다면 왜 하나님은 스스로가 완전하심에도 우리로 하여금 찬양하도록 말씀하셨는가? 첫째, 우리는 이사야 43장 21절 말씀을 통하여 우리가 하나님을 찬양하도록 지은 바 된 것을 알 수 있다. 많은 사람들

---

55) 존 파이퍼, 《하나님이 복음이다》, 전의우 옮김, IVP, 2006, p. 12-13 재인용.

이 자신이 세상에서 살아가는 이유를 찾아 그 목표와 목적을 따라 살아가지만 가장 근본이 되는 삶의 이유는 나 자신의 성공을 위해 살다가 꿈을 이루고 자신을 찬양하며 사는 삶이 아닌 하나님을 찬양하는 삶을 살도록 지은 바 되었음을 기억해야 한다.

둘째, 스스로가 충만하신 하나님께서 우리로 하여금 당신을 찬양하도록 하신 이유는 우리가 주를 찬양할 때 그 찬양에 힘과 능력이 있기 때문이다. 바울과 실라와 같이 주를 찬양할 때 옥의 문이 열리는 권능이 임하는 사건을 성경에서 볼 수 있다(행 16:25-26). 이와 유사하게 찬양이 있는 환경에서 놀라운 역사가 일어나는 사건들이 성경의 여러 곳에 언급된다. 출애굽기 15장 21절에서 미리암이 주를 찬양하는 내용에 적들을 바다에 던지시는 사건이 나오고, 또 역대하 20장 22절을 보면 그들이 노래와 찬송을 시작했을 때 복병을 두어 유다를 암몬 자손으로부터 지켜내신다. 이처럼 하나님의 역사가 있는 곳에는 늘 찬양이 있었다. 하나님께서는 우리가 가진 힘으로 싸워 이기는 것이 아닌 우리의 힘과 마음을 주께 쏟으며 주를 찬양할 때 대신하여 싸우시고 힘과 능력으로 임하시는 것을 볼 수 있다.

셋째, 스스로 충만하신 주를 그래도 우리가 찬양할 것은 찬양이 주를 예배하는 방법이기 때문이다. 히브리서 13장 15절에 '찬송의 제사'가 곧 입술의 열매로 하나님을 예배하는 방법으로 나오고 있다.

넷째, 이사야 40장 26절 말씀과 같이 주께서는 우주의 주인이 되시며 찬양을 받기에 합당하신 분이시다. 그러므로 찬송의 주인이 되시는 하나님을 찬양하는 것이 옳다.

여기에서 기억할 것은 하나님은 누구의 찬양을 받아야 인정받는 분이 아니시며 스스로 충만하신 존재라는 점이다. 그러나 그 하나님을 찬송할 것은 주께 속할 때 진실로 평화를 경험하게 되는 우리의 영혼 때문이다. 우리가 온전할 수 있는 비법은 주님 안에 거할 때이다.

우리가 가진 소망

모세가 없어질 것의 결과에 이스라엘 자손이 주목하지 못하게 하기 위해 자신의 얼굴에 수건을 썼던 것과 같은 일을 우리는 하지 않습니다(고후 3:13, 우리말성경).

우리가 가진 소망은 영원함에 있다. 여기서 말하는 영원함은 잠시 있다가 사라져버리는 영광이 아니라 길이 남을 영광을 말한다. 이 영원함을 이해할 수 있는 가장 뛰어난 말은 이사야 40장 6-8절 말씀이다. 이사야 선지자는 “모든 육체는 풀이요, 그의 모든 아름다움은 들의 꽃과 같을 뿐이다. 주께서 그 위에 입김을 부시면, 풀은 마르고 꽃은 시든다. 그렇다. 이 백성은 풀에 지나지 않는다. 풀은 마르고 꽃은 시드나, 우리 하나님의 말씀은 영원히 서 있다”(표준새번역)고 말하여 영원한 것과 그렇지 않은 것을 비교했는데 하나님의 아름다우심이 어느 정도인지 알게 해준다. 이는 이 땅에 있는 모든 것, 육체의 형질을 가진 모든 것들은 마르고 시들고 끝내 사라져버리게 되지만 반대로 하나님의 모든 것은 영원함으로 영속되어 있음을 말한다.

바울도 이것을 잘 알기에 모세가 이스라엘 백성들에게 보이려 하지 않으려고 광채 난 얼굴을 가린 것에서 그 비유를 찾았다. 모세는 하나님과 대면하여 이야기한 후 그 얼굴에서 광채가 났지만 이를 알지 못한 채 시내 산을 내려와 백성들과 마주했다. 하지만 백성들이 쉽게 자기에게 다가오지 못하고 두려워하는 것을 보고 자신의 얼굴에서 광채가 난 것을 알게 되었다. 모세는 즉시 얼굴에 너울을 씌워 그 빛을 가렸는데, 이는 하나님이 아닌 모세에게 더욱 관심을 갖고 집중하는 것을 염려해서였다. 바울은 이 장면에서 착안(着眼)했다. 이처럼 죽음에 이르게 하는 직분, 즉 모세에게 빛이 난 얼굴마저도 곧 사라질 광채에 불과한 것인데 이러한 영광이 따랐다면 하나님의 영광은 더하지 않겠느냐는 것이다(11절). 그래서 이러한 영광을 드러내는 성령의 직분인 일꾼들이 가진 소망이 무엇인지를 바울은 알게 해줬다.

우리가 가진 소망이 무엇인지에 따라서 우리의 정체가 결정된다고 말해도 과언이 아니다. 바울은 하나님을 알리는 지식의 향기로서 그리스도의 향기가 될 것을 고린도 교인들에게 고했지만 그 중에서도 많은 이들이 말씀을 사고파는 장사꾼으로 전락함으로 새 언약의 일꾼이 누구인지를 다시금 재정의하고 있다. 나는 고린도후서 3장에서 새 언약의 일꾼이 가진 소망을 크게 세 가지로 찾아보았는데, 첫째는 스스로를 치켜 올리는 말을 늘어놓지 않는다는 것이다. 둘째는 이런 일을 할 수 있는 자격이 자신에게 있지 않고 오직 하나님께로부터 나온다는 것이다. 셋째는 이스라엘 백성의 마음에 너울이 덮여 있어서 하나님을 보지 못했던 것과 같이 되지 않고 그 너울이 벗겨지길 위해서이다.

다시 정리하면, 육체가 가진 모든 형틀은 비교할 수 없이 시들고 마르고 곧 사라지기 마련이지만 하나님은 영원하시다. 우리는 그 영원하심을 하나님을 아는 지식으로 접하면서 알게 되는데 이를 전하는 그리스도의 향기로 세워가면서, 나 자신을 자랑하지 않으며 값없이 거저 주신 하나님의 은혜로밖에 지금 나 자신의 모습을 설명할 방법이 없다는 사실을 절실히 깨달아야 한다. 지혜와 계시의 영으로, 우리의 마음에 덮어진 어둠, 죄, 주님을 보지 못하는 너울이 벗어져서 온전히 하나님만 구하고 바라는 것에 우리의 비전을 두자.

가장 좋은 길, 사랑

> 내가 사람의 방언과 천사의 방언으로 말을 할지라도, 내게 사랑이 없으면, 울리는 징이나 요란한 꽹과리가 될 뿐입니다(고전 13:1, 표준새번역).

바울은 가장 좋은 길을 알려 주겠다고 고린도 교인들에게 말하기를, 그 길이 사랑임을 알려 줬다. 한번 살다 가는 인생에서 가장 좋은 것을 얻고 싶고 갖고 싶어하는 게 모든 사람들의 동일한 마음인데, 바울은 여기에 대해서 '사랑'을 대답해 주고 있는 것이다. 우리가 누군가의 말을 듣게 될 때는 그가 어떤 말을 하기 전에 앞서 신뢰할 만한 사람인지를 먼저 보게 되는 법인데, 모든 인생의 해답을 '사랑'이라고 답하는 바울은 어떤 사람일까?

바울의 이력은 빌립보서 3장 6-7절에 나와 있다. 그는 난 지 여드레 만에 할례를 받았고, 이스라엘 민족 가운데서도 베냐민 지파이며, 히브리 사람 가운데서도 히브리 사람이고, 율법으로는 바리새파 사람이며, 열성으로는 교회를 박해하였고, 율법의 의로는 흠 잡힐 데가 없는 사람이다. 그는 주께서 보여주신 환상과 계시들로 셋째 하늘에 올라가 말로 표현할 수도 없고 사람이 말해서도 안 되는 말씀을 들은 자였다(고후 12:2). 물론 바울은 자신을 나타내고 자랑하는 것에 대해서 씁쓸해했지만 오늘 인생의 가장 좋은 길이 '사랑'이라고 답하는 그이기에 가장 신뢰할 만한 사람임을 입증하는 데 꼭 필요한 이력이다.

바울은 사랑이 무엇보다 최고라고 얘기하고 있다. 이는 예언하는 능력, 모든 비밀, 모든 지식, 산을 옮길 만한 믿음, 모든 재산, 자랑스러운 일, 몸을 넘겨 줌까지라도 사랑이 없으면 아무 소용없다고 말한다

(2-3절). 실로 그의 사랑에 대한 가르침은 세상의 모든 가치를 뒤집어 엎는 말이다.

4-7절은 우리가 생각하는 사랑의 깊이와 그가 말하는 사랑의 깊이가 얼마나 다른 차이를 주는지 알게 하는데 시기, 뽐냄, 교만, 무례함, 자기의 이익, 성냄, 원한을 품음, 불의가 완전히 제거되어 덮어줌, 믿음, 바람, 견딤, 오래 참음, 친절함을 지닌 것이 사랑이라고 말한다. 사랑은 그 무엇과도 비교할 수 없이 가장 아름답고 최고봉임에 확실하지만 과연 평생을 살면서 우리는 하나님을 사랑하고 또 타인에게 사랑을 실천하며 산다 한들 이렇게 살 수 있을까? 그 사랑을 실천하며 살 수 있는 죄인은 아무도 없을 것이다.

그러나 여기서 8-11절을 통해 그 사랑의 정체가 무엇인지 우리는 깨닫게 된다. 위에서 얘기한 것과 같이 우리는 거울 속에서 영상을 보듯이 희미하게 삶을 더듬으며 살아가지만 그때에는 얼굴과 얼굴을 마주봄으로 똑똑히 알 수 있게 된다는 것을 가르치는 바울이다(12절). 즉 사랑은 하나님이시다. 하나님이 곧 사랑이시다. 예수님은 자신이 곧 길이고 진리이고 소망이 되신다고 말씀하셨는데 그 길이 예수님이고 사랑임을 우리는 자연스레 묵상할 수 있다.

어쩌면 우리는 이 땅에서 살면서 완전한 사랑을 실천하거나 완성할 수 없을지도 모른다. 하지만 분명히 깨닫는 것은 하나님이 이 같은 사랑으로 우리를 사랑하신다는 사실이다. 우리가 할 수 있는 유일한 것은 다른 어떤 성취도 아닌 이 같은 사랑으로 남도 사랑하시는 하나님의 사랑을 인정함으로 잠잠할 수 있고 침묵할 수 있는 게 아닐까. 아무리 대단한 무엇이라도 사랑이 없으면 울리는 징이나 요란한 꽹과리로 전락할 뿐이다.

사울의 회심과 성령 충만

> 그 말을 듣는 사람들은 다 놀라서 말하였다. "이 사람은, 예루살렘에서 예수의 이름을 부르는 이들을 마구 죽이던, 바로 그 사람이 아닌가? 그가 여기 온 것도, 그들을 잡아서 대제사장들에게로 끌고 가려는 것이 아닌가?" 그러나 사울은 더욱더 능력을 얻어서, 예수가 그리스도이심을 증언하면서, 다마스쿠스에 사는 유대 사람들을 당황하게 하였다(행 9:21-22, 표준새번역).

유대교의 사울이라는 자가 있었으니, 예수님을 구주로 믿는 복음을 듣고 그 도를 따르는 자들을 닥치는 대로 잡아서 예루살렘에 끌고 가는 데 전부를 건 사람이었다. 사울은 자신이 옳다고 생각하는 일에 있어서는 최선의 믿음을 가진 자였지만 예수를 믿는 사람들에게는 그의 믿음이 위협적이었고 두려운 존재임에 분명했다. 그에게 붙잡힌다는 건 곧 고문과 핍박, 더 심할 경우엔 죽음을 의미할 수도 있었다. 예수님을 구주로 고백하는 자들과 사도들에게 그의 존재는 영적 어둠, 땅끝까지 복음을 전하는 데 방해꾼, 장애물과 같은 사람이었다. 어쩌면 사도들과 예수를 믿는 신자들은 사울이 더 이상 복음의 확산을 저지하지 못하게 해 주시거나 그를 처리해 주시기를 간절히 기도해 왔을지 모르지만 하나님의 뜻은 다른 곳에 있었다. 도리어 사울은 이방 사람들과 왕들과 이스라엘 자손들 앞에서 주의 이름을 증거하기 위해 택한 그릇이었다(15절). 훗날에는 주님의 이름과 영광을 위해 고난의 순교자가 될 것이었다.

그날도 사울은 예수님을 믿는 사람들을 여기저기서 축출하고자 작정하고 길을 걸어가던 차였다. 하지만 갑자기 하늘에서 환한 빛을 보고 예수님의 음성을 듣게 되었으니 예수님을 믿지만 모두가 경험하는 일은 아닌, 특별한 기적을 경험하게 된 것이다. 이로 인해 자신이 믿었던 옛것은 낡은 것이었고 도리어 하나님을 대적하는 꼴이었음을 깨닫게 되어 그가 회심하는 놀라운 일이 벌어졌다. 그의 회심에 대해서 주께서 아나니아에게 말씀하신 내용을 참고하면 "그가 내 이름을 위하여 얼마나 많은 고난을 받아야 할지를, 내가 그에게 보여주려고 한다"라고 하신 기록이 있다(16절). 사울은 환한 빛을 보고서 눈이 멀게 되는데 이를 아나니아가 손을 얹어 자신의 시력을 회복시켜 주는 환상을 보았고 때마침 주께서는 아나니아에게도 동일하게 환상으로 찾아오셔서 사울을 치유하고 회복시키기를 강구하셨다. 이 사건이 아나니아에게는 위협적이던 적대자 사울이 진정으로 회심을 함으로 하나님이 부르신 사람이라는 것을 확신하는 계기가 되었을 것이고, 사울 또한 자신이 겪은 놀라운 신비와 기적에 대한 사실 여부와 믿음을 갖는 전환점이 되었을 것이다.

아나니아는 그를 찾아가 시력을 회복시켰고 성령으로 충만하게 하라는 명령을 따랐다. 적대자였던 사울을 자신들의 형제로 받아들인 것이다. 그의 옛 과거에 행했던 일들을 단번에 용서하고 동역자로 받아들인 아나니아의 순종이 참 귀하고 아름답다. 사울은 지금의 시리아 땅 다마스쿠스에서 예수가 하나님의 아들이심을 선포하기 시작했다. 그 말을 듣던 사람들은 모두 놀라 기절할 뻔했을 것이다. 뭔가 꿍꿍이 속이 따로 있을 것이란 사람들의 비판과 핀잔에도 사울은 자책과 두려움에 물러서지 않고 더욱더 능력을 얻어서 예수가 그리스도임을 증언하기 시작했다. 사울이 이처럼 할 수 있었던 비결은 성령으로 충만했기 때문이었다.

성령의 다스림을 받는 사람, 그 영으로 충만한 사람에게 놀라운 하나님의 능력이 흘러감을 본다. 우리도 성령의 충만을 받아 예수님의 증인으로 서는 신실한 신자들이 되길 소망하자.

한 알의 밀알

내가 진정으로 진정으로 너희에게 말한다. 밀알 하나가 땅에 떨어져서 죽지 않으면 한 알 그대로 있고, 죽으면 열매를 많이 맺는다(요 12:24, 표준새번역).

그리스 사람들이 예수님을 보고 싶어서 그의 제자 빌립에게 청하였다. 빌립과 안드레가 이 소식을 예수님께 알리니 그들을 만나겠다고 말씀하시는 것이 아니라 십자가 죽음과 부활에 대한 영광을 말씀하시기 시작하셨다. 예수님은 자신의 죽음이 유대인들과 제자들이 원했던 화려한 정치적인 왕의 성공한 모습이 아님을 더 잘 아셨다. 그러나 예수님의 죽음을 보고 실망하거나 비웃을 유대인들의 기대에 맞춰 부응하는 것이 아니고 오히려 밀알의 가르침으로 십자가를 드러내셨다.

밀알의 뜻을 찾아보니 밀의 낟알, 어떤 일에 작은 밑거름이 되는 것을 일컫는다고 한다. 씨가 뿌려지지 않으면 곡식이 자랄 수 없고 수확도 얻을 수 없듯이 가장 작은 씨앗, 밀알은 생명의 본질이 된다. 눈에 띄지 않고 가장 작은 것에 불과하지만 밀알이 있고 없음은 결과에 있어서 큰 차이를 가져온다. 예수님은 자신의 십자가 죽음을 밀알에 비유하셨다. 겉으로 보기에는 아무 힘도 쓰지 못하고 쓸쓸하고 외로운 죽음을 맞이하는 듯하지만 생명을 얻기 위해 없어서는 안 될 생명의 근원이기 때문이다. 한 알의 밀알이 땅에 떨어져 많은 열매를 맺게 되듯이 예수님의 십자가 죽음은 모든 인류의 죄를 사하고 생명을 주기 위함이다. 그리고 이것이 우리가 가치를 따질 수 없는 값없이 받은 대속의 은혜이다. 열매를 얻기 위해 땀 흘리는 수고와 생명을 얻기 위해 피 흘리신 예수님의 몸을 우리는 믿음으로 이해할 수 있다.

하지만 하나님 나라의 원리, 죽음과 희생 그리고 부활과 승리라는 비밀을 알고 있지만 우리는 축복받을 삶이라는 명분 앞에서는 세상의 법칙을 따르고픈 욕망에 사로잡힐 때가 수없이 많다. 남들이 알아주지 않는 작은 밑거름이 되는 일은 바보나 순진한 사람이나 하는 짓이라며 손해를 보는 일은 절대로 하지 않으려 한다. 그러면서 하나님께 축복을 얻으려고 구할 뿐 밀알이라는 하늘의 원리를 삶 가운데 적용하기는 하늘의 별을 딸 만큼 불가능한 듯 보인다. 영적인 추구와 육적인 삶의 방향이 모순되고 있는데도 가지지 못한 것들에 한을 갖고 살고 있는 것이 우리네 모습이다.

그러나 예수님의 밀알 정신을 깨닫고 비록 작은 삶일지라도 하나씩 실천해 나가는 사람들을 본다. 한 예로, 대중음악 작곡가로 활동하는 주영훈은 자신의 자녀가 무서운 교육열에서도 공부 잘하는 우등생이 되고 최고가 되는 것보다 낮은 자들의 마음을 살피고 그들을 돕는 자녀가 되기를 소망한다며 어릴 적부터 함께 나눔과 봉사를 실천하게 하고 있다는 기사를 보았다.[56] 또한 삶의 어두운 곳에서 절망하다가 자신보다 더 어려운 삶을 사는 필리핀 원주민을 보고 난 후에는 난민의 집을 지어주는 일에 동참하는 삶을 사는 분도 보았다. 이들은 밀알이 되는 것, 작은 밑거름이 되는 원리와 방법을 깨닫고 실천해 가고 있는 사람들이다. 예수님의 밀알 정신을 따라 빛도 없이 이름도 없이 살아가는 사람들이 있기에 세상은 희망이 있다. 우리의 삶도 화려하지 않아도 더 높은 고지에 오르지 않아도 작은 밑거름이 되는 삶을 살 수 있음을 기억하고 예수님을 닮아가는 사람들이 되길 소망한다.

---

56) http://mnbmagazine.joins.com/magazine/Narticle.asp?magazine=204&articleId=1H4RZZ10BO3V01, 여성중앙, 주영훈과 Back to 90's

헛되지 않습니다

> 그러므로 나의 사랑하는 형제자매 여러분, 굳게 서서 흔들리지 말고, 주님의 일을 더욱 많이 하십시오. 여러분이 아는 대로, 여러분의 수고가 주님 안에서 헛되지 않습니다(고전 15:58, 표준새번역).

어김없이 휴일이 되면 남들은 휴식이라며 산으로 바다로 여행을 떠나고 못 만났던 친구들도 보면서 자신을 위한 여가시간을 갖는데, 수요일이면 수요예배, 금요일이면 금요기도회, 토요일이면 찬양단 연습, 주일에는 적어도 2회 이상의 예배와 새벽기도까지 봉사와 섬김이라는 직분으로 육신과 마음이 지칠 땐 없었는지 묻고 싶다. 더욱이 만약 풀타임 사역자로 헌신하면서 하나님의 나라와 영광을 위해서 수고하고 애쓰지만 갖가지 수고의 열매와 수확이 보이지 않을 때 헛수고를 하고 있는 것은 아닌가 하는 생각에 사로잡힐 땐 없었는지 묻고 싶다. 더욱이 남들이 알아주지 않는 외길을 걸어가는 사역자들이라면 이것이 과연 나의 선택이었는지 하나님의 부르심이었는지조차 혼동되어 답답한 마음이 들 때는 없었는지도 묻고 싶다.

다음 앨범을 준비한다며 홀로 연습실로 향했다. 연습실에 들어와서 그동안 머릿속으로만 불러왔던 노래를 입 밖으로 불러 보았다. 보컬로서 이 과정이 필요하므로 목이 상하지 않도록 조심조심하며 노래들을 부르기 시작했다. 순간 나이가 들어서도 입시생 때의 느낌처럼 피아노 의자에 앉아 발성과 톤(tone) 그리고 느낌(feeling)을 놓고서 고민하고 또 반복적으로 부르는, 덩그러니 혼자 조용한 연습실에 놓여 있는 나를 보게 되었다. 지금 이 과정이 외롭고 쓸쓸하지 않다고 말하지 않는다면 거짓말이다. 나는 그리 썩 강한 사람이 아니다. 거울에 비친 나를 보며 '지금 무엇을 위해 노래를 부르고 앨범까지 녹음해서 무슨 결과를 얻으려고 하는 것일까?' 하는 생각이 들었다. 더욱이 갈수록 어려워져가는 국내 CCM 시장의 상황을 모르는 것도 아니기에 이 노래들이 어디로 누구에게까지 퍼져나갈 수 있을지도 장담할 수 없는 노릇이므로 물질적 생산성은 뒷전이고 영적인 생산성이라도 기대할 수 있을까 하는 생각이 들었다.

그렇다. '헛수고는 아닐까?' 라는 생각이 나를 강하게 사로잡는 순간이었다. 음악으로 사역하는 사역자라면 누구나 공감할 수 있는 상황에서 우리가 할 수 있는 것이 무엇이 있겠는가? 이런 찰나에는 연습했던 곡들도 아무 의미가 없어지기 마련이다. 나는 다 내려놓고 잠시라도 하나님을 찬송하고 그 안에서 내가 발견되는 것만이 답이 될 수 있다는 것을 알기에, 또 믿기에 무작정 하나님을 예배하기를 선택했다. 부르는 찬양 한 소절 한 소절마다 나의 이야기가 되어서 하나님께 올라가고 찬양하는 순간에 깨닫게 되는 귀한 묵상들은 내 영혼을 쉴 만한 물가로, 평안한 마음으로 인도했다. 하나님께 기도하고 예배하는 시간에 영혼이 소생(蘇生)하게 됨을 느꼈다.

힘든 시간을 거치면서 하나님을 예배하는 법을 배우고 또 한 가지 배운 것이 있다면 어떠한 보상심리로 나를 보장해 달라고 하나님께 간구하지 않는다는 점이다. 그보다 주님께서 내게 얼마나 소중한 분이신지, 그리고 내가 하나님께 얼마나 소중한 존재인지를 다시 한 번 확인하면 되는 것이다. 그리고 이 모든 과정이 결코 헛수고가 아님을 다짐하고 선포하면서 나는 또 다시 깨닫는 것이다.

말씀을 어떻게 적용할 것인가?

네 시작은 미약하였으나 네 나중은 심히 창대하리라(욥 8:7).

이 말씀은 크리스천이라면 꼭 한 번 들어봤고 암송하는 구절이 아닌가 싶다. 앞뒤 문맥을 살피지 않고 이 한 구절만 본다면 뜻이 워낙 좋아 보여 축복하는 말씀으로 사용하기 딱 좋다. 이 말씀을 새겨넣은 각종 생활 속 예술작품들을 많이 봐 왔기 때문에 그만큼 이 말씀이 어떻게 사용되었는지도 잘 알 필요가 있다고 느꼈다.

이 말씀은 누가 누구에게 해준 말씀인가? 말씀을 잘 모르는 경우에는 하나님이 당신의 종에게 복을 주실 때 하신 말씀이라고 생각하겠지만 이는 욥에게 소아 사람 빌닷이 한 말이다. 욥기는 고난을 받는 욥에 대한 이야기지만 사실 의인이 이유 없이 받는 고난에 대한 이야기라고 말해야 더 정확할 것이다. 욥은 하루아침에 그가 소유한 가축과 재산을 잃어버리고 자녀들까지 잃게 된다. 이 모두를 잃고 병까지 얻은 욥을 위로하겠다고 그의 세 친구가 욥의 집을 찾아왔지만 그들은 욥의 신세를 보고 너무 심각하다는 것을 알게 된다. 욥은 친구들에게 속내를 털어놓고 이렇게 이야기기한다. “나는 내가 왜 이런 고난을 받는지 잘 모르겠어. 하나님은 마치 나의 부르짖는 기도에도 응답하시지 않고 침묵하시는 것 같아. 이 모든 상황을 그 누구보다 잘 아실 텐데 말이야” 하고 말이다.

그때 소아 사람 친구 빌닷이 등장하여 말하기를 “우리 하나님은 불의가 없으신 분이야. 그러므로 너에게 일어난 일들에 대해서 하나님은 잘못이 없으셔. 이유 없이 심판하시는 분이 아니시거든. 네가 이런 고난을 받은 데다 자녀들까지 잃게 된 것은 너의 자녀들이 하나님 앞에서 죄를 지었기 때문일 거야. 죄를 지었다면 벌을 받는 게 당연해. 그러니 네가 하나님을 찾고 자비를 구하고 청결하고 정직하면 너를 살리시고 네 가정을 회복시켜 주실 거야. 네 시작은 보잘것없겠지만 나중에는 크게 될 거야"라고 말이다. 여기에 욥기 8장 7절이 쓰인 것이다.

빌닷의 말은 과연 옳을까? 욥기는 의인이 이유 없이 받는 고난에 대한 이야기다. 그의 말이 옳다 하더라도 하나님 편에서 보셨을 때 욥이 받는 고난의 이유는 그의 자녀들이 죄를 지어서도 아니었고 욥도 마찬가지였다. 즉 빌닷이 욥이 처한 영적 상황을 정말로 알지 못하고 한 말이기 때문에 그 의미가 욥의 고난과는 맞아 떨어지지 않는다. 빌닷이 말한 8장 7절은 욥의 상황에서는 썩 좋은 말이 될 수 없다.

하지만 분명 이 말씀을 앞뒤 상관없이 독립적으로 볼 때는 나쁜 의미가 담겨 있지 않다. 그래서 우리는 고민에 빠진다. 이 구절을, 축복을 빌어주는 말씀으로 사용할 것인지 아니면 욥기에서 사용된 의도대로 살려둬야 하는지를 말이다. 어떤 이는 구절만 봐서는 나쁘지 않으니 좋은 의미로 받아들이라고 하겠지만 문맥 안에서 사용된 의도와 순수성을 따지는 사람들은 씁쓸한 마음일 수 있다. 더군다나 이 번영을 하늘로부터 내려오는 신령한 복이 아니라 육적인 복만을 바라는 의미로 사용할 때는 그 사용 의도가 성경의 의도와는 더 멀어지는 듯한 느낌을 저버릴 수 없다. 물론 욥은 끝내 그의 소유와 자녀들까지 이전보다 갑절의 복을 얻어서 심히 창대해졌다. 하지만 욥에게 더 큰 복은, '지금까지는 하나님에 대해서 귀로만 들었다가 이제는 내 눈으로 뵙게 됨으로 온전히 주를 알게 되었다'는 것임을 기억하자(욥 42:5).

복된 소식

천사가 이르되 무서워하지 말라 보라 내가 온 백성에게 미칠 큰 기쁨의 좋은 소식을 너희에게 전하노라 오늘 다윗의 동네에 너희를 위하여 구주가 나셨으니 곧 그리스도 주시니라(눅 2:10-11).

12월 24일이 되면 우리는 온 피조물이 고대하는 참된 자유와 해방, 곧 샬롬(Shalom)의 예수님의 탄생을 축하하며 기쁜 잔치를 연다. 온 교회마다 즐거운 찬양이 울려 퍼지고 춤을 춘다. 물론 축제의 하이라이트는 성극이다. 예수님의 탄생을 예언한 성경 기록들과 동방 박사들이 아기 예수를 찾아가는 여정 그리고 황금과 몰약과 유향을 드리며 경배하는 모습은 매년 보는 장면과 대사인데도 믿는 자들의 마음을 뭉클하게 하고 따스하게 하니 예수님의 다시 오심을 고대하며 그날의 축제를 연습하는 듯 우리의 영은 기쁘다. 또 하나 전야제의 즐거움은 교회 안의 모든 세대가 만날 수 있는 장이 마련되어 아이에서 노인까지 각양각색으로 예수님의 탄생을 축하한다는 것이다. 올해도 이변 없이 이런 모습을 보고 싶어서 교회를 찾았다.

하지만 안타까운 소식이 귓가에 들려왔다. 날이 가고 해를 거듭할수록 축제가 예년만 못하다는 소리다. 전야제에 오는 성도들의 발걸음이 현저하게 줄어가고 기쁨과 함성의 웃음소리도 줄고 행사를 준비하는 이들의 마음에도 자발적 기쁨보다는 매년 해야 하기에 불평과 불만이 생겨 정성 없는 프로그램이 강단을 차지하고 있다는 말이다. 내가 본 발표회 중 최악의 순서가 있었는데 10명 되는 팀이 나와서 "압구정 날라리"라는 곡에 맞춰 처음부터 끝까지 안무만 열심히 추고 들어간 것이다. 대사가 단 하나가 나왔는데 4분 가까이 춤을 추고선 "저기

별이 떠 있네. 모두들 교회에 가자!"라는 멘트 하나로 의도가 불분명한 발표를 무마시켰을 뿐이다. 사람들의 기억 속엔 올해의 히트 곡에 신나게 춤추는 사람들의 모습을 봤을 뿐, 예수님의 탄생을 축하하거나 의미를 생각할 수 없는, 대중문화에 묻혀버린 교회의 슬픈 문화 현실을 볼 뿐이었다. 예수님의 피로 세워진 교회 공동체의 모임에서 그들은 너무나 가벼움을 줬고 값싼 즐거움과 흥미거리로 채워진 것으로, 구도자적인 교회 모임에서 하나님의 아름다우심과 그의 영광을 선포하는 위대함을 찾기 어려웠다.

하지만 고등부 음악밴드팀이 나와서 직접 작사와 작곡을 한 곡으로 예수님의 탄생을 축하했다. 젊은 청소년들이 쉽게 얘기할 수 없는 '고난의 의미'에 대해서 노래했는데, 일부 교회와 사람들이 고난을 사탄이 주는 것으로 부정하게 여기는 것에 반해, 고난은 하나님이 우리를 성숙하게 하는 과정이며 고난을 당했던 다윗과 같이 욥과 같이 주를 찬양하게 해달라는 간구와 고백이 담긴 메시지를 불렀다. 주신 자도 여호와시고 취하시는 이도 여호와시라는 중요한 신앙적 핵심을 짚어주며 고등학생들은 꿋꿋하게 자신들의 자작곡을 노래했다.

비록 나이는 어렸지만 성도들을 숙연하게 하는 그들의 이야기에는 힘이 있었다. 더불어 나는 교회의 희망을 보았기에 감사했다. 우리는 우리가 가진 음악이란 매개체를 통해 하나님의 이야기를 어떻게 담아낼 것인지와 교회의 강단을 어떤 메시지로 채울 것인지를 고민해야 한다. 예수님의 탄생을 축하하는 날에 당신의 가슴에 기억되는 이야기는 무엇인가?

침묵하시는 하나님, 그러나

침묵하고 아무 대답도 아니하시거늘 대제사장이 다시 물어 이르되 네가 찬송 받을 이의 아들 그리스도냐(막 14:61).

우리의 이성으로는 도무지 이해할 수가 없다. 예수님은 곧 신의 아들임을 입증할 수 있고, 그동안 자신을 신성모독자로 모함했던 자들에게 모든 사람들이 보는 앞에서 참아왔던 억울함을 가장 강력한 영광으로 바꿀 수 있는 기회에도 침묵하고 계시다. 그를 죄인으로 몰았던 자들에게, 그를 모함하며 죽음으로까지 쳐넣은 자들이 땅을 치며 후회하고 억울하도록 천사들을 동원해서 시중을 받으시고 병자를 고쳐주시고 죽은 자도 살려주신 능력으로 십자가에서 내려올 수 있는데도 주께서는 그렇게 힘없이 십자가에 달리셔서 침묵하고 계시다. 하나님은 그가 가진 한계 없는 능력과 가장 화려하고 거대한 방법으로 우주를 구원하실 수 있으신데도 왜 가장 초라하고 낮은 방법으로 구원을 택하셨는가?

북한을 바라보는 우리의 마음은 그때의 유대인들의 혹시나 하는 마음과 별반 다를 것이 없다. 인권을 유린하고 있고 독재자를 향한 주체사상으로 우상을 숭배하고 있는 나라에 대해 왜 하나님은 아직까지 침묵하고 계시는가 하는 생각이 우리를 사로잡는다. 예수님을 믿는 이유로, 그분을 향해서 예배한다는 이유로 총살을 당하고 강제수용소로 끌려가 상상을 초월하는 징계를 당하는 모습에 '우리의 기도가 모자란 것인가?' 아니면 '도대체 언제까지인가?'라는 혼란스러움에 어찌할 방도가 없는 연약한 인생들임을 자각할 뿐이다.

하나님의 침묵, 그리고 예수님의 침묵. 최근에 한 실화를 애니메이션으로 제작한 동영상을 보았다. 북한 기독인들의 실상을 그린 내용이다. 기독교인들 중에서 북한을 탈출하고자 하는 이들을 돕는 목사님이 계시는데 그분은 꼬부랑 노인 할아버지가 남조선 땅을 밟고 싶어 하는 것을 보고 그에게 묻는다. “할아버지, 뭐 때문에 남조선으로 오시려는 거죠?” 할아버지의 대답은 “내 한 번이라도 소리 내서 찬송 한 번 불러보고 싶어서리…….” 할아버지의 소망은 지금 우리가 매일 소리 내서 부르는 찬양, 어쩌면 그 단순함의 극치를 달리고 당연하다고 할 수 있는 것을 위해 목숨을 건 것이었다. 목사님은 꼭 도와주겠다고 대답했고 할아버지는 “그래도 기도하는 사람인데, 내 하나님께 한 번 여쭤보고 올게”라고 말했다. 목사가 기다리는 동안 기도를 하는 할아버지는 하나님께 여쭙는다. “하나님, 내가 그곳으로 갈까요?” 그러자 하나님이 대답하신다. “왜 그곳으로 가려고 하느냐? 내가 능력이 없어서, 내가 힘이 없어서 너희를 이곳에 남겨둔 줄 아느냐?”라고 말씀하셨다는 것이다.[57]

그리스도의 사랑, 죽음까지도 뛰어넘는, 죽음도 두렵지 않게 하는 그리스도의 사랑. 예수님은 그 사랑이, 또 그 사랑으로 흐르고 흘러 죽은 우리의 영혼을 살리시려고 십자가에서 침묵하셨다. 우리는 그 사랑을 정말 얼마만큼 알고 있는 것일까? 북한 땅에 하나님이 안 계신 것이 아니다. 어느 때보다도 더 강력하게 하나님은 그들 안에 계시다. 그들로 하여금 그리스도와의 사랑에서 끊게 할 것은 아무것도 없다. 죽음까지도 말이다. 여기에 죽음보다 더 깊고 죽음보다 더 진한 하나님의 사랑이 있다. 그분을 향한 그리스도의 신부들이 있다. 한웅재 목사님이 쓰신 소원이라는 곡의 한 가사처럼, “그 사랑 한 절이라도 우리가 깨달을 수 있다면, 닮을 수 있다면” 주님을 향한 우리의 찬송이 진실될 수 있도록 주 앞에 오늘 간절한 소원을 담아 노래를 드리자.

57) https://www.youtube.com/watch?v=KUKd82TXN1A, 모퉁이돌선교회 영상

5
PART

영광스런 그날

스바냐에서 보는 심판과 구원의 찬양

시온의 딸아 노래할지어다 이스라엘아 기쁘게 부를지어다 예루살렘 딸아 전심으로 기뻐하며 즐거워할지어다 여호와가 네 형벌을 제거하였고 네 원수를 쫓아냈으며 이스라엘 왕 여호와가 네 가운데 계시니 네가 다시는 화를 당할까 두려워하지 아니할 것이라(습 3:14-15, 개역개정)
그날이 오면, 사람들이 예루살렘에게 말할 것이다. "시온아, 두려워하지 말아라. 힘없이 팔을 늘어뜨리고 있지 말아라. 주 너의 하나님이 너와 함께 계신다. 구원을 베푸실 전능하신 하나님이시다. 너를 보고서 기뻐하고 반기시고, 너를 사랑으로 새롭게 해주시고 너를 보고서 노래하며 기뻐하실 것이다. 축제 때에 즐거워하듯 하실 것이다"(습 3:16-17, 표준새번역)

스바냐서는 크게 심판의 날과 구원의 날을 대칭하여 말씀의 이중구조를 갖고 있다. 우리는 이것이 이 세상을 향해 정하신 하나님의 법이라는 것을 기억해야 한다. 우리는 대개 심판을 무조건적으로 두려워하지만 심판 또한 이중구조를 갖고 있다. 심판은 믿지 않는 자들에게는 그들이 멸망하는 두려운 날이지만 하나님의 백성들에게는 구속의 완성이 이뤄지는 날, 주의 얼굴을 마주하는 기쁨의 날이다.

이것은 기독교 교리의 정통성이라고도 할 수 있을 것이다. 우리는 우리 귀가 즐거운 대로 행하고 그런 제사장과 스승을 두기 원하는 세대에 살고 있다. 원하는 말씀에만 귀를 기울이며 점점 더 하나님의 말씀을 왜곡하여 듣고 말씀을 변질시킨다. 주의 종들이 이것을 가르쳐야 함에도 하나님의 심판을 경고하는 것을 원하지 않는 세대는 그저 '있는 모습 그대로' 나오길 원하시는 주의 마음을 잘못 해석하여서 죄악된 우리 모습을 회개하지 않아도 된다고 이해한다.

하지만 하나님께서 정하신 법이 여기 있으니 히브리서 9장 27절에는 "한번 죽는 것은 사람에게 정해진 것이요 그 후에는 심판이 있으리니"라고 말씀한다. 그때를 위해 우리는 준비되었는가? 그날에는 믿는 자들과 믿지 않는 자들이 모두 주 앞에 설 것이다. 하지만 주께서는 믿는 자들 안에서도 양과 염소를 구분하실 것이다. 양은 누구를 말하는가? 요한복음 10장 27절을 보면 "내 양은 내 음성을 들으며 나는 그들을 알며 그들은 나를 따르느니라"고 말씀한다. 양은 주의 음성을 들으며 그분을 따른다. 그리고 그의 양은 어린 양의 피, 주의 보배로운 피로 인치심을 받은 자들이니 그의 피로 인하여 죄를 가리움 받은 자들이 의인이요, 주님의 나라를 상속받을 것이다.

심판이 없이는 기쁨과 구원의 날이 없으며 기쁨과 구원의 찬양 또한 없다. 달리 말하면 기쁨과 구원의 찬양은 형벌이 제거되고 심판대를 넘어간 자들만이 부를 노래이다. 우리가 주 앞에 드리는 찬양과 경배는 이것을 얼마나 잘 드러내고 있는가? '어린 양의 피', 그것이다. 주의 보혈을 가볍게 여기는 찬양은 지금의 기독교를 있게 한 본질적인 구속의 신앙을 모르는 것과 같다. 주님의 보혈을 의지하지 않고 주께 의롭다고 여겨질 사람이 없다. 주의 보혈을 강조하지 않는 것은 각 사람에게 있을 심판에 대해서 경고하지 않는 것과 같다.

그날에 주님 앞에 옳다고 인정을 받은 자들을 향해 주께서는 어떻게 대해주실 것인가? 기뻐하고 반기시고 사랑으로 새롭게 하여주시며 그들을 보시며 기뻐 노래하실 것이라고 한다. 이 영광 말고 우리가 더 얻어야 할 것이, 가치 있게 여겨야 할 것이 무엇이 있겠는가?

나팔을 불어라! 나팔절

주께서 호령과 천사장의 소리와 하나님의 나팔 소리로 친히 하늘로부터 강림하시리니 그리스도 안에서 죽은 자들이 먼저 일어나고(살전 4:16).

이스라엘에는 7개의 절기가 있다. 유월절, 무교절, 초실절, 오순절, 그리고 나팔절, 속죄일, 장막절이다. 각 절기마다 풍습이 있고 영적인 의미도 갖고 있다. 그 중에서 나팔절에 대해 알아보고자 한다. 나팔절은 유대력으로 7월 1일이며 태양력으로는 9월 중순에서 10월 초 사이이다. 나팔절의 하루가 지나는 대로 10일째 되는 날에는 속죄일을 연다. 속죄일은 나팔절이 지나면 유대력으로 7월 10일이 되며 대제사장이 1년에 한 번 지성소로 들어갈 수 있는 날이다. 대제사장도 혹시 죄를 회개하지 않으면 살 수 없었을 만큼 율법적으로 온 나라가 금식을 하고 노동을 하지 않고 오로지 죄에 대해서 회개하고 슬퍼하는 날로 정해져 있다(레 23:27).[58]

나팔절은 반드시 나팔 악기를 불어서 명절의 시작을 알려야 하는데 이는 여호와께서 당부하신 것이다(레 23:24). 이날에는 노동을 하지 말고 쉬는 날로 기념하라고 명하셨다. 에스라 3장 1-7절을 보면 예루살렘 성벽을 재건하고 성회로 모인 에스라와 이스라엘 백성들이 어떻게 나팔절을 지켰는지 그 모습이 나온다. 지금도 유대인들은 이 절기를 지키는데 나팔이 울리면 더 말씀을 묵상하고 연구하거나 자신의 죄를 돌아보고 회개하기를 속죄일에 맞춰 열심을 다한다고 한다.

성서에는 두 종류의 나팔이 나오는데 숫양의 뿔로 만든 만곡나팔이

58) 가스펠서브, 《라이프 성경사전》, 생명의 말씀사, 2006, 속죄일.

있고, 민수기 10장 2절에 등장하는 은 나팔이 있다. 나팔절에 사용된 나팔의 종류는 'shofar'로 어린 양의 뿔로 만들었다고 한다.[59] 이 나팔을 어떤 방법으로 연주해야 할지에 대해서는 성경에 기록되어 있지 않다. 하지만 나팔의 용도가 몇 안 되는 상황에서 제한하여 사용된 것으로 보아 유대력에 맞춰 7월 첫날에 나팔이 울려 퍼졌을 때 히브리인들이 절기를 준비하는 데는 무리가 없었을 것이다.[60]

학자들에 의해 밝혀진 나팔절의 영적 의미를 살펴보면 그 은혜가 참으로 깊다. 7개의 절기 중 3개의 절기가 나팔절, 속죄일, 장막절인데 이 절기들을 재림하실 예수에 중점을 두고 해석하는 것이 그렇다. AMI 선교센터의 황용현 목사는 나팔절과 속죄일을 재림 예수가 오기까지 이방인의 영혼 추수가 이뤄지는 때로 해석하며 세계 선교와 전도가 한창 이뤄져야 한다고 말했다.[61] 그리고 이러한 해석은 황용현 목사만이 아닌 복음주의 진영 안에 있는 학자들에게 의해 두루 전해지고 있는 내용이다.

우리 주님께서도 다시 오실 때 나팔 소리와 함께 오신다는 성경 말씀이 있다(마 24:30-31). 나팔이 울리기 전에 우리는 자신을 점검하는 깨어 있을 만한 지혜가 있는지 살펴보아야 한다. 이스라엘 백성들이 나팔 소리와 함께 속죄일을 알렸던 것처럼 말이다.

---

59) http://imagingbible.tistory.com/22
60) 나는 나팔이라는 악기가 사용되었던 다양한 상황들을 조사하여 기록하고 있다. 나팔은 나팔절 및 신년을 알리거나(민 29:1), 예배 때 하나님을 찬미하고자 할 때(시 47:5), 전쟁의 신호, 왕의 대관식(왕상 1:33-34)에 사용되었다.
61) http://www.youtube.com/watch?v=AJxz7DJegUc

나팔을 불며 하나님을 찬양하다

> 하나님께서 즐거운 함성 중에 올라가심이여 여호와께서 나팔 소리 중에 올라가시도다(시 47:5).

시편 47편 5절은 하나님을 찬미하는 구절에서 나팔 소리와 즐거운 함성 중에 여호와께서 올라가신다고 표현하고 있다. 새번역 성경은 이를 더욱 잘 이해할 수 있게 옮겨놓았다.[62)]

나팔은 하나님을 찬양하는 악기로 예배에 사용되었다. 나팔이 사용되었던 예배 현장, 찬양 집회는 목소리로 크게 소리치며 즐거움과 기쁨으로 하나님을 찬미하였다(시 98:6). 24시간을 여호와 앞에 예배를 드렸던 다윗의 장막의 기록을 보면 나팔 소리가 쉬지 않고 울려 퍼졌는데 헤만(Hermon)의 14명의 아들들이 담당했다고 기록되어 있다(대상 25:5).[63)] 제사장으로는 브나야와 야하시엘이 언약궤 옆에서 나팔을 불었다(대상 16:6). 이는 민수기 18장 1-4절을 보면 레위 지파와 제사장의 직무와 역할이 차이가 있음을 볼 수 있는데 제사장은 죄에 대해서 담당을 했고 레위 지파는 제사장의 직무와 장막의 모든 직무를 지키되 제사장을 섬겼고 성소의 기구와 단에는 가까이 할 수 없었다. 이에 따라 성소 안에 있는 언약궤 옆에서 나팔을 부는 이는 레위 지파에서 뽑은 것이 아닌 제사장에게 역할을 맡겼다고 볼 수 있다.

역대하를 보면 솔로몬 성전을 건축하고 아삽, 헤만, 여두둔 그리고

---

62) 시편 47:5 "환호 소리 크게 울려 퍼진다. 하나님이 보좌에 오르신다. 나팔 소리 크게 울려 퍼진다. 주님이 보좌에 오르신다."(새번역)

63) 역대상 25:1-6 헤만은 사무엘의 손자이며 찬송하는 레위 지파의 그룹 리더로써 다윗 왕의 지휘 아래에 아삽과 여두둔 그리고 헤만이 있었다.

그들의 아들들과 함께 세마포 옷을 입고 제단의 동쪽에 서서 악기를 갖고 하나님을 찬양했다. 나팔을 부는 이들은 레위 지파가 아닌 120명의 제사장이었다(대하 5:12). 이는 다윗의 장막에서 솔로몬의 성전으로 변화되면서 바뀐 것으로 추정된다.

이후에는 이스라엘 조상들이 여호와를 떠나고 법을 어긴 이후에 히스기야가 왕이 되면서 성전을 정화했다. 히스기야는 다윗 왕의 선지자 나단과 갓의 명을 따라서 레위 지파에게 각 악기를 잡게 하였고 이는 여호와께서 일찍이 선지자들에게 명하신 바대로 하였다고 기록되어 있다(대하 29:25).

나팔은 성경 구절을 낭송하거나 노래할 수 없지만 함께 어울려 하나님께 마음으로 감사하며, 기쁨으로 예배할 수 있다. 항상 노래하는 자나 악기를 부는 자들은 일제히 여호와를 찬양하며 그의 선하심과 인자하심이, 또는 그의 선하심과 자비하심이 영원하다고 마음으로 노래했다(대하 5:13).

나팔의 분명한 소리

만일 나팔이 분명하지 못한 소리를 내면 누가 전투를 준비하리요(고전 14:8).

이 말씀은 바울이 고린도 교인들에게 방언과 예언에 대한 이해를 돕고자 악기를 들어 설명하는 말씀이다. 바울은 피리와 거문고 소리에 이어서 나팔 소리를 언급하고 있다. 현대 대중음악에서 사용되는 서양 악기가 전자악기로 대부분 축소되면서 나팔이란 악기는 우리에게 생소하기만 하다. 하지만 성경에서 나팔은 중요한 역할을 담당한다.

성경사전의 기록을 따르면 나팔의 용도는 크게 3가지로 나뉜다.[64] 첫째는 구약시대에서 살펴볼 수 있다. 느헤미야 4장 18절에는 이스라엘이 예루살렘 성벽을 재건하고자 할 때 무리들의 방해에 대한 '경계'와 '방비'에 사용되었다. 히브리인들은 모세의 때부터 이스라엘의 12지파가 세워지면서 성막을 중심으로 한 거주 및 생활이 이뤄졌다. 솔로몬 왕 때에 세워진 성전은 그 대를 이은 것으로 이스라엘 백성에게는 자신들의 정체성이자 신앙의 핵을 이룬다고 봐야 한다. 예루살렘 성전은 스룹바벨과 스가랴 때에 재건축이 이뤄졌지만 성벽 재건은 느헤미야의 시대에 와서 완성이 된다. 이 성벽이 세워지는 것을 방해하는 영적 악이 있었으니 이는 거짓 선지자 스마야와 산발랏 그리고 도비야의 무리다. 이처럼 하나님의 일을 행하는 사역에 있어서 영적 악은 늘 존재하여 방해한다. 하지만 느헤미야와 이스라엘이 성벽을 건축했듯이 하나님께서도 자신의 계획을 이루시는 분이시다. 실제로 느헤미야와 군대는 주야로 성벽을 허물려는 이들로부터 깨어서 지켰다(느 4:9).

64) http://www.holybible.or.kr/B_DICT_NEW/cgi/bdictftxt.php?DN=595&WD=

여기서 눈여겨 볼 것은 지도자인 느헤미야 곁에 나팔수가 함께 서 있었다는 점이다. 가장 먼저 위험과 경계 신호를 알려 아군(我軍)의 준비 태세를 바로잡아야 했던 나팔수들은 지시를 내리는 느헤미야 곁에 동행해야 했다. 나팔을 부는 자의 사명, 그 영적인 의미는 무엇일까? 여호와께서는 자신의 뜻을 그의 종들에게 알리시지 않고는 일을 행하지 않으신다고 말씀하셨듯이(암 3:7-8) 나팔수는 영적 악의 공격과 방해에 대해서 하나님의 적신호를 알리고 그 뜻을 전달해야 함을 말한다. 나팔은 호세야 8장 1절에서도 경계를 알리는 신호로 사용되고 여호수아 6장 5절을 보면 여호수아와 이스라엘 백성이 여리고 성을 무너뜨릴 때, 또 사사기 3장 27절에서 여호와께서 사사 에훗을 통해 모압 왕 에글론의 손에서 이스라엘을 구원하실 때 '전쟁의 신호'로 사용되었다.

또 한 가지는 느헤미야 4장 9절에서 성벽을 재건함에 있어 이스라엘이 하나님께 기도했다고 기록한다. 나팔수가 나팔을 부는 것과 기도하는 사역이 함께하는 것임을 가르쳐준다. 인간의 힘으로 이룰 수 없는 영역의 것, 본래 하나님의 일로서 하나님의 권능이 임하게 하는 것임을 주목하자. 예수님께서도 영적 악을 좇아내실 때 이런 유가 기도 외에는 다른 방도가 없다고 말씀하셨듯이(막 9:29) 이스라엘도 영적 악의 방해에 대해서 하나님의 도우심을 구했다.

나팔이 분명한 소리를 내지 못하면 백성들이 전쟁의 위험과 경고의 소식을 들을 수 없는 것처럼 이 시대에 나팔을 부는 자들이 해야 할 역할 또한 무엇인지 우리는 알 수 있다. 주의 곁에 서서 무너지지 않을 힘을 간구해야 한다.

그날에 부를 노래

> 광야와 메마른 땅이 기뻐하며, 사막이 백합화처럼 피어 즐거워할 것이다. 사막은 꽃이 무성하게 피어, 크게 기뻐하며, 즐겁게 소리 칠 것이다. 레바논의 영광과 갈멜과 샤론의 영화가, 사막에서 꽃 피며, 사람들이 주의 영광을 보며, 우리 하나님의 영화를 볼 것이다. 너희는 맥풀린 손이 힘을 쓰게 하여라. 떨리는 무릎을 굳세게 하여라. 두려워하는 사람을 격려하여라. "굳세어라. 두려워하지 말아라. 너희의 하나님께서 복수하러 오신다. 하나님께서 보복하러 오신다. 너희를 구원하여 주신다" 하고 말하여라. 그때에 눈먼 사람의 눈이 밝아지고, 귀먹은 사람의 귀가 열릴 것이다. 그때에 다리를 절던 사람이 사슴처럼 뛰고, 말을 못하던 혀가 노래를 부를 것이다. 광야에서 물이 솟겠고, 사막에 시냇물이 흐를 것이다(사 35:1-6, 새번역).

하나님의 나라가 이 땅에 임하여 주님과 함께 살게 될 때 우리는 온전히 하나님의 영화를 경험하게 될 것이다. 우리의 눈은 주님의 영광을 날마다 보며 살게 될 것이다. 그날은 완전한 회복(Shalom)으로 세상이 아픔과 고통에서 치유를 받을 것이다. 바울은 피조물이 허무한 데 굴복하는 것은 오직 굴복하게 하시는 이로 말미암은 것인데 그 바라는 것이 피조물도 썩어짐의 종 노릇 한 것에서 해방되어 하나님의 자녀들의 영광의 자유에 이르는 것이라고 이야기했다. 주의 백성들이 "마라나타!" 하며 주 예수님이 속히 오시길 기다리는 것과 같이 피조물의 고대하는 바도 하나님의 아들이 속히 다시 오시는 것을 사모하고 있다. 우리가 고통을 당하는 것과 같이 피조물도 고통을 당하고 있는 것을 알아야 한다(롬 8:19-22).

이사야서는 하나님의 아들이 장차 오실 때 썩어질 것에 종 노릇 했던 피조물들이 어떻게 놀랍도록 회복이 되는지 말씀하고 있다. 광야에서 물이 솟고 사막에 시냇물이 흐를 것이다(6절). 그래서 메마른 땅이 하나님을 찬송하고 사막이 즐거워할 것이다. 땅은 이후로 가시덤불과 엉겅퀴를 내는 일이 없고 물가에 심긴 나무를 키우며 아름답고 풍성한 열매를 맺을 것이다. 우리는 태초에 하나님이 천지를 창조하신 존재의 역사라는 시작의 온전하고 위대한 완성의 끝을 맞이하게 될 텐데, 이 때 전에는 본 적 없는 아름다운 나라가 우리 앞에 펼쳐질 것이다. 진정 그 나라는 에덴동산에는 비교할 수 없는 새 예루살렘, 왕으로 오시는 주님의 영광에 걸맞는 위대하고 빛나는 세상을 보게 될 것이다.

그날에 우리가 부를 노래는 말을 못하던 혀가 온전하게 되어서, 다리를 절어서 뛸 수조차 없었던 자들이 힘껏 목소리로 하나님을 찬송하게 되며, 뛰면서 주님을 높여 찬송하게 될 것이다. 슬픔과 탄식 소리는 전혀 들리지 않을 그날이 상상이 되는가? 거기에는 거룩한 길이라고 하여 큰 길이 생길 것인데, 이 땅에서 예수를 따라가려고 좁은 길을 걸었지만 주님과 동행하니 좁은 길에서도 감사와 웃음을 잃지 않았던 기쁨, 그 기쁨이 온전하게 완성되는 길을 걷게 될 것이다. 그 길은 악한 사람도 없고 사나운 짐승도 없고 악한 권세가 텃세도 부릴 수 없는 길이다. 포악한 자들의 노랫소리는 그치고 사랑과 공의로 백성을 다스리는 주 예수님을 향한 찬송과 백성들의 기쁜 노랫소리만이 가득하여 세상을 채울 것이다.

말세에 어떤 노래를 부를까?

너는 이것을 알라 말세에 고통하는 때가 이르러(딤후 3:1).

어떤 사람이 이런 말을 했다. 지금 살고 있는 세상이 전쟁과 큰 핍박은 없을지라도 어쩌면 이전 세대는 가히 경험하지 못한 또 다른 종류의 환난과 핍박과 치열함을 당하고 있는지도 모르겠다고 말이다.

성경에서 말하는 말세는 어느 때인가? 이것을 두고 종말론에서는 갖가지 시기와 때를 나누는 성경 신학 발표를 한다. 물론 나는 여기서 그런 것들을 알아보려는 것이 아니라 그 말세, 고통하는 때가 이르렀을 때 '우리가 준비할 수 있는 것이 무엇이 있을까?'라는 물음에 대해 나누려고 한다.

성경에서는 노래가 많이 등장한다. 여호와께서도 이스라엘이 포로 시기에 있을 때 선지자들로서 그들을 위한 애가를 지어 부르게 하셨고 화려하고 아름답던 두로의 멸망을 두고도 친히 애가를 지어 부르라고 하셨을 만큼 노래가 지닌 역사적 사건의 현재성과 신앙적인 표현을 무시해서는 안 된다. 심지어는 마지막 날에 있을 최후 승리를 두고서도 주께서는 '어린 양의 노래'를 예비해 두지 않으셨는가.

그렇다면 말세의 고통하는 때에 나타날 사회적 특징은 무엇인가? 디모데후서 3장 2-5절에서는 "사람들이 자기를 사랑하며 돈을 사랑하며 자랑하며 교만하며 비방하며 부모를 거역하며 감사하지 아니하며 거룩하지 아니하며 무정하며 원통함을 풀지 아니하며 모함하며 절제하지 못하며 사나우며 선한 것을 좋아하지 아니하며 배신하며 조급하며 자만하며 쾌락을 사랑하기를 하나님 사랑하는 것보다 더하며 경건의 모양은 있으나 경건의 능력은 부인하니"라고 말하고 있다. 두드러지는 특징이 한두 가지가 아님이 보인다. 어떤 이들은 이 말씀을 보고 지금이 말세라고 생각할 수도 있을 정도로 지금 우리가 겪는 환난, 핍박, 치열함에 대한 공통의 의미를 발견할 수도 있을 것이다.

물론 말세란 예수님이 부활 승천하신 이후로 세대가 증가해 온 오늘날을 포함해서 예수님께서 재림하시는 날까지라고 볼 수 있다. 그리고 대부분 한 세대를 살아가는 사람들은 자신들의 이전 세대는 겪어보지 못했던 고통을 겪으며 살아왔다고 말할지도 모를 일이다. 우리에게 말세에 고통하는 때가 이르렀을 때, 또는 이르렀다면 그날을 위해 부를 노래가 있어야 한다. 이것이 어쩌면 현대 크리스천 음악이 중요시 여기는 동시대적인 이야기로 노래한다는 CCM의 기능적 역할이라고 볼 수 있을 것이다.

동시대적인 이야기가 구체적으로는 무엇일까? 사회적 이슈를 갖고 파장을 불러일으키는 문제들부터 시대마다 두드러지는 사람들의 내적인 문제들까지 폭이 다양하지 않겠는가. 그것이 바로 크리스천들이 이 땅에서 함께 살고 있다는 뜻이고 그것들로부터 절연할 수 없다는 말도 된다.

세상을 품는 크리스천 음악에는 사람들이 고통스럽다고 여기는 것들의 원인을 간파하는 눈이 필요하다. 무엇을 노래할까? 하나님 말씀을 거슬러서 살아가는 시대의 정신에 저항하는 의식, 곧 사람들이 이웃을 사랑하고, 하나님을 사랑하며, 부모를 공경하고 감사하며, 거룩하며, 정하며, 화내지 아니하며, 비방하지 아니하고, 모함하지 아니하며, 절제하고 참으며, 선한 것을 도모하며, 지켜주며, 인내하며, 경건의 능력을 회복하기를 구하는 노래가 요구된다.

영원하고 크나큰 영광이 있기에

우리가 지금 겪는 일시적인 가벼운 고난은, 비교할 수 없을 정도로 영원하고 크나큰 영광을 우리에게 이룩해 줍니다(고후 4:17, 표준새번역).

고난은 결코 가볍지 않다. 하지만 바울은 성경에서 고난을 표현하기를 일시적이고 가볍다고 말한다. 왜 바울은 고난을 이렇게 얘기한 것일까? 바울이 고난에 대해서 겪어보지 않았기 때문에 잘 모르고 한 소리일까? 하지만 바울은 육체의 가시를 몸에 지니고 평생을 살아갔고 복음으로 인해 당하는 핍박도 어마어마했다. 옥에 갇혔고 이방 땅에 복음을 전하려다가 만난 천재지변에, 마흔 대를 맞으면 사람이 죽는데 마흔에 한 대를 감한 매를 다섯 번이나 맞았다. 또한 예수님께서 아나니아에게 환상으로도 바울이 예수님의 이름을 위하여 얼마나 많은 고난을 받아야 할지를 그에게 보이려고 한다는 말씀을 하신 바 있다(행 9:16). 바울이 당한 고난은 결코 적지 않았다.

그럼에도 바울은 고난이 가볍다고 한다. 그가 이렇게 얘기할 수 있었던 이유는 고난만 봤을 땐 결코 이 고난에 대해 감사할 수 없지만 비교할 수 없을 정도로 크나큰 영광이 그를 기다리고 있다는 것을 알았기 때문이었다. 바울은 비교할 수 없을 정도로 크나큰 영광의 형색이 과연 어떠한 것인지를 누구보다 뚜렷하게 알았다. 로마서 8장 18절에서도 그는 현재의 고난이 우리에게 나타날 영광에 족히 비교할 수 없다고 동일하게 얘기하고 있다. 바울은 그가 쓴 로마서 6장 5절에서 부활의 영광에 대해 얘기하고 있고, 빌립보서 3장 21절에서도 우리의 낮은 몸을 예수님의 몸의 형체와 같이 변하게 하실 것을 밝히고 있다. 이 영광을 위해 받을 고난을 넉넉히 채우겠다는 바울의 말은, 그가 과연 어떤 사람이었는지를 우리로 상상해 볼 수 있게 한다(골 1:24).

고난이 찾아오면 우리는 어서 빨리 이 고난이 끝나기를 간절히 바라며 힘겹게 견딘다. 마치 이 고난이 영영 끝나지 않을 것만 같아서 매일을 낙심과 좌절에 빠져 지내는 게 익숙하다고 할 수 있을 만큼 말이다. 하지만 바울은 고난이 일시적이라고 한다. 그는 분명히 끝이 있다는 것을 알고 있었다. 하지만 그가 말한 일시적이라는 단어의 의미는 단순히 시간이 흐르면 다 지나간다는 차원이 아니다. 바울은 영원한 영광이 그를 기다리고 있음을 알았다. 일시적인 것은 영원함에 비하면 아주 잠깐의 시간이다. 이 영원함은 하나님의 시간, 곧 천 년이 하루 같다는 말에 적합하다(벧후 3:8).

하나님이 사랑하셨던 제자 요한은 영원한 하나님 나라, 그 영광에 대해서 환상으로도 보았으니 요한계시록 21장 2절에 "거룩한 성 새 예루살렘이 하나님께로부터 하늘에서 내려오니 그 준비한 것이 신부가 남편을 위하여 단장한 것 같더라"는 표현을 통해 기막히고 거대한 영광을 우리에게 가르쳐주길 원했다. 바울 또한 셋째 하늘에까지 끌려 올라가 그 아름다운 나라를 보았다. 그래서 영원한 하나님과 그의 나라, 예수님을 아는 지식과 깨달은 영으로 그들은 이 고난이 잠시 지나갈 것에 불과하다고 말할 수 있었을 것이다.

바울이 당한 고난이 심히 많아서 살 소망을 잃기까지 했었음에도 그가 겪은 고난으로 인해 영원하고 크나큰 영광을 사모할 수 있게 되었다면 그의 말은 거짓말이 될 수 없다. 오늘, 우리의 가슴이 이 영원한 소망으로 채워지도록 주 앞에 나가자.

주께 돌아오고 있는 유대인들

> 그러면 세상 만민이 내가 예루살렘에서 베푼 모든 복된 일들을 듣게 될 것이며, 예루살렘은 나에게 기쁨과 찬양과 영광을 돌리는 이름이 될 것이다. 그리고 내가 이 도성에 베풀어 준 모든 복된 일과 평화를 듣고, 온 세계가 놀라며 떨 것이다. 나 주가 이렇게 말한다. 너희들은 이곳이 황폐하여 사람도 없고 짐승도 없다고 말하지만, 지금 황무지로 변하여, 사람도 없고 주민도 없고 짐승도 없는 유다의 성읍들과 예루살렘의 거리에, 또 다시, 환호하며 기뻐하는 소리와 신랑 신부가 즐거워하는 소리와 감사의 찬양 소리가 들릴 것이다. 너희는 만군의 주께 감사하여라 진실로 주는 선하시며, 진실로 그분의 인자하심은 영원히 변함이 없으시다 하는 소리가 들릴 것이다. 주의 성전에서 감사의 제물을 바치는 사람들이 이렇게 찬양할 것이다. 내가 이 땅의 포로들을 돌아오게 하여 다시 옛날과 같이 회복시켜 놓겠다. 나 주의 말이다(렘 33:9-11, 표준새번역).

유대인들이 여호와 하나님을 믿지만 아직도 메시아를 기다리고 있는 것에 대해 어떻게 생각하는가? 나는 그들이 읽는 토라가 구약의 여호와 하나님을 경험한 위대한 인물들, 아브라함, 이삭, 야곱, 요셉, 다윗, 솔로몬에 이르기까지 다루고 있으며 그들이 우리와 다를 바가 없음에도 예수님이 그들이 기다리고 있는 메시아라는 것을 깨닫지 못하는 것에 대해서 가슴이 아프다. 창조주 하나님께서 예수님으로 인간의 역사 안에 들어옴으로써 축복의 통로와 전달자로서 사용하고 세우셨음이 곧 이스라엘인데, 가장 가까이에 있었음에도, 또한 예수님이 유대인으로 나신 것으로 인하여 가장 큰 총애를 받은 그들이 예수님을 알아보지 못하는 가장 우둔한 자들로 전락한 것에 대해서 너무나도 슬프다.

이 땅에서 예수님을 구주로 영접하고 하늘에 소망을 두고 사는 이들에게 이스라엘이라는 땅은 꼭 한번 밟고 싶은 땅이 아니겠는가. 나그네로서 이 땅을 사는 순례자들에게 이스라엘은 예수님이 그의 사역을 펼치시고 우리를 구원하시고자 십자가에 달리시고 부활 승천하신 유일의 땅이다. 나는 하나님을 사랑하는 많은 신자들이 이스라엘 순례를 다녀오면서 다시 성경 말씀을 펼치게 되었을 때 구약과 신약의 각 성경 구절들이 생생하게 전해져 오고 더욱 말씀이 깊이 뿌리 박힘으로써 오묘하고 신비한 진리를 아는 데 큰 도움이 되며 기쁨이 되고 있다는 소식을 접하였다. 그 땅을 밟고 온 자들에게 성경의 역사는 더 이상 환상이 아니고 실제였다.

내가 유대계 메시아닉 주들(유대인이지만 예수님을 구주로 고백하는 사람들)이 하나님을 예배하는 장면을 기독 영상들을 통해서 보게 될 때마다 느끼는 감정은 예레미야 33장 말씀이 함께 겹치면서(Overlap) 그들이 그날을 위해 예비하며 준비되고 있다는 감격이다. 예수님을 구주로 믿는 유대인들과 더불어 예수를 구주로 고백하는 다양한 민족의 사람들이 하나가 되어 할렐루야 하나님을 찬송하고 있는 예배는 이미 시작되었다. 비록 그들의 수가 지금은 적을지라도 예루살렘과 유다의 회복에 대해 주께서는 아주 오래 전에 약속하셨다. 바울은 그들이 넘어짐으로 구원이 이방인에게 이르러 이스라엘로 시기나게 하며 그들의 넘어짐이 세상의 풍성함이 되며 그들의 실패가 이방인의 풍성함이 된다고 말했다. 하물며 그들이 충만함으로 예수를 구주로 고백하게 되는 날에는 우리를 향한 주님의 사랑이, 주를 향한 우리의 외침이 얼마나 거대하며 풍성하겠는가?(롬 11:11-12)

주님 앞에 섰을 때

이는 우리가 다 반드시 그리스도의 심판대 앞에 나타나게 되어(고후 5:10).

우리는 주님이 허락하신 시간을 다 산 후에 주 앞에 서게 될 것이다. 그때에 주 앞에서 우리는 어떤 고백을 하게 될까? 어떤 모습으로 서게 될까? 종말에 대한 신학적인 물음을 하는 것이 아니다. 믿는 자나 믿지 않는 자나 모두가 주 앞에 서게 될 테고 믿지 않는 자는 그를 위해 예비된 곳으로 갈 것이며, 사는 날 동안 구원을 받은 자는 주님과 영원히 함께 살게 될 것이다. 그러나 성경에서 구원은 받지만 신자들 가운데서도 각각 행위대로 갚으시겠다는 말씀을 본다(계 2:23). 이 구절을 통해 구원받은 삶으로 끝이 아니라 이 땅에서 얼마나 예수를 닮아가는가에 대한 삶의 통합적인 질문이 다뤄질 거라 생각했다.

지금은 늦은 밤이고, 나는 금요철야 찬양을 인도하고 이 글을 쓰고 있다. 오늘 찬양의 흐름은 살아계신 하나님은 우리와 함께하시는 분이며, 주를 바라볼 때 가난한 자나 부한 자나 모두 행복한 것이라는 메시지였다. 그런 흐름으로 함께 노래하였다. 마지막 곡은 "우물가의 여인처럼"이라는 복음가를 불렀고 항상 헛되고, 헛된 것을 찾았던 우리네 삶을 적용하여 주 앞에 고개를 들지 못하는 모두가 안타까운 마음이었다. 그러나 주께서 채우심으로 하늘 양식으로 새롭게 하시기를 간구하였다. 찬양이 끝난 후 한 성도님은 애통한 마음으로 기도를 하셨다. 찬양했던 곡에 대한 연장선처럼 회개를 하셨다. 주를 위해 산다면서도, 주와 함께 산다면서도, 나의 자아를 죽이지 못하고 하고 싶은 말 다하고 섬기지 않고 전하지 않으며 내 뜻대로 고집대로 살았던 것을 고백하였다. 물론 그 기도에 모두가 동일한 마음이었다. 나 또한 부끄러운 모습으로 주 앞에 왔기에 더욱 마음으로 주님을 소망했다.

하지만 어느덧 우리가 삶을 다 살고 주 앞에 섰을 때에도 주께 이런 고백을 한다면 큰일이라는 생각이 스쳤다. 물론 난 결코 살면서 내가 죄를 짓지 않을 것이란 생각을 하지 않는다. 그것은 내가 인생일 뿐이며 먼지와 같고 죄인임을 알기 때문이다. 그래서 더욱 사는 동안 주께 회개하는 기도를 드리는 날이 있을 거라고 생각한다. 동시에 예수님의 십자가가 내가 지을 죄까지도 모두 십자가에 못 박으심을 믿고 주는 매일 삶의 기회를 주고 계신다. 하지만 끝내 주 앞에 가서도 위와 같은 고백을 한다면 난 하나님이 자녀에게 준 권세와 능력을 누리지 못하고 산 것이고 '예수를 닮기를 간절히 소망했는가?'라는 자문을 하게 되는 것이다. 이 고백을 어떤 이들은 세리와 바리새인의 기도처럼 자신의 잘남에 감사하는 기도보다 회개하는 기도가 더 옳다고 얘기할 것이다. 그렇다. 하지만 바울과 같이 주를 위해 극진한 헌신과 고난을 받은 자가 했던 고백도 자신이 '죄인 중의 괴수'라는 말이었다. 정말 주를 위한 삶을 살았어도 바울은 자신이 그토록 작은 자였음을 자인하는 것이다.

우리가 바울과 같이 주를 위한 극진한 삶을 살면서 죄인 중의 괴수와 같다고 고백한 기도를 드리길 원한다. 존 파이퍼 목사님은《삶을 낭비하지 말라》라는 책에서 주 앞에 섰을 때 무엇으로 서겠느냐고 독자들을 향해 묻는다. 모두가 선교사가 되는 것이 아니지만 하나님으로 가장 만족을 누리기 원한다면 우리가 어떻게 참여할 것인지 기도하며 생각해야 한다고 말했다.[65] 요한계시록 2장 23절 말씀처럼 둘 다 구원은 받았지만 결코 상급이 같을 수 없다. 그것이 공평한 하나님 아닌가? 그날에 부끄러운 구원이 되지 않도록 주의 도움을 구해야 한다.

65) 존 파이퍼,《삶을 낭비하지 말라》, 전광규 옮김, 성서유니온선교회, 2010, PP. 239-240.

왕이 오신다!

그가 큰 나팔소리와 함께 천사들을 보내리니 그들이 그의 택하신 자들을 하늘 이 끝에서 저 끝까지 사방에서 모으리라(마 24:31).

기독교와 관련한 그림들을 성화(聖畵)라고 하는데 예수님의 재림과 관련한 그림들을 보면 천사들이 나팔을 불고 있는 장면이 다분하게 묘사되어 있음을 볼 수 있다. 이것에 관련한 예배찬양도 있다. 로빈 마크(Robin Mark)가 쓴 "Days of Elijah"라는 곡이 있는데 국내에서는 "지금은 엘리야 때처럼"이라고 번역이 되었다. 곡의 후렴에 "보라 주님 나팔 불 때에 다시 오시네"라는 가사를 통해서 혹시 성경을 잘 모르는 성도들이라도 예수님의 재림 때에 나팔 소리가 퍼질 것을 알고 있다. 뿐만 아니라 찬송가에도 블랙(J.M. Black)이 쓴 "하나님의 나팔 소리"가 있다. 다양한 예술 분야에서 이미 드러나고 있는 나팔과 예수님의 재림에 대한 콘텐츠처럼, 오늘 알아볼 구절은 성경에서 사용된 나팔의 두 번째 의미, 주께서 재림하시는 날에 울릴 나팔 소리이다.

재림과 관련한 나팔의 쓰임을 보면 요한계시록에서 찾을 수 있다. 하나님께서 정하신 심판이 시작되는 시간 동안에 나팔이 등장한다. 일곱째 인이 끝날 때 반 시쯤 고요한 후 일곱 천사가 일곱 나팔을 하나님께 받는 장면이 기록되어 있다(계 8:2). 현재 우리가 육안으로는 일곱 천사가 일곱 나팔을 부는 모습을 볼 수는 없지만 성경의 기록을 따라 해석된 글을 보면 우리가 사는 우주 속 이 지구를 향한 구속의 모래시계는 말씀대로 흘러가고 있다.

두 번째, 재림과 관련한 나팔의 쓰임을 보자. 고린도전서 15장 51절을 보면 마지막 나팔에 우리가 순식간에 홀연히 다 변화할 것이라고 기록되어 있다. 변화할 우리의 모습에 대해선 49절에 "우리가 흙에 속한 자의 형상을 입은 것과 같이 또한 하늘에 속한 이의 형상을 입으리라"고 기록하고 있으며, 빌립보서 3장 21절에 "우리의 낮은 몸을 자기 영광의 몸의 형체와 같이 변하게 하시리라"고 기록하고 있다. 그 모습을 우리가 지금은 알 수 없지만 주와 같은 형상이 될 것은 분명하다. 그 모습은 이 세상의 어떤 단어로도 표현할 수 없을 만큼 아름다울 것이다. 왜냐하면 예수님이 하나님의 형상을 입으셨고(골 1:15), 하나님께서는 그의 백성들이 예수님의 형상을 본받기를 미리 정하셨는데 이것이 이날에 온전하게 이뤄지기 때문이다.

유종의 미를 거둔다는 말

네가 땅에 뿌린 종자에 주께서 비를 주사 땅이 먹을 것을 내며 곡식이 풍성하고 기름지게 하실 것이며 그날에 네 가축이 광활한 목장에서 먹을 것이요(사 30:23).

우리말에 "유종의 미를 거둔다"는 말이 있다. 일을 잘 시작했으면 잘 마무리하여 성공적인 끝을 맞이하자는 뜻이다. 그러고 보면 큰일에만 시작과 끝이 있는 게 아니라 매사(每事)에 시작과 끝이 있다. 처음 운동을 시작한 선수라도 오랜 선수 생활의 끝이 있는 법이고, 갓 유학생활에 발을 올린 젊은 청년에게도 오랜 유학생활의 끝이 있기 마련이다. 아침에 직장에 출근하려고 집을 나섰다면 저녁에는 집으로 돌아오는 법이며, 잠이 들 때가 있으면 깨어날 때가 있다. 계절도 겨울이 끝나면 봄이 시작되고 또 다시 여름, 가을, 겨울을 맞이한다. 사람도 그렇다. 태어나고 죽는 것도 한 번은 정해진 일이고, 유아기 때에 배우는 것이 있으면 인생의 황혼기에는 끝을 맞이하게 된다. 즉 유종의 미를 거둔다는 말에서도 우리는 시작과 끝이 있음을 알게 되고 처음과 나중이 되시는 하나님의 섭리와 정하신 법을 깨닫게 된다. 그렇다. 인생은 돌고 도는 순환의 개념이 아니라 시작점과 끝점이 있다. 그리고 이것은 하나님에게서 온 지혜이며 하나님은 우리가 그분을 느끼고 알 수 있는 흔적들을 세상 가운데 두셨다.

본문에서는 한 농부의 이야기가 나온다. 파종(播種)할 때가 있으며 곡식을 거둘 때가 있음을 가리키고 있다. 그리고 이 농부의 이야기는 인생을 경작해 가는 사람들의 이야기와 같다. 한 가지 중요한 것은, 땅에 씨앗을 뿌렸다면 우리가 할 수 있는 일은 사실상 끝났다는 점이다.

이것은 우리 손을 떠나서 외부의 힘과 작용을 받게 된다. 즉 심었지만 자라게 하는 일은 농부가 할 수 없다. 왜냐하면 땅에 비를 주시는 일은 하나님의 영역이기 때문이다. 요즘 같은 때에야 비가 아니더라도 물을 줄 수 있지만 오직 자라게 하시는 이는 하나님이심을 고린도전서 3장 6절은 말하고 있다. 이 말은 삶을 살면서 우리에게 주어진 도전과 치열한 삶의 현장에서 자신의 달란트를 땅에 묻어두라는 말이 아니라 땅에 씨앗을 뿌렸다면 하나님의 손에 맡기는 법을 터득하자는 뜻이다. 구원이 하나님의 손에 있으므로 주님 손에 맡겨드리는 법을 배우고 하나님의 일하심을 보도록 그분을 인정하고 찬송하자는 뜻이다.

이사야 30장을 통해서 하나님은 시온에 거주하고 예루살렘에 거주하는 백성에게 다음과 같은 말씀을 주셨다. 애굽과 앗수르의 손에서 건져내시겠다는 말이다. 그래서 그날이 되었을 때에 너희가 기뻐 소고를 치고 수금을 탈 것이라고 하셨다. 나는 이 말씀을 이사야 32장과 같이 읽을 때 영적인 유익이 더욱 크리라고 생각한다. 공의로 다스리시는 한 왕이 날 것인데 그의 나라가 될 때의 모습을 보여주고 있고 그날에도 우리의 찬양은 사방으로 울려 퍼질 것이다.

유종의 미를 거두라는 말에는 하나님이 세상에 정해 두신 지혜를 담아내고 있다. 우리가 복음 증거, 찬양사역이라는 유종의 미를 거두길 소망한다면 오직 자라게 하시는 하나님의 손에 맡겨드리는 법을 터득해야 한다. 이 땅을 살아가는 영적인 이스라엘로서 우리가 맞이할 영광스런 그날을 꿈꾸면서 말이다.

차라리 세상을 떠나서

내가 그 둘 사이에 끼였으니 차라리 세상을 떠나서 그리스도와 함께 있는 것이 훨씬 더 좋은 일이라 그렇게 하고 싶으나(빌 1:23).

바울은 자신이 주 안에서 새롭게 태어난 그리스도의 몸을 입은 자임을 깨닫고 '살든지 죽든지' 주 안에 거하는 평안의 비결을 우리에게 알려 주었다. 이전에 나는 바울이 자신의 목숨, 곧 죽음이라는 문제에 대해서 어떤 집착이나 욕구가 없다고 말한 바 있다. 이는 그가 바라는 한 가지, 오직 예수 그리스도 안에서 사는 기쁨을 깨달았기 때문이었다. 그 기쁨이 가장 커서 다른 기쁨과 비교할 수 없다는 것을 안 바울은 이전에 자신의 정체성을 이뤄 왔던 모든 체계들과 질서들까지도 배설물로 여기게 되었다고 말했다. 이는 주를 아는 지식이 가장 고상하기 때문이며 오직 주 안에서 발견되는 자신만이 의미가 있다는 것을 알았기 때문이다.

진정 바울은 이 땅에 몸을 두고 살아가지만 주님이 계시는 그곳, 현재하는 하나님 나라에 대한 소망으로 가득 차 있던 사람이었음이 분명했다. 그러나 그가 이 세상을 아예 등지고 살아갔던 것은 아니다. 바울은 이 땅에서 살면서도 하나님과 동행하는 기쁨을 누렸고 무엇보다 성령으로 세례를 받아 사람들이 구원을 얻고 주 안에서 새로워지는 기쁨에 하나님의 귀한 축복의 통로가 된 사람으로서 그 누구보다 믿음 안에서 세상과 사람들의 관계 안에서 성실하게 살아갔던 사람이었다. 바울은 사명, 비전, 가치를 따라 사는 삶을 살았던 사람으로 이 땅을 새롭게 하는 사람, 혁신하는 사람이었다. 즉 하나님 나라에 대한 간절한 소망과 기대가 이 땅을 하나님 나라로 세워가는 시작으로 보였다고 할 수 있을 것이다. 그러므로 그가 이 땅을 사랑하는 이유는 하나님 나라에 대한 소망 때문이었다고 바울의 사상과 생애를 정리할 수 있을 것이다.

그러나 오늘 바울은 이 둘 사이에 자신이 끼어 있음에 어느 한 곳을 택하라면 자신을 위해서는 이 세상의 삶을 떠나서 그리스도와 함께 있는 것이 훨씬 좋다고 말하고 있다. 그래도 이 땅에서의 삶이 좋지 않겠느냐는 일반적이고 지배적인 생각, 즉 아직 열리지 않고 보이지 않았다는 막연한 두려움 때문이라도 이 둘 사이에 무엇을 택하겠느냐는, 피하고 싶은 질문에 대한 바울의 고백을 깊게 묵상해 보자. 얼마나 하나님 나라가 소망이 되었으면, 얼마나 하나님이 보고 싶었으면 빨리 이 세상을 떠나고 싶다고까지 말하고 있는 걸까? 하지만 그가 자신의 죽음을 앞당기거나 자초하겠다고 말하는 표현은 아니니 오해하지 말자. 그만큼 바울은 믿음의 눈으로 하나님의 실존하는 나라, 그분과 함께 사는 기쁨을 깨닫고 보게 된 것임을 알자. 우리도 '그렇게 하고 싶다'라고 말하는 바울과 같은 마음으로 하나님의 나라를 소망해야 하지 않을까. 그것이 꼭 위대한 선교사, 복음전도자 바울이기에 가능했다고 얘기하는 것보다 하늘의 것, 그 위대한 유산을 사모하기를 소망한 바울의 마음이 되고자 말이다.

자신을 위해서는 주님 곁으로 가는 것이 더 좋지만 이제 남은 삶으로는 주 안에서 함께 믿게 된 자들을 위함이라고 바울은 말했다. 그가 살면서 '그리스도 예수 안에서'사는 삶으로 더욱 풍성하게 할 것들, 즉 믿음의 진보와 기쁨으로 맺어질 삶의 열매들이 있을 것이기 때문이다. 우리의 삶도 내가 살아가는 것으로 인하여 예수 그리스도가 더욱 풍성해지는 삶으로 나아가길 소망한다.

천국이 가까이 왔다!

예수께서 이 열둘을 내보내시며 명하여 이르시되 이방인의 길로도 가지 말고 사마리아인의 고을에도 들어가지 말고 오히려 이스라엘 집의 잃어버린 양에게로 가라 가면서 전파하여 말하되 천국이 가까이 왔다 하고(마 10:5-7).

예수님이 부활하시고 승천하신 후에 예수를 판 유다를 제외하고 맛디아를 포함한 열두 제자는 복음을 증거하기 위해 강한 용사로 일어섰을 것이다. 하지만 과거에는 예수님이 죽고 사흘 만에 부활하셔야 한다는 가르침도 깨닫지 못했다. 그랬던 제자들이 예수님이 부활하신 것을 목격한 후에는 그들의 남은 삶을 땅끝까지 복음을 전하는 것에 쓰기 위해 독립적으로 서게 된 것이다. 본문은 예수님이 십자가에 달리시기 전에 제자들을 불러 모으신 후 복음을 어떻게 전할지 훈련시키셨던 내용이다. 이는 예수님께서 자신의 부활 승천 후에는 제자들이 스스로 수행해야 할 복음 증거 사명을 잘 감당할 수 있도록 미리 예비하신 것이라고 볼 수 있다.

예수님은 제자들을 보내시면서 오히려 이스라엘의 잃어버린 양에게로 가라고 말씀하셨다. 잃어버렸다는 뜻은 본래는 자신이 소유하고 있던 것이었으나 분실하게 되었을 때 쓰는 말이다. 예수님은 자신의 날개 아래 품었던 이들, 그 품을 떠나서 길을 잃은 양들에게 찾아가라고 하신다. 물론 예수님이 관리를 못해서 잃어버린 것은 결코 아니다. 양들이 제 갈 길로 가다가 돌아오는 길을 잊었거나 아예 떠난 것이다. 실제로 양은 눈이 어두워서 길을 잘 못 찾는다고 한다. 또한 겁도 많아서 길을 잃기 쉬운 동물이라고 한다. 예수님은 이처럼 자신의 품을 떠나버린 양들로 비유한 잃어버린 백성들을 도로 찾으시려고 제자들에게 그들을 찾아가라고 명하셨다.

잃어버린 양들, 곧 하나님의 자녀이지만 그 사실을 모르고 세상에서 길을 잃고 헤매는 이런저런 모양을 가진 사람들이 있다. 예수님께서는 제자들에게 그들을 찾아갈 적에 할 말이 있다면 바로 이것이라고 하신다. "천국이 가까이 왔다."

우리가 사는 시대에는 복음을 전하는 다양한 모습들이 있다. 하지만 시대를 막론하고서 우리가 해야 할 핵심적인 말도 이것이여야 하지 않을까. 말씀대로라면 이 말을 듣고 길을 잃었던 양들이 목자의 음성을 듣게 되어 "옳거니!" 하고 예수님께로 나아올 수 있게 된다.

천국이 가까이 왔다는 말에는 참으로 여러 가지 의미가 담겨 있다. 우리가 사는 세대는 천국에 대한 기대를 잃어버렸고 소망도 가지지 않는 세대인데, 과연 이 말을 들을 때 그들 마음에 예수님에 대한 사랑이 되살아날까. 하지만 만약 천국에 대한 소망을 가졌던 사람들이 세상살이에 치여서 하나님의 이름을 점차 잊고 대신하여 돈과 명예로 자신의 가슴을 채웠다면 "회개하라! 천국이 가까이 왔다"라는 말로 인해 "아차!" 하고 가던 길을 돌아서서 주님께로 돌아올 것이란 생각도 한다. 어떤 목사님은 이런 말을 했다. "만약 내일 지구의 종말이 온다면 당장 오늘 세상 모든 사람들은 무얼 하겠는가"라는 말과 함께 교회가 엄청 붐빌 것이라는 말이다. 사람들이 교회에 와서 하나님께 살려달라고 용서해 달라고 빌고 또 빌 것이라는 말이었다.

천국이 가까이 왔다는 말은 매우 급진적이다. 그렇다고 하여 공포를 조성하는 것으로 볼 것이 아니라 본래 우리가 돌아갈 본향에 대한 소식으로, 돌아갈 길을 점점 잃어버리는 사람들에게 천국을 잊지 말라는 확성기와 같다면, 오늘날 더욱더 우리는 이 소리를 외쳐야 한다.

예루살렘을 위로하시는 노래

> 주께서 시온을 위로하신다. 그 모든 황폐한 곳을 위로하신다. 주께서 그 광야를 에덴처럼 만드시고, 그 사막을 주의 동산처럼 만드실 때에, 그 안에 기쁨과 즐거움이 깃들며, 감사의 찬송과 기쁜 노랫소리가 깃들 것이다…주께 속량받은 사람들이 예루살렘으로 돌아올 것입니다. 그들이 기뻐 노래하며 시온에 이를 것입니다. 기쁨이 그들에게 영원히 머물고, 즐거움과 기쁨이 넘칠 것이니, 슬픔과 탄식이 사라질 것입니다(사 51: 3, 11, 표준새번역).

우리에게 사랑의 노래를 부르시는 주님은 장차 우리에게 불러주실 위로의 노래 또한 예비해 놓으셨다. 지금 우리의 삶에서 하나님의 사랑의 노래를 듣고 또 위로하시는 손길을 경험하는 것도 중요하지만 장차 불러주실 위로의 노래에 대한 약속을 바라볼 필요도 있다. 이는 주의 날이 가까울수록 더욱 모이기를 힘쓰는 자들에게 시련과 고난에서 포기하지 않을 힘으로 이 세상의 악재와 고통이 끊이지 않는다는 두려움에서 이기는 자들로 묶어주는 실제적인 힘이기도 하다.

주께서는 주님을 바라보고 소망함으로 끝내 견딘 자들에게 어떠한 말로 위로를 주시는가? "그때에 임금이 그 오른편에 있는 자들에게 이르시되 내 아버지께 복 받을 자들이여 나아와 창세로부터 너희를 위하여 예비된 나라를 상속받으라 내가 주릴 때에 너희가 먹을 것을 주었고 목마를 때에 마시게 하였고 나그네 되었을 때에 영접하였고 헐벗었을 때에 옷을 입혔고 병들었을 때에 돌보았고 옥에 갇혔을 때에 와서 보았느니라 이에 의인들이 대답하여 이르되 주여 우리가 어느 때에 주께서 주리신 것을 보고 음식을 대접하였으며 목마르신 것을 보고 마시게 하였나이까 어느 때에 나그네 되신 것을 보고 영접하였으며 헐벗으신 것을 보고 옷 입혔나이까 어느 때에 병드신 것이나 옥에 갇히신 것을 보고 가서 뵈었나이까 하리니 임금이 대답하여 이르시되 내가 진실로 너희에게 이르노니 너희가 여기 내 형제 중에 지극히 작은 자 하나에게 한 것이 곧 내게 한 것이니라 하시고"(마 25:34-40).

또한 우리는 예루살렘의 평화를 위하여 기도하라고 하시던 예수님의 말씀을 떠올려야 한다. 예루살렘을 위해 우시던 예수님, 그분은 장차 예루살렘이 받을 고난을 보셨기 때문이다. 우리는 하나님 나라를 배제한 이 세상의 유익을 위한 정치와 경제적인 관념의 차원에서 예루살렘의 평화를 위해 기도하는 것이 아니다. 우리는 스가랴 14장 4절의 "그날에 그의 발이 예루살렘 앞 곧 동쪽 감람산에 서실 것이요 감람산은 그 한가운데가 동서로 갈라져 매우 큰 골짜기가 되어서 산 절반은 북으로, 절반은 남으로 옮기고"라는 말씀에서 주께서 구름 타고 오실 것과 감람산에 서실 것이라는 성경 기록을 따라서 그곳을 사랑하며 평화를 위해서 기도하는 것이다.

주께서는 예루살렘을 위로하실 것이라고 기록한다. 그곳에 기쁨과 감사가 깃들게 하시며 황폐한 땅을 주의 동산으로 회복시키신다고 말씀한다. 그래서 주의 백성들을 속량하시고 모으시는 시온의 상징으로 선택된 곳으로 예루살렘이 거룩한 곳이며 이곳을 위로할 노래가 지금도 필요한 것이다. 시편 122편 6절은 말한다. "예루살렘을 위하여 평안을 구하라 예루살렘을 사랑하는 자는 형통하리로다." 예루살렘을 위로할 노래를 부르자. 나아가 주께서 부르실 예루살렘의 위로의 노래를 기대하자.

바벨론의 패망을 노래한 묵시록

> 너희는 바빌론 왕을 조롱하는, 이런 노래를 부를 것이다. "웬일이냐, 폭군이 꼬꾸라지다니! 그의 분노가 그치다니! 주님께서 악한 통치자의 권세를 꺾으셨구나. 악한 통치자의 지팡이를 꺾으셨구나. 화를 내며 백성들을 억누르고, 또 억눌러 억압을 그칠 줄 모르더니, 정복한 민족들을 억압해도 막을 사람이 없더니, 마침내 온 세상이 안식과 평화를 누리게 되었구나. 모두들 기뻐하며 노래부른다(사 14:4-7, 표준새번역).

영광스런 그날이 이를 때에 거룩한 주의 신부들이 부를 노래는 무엇이 있는가? 우리는 성경에서 어린 양의 노래를 부르게 될 것을 배웠고(계 15장) 이사야 12장에 기록되어 있는 영원한 감사의 노래에 대해 일찍이 배웠다. 거룩한 주의 신부들이 그날에 부르게 될 또 하나의 노래가 있는데, 바로 바벨론의 패망을 보고 바벨론의 왕을 조롱하는 노래이다.

주께서는 구속을 완성하시는 그날에 믿는 자들을 예수님의 영원한 신부로 맞아주시고 주의 백성에게 그에 따라 상급을 주시는 한편 이 세상에 대하여서는 심판을 하실 것이다. 주께서 하실 이 세상의 왕에 대한 심판을 좀 더 구체적으로 성경은 어떻게 기록하는가? 예수님은 먼저 심판하는 권한을 하나님께 받으셨다(요 5:22). 주께서는 이 세상에 대하여 의로 판단하시며 예수님을 저버리고 그의 말을 듣지 아니한 자들에 대해 심판하실 것이다(요 12:48; 시 98:9). 그리고 음행으로 땅을 더럽게 한 큰 음녀를 심판하신다(계 19:2). 큰 음녀의 정체에 대해서 여러 가지 학설이 있는데, 공통된 의견은 큰 음녀가 적그리스도요, 하나님을 배신한 자요, 하나님께 범죄한 자라는 것이다. 여기에는 범죄한 천사도 포함된다(벧후 2:4).

바벨론의 왕으로 표현되기도 하는 이 악의 정체는 세상에서 어떤 모양으로 활동을 하며 배후에서 조종하는가? 악한 통치로 악한 권세를 갖고 세상을 다스린다는 점이다. 그러나 이사야 14장 7절 이하에는 바벨론 왕을 따르던 악한 조무래기들조차 그의 왕만큼은 하나님을 끝까지 대적할 줄 알았지만 예수님의 적수조차 될 수 없다는 것을 알게 되고 한탄하면서 그들의 왕을 조롱할 것이라는 내용이 기록되어 있다(사 14:10).

우리는 요한계시록 18장을 함께 주목해서 볼 필요가 있는데 여기에도 바벨론의 패망에 대해서 예견하고 있다. 그의 죄가 하늘까지 사무치고 하나님이 그가 행한 불의한 일을 다 기억하고 계시니 주께서 갑절로 갚으실 것이라고 말한다(계 18:6). 주의 백성들은 하나님을 대적하여 스스로 높아진 이 세상의 왕들과 악에 대하여 심판이 임할 때 예수님이 이미 약속하셨던 최후의 승리를 지켜볼 것이다. 바벨론 왕을 조롱하는 노래를 부르며 온 땅 위에 참된 안식과 평화가 임하게 된 것에 기뻐 노래할 것이다.

우리는 지금도 악한 권세와 영적 전쟁을 하고 있다. 하지만 우리가 그들에 대해 두려워하지 않을 것은 이와 같이 주께서 최후의 승리를 이미 보여주셨고 우리가 부를 승리의 노래까지 알려 주셨다는 점에서다. 그러므로 지금 우리가 그들을 두려워할 것이 무엇인가? 예수님의 이름으로 대적하라!

온전히 이룬 자들은 이렇게 생각할지니

그러므로 누구든지 우리 온전히 이룬 자들은 이렇게 생각할지니 만일 어떤 일에 너희가 달리 생각하면 하나님이 이것도 너희에게 나타내시리라(빌 3:15).

예수님의 재림과 성도의 부활, 그리고 영원한 주님의 신부로 함께하게 될 영광스런 날 이것이 그리스도인이 가져야 할 가장 크고 위대한 소망이다. 바울은 이 부활을 하기 위해서 '어떻게 해서든지' 죽은 자 가운데서 부활에 이르려고 한다고 고백한 바 있다(빌 3:11). 부활의 소망으로 온통 자신의 꿈을 채우고 있는 바울의 모습은 육체의 욕망으로 사는 것과 땅의 일을 생각하며 사는 자들의 모습과는 전혀 다르다. 바울은 이것을 자신만이 아니라 그리스도를 믿는 모든 신자들이 함께 꿈꿔야 할 소망이라고 말하며 초청하고 있다.

영광스런 그날에는 예수님께서 세상 모든 것을 심판하실 텐데 불법의 비밀로 활동한 자들을 그의 입의 기운으로 폐하게 하실 것이며(살후 2:8), 주님의 일을 맡아서 충실히 행한 자들에게는 상이 있을 것이라고 하셨다(마 5:12). 그 상은 각 사람이 행한 대로 갚아주시겠다는 말씀으로 요한계시록에도 있다(계 22:12).

바울은 부활의 소망과 그리스도 예수 안에서 자신을 부르신 부름의 상을 위하여 달려가겠다고 말했다. 이 상이 얼마나 귀하고 가치 있는 것이기에 부활의 소망만이 아니고 부름의 상을 위해서도 달려간다고 얘기한 것일까? 여기서 우리는 한 성경 이야기를 떠올릴 수 있는데 예수님께서는 "내 형제 중에 지극히 작은 자에게 한 것이 곧 내게 한 것이니라"고 말씀하시면서 주리고 목마르고 나그네 되었고 헐벗고 병들고 옥에 갇혔을 때 옆에서 돌보고 영접했던 것이 곧 예수님, 그분 당신을 영접한 것이었다고 말씀하시는 이야기이다.

결국 부르심의 상이란 단순히 1등하는 것이 좋아서가 아닌 이 땅에 살면서 예수님 그분을 위해 할 수 있는 일이 우리에게 있으며, 그때에는 예수님과 얼굴을 뵙고 함께하는 것이나 다름없다는 주님의 사랑스런 말씀에 이유가 있다는 것이다. 만약 우리가 지극히 작은 자 하나를 볼 때 외면하거나 천하다고 얘기하지 않고 "이런 자를 영접하는 것이 곧 나를 영접하는 것이란다"라고 말씀하시는 예수님의 음성을 들을 수 있다면, 그래서 예수님의 이름으로 이와 같은 일을 행할 수 있다면 믿음이 성숙한 사람이요, 어느 단계까지는 올라온 사람이라고 할 수 있을 것이다.

하지만 바울은 여기서 안주하지 말고 우리가 지켜온 바대로 그 말씀대로 그대로 행할 것을 가르친다. 만약 어느 정도 이뤘다고 생각하고 행할 일을 멈춘다면 하나님께서 다시 가르쳐 주실 것이라는 말이다(공동번역). 이미 이룬 것을 바탕으로 하여 부르심 받은 상을 위하여 좇아가는 것이 더 중요하다는 뜻이다. 즉 이미 얻었다 함도 아니고 온전히 이루었다고 말할 수 없음이 오늘의 얘기다. 바울의 말은 아직 믿음이 작은 자에게는 도전이 되고, 이미 얻었다고 자부하는 자들에게는 겸손하게 걸어갈 수 있는 길잡이가 된다.

영원할 감사의 노래

> 그날이 오면, 너는 찬송할 것이다. "주님, 전에는 주께서 나에게 진노하셨으나, 이제는 주의 진노를 거두시고, 나를 위로하여 주시니 주께 감사드립니다. 하나님은 나의 구원이시다. 나는 주를 의지한다. 나에게 두려움이 없다. 주 하나님은 나의 피난처, 나의 방패, 나의 구원이시다." 너희가 구원의 우물에서 기쁨으로 물을 길을 것이다. 그날이 오면, 너희는 또 이렇게 찬송할 것이다. "주께 감사하여라. 그의 이름을 불러라 그가 하신 일을 만민에게 알리며, 그의 높은 이름을 선포하여라. 주께서 영광스러운 일을 하셨으니, 주를 찬송하여라. 이것을 온 세계에 알려라 시온의 주민아! 소리를 높여서 노래하여라. 너희 가운데 계시는 이스라엘의 거룩하신 분은 참으로 위대하시다"(사 12:1-6, 표준새번역).

많은 감사의 조건이 있고 내용이 있어서 우리는 제각기 감사의 노래를 주 앞에 올려드리는데 모든 사람들, 열방이 하나가 되어서 조건과 감사의 내용을 뛰어넘어 한마음과 생각으로 일치되어 주님께 드릴 영원할 감사의 노래가 있다고 성경은 가르친다.

그 노래는 언제 불릴 것인가? 그리고 완전한 그리스도의 몸 된 교회가 하나가 되어서 부르게 될 영원한 이 노래에 담겨 있는 내용은 무엇인가? 이 노래가 얼마나 귀한지 이사야 12장은 한 장을 오직 이 노래로만 채우고 있다. 그날이 오면 우리는 찬송할 것이다. 그날은 평화의 나라가 우리에게 임하시는 구속의 완성의 날이다. 그날에 여호와께서는 열방을 향하여 기치를 세우시고 이스라엘의 쫓긴 자들을 모으시며 땅 사방에서 흩어진 자들을 모으실 것이고 주 안에서 먼저 된 자와 나중 된 자들이 서로에 대한 질투 없이 오직 주님의 구속의 완성 앞에 감사의 노래만을 부르게 될 것이다.

그날에 우리는 이 세상에서 살아왔던 기억들은 잊게 될 것인가? 그렇다고 보이지는 않는다. 우리는 여전히 이 땅에서 살았던 기억들을 모두 가지고 천국에 들어가게 될 것인데 이 땅에서 살았던 기억들이 아무리 치욕스럽고 고난스러워서 다 잊고 싶다고 해도 이 모든 것까지도 소중하다고 얘기할 수 있는 것은 하나님께서 그 중에 우리를 돌보셨고 도우셨고 위로하시며 다스려 주셨기 때문이다. 그래서 이사야 12장 1절에서도 "여호와여 주께서 전에는 내게 노하셨사오나"라고 구원받은 백성들이 고백하고 있지 않은가.

하지만 그들은 이내 자신들이 때로 하나님을 떠나 곁길로 가서 주님의 진노와 징계 속에서 바른 길로 돌아왔다고 해도 그것이 자녀를 향한 아버지의 사랑과 훈계였음을 온전히 알게 될 것이다. 이후로 주님과 함께할 앞으로의 날들, 눈물 없고 슬픔 없는 날들이 펼쳐지니 비교할 수 없는 감사의 노래로 주 앞에 찬송을 드리게 될 것이다. 이뿐만이 아니고 요한계시록의 주께서 그들의 눈에서 눈물을 닦아주실 것이라는 말씀을 보아도 우리는 이 땅에서 주님과 동행하면서 예수를 믿기에 견뎌왔던 시련들, 고난들, 또 세상의 악함에 대해 견뎌왔던 지난날들에 대해 주님의 가장 선하시고 온전하신 마음과 뜻을 깨달아 알게 되고, 또 우리의 눈에서 흐르는 눈물을 직접 닦아주시는 하나님의 따스한 손길을 경험하게 될 것이다.

우리의 눈은 똑똑히 보게 될 것이다. 하나님의 거룩하심이 승리하셨다는 사실을 말이다! 그래서 더더욱 힘을 내서 그분이 참으로 위대하시다고 노래하게 될 것이다. 영원할 감사의 노래, 우리의 노래가 되시고 구원이 되시는 하나님을 바라보라!

모세의 노래, 어린 양의 노래

> 또 하늘에 크고 이상한 다른 이적을 보매 일곱 천사가 일곱 재앙을 가졌으니 곧 마지막 재앙이라 하나님의 진노가 이것으로 마치리로다 또 내가 보니 불이 섞인 유리 바다 같은 것이 있고 짐승과 그의 우상과 그의 이름의 수를 이기고 벗어난 자들이 유리 바다 가에 서서 하나님의 거문고를 가지고 하나님의 종 모세의 노래, 어린 양의 노래를 불러 이르되(계 15:1-3).

우리는 최후의 승리의 날, 만왕의 왕 되고 전능하신 하나님께서 태초 전에 계획하셨던 당신의 뜻을 완전하게 이루시는 날에 우리의 왕께, 우리의 주님께 모세의 노래, 어린 양의 노래를 부르게 될 것이다.

성경에는 모세의 노래로 세 가지가 나온다. 첫째는 출애굽기 15장에 등장하고, 둘째는 신명기 32장에 등장하며, 마지막은 본문 요한계시록 15장에서 등장한다. 출애굽기 15장에 등장하는 모세의 노래는 이스라엘 백성들이 애굽 왕과 그의 신으로부터 벗어나서 자유와 해방을 갖게 된 날, 홍해를 건넌 후에 모세와 이스라엘 자손들이 함께 부른 노래다. 이는 여호와께서 그의 택하신 백성들을 건져내신 것에 대한 감사의 찬송으로 부른 노래이다. 여호와께서 그들을 위해 행하신 기적과 이적에 대한 기록과 주님의 권능, 영광, 위엄, 여호와의 타자성, 유일하심에 대해서 노래하며 구속하신 백성들을 거룩한 처소에 들어가게 하시고 주의 기업의 산에 심으셔서 영원히 그들로 주의 처소로 삼으시고 영원 무궁히 주께서 다스릴 것임에 대한 예언적 찬양이기도 하다.

신명기 32장에 나오는 두 번째 모세의 노래는 이전에도 기록한 바 있기에 간단히 짚고 넘어가겠다. 이 노래는 이스라엘의 백성들이 광야와 모압 평지에서 머무는 동안 수차례 하나님의 인도하심과 함께하심을 경험했음에도 주의 뜻을 저버리고 딴 길로 가는 세대를 향해 주님을 기억하고 역대의 연대를 기억함으로 하나님을 떠나지 않고 섬길 것을 촉구하는 노래이다.

마지막 모세의 노래는 요한계시록 15장으로 한 가지 다른 것이 있다면 모세의 노래이지만 '어린 양의 노래'라고 기록되어 있다는 점이다. 이 노래는 주님을 떠나서 사는 세대를 향해 안타까움으로 불렀던 모세의 노래가 아니라 첫 번째, 즉 출애굽기 15장에서 주님의 건지심과 완성하심을 내다본 모세와 이스라엘 백성들이 부른 노래와 연결되어 있다. 출애굽의 사건은 마지막 날에 주께서 구원을 완성하시고 만왕의 왕으로서 우리와 함께 계심으로 통치하고 다스릴 완전한 나라, 하나님을 찬송하는 노래로 매치된다. 출애굽기 15장이 요한계시록 15장에 대한 전조 곡으로 그리고 예언적 찬양으로 상통(相通)되어 있음을 볼 수 있다.

요한계시록 15장 3-4절에서는 모세의 노래, 어린 양의 노래가 어떤 내용을 담고 있는지 가르쳐주고 있는데 다음과 같다. "주 하나님 곧 전능하신 이시여 하시는 일이 크고 놀라우시도다 만국의 왕이시여 주의 길이 의롭고 참되시도다 주여 누가 주의 이름을 두려워하지 아니하며 영화롭게 하지 아니하오리이까 오직 주만 거룩하시니이다 주의 의로우신 일이 나타났으매 만국이 와서 주께 경배하리이다 하더라."

이 가사는 출애굽기 15장 11절과 동일한 내용이기도 하다. 어린 양의 신부로 혼인 잔치에 초대받은 자들이 하나님의 악기, 거문고를 가지고 부르게 될 최후의 승전가가 곧 모세의 노래, 어린 양의 노래인 것이다.

십사만 사천 명이 부르는 노래

> 또 내가 보니, 어린 양이 시온 산에 서 있었습니다. 그 어린 양과 함께 십사만 사천 명이 서 있었는데, 그들의 이마에는 어린 양의 이름과 그의 아버지의 이름이 적혀 있었습니다(계 14: 1, 새번역).

"또 내가 보니", 그는 자신이 상상한 것을 기록한 것이 아니라 '본 것'을 기록하고 있음을 기억하라. 사도 요한은 자신이 본 것이 자신만을 위한 것이 아니라 그의 종들에게 보이시려고 그의 천사를 요한에게 보내시어 알게 하신 것이라고 기록한다(계 1:1).

하늘에서 드리는 천상의 예배, 장차 자신들이 드리게 될 환상적이고 가장 장엄하고 위대한 예배를 보면서 이 땅에서 드리는 찬양과 무엇이 다르며 또 여전히 우리가 노래하게 될 영원한 진리가 무엇일지 우리는 알게 되었다.

또한 요한계시록 14장은 주의 종들에게 요한을 통해 또 새로운 하늘의 예배가 무엇이며 어떤 찬양으로 우리가 주 앞에 드려야 할지 알려 주고 있다. 이 십사만 사천 명이 과연 누구인가? 이 숫자를 어떻게 해석할 것인가는 몇 가지 해석을 통해 공개된 바 있다. 하지만 요즘 들어 이 숫자를 잘못 해석하는 무리들이 있는데(그들은 요한계시록 7장의 십사만 사천을 두고 자의적 해석을 한다) 그런 이단들의 가르침과 교리를 따라서는 안 된다. 나는 건강한 복음주의 안에서 해석되는 '완전 수'라는 것에 동의한다. 그 수를 문자적으로 해석할지 또는 상징적으로 해석할지, 어떻게 나눌지 의견이 분분하다고 해도 십사만 사천은 완전한 수를 뜻하는 것을 잊지 말라.

그들을 구성하는 정체성은 무엇인가? 십사만 사천 명이 되기 위한 조건은 무엇인가? 어떤 이들은 이들이 곧 모든 나라에서 온 무리, 요한계시록 7장에 나온 자들과 동일할 것이라고 생각할 수 있지만 요한이 굳이 15장으로 나눠서 그들에 대해 따로 구분짓고 얘기하고 있는 것을 볼 때 7장에서 말하는 동일한 구성원이라고 말하기는 어렵다. 사도 요한은 그가 들은 찬양 소리가, 음성이 사람들의 노랫가락과 같았다는 표현에서 그들이 사람들임을 알려준다. 그러나 이마와 손등에 짐승의 표를 받지 아니한 자들로 그들의 이마에 어린 양의 이름과 아버지의 이름이 적혀 있다고 기록한다.

그들은 음녀와 몸을 더럽힌 일이 없었다는 점에서 우상숭배를 하지 아니하고 영적 간음을 하지 아니한 자들이 대상이 됨을 알 수 있다. 그들은 어린 양의 음성 앞에 일평생을 절대 순종한 자들로 어린 양이 가시는 곳이 어디든지 순종하고 따라갔던 자들이라고 기록한다. 그들은 사람들 가운데서도 하나님의 어린 양에게 드리는 첫 열매가 되었다는 조건이 따라붙는다. 또한 그들의 입을 거룩히 지킨 자들로 거짓말을 찾을 수 없고 흠 잡을 데가 없는 자들이라고 말한다. 또한 십사만 사천 명밖에는 부를 수 없는 새로운 노래(New Song)가 있음을 알려준다. 오직 그들만이 부를 수 있는 노래가 따로 있다는 것이다. 예수님의 보혈로 구속하심을 입은 자들임에는 동일하지만 그들에게는 위와 같은 조건이 더 있는 것이다. 이에 요한계시록 7장의 모든 나라에서 온 무리와는 다를 것이라는 전제가 깔리게 된다. 어떤 목사님들과 학자들은 이들이 하늘나라의 찬양대일 것이라고 얘기하기도 한다.

하지만 기억할 것은 이 모두가 삼위일체 되시는 우리 하나님을 경배하는 데 조금도 부족함이 없고 이전에 우리가 경험하지 않은 새로운 패러다임으로 예배할 것이라는 점이다. 우리 안에는 오직 주님을 예배하는 기쁨이 가득하고 모두 흡족한 마음으로 찬송을 드릴 것이다.

천국, 주가 계시기에 아름다운 그곳

> 하나님의 얼굴을 뵐 것입니다. 그들의 이마에는 그분의 이름이 적혀 있고, 다시는 밤이 없고, 등불이나 햇빛이 필요 없습니다. 그것은 주 하나님께서 그들을 비추시기 때문입니다(계 22:4-5, 표준새번역).

이번 주일에 나는 천국의 실존을 다룬《천국을 다녀온 소년》라는 영화를 감상했다. 실화를 바탕으로 한 영화는 3분이라는 짧은 시간 동안 천국이 어떠한지, 그곳에는 누가 있는지, 무엇을 하는지 등의 이야기를 어린 소년의 천국 경험을 통해 전달한다. 이 영화의 신학적 가치와 문제에 대해 논의하려는 것이 아니다. 그것은 이 책에서 논외이다. 하지만 2000년대에 접어들면서 종교계 외에도 사회에서도 영의 세계에 대한 실제를 놓고 마술, 타로, 점궤, 접신 등에 대해 다룬 영화나 매체의 방영, YOUTUBE를 통한 천국 및 지옥 체험 간증의 관심 빈도가 높아진다고 볼 때 기독교에도 이러한 체험을 다루는 매체가 많아지고 있음을 부인할 수 없다.

그러나 아직 얼굴과 얼굴을 마주보고 온전히 주를 알 수 있게 되는 그날은 이 땅에서 다 알고 싶지만 이전에 느껴본 적 없고 짐작할 수 없는 기쁨과 감격을 위해 감춰두신 하나님의 뜻에 따라 희미하게 볼 수 있을 뿐이다(고전 13:12). 천국에 대해 알 수 있는 부분이 성경 어디에 있을까? 그 중에서도 요한계시록 19장에서 22장에 걸쳐서 우리는 천국을 희미하게나마 볼 수 있다. 기록에는 천상의 예배가 언급되고, 새 하늘과 새 땅이 보이고 도시의 모습을 가진 새 예루살렘, 천사들과 수정같이 빛나는 호수, 황금 길과 아름다운 무지개가 나온다. 이만큼만 보더라도 천국은 정말 아름다운 곳이라는 것을 짐작할 수 있다. 그렇다.

우리는 천국을 생각할 때 영화에서 등장인물들이 어린 소년에게 궁금해서 물었던 질문들처럼 천국의 모습과 이 땅에서 풀지 못한 영적인 문제와 사건들이 어떻게 풀이되는지 알고 싶다. 이런 궁금증은 금방 내가 천국에 대해 성경을 통해 보려 했던 호기심과 다르지 않다. 하지만 우리가 천국에 대해 무척이나 궁금해할 때 이 모든 것들보다 가장 뛰어나고 아름다우신 그분의 존재가 보좌에 계시기에 천국이 아름다운 것임을 놓치고 있지는 않는가! 천국의 실존의 여부와 빨리 우리가 그곳에 가고 싶은 이유도 다른 무엇보다 그토록 보고팠던 주의 얼굴, 하나님께서 계시기 때문인 것이다. 천국이 아름다운 이유는 그곳에 주님이 계시기 때문이다.

지성을 강조하고 영적 세계를 부인해 왔던 이전 세대와 달리 현재는 영계에 대한 수많은 정보가 쏟아져 나오지만 가장 중요한 것은 다른 무엇이 아니라 하나님의 실존이다. 우리가 천국을 소망한다면 주께서 우리와 함께 계시는 것에 대한 그리움이 바탕이어야 한다. 마찬가지로 우리가 천국에 대한 소망을 찬양할 때, 다양한 이야기의 중심엔 무엇이 자리해야 할까? 바로 하나님의 존재다. 만약 우리가 천국을 노래하면서 하나님의 존재의 절대성보다 다른 무엇이 기대의 이유가 된다면 아직도 하나님, 그분 당신보다 하나님이 주실 선물에만 관심을 갖는 것이다. 또한 그분이 계시기에 아름답고 소망할 천국이라면, 이 땅에서도 우리가 천국을 누리며 살 수 있다는 뜻이 어떻게 해석되겠는가. 예수님의 이름이 임마누엘이심을 잘 알 듯 하나님께서 지금 나와 함께하시고 내가 주와 동행하는 삶이 될 때 이 땅에서도 천국을 누리며 살 수 있게 된다. 천국은 그분에게서 나오는 빛 때문에 햇빛과 등불이 필요치 않다. 그분께서 직접 우리의 빛이 되시기 때문이다. 천국에 대한 소망과 노래는 다른 무엇보다 하나님의 얼굴이 그리운 예배자의 진한 감동으로 드려져야 할 것이다.

하나님 나라에 가득한 찬송의 언어

그가 그 두루마리를 받아 들었을 때에, 네 생물과 스물네 장로가 각각 거문고와 향이 가득히 담긴 금 대접을 가지고 어린 양 앞에 엎드렸습니다. 그 향은 성도들의 기도입니다. 그들은 이런 말로 새로운 노래를 불렀습니다. "주께서는 그 두루마리를 받으시고 봉인을 떼실 자격이 있습니다. 주님은 죽임을 당하시고, 주님의 피로 모든 종족과 언어와 백성과 민족 가운데서 사람들을 사셔서 하나님께 드리셨습니다. 주께서 그들에게 우리 하나님 앞에서 나라를 이루게 하시고, 제사장이 되게 하셔서, 땅 위에서 다스리게 하실 것입니다"(계 5:8-10, 표준새번역).

내가 요한계시록을 읽으면서 여기에 기록된 천상의 예배를 보면서 깨달은 바는 하나님 나라에는 찬송의 언어가 그 나라를 둘러싸 휘감고 있으며 그 찬송 소리가 하나님의 보좌 앞에 그리고 찬양하는 주의 백성들의 귓가에 날마다 영원히 가장 아름다운 선율로 계속될 것이라는 점이다. 그렇다. 실로 하나님 나라에는 주를 찬송하는 노랫소리로 가득하다. 그리고 우리는 그 위대하고 장엄한 노래를 부르는 주님의 신부들로 서게 될 것이다.

요한계시록에서 보이는 천상의 예배에서는 주의 백성들을 향해 어떻게 살아야 할지에 대해서 알려 주는 설교나 강론을 찾을 수가 없었다. 마치 바울이 그가 세운 교회들을 향해 보낸 많은 서신서에서 보이는 권면과 경고 그리고 가르침 같은 언어들을 말이다. 그리고 이 말은 곧 무엇을 의미하느냐면 우리가 이 땅에서 이미 이루었다 함도 아니고 얻었다 함도 아닌 그 부르심을 따라 살았던 삶이 그때에 하나님의 영광에서 영광으로 온전히 이루게 됨으로 인해 그곳에서는 오직 주를 찬송하는 언어들만이 하나님 나라를 가득히 채울 것이라는 의미다. 그곳에서는 예배가 양육과 권면이 섞이지 않은 오직 하나님을 지극히 경배하는 찬송이 존재한다.

우리는 영광에서 영광으로 주의 얼굴을 마주하게 될 것이다. 이것이 우리가 하나님 나라에서 부를 찬양에 어떤 영향을 주겠는가? 더 이상 "주님이 이곳에 있다 저곳에 있다"라고 말하며 혼동했던 과거와 달리 가장 분명한 언어로, 가장 선명한 눈빛으로, 가장 분명한 목소리로 주님을 찬송하는 언어의 단계로 나가게 될 것이다. 왜냐하면 주님께서 우리를 온전히 아심과 같이 그날에 우리 또한 주님을 온전히 알게 될 것이기 때문이다. 온전히 주님을 보게 되었다는 것, 온전히 주님을 알게 되었다는 것이 당신의 찬양에 어떠한 영향을 줄지 상상해 보라. 지금까지 불러왔던 수많은 노래와 하나님을 향한 찬양과는 비교도 할 수 없는 노래로 당신은 주님을 온전히 알고 경배하며 찬송하게 될 것이다. 이것을 이 세상의 어떤 언어로 표현해야 가장 옳고 적절한 표현이라고 얘기하겠는가? 우리가 느끼고 알게 될 그날의 온전함과 찬송의 깊이와 높이를 표현하려고 할 때 나는 언어의 한계, 언어의 공허함, 부족함을 느낄 뿐이다.

우리는 하나님 나라에 가득한 찬송의 언어, 이전에는 경험하지 못한 새로운 패러다임으로 새로운 노래(New Song)를 부르게 될 것이다. 그렇다! 이것이 바로 새로운 노래이다. 우리는 이 땅에서 새로운 노래에 대해서 해석하기를 '음악적인 신선함', '신앙 고백으로서의 새로움'으로 해석해 왔지만 그날에 부르게 될 새로운 노래는 "아무나 그 노래를 배울 수 없었다"는 요한의 기록에서 본질적인 다름을 발견하게 되며(계 14:3) 구별되어 있는 네 생물과 스물네 장로가 부르는 노래로 새로운 노래의 존재 가치를 알게 되며 또 다른 차이를 발견하게 될 것이다(계 5:8-9). 그렇다! 아직은 이 땅에서 불러보지 못한, 부르지 못할 하나님 나라에서만 부를 수 있는 새로운 노래(New Song)가 있다.

하나님 나라에서 주께 드리는 우리의 찬양(1)

> 그 뒤에 내가 보니, 하늘에 문이 하나 열려 있었습니다. 그리고 전에 내가 들은 그 음성, 곧 나팔 소리와 같이 나에게 들린 그 음성이 "이리로 올라오너라 이 뒤에 일어나야 할 일들을 너에게 보여 주겠다" 하고 말하였습니다.(계 4:1, 표준새번역)

하나님 나라에서는 주를 찬양하는 찬송의 언어가 가득할 것이다. 하나님 나라에서 우리가 어린 양 되시는 예수님과 그 보좌 앞에 드리게 될 찬양은 이 땅에서 찬송하는 것과 분명 다를 것이다. 무엇이 다른가? 이전에는 알지 못했고 경험하지 못한 가장 극화된 최상급으로 새로운 노래를 부르며 찬송의 언어를 사용하게 될 것이다. 온전히 주님의 얼굴을 보게 됨으로, 온전히 주를 알게 됨으로 영광에서 영광 중에 주를 찬송하게 될 것이다.

또한 하나님 나라에서는 모든 이의 눈이 온전히 열려서 우리와 같은 사람들 외에도 주를 찬송하는 우리와는 다르게 창조된 자들, 또 그들을 똑똑히 보게 되며 그들과 함께 가장 아름다운 합창을 이뤄 어린 양 예수와 하나님을 찬송하게 될 것인데, 요한계시록에는 그들의 정체를 다음과 같이 알려 주고 있다.

첫째, 네 생물과 함께 주를 찬송한다. 이들은 보좌 앞에 가장 가까이 있는 자들로 사도 요한이 본 네 생물은 에스겔도 똑같이 보았던 하나님께 창조된 자들이다. 요한계시록 4장 8절에는 그들이 각각 여섯 날개를 가졌고 날개 둘레와 그 안쪽에 많은 눈이 가득 달려 있다고 기록한다. 에스겔은 그들이 그룹(Group)이며(겔 10:20), "생물들이 갈 때에 내가 그 날개 소리를 들으니 많은 물소리와도 같으며 전능자의 음성과 도 같으며 떠드는 소리 곧 군대의 소리와도 같더니 그 생물이 설 때에 그날개를 내렸더라"(겔 1:24)라고 기록한다. "또 생물들의 모양은 타는 숯불과 횃불 모양 같은데 그 불이 그 생물 사이에서 오르락내리락하며 그 불은 광채가 있고 그 가운데에서는 번개가 나며"(겔 1:13)라고 에스겔은 본 것을 기록했다. 사도 요한은 네 생물이 하나님께서 심판하실 때 일곱 대접을 천사에게 전해 주는 역할도 갖고 있다고 기록한다(계 15:7). 예상컨대 그들은 하나님의 보좌에 가장 가까이 있으면서 그분의 명령을 듣고 수행하는 자들이며 천사들보다 더 높은 위치로 창조된 자들임을 알 수 있다.

둘째, 이십사 장로들이 네 생물 다음으로 위치해 있음으로써 그들이 선창하면 이어서 또 다시 하나님께 찬양을 올려드리는 것을 볼 수 있다(계 4:10-11). 네 생물과 이십사 장로들은 예수님을 가운데에 두고 어린 양이요, 유다의 사자요, 왕이 되시는 예수님을 찬양한다. 그들은 예수님의 죽음과 대속의 사건, 그리고 하나님의 심판의 봉인을 여는 자로서 합당하심을 찬송한다.

셋째, 네 생물과 이십사 장로들을 둘러싼 수천, 수만의 천군과 천사들이 그들의 뒤를 이어서 어린 양이요 유다의 사자이신 왕 되시는 예수님을 찬양한다.

넷째, 그 다음으로 하늘과 땅에서 하나님께 지음받은 모든 만물들이, 바다에 사는 모든 피조물까지 한 목소리로 어린 양께 다음과 같이 외친다! "보좌에 앉으신 분과 어린 양께서는 찬양과 존귀와 영광과 권능을 영원무궁하도록 받으십시오"(계 5:13, 표준새번역). 그러면 네 생물이 이에 화답하며 "아멘!"을 외치고 이십사 장로들은 주 앞에 엎드려서 찬송과 경배를 드리는 것이다.

하나님 나라에서 주께 드리는 우리의 찬양(2)

> 그 뒤에 내가 보니, 아무도 그 수를 셀 수 없을 만큼 큰 무리가 있었습니다. 그들은 모든 민족과 종족과 백성과 언어에서 나온 사람들인데, 흰 두루마기를 입고, 종려나무 가지를 손에 들고, 보좌 앞과 어린 양 앞에 서 있었습니다(계 7:9, 표준새번역).

사도 요한은 천상의 예배를 보고서 두 번 더 그 예배를 목격하게 된다. 요한계시록 4장과 5장을 한 번에 본 것으로 가정하면 7장에서 "그 뒤에 내가 보니"라고 하여 천상의 예배를 다시 기록하고 14장 1절에서 "또 내가 보니"라고 기록함으로 그가 본 하늘의 예배 그리고 그 속에 있는 찬양을 들은 것을 기록했다. 사도 요한은 하나님 나라에서 주를 찬송할 때 우리는 하나님께서 창조하신, 그러나 우리와는 다르게 지어진 자들과 주님을 찬송하게 될 것을 얘기했다. 여기서 '우리는'이라는 단어는 지구에 포함된 모든 창조물을 지칭한다. 동물과 식물, 그리고 바다 속에 창조된 것들까지 삼위일체 하나님을 찬송하게 된다.

본문 7장에서 본 하늘의 예배와 찬양에 대한 것을 알아보자. 요한은 모든 나라에서 온 무리들을 본다. 그들은 지구에서 창조된 모든 것들 중에서 하나님의 형상을 따라 지음받은 자들, 곧 사람이다. 이 무리는 어떻게 이루어져 있는가? 요한은 그들의 수를 셀 수가 없었다고 말한다. 그만큼 수가 많다는 뜻이다. 모든 민족과 종족과 백성과 언어들로 이루어진 이 무리는 이 땅에서 사는 동안 오직 예수님의 보혈로 구속함을 입어 하늘에 소망을 두고 살아간 자들이다. 주 앞에 옳다 함을 얻고 신랑 되시는 예수님의 정결한 신부로 부르심 받은 자들이다. 그들은 흰 두루마기 옷을 입었고 종려나무 가지를 손에 들고 보좌와 어린 양 앞에 서서 가장 거대한 찬양을 한 목소리로 한마음으로 드리게 될 것이다. 여기서 흰 두루마기는 예수님 손에 들려진 옷, 거룩함과 정결함으로 말씀의 옷을 입은 자라고 볼 수 있다. 무리는 세계의 각 종족답게 자신들의 언어로 주를 찬송할 것이다. 하지만 우리는 그 찬양이 불편하게 들린다거나 해석을 하지 못해서 열외되리라는 염려는 하지 않아도 된다. 그 이유는 어떤 부족함과 결핍을 찾을 수 없는 천국의 완전함, 온전함에서 비롯된다. 주님의 얼굴을 마주하게 되어 온전히 알게 된다는 의미는 서로에 대해서도 여과 없는 순전함으로 드러날 것이다.

이 말씀을 묵상하다가 나귀새끼를 타고 예루살렘으로 입성하시는 예수님을 향해 "호산나! 다윗의 자손이여!"라고 주를 찬송하고 외쳐댔던 이스라엘 유대인들의 모습이 기억났다(마 21:7-11). 그들의 손에도 종려나무 가지가 들려 있었다. 그리고 그들은 자신들의 겉옷을 벗어서 예수님을 맞이했다.

그때는 유대인들만 주를 찬송했지만 하나님 나라에서 찬송하는 자들은 누구인가? 그들의 손에는 동일한 종려나무가 들려 있지만 더 이상 그들의 옷이 아니요, 예수님의 보혈로 새롭게 된 흰 두루마기 옷을 입고 주를 찬송할 것이다. 또한 유대인만이 아니라 모든 민족과 종족과 백성들이 다 함께 모여서 어린 양이요 유다의 사자 되시며 왕 되시는 구원의 주님을 찬송하게 될 것이다. 과거에는 나귀새끼를 타고 오시는 예수님께 제한적이고 일시적인 찬양을 드렸다면, 또한 그 찬양이 하나님의 아들을 못 박은 것에 그쳤다면, 후로는 모든 종족이 구속하신 주님의 보혈에 영원한 감사를 올려드리게 될 것이고, 하나님의 아들 앞에 엎드려 경배하며 한계가 없고 영원한 찬양을 주 앞에 드리게 된다.

하나님의 영광 그 영원한 빛

참 빛 곧 세상에 와서 각 사람에게 비추는 빛이 있었나니(요 1:9).

영광이라는 단어는 '빛나는 영예'라고 나와 있다. 하나님의 영광이 나타날 때 그 빛이 비췄던 기록을 성경에서 찾을 수 있는데, 바로 사도 바울이 다메섹 도상에서 하늘에서 나는 소리를 들었고 빛을 보았을 때이다(행 9:3). 그 빛이 어찌나 밝았던지 바울은 둘러싼 빛으로 인해 눈이 멀었다. 이 외에 시편을 보면 주님의 존재에 빛이 있는 걸 알 수 있고(시 36:9)[66] 주님의 얼굴에서 빛이 남을 말해 주고 있다.[67] 신약에서는 빛이라는 단어가 곧 예수님을 나타내는 말로도 사용되는 것을 볼 수 있다.[68] 히브리서에서는 아들 되신 예수 그리스도가 하나님의 영광의 광채이시고 그의 본성을 나타낸다고 말하고 있다(히 1:3). 예수님의 제자 빌립이 하나님 아버지의 얼굴을 보여 달라고 했을 때에도 예수님은 '나를 본 자는 아버지를 보았다'고 말씀하신 바 있으시다(요 14:9).

하나님의 영광과 빛이 주는 영적인 의미는 무엇인가? 우리가 아는 일반적인 '빛'은 하나님이 창조하신 피조물이다(창 1:3). 이 빛은 해를 창조하기 전에 먼저 지으신 것으로 자연을 숭배하는 사람들의 우상, 곧 해가 빛을 비추는 줄 알고 거기에 절을 하는 사람들에게 그 아름다움에 매료되기보다 해를 만드신 하나님을 섬길 것을 요청하는 바이다. 그 빛은 숭배의 대상이 아니며 지구가 의지하는 해는 환난의 날이 임

---

66) "진실로 생명의 원천이 주께 있사오니 주의 빛 안에서 우리가 빛을 보리이다"(시 36:9).
67) "즐겁게 소리칠 줄 아는 백성은 복이 있나니 여호와여 그들이 주의 얼굴 빛 안에서 다니리로다"(시 89:15), "주께서 우리의 죄악을 주의 앞에 놓으시며 우리의 은밀한 죄를 주의 얼굴 빛 가운데에 두셨사오니"(시 90:8).
68) "참 빛 곧 세상에 와서 각 사람에게 비추는 빛이 있었나니"(요 1:9).

할 때 빛을 잃고 달도 빛을 비추지 않는 징조를 보여 그 빛이 하나님의 권능에 속하였음을 알게 할 것이다(마 24:29). 또한 처음 지으신 모든 것들이 사라지고 하나님이 직접 우리를 다스리시는 날에는 처음 해와 빛도 없고 여호와에게서 뿜어져 나오며 발하는 빛으로 온 세계가 살게 될 것이다(사 60:19). 그러므로 '빛'은 그날의 징조를 알리는 것뿐 아니라 하나님이 우리의 영원한 빛이 되심을 깨닫게 한다(계 22:5). 그러므로 우리는 세례 요한이 왜 예수님께서 곧 빛이 되시는지 이야기한 바를 이해할 수 있는 것이다.

또한 우리는 사탄이 왜 광명한 천사로 가장하여 믿는 자들과 세상을 미혹하는지 그 이유를 알 수 있다. 왜냐하면 빛 가운데 계시는 주, 그리고 생명의 빛이 되시는 주님을 가장하여 우리 영의 눈과 귀를 속이려고 하기 때문이다(고후 11:14). 예수님은 곧 세상의 빛과 소망이 되시는 분으로서 우리가 어둠에 대하여 깨어 있기를 말씀하셨다(요 12:35).

우리가 구할 영광은 무엇인가? 요한복음 15장 8절에서는 우리가 주님 안에서 선한 열매를 많이 맺을 때 영광을 받으시며 그의 제자가 된다고 말씀하고 있다. 자신이 그리스도인이기 때문에 받는 고난이 있다면 부끄러워 말고 주께 영광을 돌리라고 성경은 말한다(벧전 4:16). 하나님의 영광이 되신 예수님께서 그날에 강림하실 때에는 성도들에게서 영광을 받으실 것이다 (살후 1:10).

부활의 소망(1)

그리스도께서 살아나지 않으셨다면, 우리의 선교도 헛되고, 여러분의 믿음도 헛될 것입니다(고전 15:14, 표준새번역).

바울은 고린도 교회에서 생겨난 갖가지의 영적인 문제들에 대해 일일이, 그리고 친절하게 서신으로 답을 하고 있다. 이것은 그리스도가 죽은 사람 가운데서 살아나셨다고 전하는 복음의 핵심 진리를 예수를 믿는 어떤 자들 중에서 죽은 사람들의 부활이 없다고 말함으로 복음을 왜곡하는 사건에 대한 답이다. 예수님을 믿지만 부활이 없다고 말하는 어떤 자들을 누구라고 짚어낼 수는 없지만 그런 유형의 사람들이 있었던 것을 성경 기록에서 찾을 수 있다. 사도행전 23장 7-8절에는 부활도 없고 천사도 영도 없다고 주장하는 이들이 있었으니, 유대교의 사두개파 사람들이 그러했다. 출신은 비록 사두개파여도 후에는 예수를 믿게 된 부류도 있으리라 생각된다. 한 예로 바리새파여도 예수를 믿게 된 바리새파 사람들은 할례에 대해서 이방인들에게도 똑같은 율법을 적용해야 한다고 주장하기도 했었기에 사두개파였지만 예수를 믿게 된 사람들도 그들의 사고방식을 버리지 못하고 믿게 되었으리라 짐작할 수 있다. 적어도 고린도 교회에서 사두개파적인 가르침을 따르게 되었거나 사두개파 출신의 예수를 믿는 사람들이 있었으리라는 가설이다.

사두개파의 대표적인 특징은 '영'에 해당하는 요소들을 부인했다는 점인데 '영'을 부인하는 것은 신비와 기적 또는 그로 인해 나타나는 체험과 현상에 대해서도 부정할 수밖에 없게 된다. 그들이 예수님의 고난과 십자가를 부인했다고 나와 있지는 않으므로 그로 인해 구원을 얻게 된다는 믿음에는 동일했을 것이다. 하지만 사흘 만에 부활하시고 하늘로 승천하셨다는 것에서 믿음의 차이를 드러내는 것은 과연 예수님께 신성이 있음을 어디까지 받아들였느냐는 문제와 직결된다. 이것은 또 다른 모순이다. 예수님이 자신들을 구원해 주신 메시아인 것은 믿는데 메시아가 되실 수 있는 유일성의 기반, 곧 초월성과 영원하심의 영적 존재, 결과로서의 부활체는 부인하기 때문이다.

우리가 사는 시대에도 예수님을 믿지만 교리적인 부분에서 분명한 차이를 보이는 신학자들과 신학도, 신자들이 있다. 예수를 단지 뛰어난 종교 인격자로 만들거나 하나님의 살아계심으로 증명되는 기적과 신비에 대해서 실존주의와 과학 또는 심리학이라는 온갖 것으로 해석하여 영적인 요소 자체를 근절시키려는 움직임들이 있기 때문이다.

하지만 성서로부터 자유를 선언하는 모든 태도나 영적인 요소를 거부, 또는 영적인 요소만 인정하는 치우친 모든 신학적 형태들에 대해서 우리는 바울이 말한 내용을 적용할 수 있다. 그러한 움직임의 신앙은 선교도 헛되고 믿음도 헛되며 하나님을 거짓되게 증언하는 자로 판명될 뿐이라는 것이다(고전 15:15). 바울은 그리스도께서 살아나셨다는 믿음, 부활에 대한 소망을 저버리는 자들이 있다면 이 세상만을 생각하고 그리스도께 소망을 걸기를 멈춘 것이라고 말한다. 그리고 그러한 믿음으로 예수를 믿는다면 우리가 모든 믿는 사람들 가운데서도 가장 불쌍한 사람일 것이라고 말했다(19절).

무엇을 전하고 노래할지 찾는다면 더 새로울 것은 없다. 하늘나라에 대한 소망, 부활에 대한 소망을 멈추지 않는 것이야말로 우리가 부를 노래이다.

부활의 소망(2)

어떻게 해서든지 죽은 자 가운데서 부활에 이르려 하노니(빌 3:11).

오늘날 주님 다시 오심에 대해 전혀 무지한 크리스천들이 있는 반면 더욱 빨리 오시길 사모하는 주의 신부들은 간절하게 기도하는 것을 볼 수 있다. 이런 면에서 주님이 다시 오시는 날과 부활의 소망은 함께 다룰 필요가 있다. 우리는 얼마나 부활에 대한 소망을 가지고 있는가? 만약 부활에 대한 소망과 그 간절함이 이 땅에서 사는 유익보다 덜하다면 그것은 우리가 어디에서 왔는지 그리고 돌아갈 본향에 대해서 막연하게 아는 것으로 그쳤기 때문일 것이다.

신약에서 부활이라는 단어가 40번 이상 언급된 것으로 보아 예수님의 재림이 신앙공동체의 가장 크고 위대한 소망이라는 것을 알 수 있다. 우리는 구원을 일시적인 사건으로 보지만 부활은 구속사적 관점 그리고 사건의 완성이 된다. 그래서 더욱 우리는 성경에서 말하는 부활에 대해 올바른 인식을 가질 필요가 있다. 일부 영화와 매체에서 인류의 종말이나 멸망 등을 다룬 시나리오를 보면 성경의 관점과는 전혀 상관없는 내용들로 범벅되어 있다. 그날의 영광스러움을 잘 알 수도 없게 하고 더러는 아주 끔찍한 날로 상상하게 하니 문제가 적지 않다.

성경에서 말하는 부활은 무엇인가? 십자가에 달려 죽으신 주께서 사흘 만에 다시 살아나셔서 어느 곳에서나 제자들보다 먼저 가셔서 부활체의 영광스런 모습으로 만나 주신 것 그리고 주께서 부활 승천하셔서 마지막 날에는 구원하신 자들을 사방에서 모으시면서 하늘로부터 다시 이 땅으로 강림하시는 것을 말한다. 그날에는 주 안에서 잠든 자들이 먼저 일어나고 그 후에 살아남은 자들도 구름 속으로 끌어 올려 주를 영접하게 할 것이라고 말한다(살전 4:13-17). 그날이 얼마나 드라마틱하고 황홀할 것인지는 그때에 비로소 알겠지만 천사들의 보필을 받으며 왕으로 귀환하시는 예수님의 영광과 이 소식을 알리는 하나님의 나팔 소리와 주의 호령 소리가 함께 들릴 것이다. 모든 열방은 예수님의 귀환을 두 눈과 두 귀로 보고 듣게 될 것이다. 바울은 이 구원의 정점인 부활의 완성을 믿는 자들이 알지 못함을 원하지 않는다고 이야기할 정도로, 이것에 대한 소망이 없는 것은 소망이 없는 다른 이들과 다를 바 없다고 말했다. 바울은 그날에 겉으로만 믿었던 자들이 슬퍼하기를 원치 않는다고 말했다(살전 4:13).

부활의 날에는 하늘로부터 여러 징조들이 있을 것이라고 예수님은 말씀하셨다. 그때와 정확한 날은 오직 하나님만 아시지만 깨어 있는 주의 자녀들에게는 여러 징조들을 통해서 주께서 오심이 가까움을 알게 될 것이며 기름과 등불을 준비하듯 깨어 있을 것이라고 말씀하셨다(마 25장).

부활의 소식은 초대교인들이 서로를 위로하는 유일한 언어이기도 했다(살전 4:18). 그들은 다른 어떤 말보다 주님께서 다시 오실 것이라는 기대와 소망으로 이 땅을 살아갔다. 사랑하는 주님과 다시는 헤어짐이 없이 영원히 함께하는 것이 예수님의 재림이요, 부활을 꿈꾸는 자들의 위로와 소망이었던 것이다. 그러므로 주님의 신부로 부름을 받은 교회가 이 부활의 소망을 잊으면 안 되겠다. 초대교인들과 같이 우리 시대에도 이 말을 다시 회복하기를 간절히 소망한다. 마라나타!

방황의 끝

그들이 광야 사막 길에서 방황하며 거주할 성읍을 찾지 못하고 주리고 목이 말라 그들의 영혼이 그들 안에서 피곤하였도다 이에 그들이 근심 중에 여호와께 부르짖으매 그들의 고통에서 건지시고 또 바른 길로 인도하사 거주할 성읍에 이르게 하셨도다 여호와의 인자하심과 인생에게 행하신 기적으로 말미암아 그를 찬송할지로다 그가 사모하는 영혼에게 만족을 주시며 주린 영혼에게 좋은 것으로 채워주심이로다(시 107:4-9).

이리저리 헤매는 모양, 여기저기 쏘다니는 모습, 기웃거리는 우리네 인생은 길을 찾지 못해서, 어딘지 몰라서 길 잃은 양과 같다. 우리는 이것이 인생이라고 겸허히 받아들이는 자세를 취하며 적어도 정직하게 바라본 것이라고, 거기서 위로를 얻고 또 살아갈 정당성을 찾곤 한다. 그러나 정말 방황해도 괜찮은 걸까? 그것은 그저 우리를 잠시뿐인 이 땅에서의 삶이 전부라고 믿는 믿음에서 출발한, 적당히 살아도 된다는 뜻이 아닌가? 정말로 이렇게 방황하면서 살다가 인생이 끝나버리면, 그때 수많은 책을 탐독하고 철학에 빠졌던 것들이 과연 의미가 있을까? 모든 것이 무의미하게 될 것이다. 또한 무의미한 것에서 끝나버리고 우리마저도 사라져버리는 것이 아니라 영원한 후회를 하게 될 것이다. 마틴 로이드 존슨은 다음과 같은 글을 썼다.

"찰스 웨슬리는 자신의 회심을 담은 찬송가에서 이렇게 질문합니다. '오. 내 모든 방황이 언제 끝이 날까?' 그때 갑자기 여러분은 자신이 그토록 찾아 헤매던 곳에 도달했음을 깨닫습니다. 가장 소망이 없을 때, 여러분은 긍휼의 눈을 가지신 어떤 분을 만납니다. 그분은 이렇게 말씀하십니다. '수고하고 무거운 짐 진 자들아 다 내게로 오라 내가 너희를 쉬게 하리라'

(마 11:28). 여러분은 그분에게로 가서 그분 안에서 여러분이 찾아 헤매던 영혼의 안식을 발견합니다."[69]

그러나 예수님 안에 있는 영원한 자유를 깨닫게 되면 그 사람에게는 복이 있다. 오, 진정 예수님께서 그 자신이 길이요 진리요 생명이라고 말씀하신 것은 우리를 지으신 이가 누구이며 그분 안에 있을 때 우리가 온전하게 될 수 있음을 알게 하시려는 가장 옳은 말씀이다. 우리는 이 말씀 안에서 어떤 이기적이고 욕심에 지나친 의도를 파악할 수 없다. 그분은 자유를 주시려고 우리로 영원한 안식으로 들어가게 하시려고 자신을 내어주셨다. 그것을 믿는 자들에게는 두려움과 기만이 아닌 영으로 지음받은 존재가 자신을 지으신 영, 곧 하나님을 아버지라 부르는 영광을 얻게 될 것이다.

주님께서 방황하는 우리를 보시고 고통에서 건시지고 또 바른 길로 인도하셔서 그의 성읍, 영원한 나라에 들이실 때에 우리를 고아같이 버려두지 않으신 하나님, 가장 정직하고 완전하신 사랑으로, 신실하고 인자하신 사랑으로 놓지 않으신 것에 우리의 모든 것으로 주님을 찬송하고 또 찬송하게 될 것이다!

본문 말씀에서는 사모하는 영혼에게, 주린 영혼에게 만족과 좋은 것으로 채워주시겠다고 약속하셨다. 하나님의 그 초대하심에 응할 준비가 되었는가? 그분이 우리를 이끄시도록 나 자신을 내어드리라.

69) 마틴 로이드 존스, 《만 입의 고백 찬양》, 송용자 옮김, 지평서원, 2008, p. 279 재인용.

영원한 우리의 아바 아버지

> 너희가 아들인고로 하나님이 그 아들의 영을 우리 마음 가운데 보내사 아바 아버지라 부르게 하셨느니라(갈 4:6, 개역한글).

이제 후로는 우리가 하나님께 나아갈 때 주를 무서워하고 두려워하는 양자의 마음이 아닌 예수님과 똑같이 하나님을 아바 아버지라고 부를 수 있다. 로마서 8장 15절에 "너희는 다시 무서워하는 종의 영을 받지 아니하고 양자의 영을 받았으므로 우리가 아빠 아버지라고 부르짖느니라"(개역개정)라고 기록한 것과 같이 말이다.

하나님께서 예수님에게 보여주신 사랑, 그리고 그분에게 해주신 모든 말씀은 그분을 동일하게 아바 아버지라 부를 수 있게 하신 하나님의 사랑 안에서 우리를 향한 하나님의 마음이다. 예수님께서도 하나님 아버지의 이 뜻을 기쁘게 받아들이셔서 그분의 뜻에 온전히 순종하고 복종하셨다. 심지어 하나님께서는 우리를 지극히 사랑하사 그의 독생자 아들의 생명을 주셨다는 말에서 그 사랑의 최고선을 보게 된다. 주께서는 우리를 당신의 자녀로 일컫기 위해 잠시나마 예수님을 십자가 위에서 버리셔야만 했다. "제구 시에 예수께서 크게 소리 지르시되 엘리 엘리 라마 사박다니 하시니 이를 번역하면 나의 하나님, 나의 하나님 어찌하여 나를 버리셨나이까 하는 뜻이라"(막 15:34). 한 사람의 죽음으로 많은 생명이 죽음에 이르게 되었지만 마지막 아담, 곧 하늘에서 나신 이로 인하여 많은 이가 참된 생명을 얻게 되었다(고전 15:45).

우리는 영원한 우리의 아바 아버지, 하나님으로 인하여 이 땅에서도 하늘에 속한 사람들로서 살아갈 수 있다. 앞으로 장차 도래할 하나님의 나라를 우리는 지금 이 땅에서 실현하며 그것을 보며 살아갈 수 있다. 진정 하나님께 속한 자들은, 하나님의 백성들은 이 세상 나라가 뒤집어지고 흔들릴지라도 요동하지 않는다. 주께서 우리의 산성이 되시며, 요새가 되시고, 방패가 되시며, 우리의 힘이 되시기 때문이다. 하나님께서 이 모든 것들을 그분의 통제와 지배 아래 두셨기 때문에 두려워하지 않는 것이다.

이 거대한 이야기를 뒤집을 만한 것이 어디에 있겠는가? 그 누가 다른 복음을 전하여 복음을 흐린다 할지라도, 죽음의 위협으로 우리의 믿음을 꺾어버리고 멸절시키고 제멸하려고 할지라도 가장 순전한 복음은 이 땅에서 사라지지 않고 땅 끝에서 땅 끝으로 전해질 것이며 승리를 맞이하게 될 것이다. 왜냐하면 이것이 하나님이 태초 전에 약속하신 영원한 승리이기 때문이다.

그러므로 승전가를 부르며 앞으로 나아가자. 깊은 사랑만이 그 위대한 날을 기다릴 수 있고 온전하게 할 수 있다. 우리가 뜨거운 주님의 군사가 되어 승전가를 부를 수 있는 담대함을 가질 수 있는 지속적인 힘은 이 세상을 경멸하고 미워하고 죄인 취급하는 것에 있지 않다. 그런 악함으로 우리는 힘을 모으는 것이 아니다. 오직 여호와를 사랑하는 것만이, 오직 여호와를 깊게 신뢰하는 것만이 이 세상을 향해, 이 세상을 위해 나아갈 수 있는 힘이 될 것이다. 예수님을 믿는다면서 더 많은 것을 얻으려는 모든 수고를 그치고 오직 예수님 그분만으로 충분하다는 것을 깨달아야 한다. 주님께서 주시는 선물들로 승리할 수 있을 것이라는 자신감을 벗어버리고 오직 주님 한 분만을 구하라.

영원한 안식

여호와께서 너를 슬픔과 곤고와 및 네가 수고하는 고역에서 놓으시고 안식을 주시는 날에(사 14:3).

우리는 거룩하신 성부와 성자와 성령님과 함께 영원한 안식을 누리게 될 것이다. 진정 주께서는 이 안식을 우리에게 주시려고 태초 전부터 우리를 당신의 영원 안으로 부르셨고 그 사랑을 보이셨다. 이 안식은 이미 주께서 예정하신 바 되었으며 주님은 가장 순결하고 아름답게 지키시려고 이를 거룩하게 구별하셨다.

이 안식에 들어갈 자들은 누구인가? 히브리서 4장 3절에서는 "이미 믿는 우리들은 저 안식에 들어가는도다 그가 말씀하신 바와 같으니 내가 노하여 맹세한 바와 같이 그들이 내 안식에 들어오지 못하리라 하셨다 하였으나 세상을 창조할 때부터 그 일이 이루어졌느니라"고 말하고 있다. 주께서는 영원한 안식을 미리 내다보시고 그 안식일을 아름답게 정의하셨다. 안식일에 주께서는 당신 안에서 쉼을 누리셨다. 그것은 우리에게 곧 주님 안에서 쉼을 누리는 것이 마땅하다는 것을 알게 하시려는 뜻이다. 창세기 2장 2절에서는 "하나님이 그가 하시던 일을 일곱째 날에 마치시니 그가 하시던 모든 일을 그치고 일곱째 날에 안식하시니라"고 했다. 주께서는 나그네와 같은 여정의 기로에 서서 슬픔과 곤고와 고역을 겪는 인생들에게, 참된 쉼을 찾지 못하여 헤매는 인생에게 주님, 곧 당신이 쉼을 주시는 분이라는 것을 깨닫게 하시려고 참된 안식을 보이셨다.

하나님의 백성들이 이 땅에서 지키는 안식일은 장차 우리가 누리게 될 영원한 안식을 연습하는 것과 같다. 바울은 "자기의 관례대로 그들에게로 들어가서 세 안식일에 성경을 가지고 강론하며"(행 17:2), "그 다음 안식일에는 온 시민이 거의 다 하나님의 말씀을 듣고자 하여 모이니"(행 13:44) 하나님의 말씀을 가르치고 들으며 실체이신 주님 안에 거하며 영원한 안식을 날마다 기억하였다. 예수님도 누가복음 4장 16절의 "그 자라나신 곳 나사렛에 이르사 안식일에 늘 하시던 대로 회당에 들어가사 성경을 읽으려고 서시매"라는 말씀을 통해 하나님 안에서 그분의 말씀을 듣고 그분의 얼굴을 바라보셨음을 알게 된다. 또한 예수님께서는 안식일을 도리어 폐하려는 영적 위협 앞에서 안식일의 주인이 곧 누구인지를 가르쳐주셨다. 안식일을 변질시키려는 사상과 행위는 무엇인가? 안식일을 지키는 것은 그분 안에 있을 때 우리가 참된 평안을 얻게 되는 것이라는 진리를 거스르고, 안식과 예수님을 구분짓고 구별하여서 안식을 종교적인 관습으로 종교적 행위를 하게 만드는 것이다. 예수님은 안식일을 폐하려고 오신 것이 아니라 안식일을 완성하시려고 오셨다. 마태복음 12장 8절을 보면 "인자는 안식일의 주인이니라 하시니라"고 기록되어 있다. 참된 안식은 무엇인가? 우리가 누리는 쉼의 참된 의미와 실체는 어디에 있는가? 그것은 예수님이 가져다주시는 어떤 선물이 아니라 곧 예수님 자신께서 우리의 안식이 되심이다. 우리가 주님 안에 있는 것, 그분 안에 거하는 것이 안식이 주는 유익이요, 안식의 전부이다.

우리가 부르는 찬송 중에 기도가 우리의 안식이라는 가사가 있다. 그러나 기도조차 안식이 될 수 없는 것은 우리가 기도를 하는 이유가 안식을 얻기 위함이 아니라 주님을 바라보는 것이, 주님과 화목하게 지내는 것이, 주님 그분 자신이 우리의 안식이 되시기 때문이다. 예수님의 이름으로 하는 기도는 주님을 바라보도록 우리에게 주신 선한 방법이다. 오직 예수님 한 분 외에 다른 것을 구하는 것을 멈추고 영원한 안식으로 들어가자.

맺는말

마치 수많은 색실이 바늘에 꿰어져 아름다운 그림과 무늬를 만들어 내듯이 하나님을 찬송하는 이유와 목적, 수많은 배경과 이해들이 풀어져서 하나의 이야기로, 그림 그려지도록 책으로 엮어 보았다. 《찬양에 수를 놓다》 시리즈가 소중한 독자들에게 과연 어떤 무늬와 글씨, 장식으로 가슴에 새겨졌을지, 이 또한 수놓인 자수들이 지닌 자유로운 창조 방식을 따라서 독자들의 가슴 속에서 귀한 꽃으로 피어나리라 믿는다.

또한 이보다 더 아름답고 고귀한 수놓인 찬송이 있다면 부르심 받은 하나님의 자녀들, 우리 각자의 삶으로 하나님을 예배하고 찬송하는 것일 게다. 우리네 삶의 갖가지 이야기들로 하나님을 찬송할 때 그 찬송은 다른 무엇과도, 누구와도 비교할 수 없는 고귀하고 단 하나의 살아 있는 찬송으로 하나님께 올려질 것이다.

삶으로 부르는 찬양. 거기에는 어떤 직업적이고 전문적인 특수성보다 보편적이지만 유일할 수 있는 찬양의 핵심이 담겨 있다. 어떠한 노련함보다도 이것이 먼저 회복될 때 찬양은 진실할 수 있다. 삶과 신앙이 이원화될수록 진실하고 성실한 찬양을 찾기도 힘들어지므로 우리가 사는 시대에서, 아직 죄인 된 모습 중에도 이를 놓치지 않도록 간구와 기대, 소망을 저버려서는 안 되겠다.

우리가 드리는 찬송은 마지막 그날에, 하나님의 나라가 임하였을 때 지금과는 비교도 할 수 없을 만큼 아름다울 것이다. 하지만 이 아름다움이 하나님의 존재보다 더하지는 않을 것이다. 그리고 이것이 찬양의 핵심이다. 아무리 찬양이 독보적이고 가장 뛰어난 언어와 삶의 모양으로 드린다고 해도 하나님의 아름다우심에 비교할 수 없을 것이다.

이것이 하나님을 가장 영화롭게 하는 찬송 중의 찬송이다. 왜냐하면 그분보다 더 빛나거나 영예로운 것이 더 이상은 없기 때문이다. 하나님을 가장 영화롭게 하고 최상의 찬송을 드림은 곧 그분의 존재를 나의 삶을 다하여 사랑하고 높일 때이다.

그러므로 우리는 지금, 이 땅에서도 성부와 성자와 성령이 되시는 하나님의 존재를 기뻐함으로 최상급의 찬송을 드릴 수 있다. 그 찬송이 저 하늘에서 이뤄짐과 같이 이 땅에서도 이뤄지도록 하나님을 기뻐하는 찬송을 쉬지 말자. 나는 느헤미야 8장 10절의 말씀을 마지막으로 이 글을 마치고자 한다.

> "여호와로 인하여 기뻐하는 것이 너희의 힘이니라."

찬양에 수를 놓다 2

1판 1쇄 인쇄 _ 2016년 6월 1일
1판 1쇄 발행 _ 2016년 6월 10일

지은이 _ 이새나
펴낸이 _ 이형규
펴낸곳 _ 쿰란출판사

주소 _ 서울특별시 종로구 이화장길 6
편집부 _ 745-1007, 745-1301~2, 747-1212, 743-1300
영업부 _ 747-1004, FAX 745-8490
본사평생전화번호 _ 0502-756-1004
홈페이지 _ http://www.qumran.co.kr
E-mail _ qrbooks@gmail.com / qrbooks@daum.net
한글인터넷주소 _ 쿰란, 쿰란출판사
등록 _ 제1-670호(1988.2.27)
책임교열 _ 김영미, 최찬미

 ISBN 978-89-6562-887-3 04230
978-89-6562-815-6 (세트)

책값은 뒤표지에 있습니다.